Schriftenreihe
Recht der Internationalen Wirtschaft
Band 30

Internationale Handelsschiedsgerichtsbarkeit

Kommentar zu den Verfahrensordnungen

von

Dr. Menno Aden
Rechtsanwalt in Essen

Verlag Recht und Wirtschaft GmbH
Heidelberg

CIP-Titelaufnahme der Deutschen Bibliothek

Aden, Menno:
Internationale Handelsschiedsgerichtsbarkeit : Kommentar zu d. Verfahrensordnungen / von Menno Aden. – Heidelberg : Verl. Recht u. Wirtschaft, 1988

(Schriftenreihe Recht der Internationalen Wirtschaft ; Bd. 30)
ISBN 3-8005-6795-4

NE: GT

ISBN 3-8005-6795-4

© 1988 Verlag Recht und Wirtschaft GmbH, Heidelberg
Das Werk einschließlich aller seiner Teile ist urheberrechtlich geschützt. Jede Verwertung außerhalb der engen Grenzen des Urheberrechtsgesetzes ist ohne Zustimmung des Verlages unzulässig und strafbar. Das gilt insbesondere für Vervielfältigungen, Bearbeitungen, Übersetzungen, Mikroverfilmungen und die Einspeicherung und Verarbeitung in elektronischen Systemen.
Satz: Lichtsatz Michael Glaese GmbH, 6944 Hemsbach
Offsetdruck: Druckerei Schmich GmbH, 6915 Dossenheim
Buchbinderische Verarbeitung: W. Osswald + Co., 6730 Neustadt/Weinstraße
Printed in Germany

Vorwort

Das hier vorgelegte Werk entstammt der praktischen Arbeit des Verfassers im Zusammenhang mit der Aushandlung wichtiger internationaler Verträge. Für die Frage, auf was sich ein Unternehmen bei der Wahl einer der eingeführten Schiedsverfahrensordnungen einläßt, steht oft wenig mehr als deren schlichter Text zur Verfügung. Die an sich recht umfangreiche Literatur zum Recht des Schiedsgerichtswesens beschränkt sich auf eine Inhaltsangabe dieser Verfahrensordnungen. Nur ansatzweise finden sich verstreute Erläuterungen.

Angesichts der Bedeutung, welche ein Schiedsverfahren für ein Unternehmen haben kann, ist das zuwenig. Das vorliegende Kommentarwerk soll diesem Mangel abhelfen.

Der Kommentierung der hier ausgewählten 5 Schiedsverfahrensordnungen sind vorausgestellt in Teil I eine Einführung in die Grundfragen des Schiedsgerichtswesens sowie in Teil II eine Inhaltsübersicht der in Teil III kommentierten Schiedsverfahrensordnungen. Damit soll dem Bedürfnis derer Rechnung getragen werden, welche in kaufmännischen Funktionen über die Wahl der Schiedsverfahrensordnung entscheiden oder mitentscheiden. Diesem Personenkreis soll der Einstieg in das zum Teil schwierige Rechtsgebiet erleichtert werden.

Statt einer förmlichen Widmung möchte ich einen Ausspruch von Frau Dr. Patrizia Aden, geb. Schlegelberger, meiner Frau und Mutter vierer Kinder, wiedergeben: ,,Man ist eigentlich immer Schiedsrichter!" Meine Frau erlebt damit, was auch mein Vater, Pastor i. R. Gerhard Aden, in bezug auf seine fünf Kinder empfand. Auf der ersten Ebene menschlicher Konflikte, nämlich im Kinderzimmer, kommt es bereits ebenso wie in den höheren Ebenen internationaler Rechtsstreitigkeiten darauf an, die Interessengegensätze in das richtige Verfahren zu lenken und in einem Prozeß, der Rechtsfindung und Befriedung zugleich ist, aufzulösen.

Essen, im Februar 1988 *Menno Aden*

Inhaltsverzeichnis

1. Teil: Grundfragen der Internationalen Handelsschiedsgerichtsbarkeit 9

1. Kapitel: Staatliches und privates Verfahrensrecht 9
   1. Die Objektivität des staatlichen Verfahrens 9
   2. Das Schiedsgerichtsverfahren als Privatverfahren 11
   3. Die standardisierte Schiedsverfahrensordnung 13
   4. Die Rechtsqualität der Verfahrensordnungen 18

2. Kapitel: Vollstreckbarkeit und Verfahrensverstoß 21
   1. Die internationale Vollstreckbarkeit des Schiedsspruches... 21
   2. Der Verfahrensverstoß 26
   3. Die Schiedsverfahrensordnungen als auslegungsbedürftige Rechtsnormen 28
   4. Die Vollstreckbarkeit des Schiedsspruches 29
   5. Schiedsverfahrensordnung und AGB-Gesetz 32
   6. Das Statut der Verfahrensordnung 34

2. Teil: Die Schiedsverfahrensordnungen in der Übersicht 37

1. Kapitel: Die institutsgebundenen Schiedsverfahrensordnungen 37
   1. Die Schiedsverfahrensordnung der Internationalen Handelskammer, Paris (ICC-Regeln) 37
      — Der Schiedsgerichtshof............................ 38
      — Der Ablauf des ICC-Verfahrens 42
   2. Die Schiedsordnung des Schiedsgerichts der Bundeskammer der gewerblichen Wirtschaft, Wien (Wiener Regeln) 44
      — Das Schiedsgericht 44
      — Der Ablauf des Verfahrens 45
   3. Die Schiedsverfahrensordnung der Stockholmer Handelskammer (Stockholmer Regeln)........................ 46
      — Das Schiedsgerichtsinstitut 46
      — Der Ablauf des Verfahrens 47

2. Kapitel: Die institutsfreien Schiedsverfahrensordnungen 50
   1. Die UNCITRAL-Regeln.............................. 50
      — Der Ablauf des Verfahrens 52

Inhaltsverzeichnis

    2. Die ECE-Regeln 55
    — Der Ablauf des Verfahrens 56

3. Teil: Kommentierung der Schiedsverfahrensordnungen 59

1. Kapitel: Die Schiedsverfahrensordnung der Internationalen Handelskammer, Paris (ICC-Regeln) 59
Neufassung der ICC-Schiedsverfahrensordnung mit Wirkung ab 1. Januar 1988 135
2. Kapitel: Schiedsordnung des Schiedsgerichts der Bundeskammer der gewerblichen Wirtschaft, Wien 146
3. Kapitel: Regeln für das Schiedsgerichtsinstitut der Handelskammer Stockholm 184
4. Kapitel: Die UNCITRAL-Schiedsgerichtsordnung 211
5. Kapitel: Schiedsgerichtsordnung der Wirtschaftskommission der Vereinten Nationen für Europa (ECE-Schiedsgerichtsordnung) 259

Literaturverzeichnis 293

Sachregister 295

1. Teil
Grundfragen der Internationalen Handelsschiedsgerichtsbarkeit

1. Kapitel
Staatliches und privates Verfahrensrecht

1. Die Objektivität des staatlichen Verfahrens

Wer einen Prozeß vor dem staatlichen Gericht führt, muß dieses nach den Regeln des staatlich gesetzten Verfahrensrechts tun. Diese Verfahrensregeln sind in den Prozeßordnungen niedergelegt, so etwa in Deutschland in der Zivilprozeßordnung, wenn es sich um einen bürgerlichen Rechtsstreit handelt. Es ist den Parteien im Einzelfall zwar erlaubt, durch Vereinbarungen die Regeln des staatlichen Verfahrensrechtes abzuwandeln. Die deutsche Rechtsprechung läßt in weitem Maße Verträge über die Vornahme oder Unterlassung bestimmter Prozeßhandlungen zu. So kann sich eine Partei verbindlich verpflichten, ein Rechtsmittel zurückzunehmen[1], und für die Zeit nach Beendigung des Rechtsstreites kann sich eine Partei verbindlich verpflichten, die Zwangsvollstreckung aus einem erstrittenen Urteil zu unterlassen[2]. Es besteht auch kein Zweifel, daß die Parteien eine Reihe von weiteren verfahrensrechtlichen Fragen in der Weise verbindlich regeln können, daß eine Partei, welche vereinbarungswidrig eine Prozeßhandlung vornehmen möchte, mit dieser von dem Gericht zurückgewiesen wird. Es ist auch möglich, daß die Parteien durch eine verbindliche Vereinbarung Teile des Verfahrens so regeln, daß die nach dem Gesetz gegebene Leitungsbefugnis des Richters eingeschränkt oder jedenfalls in bestimmte Bahnen gelenkt wird. So können die Parteien vereinbaren, daß eine bestimmte Form der Beweiserhebung durch das Gericht nicht statthaft sein soll, etwa wenn sie sich vorbehalten, ihre jeweiligen Ansprüche aus dem Rechtsverhältnis nur durch Urkunden beweisen zu wollen[3].

1

---
1 BGHZ 20 S. 198.
2 *BGH* NJW 1968 S. 700.
3 Allgemein zu Prozeßvereinbarungen: *B/L/A*. Einl. III 2A.

Förmlichkeit des Prozesses

2 Insgesamt aber handelt es sich bei der Prozeßordnung um ein Regelwerk, welches sich grundsätzlich nicht für fallbezogene private Abwandlungen eignet. Mit den gesetzlich zugelassenen Anträgen und anderen Gestaltungsmitteln können die Parteien zwar das Verfahren und seinen Gang entscheidend beeinflussen und, im Extremfall, durch Klagerücknahme oder Erledigungserklärung beenden. Die eigentliche Verfahrensherrschaft, wozu auch die Herrschaft über die vom Gericht und von den Parteien einzuhaltenden Fristen und Termine gehört, ist ihnen aber entzogen. Diese Herrschaft liegt bei dem Gericht. Dem Gericht sind darüber hinaus gegenüber den Parteien sowie auch gegenüber Außenstehenden (z. B. Zeugen und Sachverständigen) gewisse Zwangsmittel zur Durchführung eines geordneten, der Ermittlung der Wahrheit dienenden Verfahrens an die Hand gegeben, und das Zeremoniell des gerichtlichen Verfahrens (z. B. Robenzwang für Richter und Anwälte) hebt, trotz aller Nonchalance, die oft eingerissen ist, auch den bürgerlichen Rechtsstreit vor dem staatlichen Gericht aus der Ebene einer rein privaten Auseinandersetzung heraus. Der Formenzwang des gerichtlichen Verfahrens ist einer Vereinbarung der Parteien nicht zugänglich. Diese können z. B. nicht darüber verfügen, ob der Richter oder auch nur ihre jeweiligen Prozeßvertreter eine Robe zu tragen haben oder nicht, die Gerichtssprache ist deutsch, auch wenn die Parteien beide Ausländer sind und sich auf eine dritte Sprache geeinigt haben. Ebensowenig können die Parteien über die sachliche Zuständigkeit des Gerichts verfügen. Für diesen Formenzwang vor dem staatlichen Gericht gibt es objektive Gründe, denen hier nicht weiter nachzugehen ist, die aber mit Stichworten wie „Würde des Gerichtes" oder „Schutz der Unparteilichkeit" usw. bezeichnet werden können. Ein wichtiger Aspekt ist auch, daß die zur Rechtskraft gelangenden Entscheidungen des Gerichtes eine über die unmittelbaren Parteibeziehungen hinausgehende Fernwirkung haben können, entweder unmittelbar durch die Bindungswirkung, welche die Rechtskraft eines Urteils entfalten kann, oder mittelbar dadurch, daß diese Entscheidung in den Kanon der staatlichen Rechtsprechung eingeht und als Präzedenzfall die weitere Rechtsprechung der staatlichen Gerichte beeinflussen kann.

3 Das staatliche Prozeßrecht, das formelle Recht, ist daher formell in dem Sinne, daß eine aus objektiven Gründen gebotene Formstrenge für manchen individuellen Fall nicht recht paßt und dennoch beachtet werden muß. So kann der verfassungsrechtlich überaus wichtige Grundsatz des gesetzlichen, d.h. des aufgrund objektiver Kriterien vor Beginn des Rechtsstreites bestimmbaren Richters im Einzelfall ausgesprochen schädlich sein. Dennoch ist es den Parteien nicht möglich, etwa durch übereinstimmende Erklärung einen offenbar überforderten Richter auszutauschen. Ein nicht minder wichtiger, verfassungsrechtlich ebenso unverzichtbarer Aspekt des Gerichtsverfahrens ist seine grundsätzliche Öffentlichkeit. Auch der zivile Rechtsstreit ist ein öffentliches Verfahren, und die Parteien können den Richter nicht durch übereinstimmende Erklärung verpflichten, Zuhörer, deren Anwesenheit den Parteien unerwünscht ist, aus dem Saal zu weisen.

2. Das Schiedsgerichtsverfahren als Privatverfahren

Eine Reihe von Faktoren, die letztlich auf die erwähnte Formstrenge des staatlichen Verfahrensrechtes zurückgehen, haben dazu geführt, daß für bestimmte Wirtschaftszweige oder für eine bestimmte Art von Verträgen die gleichsam offizielle Art der Streiterledigung durch staatliche Gerichtsverfahren und nachfolgendes Urteil nicht als die beste Art angesehen wird, rechtliche Auseinandersetzungen beizulegen.

In vielen Bereichen der Wirtschaft werden, offenbar mit steigender Tendenz, Schiedsgerichte bevorzugt [4]. Haben die Parteien eine Schiedsvereinbarung getroffen, was zumeist in Form einer recht stiefmütterlich ausgehandelten Schiedsklausel in einer der allerletzten Bestimmungen eines Vertrages geschieht, so sind die Parteien hieran gebunden. Das staatliche Gericht ist dann für Rechtsstreitigkeiten, auf welche sich diese Schiedsklausel bezieht, nicht mehr zuständig, es sei denn, eine Partei verzichtete auf ihre Rechte aus der Schiedsklausel (§ 1027 a ZPO).

Soweit ersichtlich, ist die Möglichkeit, die staatliche Gerichtsbarkeit für bestimmte private Streitigkeiten auszuschalten und durch ein privates Schiedsgericht zu ersetzen, in allen Staaten der Erde gegeben. Die Unterschiede, welche sich zwischen den nationalen Rechtsordnungen in bezug auf das Recht der Schiedsgerichtsbarkeit ergeben, sind aufs ganze gesehen nicht einmal sehr erheblich. In den entwickelten, von westlicher Zivilisation geprägten Ländern der Erde kann im Grunde damit gerechnet werden, daß die von Land zu Land bestehenden Unterschiede sich auf Detailfragen beschränken. Das gilt insbesondere für die Länder Europas und ihre Ableger in Übersee. Das Grundmuster der Schiedsgerichtsbarkeit ist überall das folgende:

---

[4] *Nicklisch*, RIW 1978 S. 633: „Wirtschaftsunternehmen vereinbaren bei internationalen Verträgen regelmäßig die Zuständigkeit eines internationalen Schiedsgerichts". Diese Aussage möchte der Verfasser aus eigener Erfahrung und Fachgesprächen bestätigen. Eine Ausnahme stellen anscheinend internationale Kreditverträge dar.

Grundmuster

a) Schiedsvertrag: Durch einen Schiedsvertrag (Schiedsklausel) wird die staatliche Gerichtsbarkeit ausgeschlossen. Wird dennoch von einer Partei das staatliche Gericht angerufen, so prüft dieses die Gültigkeit der Schiedsklausel und erklärt sich für unzuständig, wenn es die Gültigkeit bejaht und die Gegenseite sich hierauf beruft.

b) Schiedsrichterbenennung: Durch die Schiedsklausel werden die Parteien verpflichtet, den oder die Schiedsrichter zu benennen. Kommt eine Partei dieser Pflicht nicht nach, so greift nach der nationalen Rechtsordnung (in Deutschland: §§ 1028 ff. ZPO) ein Ersatzmechanismus ein, wonach ein zuständiges Gericht oder eine sonstige Stelle das Schiedsgericht konstituiert.

c) Schiedsrichtervertrag: Nimmt der ernannte Schiedsrichter das Amt an, liegt darin die Annahme eines in der Ernennung liegenden Vertragsangebotes der Parteien auf Abschluß eines Schiedsrichtervertrages. Aufgrund dieses Vertrages ist der Schiedsrichter verpflichtet, tätig zu werden und die Parteien, das Honorar zu zahlen.

d) Das Schiedsgerichtsverfahren: Da das Schiedsgericht seine Autorität nur von den Parteien ableitet, muß sich seine Tätigkeit innerhalb der von den Parteien gesteckten Grenzen halten. Überschreitet der Schiedsrichter diese Grenzen, sind seine Handlungen und Entscheidungen grundsätzlich ungültig.

e) Der Schiedsspruch: Der Schiedsspruch hat grundsätzlich die Wirkung eines rechtskräftigen Urteils eines staatlichen Gerichtes (vgl. § 1040 ZPO) und kann entsprechend vollstreckt werden.

f) Aufhebung des Schiedsspruches: Die nationalen Rechtsordnungen behalten sich vor, den Schiedsspruch unter besonderen, in der Regel sehr engen Voraussetzungen aufzuheben oder ihm die Vollstreckbarkeit zu verweigern. Dieses gilt insbesondere für den Fall, daß das Schiedsgericht sich nicht an die gesteckten Grenzen gehalten hat.

g) Die Verfahrenskosten: Der Staat hält zwar die staatlichen Gerichte vor und übernimmt die durch die Gerichtsgebühren meist unzureichend gedeckten Kosten des Apparats. Für das Schiedsverfahren, insbesondere für das Honorar des Schiedsrichters, haben die Parteien dagegen ausschließlich einzustehen.

6   Abweichungen von diesem Grundmuster kommen im Grunde nur dann vor, wenn durch staatliche Gesetzgebung bestimmte, als Schiedsgerichte bezeichnete Instanzen institutionalisiert werden, wie es z.B. die Außenhandelsschiedsgerichte in den RGW-Ländern sind. Auch im angelsäch-

sischen Rechtskreis wird – namentlich in Bereichen, welche wir dem Wirtschaftsverwaltungsrecht zurechnen würden –, die Streiterledigung gelegentlich Institutionen zugewiesen, welche als Schiedsgericht bezeichnet werden[5]. Im Einzelfall ist daher bei dem Begriff Schiedsgericht die Prüfung angezeigt, ob es sich auch wirklich um ein privates Schiedsgericht im beschriebenen Sinne handelt.

3. Die standardisierte Schiedsverfahrensordnung

Wird durch eine Schiedsgerichtsklausel die Zuständigkeit des ordentlichen Gerichts für Streitigkeiten aus dem betreffenden Vertrag ausgeschlossen, so können es die Parteien allein bei dieser Bestimmung bewenden lassen. Die Klausel lautet dann etwa wie folgt: 7

> „Alle Streitigkeiten aus diesem Vertrag (oder: aus dem Vertrag vom...) werden unter Ausschluß des ordentlichen Rechtsweges durch ein Schiedsgericht endgültig entschieden."

Findet das Verfahren in Deutschland statt, so gelten mangels abweichender Vereinbarungen §§ 1025 ff. ZPO. Danach besteht das Schiedsgericht aus zwei (eine offenbar nicht sehr praktische deutsche Besonderheit!) Schiedsrichtern, die jeweils von einer Partei benannt werden (§ 1028 ZPO)[6]. Weigert sich der Beklagte, einen Schiedsrichter zu bestellen, so wird auf Antrag des Klägers der zweite Schiedsrichter durch das zuständige Gericht bestellt (§ 1029 ZPO), das zuständige Gericht selbst ergibt sich aus § 1045 ZPO. Die ZPO regelt weiter, unter welchen Voraussetzungen ein Schiedsrichter wegfällt bzw. abgelehnt werden kann, welche Maßnahmen das Schiedsgericht vornehmen darf und welche nicht, wie der Schiedsspruch zustande kommt usw. 8

Die Prozeßordnungen der Länder, mit denen wir uns zu vergleichen pflegen, enthalten entsprechende Regelungen, so in Österreich die §§ 577 ff. der Zivilprozeßordnung, in Holland ebenfalls als einen Teil der Zivilprozeßordnung die Artikel 1020 ff. usw. Auch in anderen Nachbarländern, etwa Italien oder Belgien, wie auch z. B. Norwegen ist das Recht der Schiedsgerichtsbarkeit innerhalb der allgemeinen Zivilprozeßordnung geregelt. Diese Einordnung der Schiedsgerichtsbarkeit gleichsam als ein Anhang zur allgemeinen Zivilprozeßordnung mag in der her- 9

---

5 Vgl. auch § 101 ArbGG.
6 Zur Problematik des parteibenannten Schiedsrichters: *Franzen*, NJW 1986 S. 299.

kömmlichen Sicht berechtigt sein. Es fragt sich aber, ob die Länder, welche die Schiedsgerichtsbarkeit von der allgemeinen Zivilprozeßordnung auch äußerlich dadurch abheben, daß sie dieses Rechtsgebiet in einem eigenen Gesetz regeln, den Besonderheiten des Schiedsgerichtsrechtes nicht besser Rechnung tragen. Zu diesen Ländern gehören etwa England mit seinem Schiedsgerichtsgesetz von 1979, Schweden, dessen aus dem Jahre 1929 stammendes Schiedsgerichtsgesetz 1984 neu gefaßt wurde, und auch Frankreich hat sein ursprünglich in die allgemeine Zivilprozeßordnung eingebettetes Recht des Schiedsgerichtswesens in einem besonderen Gesetz niedergelegt. In den meisten und in allen wichtigen Kantonen der Schweiz ist das Recht der Schiedsgerichtsbarkeit in einem interkantonalen Staatsvertrag, dem sog. Schweizer Konkordat, in einer eigenen Rechtsquelle zusammengefaßt.

10 Die Schiedsverfahrensordnungen, die so von den staatlichen Prozeßrechten angeboten werden, sind nicht nur bei uns, sondern auch bei allen anderen für uns wichtigen Staaten abdingbares Recht, d.h. sie können von den Parteien bis an die Grenze eines rechtsstaatlichen Kernbestandes durch Vereinbarung umgestaltet oder ganz abgedungen werden. Es hat sich daher im nationalen Rahmen, nicht nur in Deutschland, sondern auch in anderen Ländern, eine Vielzahl von Schiedsgerichten und Schiedsgerichtsordnungen entwickelt, deren Bedeutung auf bestimmte Branchen und Regionen beschränkt ist[7]. Dasselbe ist im internationalen Rahmen geschehen. Ähnliche Gründe wie die, welche im nationalen Rahmen vom Gesetz abweichende Schiedsverfahrensordnungen nahelegen, führen im internationalen Handelsverkehr dazu, Schiedsverfahrensordnungen zu entwickeln, welche die Regelungen des jeweiligen nationalen Rechts der Schiedsgerichtsbarkeit außer Kraft setzen oder ergänzen. Ein solcher Grund kann einmal in einer individuellen Schwäche des jeweils in Frage kommenden Rechtes liegen. So wurde es z.B. als Schwäche des deutschen Rechtes der Schiedsgerichtsbarkeit angesehen, daß gemäß § 1039 ZPO alter Fassung alle Schiedsrichter den Schiedsspruch zu seiner Gültigkeit unterzeichnen mußten. Die seit dem 1. 9. 1986 geltende Fassung des § 1039 ZPO hat diese Schwäche beseitigt[8]. Es wird auch als unangebrachter Einbruch der staatlichen Gerichtsbarkeit in das private Schiedsgerichtswesen angesehen werden können, daß nach den jeweiligen gesetzlichen Regelungen die staatlichen Gerichte zuständig werden für die Berufung, Abberufung und gegebenenfalls Erset-

---

7 Gerade in Deutschland herrscht auf diesem Gebiet ein besonderer Formenreichtum: *Schütze/Tscherning*, Rdnr. 756.
8 *Sandrock* sieht freilich die Notwendigkeit einer Re-Novellierung: Gesetz S. 4. Vgl. *Lörcher*, BB 88, 78 f.

zung von Schiedsrichtern, falls die Parteien sich nicht einigen können. Darüber hinaus ist aber die Verschiedenartigkeit der nationalen Regelungen als solche bereits eine Schwäche. Im Augenblick des Abschlusses der Schiedsklausel wird häufig der Ort noch nicht feststehen, an welchem ein eventuelles Schiedsverfahren stattfinden wird. Ebenso liegt naturgemäß der Streitgegenstand eines künftigen Schiedsverfahrens zu diesem Zeitpunkt noch nicht fest. Von dem Ort des Schiedsverfahrens würde aber, ist nichts anderes vereinbart, das anwendbare Verfahrensrecht wahrscheinlich abhängig sein; von dem Streitgegenstand hängt möglicherweise ab, welches Verfahren das Schiedsgericht tunlichst wählt. Solche Unsicherheiten lassen sich dadurch beheben, daß eine Schiedsverfahrensordnung vereinbart wird, die von vornherein international verwendbar und auch dazu in der Lage ist, örtlich bedingte oder – je nach Austragungsort – zwingend zu beachtende Verfahrensvorschriften in sich aufzunehmen.

Die gesetzlichen Schiedsverfahrensordnungen wie z. B. gemäß §§ 1025 ff. ZPO können natürlich auch Anwendung finden in einem z. B. nach englischem materiellen Recht zu entscheidenden Streitfall, aber doch nur unter Inkaufnahme möglicher Auslegungsprobleme. Die §§ 1025 ff. sind eben ein Teil des deutschen Rechtes und diesem konzeptionell und in der Begrifflichkeit verpflichtet. Entsprechendes gilt für die gesetzlich normierten Schiedsverfahrensordnungen anderer Länder. Das vereinbarte materielle Recht, nach welchem die aufkommende Streitfrage beurteilt werden soll, ist aber sehr häufig nicht das Recht des Landes, in welchem in einem Streitfall ein Prozeß zu führen wäre, weil der Prozeßort und damit das wahrscheinlich anwendbare Verfahrensrecht davon abhängen kann, welche der beiden Vertragsparteien Kläger bzw. Beklagter ist. Wenn die Parteien eines internationalen Vertrages eine Schiedsklausel vereinbaren, sprechen also verschiedene Gründe dafür, nicht auf eine gesetzlich vorgegebene Schiedsverfahrensordnung zurückzugreifen bzw. die Frage, welche Schiedsverfahrensordnung gegebenenfalls anzuwenden sein wird, den näheren Umständen des Falles zu überlassen, sondern es empfiehlt sich, eine Verfahrensordnung zu suchen, die nicht nur von der Anbindung an ein bestimmtes nationales Recht möglichst frei ist, sondern die auch Überraschungen, die aus den oben erwähnten Unsicherheiten folgen können, vermeidet. **11**

Mit dieser Überlegung verträgt sich auf den ersten Blick nicht die Tatsache, daß in internationalen Verträgen häufig auf das nationale Schiedsverfahrensrecht der Schweiz, Schwedens oder neuerdings auch Österreichs verwiesen wird bzw. auf Schiedsverfahrensordnungen, die in diesen Ländern entwickelt wurden. Tatsächlich findet sich aber hier die **12**

Standardisierte Ordnungen

verfahrensrechtliche Ergänzung zu der Wahl des materiellen Rechtes. Bei der Auswahl des materiellen Rechts für einen Vertrag scheinen die Parteien oft von dem Gedanken getragen zu sein, daß dem Recht eines politisch neutralen Landes ein besonderes Maß an Unparteilichkeit zukomme[9]. Es wird daher auch in vielen Fällen, die mit dem Lande gar nichts zu tun haben, das Recht etwa der Schweiz oder neuerdings auch Österreichs vereinbart. Es bietet sich dann an, dem materiellen Recht das Verfahrensrecht folgen zu lassen und z. B. die Schiedsgerichtsbarkeit einer Verfahrensordnung zu unterwerfen, welche zu diesem materiellen Recht eine besondere Beziehung hat.

13   Es haben sich in den letzten Jahrzehnten Schiedsverfahrensordnungen entwickelt bzw. wurden gezielt für den internationalen Handelsverkehr konzipiert, welche entweder völlig oder doch fast völlig von einem nationalen Recht losgelöst sind, oder solche, die zwar formal auf der Grundlage eines nationalen Rechtes stehen, die sich aber praktisch an eine internationale Klientel wenden[10]. Hinter diesen Bemühungen stehen oft bestimmte Institutionen oder auch der Gesetzgeber selbst. Es ist ein prestigebildendes Merkmal für eine Stadt, gesuchter Austragungsort internationaler Schiedsverfahren zu sein, und für die dort ansässigen Juristen erschließt sich dadurch ein interessanter Markt. Die Änderung des englischen Schiedsgerichtsgesetzes 1979, mit welchem einige von den internationalen Gepflogenheiten stark abweichende englische Eigentümlichkeiten[11] abgeschafft wurden, war auch die Antwort des englischen Gesetzgebers auf schwindende Marktanteile des Platzes London in der internationalen Handelsschiedsbarkeit[12]. Entsprechend war die Änderung des österreichischen Rechts der Schiedsgerichtsbarkeit durch eine 1983 erfolgte Novellierung der österreichischen ZPO der offenbar erfolgreiche Versuch, Wien als Austragungsort internationaler Schiedsgerichtsverfahren ins Gespräch zu bringen[13].

14   Aus der Vielzahl der bestehenden Schiedsverfahrensordnungen sind nicht alle von gleichem praktischen Interesse. Auf branchenspezifische Schiedsverfahrensordnungen ist in diesem Buch nicht einzugehen. Ebenso wurden außer acht gelassen solche Schiedsverfahrensordnungen, welche sich ausdrücklich auf bestimmte Länder beziehen, wie die

---

9 *Sandrock*, Handbuch der internationalen Vertragsgestaltung, 1980 S. 13 f.
10 Vgl. *Hellwig*, Nationale und internationale Schiedsgerichtsbarkeit, RIW 1984 S. 421 ff.
11 Vgl. *Aden*, KTS 1971 S. 1 ff.
12 *Hellwig*, a. a. O., S. 423.
13 *Melis*, A Guide to Commercial Arbitration in Austria; *Gottwald* in FS Nagel S. 54.

Branchenspezifische Ordnungen

Schiedsverfahrensordnung der Handelskammer Deutschland/Schweiz oder die jüngst ins Leben gerufene Schiedsgerichtsbarkeit der deutschfranzösischen Handelskammer [14]. Ebenso sind nicht zu berücksichtigen solche Schiedsverfahrensordnungen, welche zwar in absoluten Zahlen außerordentlich wichtig sind, z. B. die Verfahrensordnung der American Arbitration Association, deren Bedeutung aber im wesentlichen auf ein Land beschränkt ist. Darzustellen sind vielmehr die Schiedsverfahrensordnungen, welche branchen- und länderunabhängig die größte internationale Verwendung finden und insbesondere auch von deutschen im Außenhandel tätigen Unternehmen erfahrungsgemäß am häufigsten verwendet werden. Einzuschränken ist dabei jedoch, daß Aussagen über die tatsächliche Verbreitung bestimmter Schiedsverfahrensordnungen innerhalb und außerhalb Deutschlands mit einem hohen Unsicherheitsgrad behaftet sind. Es ist gerade ein Wesensmerkmal der Schiedsgerichtsbarkeit, daß die Verfahren nicht an die Öffentlichkeit dringen. Aussagen über die Verwendungshäufigkeit sind daher nur auf nicht belegbare Fachgespräche zu gründen und allenfalls auf die Häufigkeit, mit welcher in der juristischen Literatur die eine oder andere Schiedsverfahrensordnung angesprochen wird [15]. Die in diesem Buch getroffene Auswahl der zu kommentierenden Verfahrensordnungen mag daher dem einen oder anderen Leser, je nach seinem Informationsstand, willkürlich oder unvollständig erscheinen.

Die hier vorzustellenden Schiedsverfahrensordnungen lassen sich in zwei Hauptgruppen unterteilen: **15**

Institutsgebundene Verfahrensordnungen:

1. Die Schiedsverfahrensordnung der Internationalen Handelskammer, Paris (ICC-Regeln)
2. Schieds- und Vergleichsordnung des Schiedsgerichts der Bundeskammer der gewerblichen Wirtschaft, Wien (Wiener Regeln)
3. Schiedsverfahrensordnung der Stockholmer Handelskammer (Stockholmer Regeln)

---

14 Vgl. *Groos/Langer/Sandrock*, Beilage 14 zu Heft Nr. 32 BB 1985.
15 Der Versuch, die Häufigkeit der Inanspruchnahme von Schiedsgerichten empirisch zu erfassen, mißlang sogar in bezug auf den räumlich engen Bereich der Hansestädte, vgl. *Krafzik*, Die Spruchpraxis der Hanseatischen Schiedsgerichte, 1974. – Bei institutionellen Schiedsgerichten werden dagegen sehr genaue Statistiken geführt, die freilich nur die anhängig gemachten Verfahren betreffen, nicht die tatsächliche Verwendungshäufigkeit. Diese bleibt im Dunkel. Im Ost-West-Handelsverkehr vgl. *Stumpf*, RIW 1987, S. 821 ff.

Rechtsqualität der Verfahrensordnungen

Institutsfreie Verfahrensordnungen:
1. Die Schiedsgerichtsordnung des Ausschusses für internationales Handelsrecht der Vereinten Nationen (UNCITRAL), die UNCITRAL-Regeln.
2. Die Schiedsgerichtsregeln des Wirtschaftsausschusses der Vereinten Nationen für Europa, die ECE-Regeln.

4. Die Rechtsqualität der Verfahrensordnungen

16 Schiedsverfahrensordnungen sind von der Rechtsqualität her privatrechtliche Vereinbarungen, die, anstatt je nach Bedarf von den Parteien pauschal übernommen zu werden, auch individuell abgewandelt werden können. Dieses gilt insbesondere auch für halboffizielle Schiedsverfahrensordnungen wie die UNCITRAL-Regeln oder die ECE-Regeln. Der Sache nach handelt es sich bei diesen Schiedsverfahrensordnungen um von bestimmten Institutionen erarbeitete und dem Publikum zur freien Verwendung angebotene Mustervereinbarungen, deren Rechtsqualität sich nicht von der eines Mustervertrages etwa nach der Art der „Heidelberger Musterverträge" unterscheidet. Rechtlich verbindlich werden diese Verfahrensordnungen nur, insoweit sie von den jeweiligen Parteien vereinbart werden. Hierin unterscheiden sich diese und andere Schiedsverfahrensordnungen etwa von dem „einheitlichen Reglement für Schiedsgerichte bei den Handelskammern der Mitgliedsländer des RGW", über dessen Einzelvorschriften die Parteien eben nicht verfügen können[16]. Insofern unterscheiden sich die Verfahrensordnungen der internationalen Handelsschiedsgerichtsbarkeit auch etwa von den Verfahrensregeln, welche für gesetzlich ausdrücklich vorgesehene Schiedsgerichte gelten. So sind etwa die Vorschriften zum Schiedsvertrag in Arbeitsstreitigkeiten (§§ 101 ff. Arbeitsgerichtsgesetz) zwingendes Recht, wie auch die in § 14 Parteiengesetz für das Parteischiedsgericht vorgegebenen Grundsätze durch private Satzung nicht abgeändert werden können.

17 Die Möglichkeit der Parteien, die Schiedsverfahrensordnungen des internationalen Handelsrechtes individuell abzuwandeln, sind theoretisch unbegrenzt. So könnten es sich die Parteien einfallen lassen, die ICC-Regeln mit der Maßgabe zu vereinbaren, daß Vorschriften, welche sich auf den Schiedsgerichtshof beziehen, unbeachtlich sein sollen. In der

---

16 Vgl. allgemein: *Pfaff*, Die Außenhandelsschiedsgerichtsbarkeit der sozialistischen Länder, 1973.

Verhandelbarkeit

Praxis dürfte es sich aber nur ausnahmsweise empfehlen, von diesem Recht Gebrauch zu machen. Es empfiehlt sich dann schon eher, einige Sorgfalt an den Gedanken zu wenden, ob es die Sache erfordert, die zur Anwendung gestellte Verfahrensordnung um einige sachbezogene Spezialregeln zu erweitern. Die eigentliche Stärke dieser Schiedsverfahrensordnungen besteht nämlich nicht zum geringsten gerade darin, daß sie als fest formuliertes Regelwerk eine gewisse Rechtsvereinheitlichung in dem voraussetzungsgemäß im übrigen völlig unstrukturierten Recht der internationalen Handelsschiedsgerichtsbarkeit bewirken. Die Erfahrung scheint auch zu bestätigen, daß – jedenfalls die hier vorzustellenden – Schiedsverfahrensordnungen bei der Aushandlung internationaler Verträge praktisch nie im einzelnen diskutiert werden, sondern jeweils pauschal übernommen werden. Praktisch werden diese Schiedsverfahrensordnungen daher nur insofern durch Parteivereinbarung beeinflußt, als die Verfahrensordnung selbst „offen" ist und eine Parteiregelung gleichsam ausdrücklich erfragt und nur mangels einer solchen Regelung eine Ersatzlösung anbietet. Dies gilt etwa für die Formalien der Schiedsrichterbestellung bzw. ihrer Ersetzung oder für den Fall, daß die Parteien den Ort des Verfahrens, die Verfahrenssprache, das anwendbare materielle Recht u.ä. nicht festgelegt haben.

Die wesentlichen Inhalte der hier vorzustellenden Schiedsverfahrensordnungen sind verschiedentlich beschrieben worden. Auf diese Beschreibungen ist ergänzend zu verweisen [17]. Die vorliegende Darstellung möchte über eine bloße Beschreibung der Schiedsverfahrensordnungen hinausgehen. Dem Anwender der Verfahrensordnung, sei es vor Abschluß der Schiedsklausel, sei es angesichts einer drohenden rechtlichen Auseinandersetzung, vielleicht aber auch während einer solchen, kann es nicht nur auf den allgemeinen Inhalt der Verfahrensordnung ankommen, wie er sich letztlich auch durch eine schlichte Lektüre erschließt. Er muß wissen, worauf er sich eigentlich einläßt, wenn er sich für eine bestimmte Schiedsverfahrensordnung entscheidet, oder welche Möglichkeiten der Verfahrensgestaltung ihm mit einer bereits gewählten Schiedsverfahrensordnung gegeben sind. Der Anwender muß insbesondere prüfen, ob die Regeln, auf deren Formulierung er im einzelnen keinen Einfluß genommen hat, auf deren Wortlaut und juristische Durchdachtheit er aber vertraut, das Schiedsgericht so binden, daß er vor prozessualen Überraschungen sicher ist. Ja, letztlich stellt sich die Frage, ob

18

---

17 Ausführlich z. B. *Schütze/Tscherning.* – Dieses Buch selbst geht zurück auf die Artikelfolge des Verfassers in „Blick durch die Wirtschaft" (1986), in welcher die wichtigsten Schiedsverfahrensordnungen besprochen wurden.

Rechtsqualität

noch **18** er an einen Schiedsspruch gebunden sein kann, welcher unter Verletzung des wohlverstandenen Inhalts oder gar des Wortlautes einer solchen Verfahrensordnung erlassen wurde. Die vorliegende Darstellung verfolgt daher insofern ein neues Konzept, als die ausgewählten Schiedsverfahrensordnungen durchgängig kommentiert werden. Diese Kommentierung geschieht aus der Sicht des deutschen Rechtes. Die Vorschriften der ausgewählten Verfahrensordnungen werden daher insbesondere auch unter dem Gesichtspunkt geprüft, ob ein Verstoß des Schiedsgerichts gegen den wohlverstandenen Inhalt einer solchen Vorschrift ein Verfahrensfehler im Sinne des § 1041 Abs. 1 Nr. 1 ZPO sein kann.

2. Kapitel
Vollstreckbarkeit und Verfahrensverstoß

1. Die internationale Vollstreckbarkeit des Schiedsspruches

Veröffentlichungen und Kongreßberichte zum Recht der internationalen Handelsschiedsgerichtsbarkeit beschäftigen sich immer wieder mit dem Phänomen der internationalen Schiedsgerichtsbarkeit als solcher[1]. Es ist, als könnten die Beteiligten selbst nicht ganz daran glauben, daß sich diese Form der privaten Streiterledigung tatsächlich weltweit so sehr durchgesetzt hat, daß zu der Sache selbst eigentlich gar nichts mehr zu sagen ist. Auch die Frage der Anerkennung und Vollstreckbarkeit von inländischen Schiedssprüchen im Ausland und ausländischen Schiedssprüchen im Inland ist heute vom Grundsätzlichen her kein Problem mehr. Nach einem Wort *Rudolf von Jehrings* verblassen angesichts des Geldes alle Vorurteile religiöser, nationaler oder sonstiger Art. Handel ist im Grundsatz nationalitätsblind und vorurteilsfrei und auch unpolitisch. Das den Handel begleitende Recht darf und muß von derselben Art sein. Hier wird die eigentliche Begründung dafür zu suchen sein, daß die internationale Handelsschiedsgerichtsbarkeit wie kaum ein anderer Bereich internationaler Zusammenarbeit über die Grenzen der Staaten und politischen Blöcke hinweg ein in den wesentlichen Zügen einheitliches Recht entwickelt hat, und es ist zu erwarten, daß der Zug zur weltweiten Rechtsvereinheitlichung sich auf diesem Gebiet noch verstärken wird. Der unter der Federführung der UNCITRAL erarbeitete Entwurf eines Mustergesetzes zur internationalen Handelsschiedsgerichtsbarkeit gibt hierzu bereits eine gewisse Richtung an[2]. Aber auch gegenwärtig ist das Recht der internationalen Handelsschiedsgerichtsbarkeit bereits ein Rechtsgebiet, welches mit wenigen Ausnahmen in praktisch allen wichtigen Staaten der Erde einen Grad der Vereinheitlichung erreicht hat, der seinesgleichen sucht.

Dieses ist im wesentlichen eine Folge davon, daß das „UN-Übereinkommen über die Anerkennung und Vollstreckung ausländischer Schieds-

---
[1] Die Literatur ufert fast aus; vgl. die Literaturnachweise z. B. bei *Schlosser* oder *Rauh*. Demgegenüber ist die Ausbeute an Rechtsprechungsbeispielen eher etwas dürftig.
[2] Vgl. *Böckstiegel*, RIW 1984 S. 670; *Schwab* in FS Nagel S. 427 ff.

Internationale Vollstreckbarkeit

sprüche" vom 10. Juni 1958 (New Yorker Übereinkommen) mit wenigen Ausnahmen von allen wichtigen Industriestaaten der Erde ratifiziert wurde. In Europa sind nur Island und Portugal (und wie üblich Albanien) nicht Vertragsstaaten. Außerhalb Europas ist zwar eine Reihe wichtiger Staaten diesem Übereinkommen nicht beigetreten (z. B. Kanada, Brasilien, Argentinien und China sowie die Mehrzahl der islamischen Länder), aber weder deren Fehlen noch das Fernbleiben einer Reihe von Staaten der dritten Welt ändert etwas daran, daß der weit überwiegende Anteil des deutschen Außenhandels mit Ländern abgewickelt wird, die dieser Konvention beigetreten sind. In Europa wird diese Konvention ergänzt durch das „Europäische Übereinkommen über die internationale Handelsschiedsgerichtsbarkeit" vom 21. April 1961, welcher insbesondere (wiederum mit Ausnahme Albaniens) alle europäischen kommunistischen Staaten beigetreten sind sowie die wichtigeren Staaten Westeuropas wie Deutschland, Frankreich, Italien, nicht aber z. B. Großbritannien[3]. Für Deutschland werden diese Übereinkommen ergänzt durch eine Reihe zweiseitiger Staatsverträge, welche sich zum Teil mit den genannten Übereinkommen überschneiden, die aber, wie z. B. der Staatsvertrag mit der Schweiz aus dem Jahre 1930, eine eigenständige Rechtsquelle darstellen[4]. Die meisten unserer Nachbarländer sind ihrerseits Partner zwei- oder mehrseitiger Übereinkommen mit Drittländern, welche die gegenseitige Anerkennung und Vollstreckung von im jeweils anderen Land erlassenen Schiedssprüchen regeln. So hat Österreich entsprechende Verträge mit Rumänien, der Schweiz, der Türkei, der UDSSR und Jugoslawien[5]. Ebenso ist die Schweiz Vertragsstaat des New Yorker Übereinkommens von 1958 (nicht jedoch des Europäischen Übereinkommens von 1961) sowie Partner einer Reihe von zweiseitigen Vereinbarungen entsprechenden Inhalts. Eine Reihe lateinamerikanischer Staaten, von denen einige wiederum Vertragspartner des New Yorker Übereinkommens sind, hat ihrerseits Übereinkommen geschlossen, welche die Anerkennung und Vollstreckung von im Vertragsstaat erlassenen Schiedssprüchen im Inland regeln.

3   Ein, wenn auch notwendigerweise flüchtiger Überblick zeigt also, daß praktisch alle wichtigen Länder der Erde entweder unmittelbar über eine so weitreichende Konvention wie das New Yorker Übereinkommen oder

---

3 Aufzählung der Mitgliederländer mit Beitrittsdatum: *B/L/A*, Einleitung IV Anm. 3D vor § 1 ZPO – Text und Inhalt: ebd; Schlußanhang VI.
4 *B/L/A*, Schlußanhang VI.
5 *Melis*, A Guide to Commercial Arbitration in Austria, S. 28; *Fasching*, Schiedsgericht und Schiedsverfahren: Abdruck der zweiseitigen Staatsverträge im Anhang.

mittelbar über gemeinsame dritte Vertragspartner auf diesem Rechtsgebiet derartig miteinander verbunden sind, daß es schwerfällt, ein anderes Beispiel internationaler Rechtsvereinheitlichung von gleicher Dichte zu nennen.

Diese staatsvertraglichen Regelungen sichern die Anerkennung und Vollstreckbarkeit von Schiedssprüchen in sehr weitgehender Weise, wenn auch außerhalb der New Yorker Konvention, also im Geltungsbereich zweiseitiger Staatsverträge, Abweichungen von Land zu Land bestehen bleiben. In Deutschland gilt darüber hinaus, also außerhalb von staatsvertraglichen Spezialregelungen, § 1044 ZPO, welcher ganz allgemein feststellt, daß ausländische Schiedssprüche im Inland vollstreckt werden können, wenn sie nicht in bestimmten wesentlichen Punkten fehlerhaft sind[6]. Entsprechende Vorschriften bestehen im nationalen Recht anderer Staaten. Die Anerkennung und Vollstreckung von Schiedssprüchen in und aus dem Ausland ist daher nicht nur in Deutschland, sondern in praktisch allen wichtigen Ländern weithin gesichert. In diesem Bereich wirft die internationale Handelsschiedsgerichtsbarkeit Probleme nur noch in Detailfragen auf, wenn z. B. diskutiert wird, ob es bei der Anerkennung eines Schiedsspruches auf den internationalen Ordre Public (wenn es einen solchen gibt) ankomme oder auf die jeweiligen nationalen Vorstellungen von öffentlicher Ordnung[7]. **4**

Gerade aus dem Erfolg der internationalen Handelsschiedsgerichtsbarkeit und des praktisch weltweit, jedenfalls in den Grundzügen, einheitlichen Anerkennungsrechtes ergeben sich aber für die betroffenen Parteien Fragen anderer Art. Die Flexibilität der Schiedsgerichtsbarkeit und die informelle Art der Streiterledigung birgt Gefahren. Dagegen können sich die Parteien mit entsprechenden Vereinbarungen schützen. Sie sollten es aber auch tun. Die Schiedsrichter bestimmen, wenn nicht die Parteien etwas anderes vereinbaren, nach einer in allen einschlägigen Vorschriften der nationalen Rechtsordnungen wie auch der privaten Schiedsverfahrensordnungen praktisch gleichlautenden Regelung „das Verfahren nach eigenem Ermessen". Bis an die Grenze grober oder gröbster Verstöße ist es nach dem internationalen Anerkennungsrecht einem staatlichen Gericht in dem Lande, wo der Schiedsspruch vollstreckt werden soll, nicht möglich, die Angemessenheit des von den **5**

---

6 B/L/A, § 1044 1D: „§ 1044 ist nur hilfsweise anwendbar, wenn keine staatsvertragliche Sonderregelung vorgeht".
7 Vgl. den Kongreßbericht von P. Lalive auf dem Kongreß des International Council for Commercial Arbitration (ICCA) in New York Mai 1986; Kornblum in FS Nagel S. 140ff.

Schiedsrichtern eingeschlagenen Verfahrens zu überprüfen. Es wird zwar in der Literatur regelmäßig darauf hingewiesen, daß das Schiedsgericht an zwingende Verfahrensregeln gebunden sei, wie dieses – an sich überflüssigerweise – in Artikel 1 Abs. 2 der UNCITRAL-Ordnung ausdrücklich gesagt ist, es wird aber fast nie erläutert, was unter zwingendem Verfahrensrecht zu verstehen sei [8]. Im Grunde scheint es nur eine wirklich zwingende Verfahrensregel zu geben, nämlich die „audiatur et altera pars", auf welche sich alle anderen, jeweils nach den nationalen Rechten bestehenden zwingenden Verfahrensregeln zurückführen lassen. Die Schiedsrichter können also Fristen und Termine beliebig festsetzen, Redezeiten und Schriftsatznachlaß gewähren und entziehen und Beweise in völliger Freiheit bewerten. Diese Freiheit im Verfahren wird als ein Vorteil der Schiedsgerichtsbarkeit angesehen. Mit Ausnahme allergröbster Verstöße gegen Recht und Billigkeit wird weder ein inländischer noch ein ausländischer Schiedsspruch vom staatlichen Gericht auf seine rechtliche Richtigkeit überprüft. Auch dieses wird als ein Vorteil der Schiedsgerichtsbarkeit angesehen. Beide Male zu Recht. Diese Vorteile werden sich aber nur dann als solche erweisen, wenn die Parteien durch sorgfältige Auswahl der Schiedsrichter für die richtige Ausübung des schiedsrichterlichen Ermessens sorgen und vor allem, wenn sie durch klare Vorgaben den Schiedsrichtern ihre Grenzen setzen.

6 Geht der Schiedsrichter über die von den Parteien gesetzten Grenzen hinaus, liegt ein Verfahrensverstoß vor und der Schiedsspruch verfällt der Aufhebung. Der Aufhebungsgrund wegen Verfahrensverstoßes ist das Substrat der Parteiherrschaft im Schiedsverfahren. Gäbe es diesen Aufhebungsgrund nicht, könnte das Schiedsverfahren rechtsstaatlich keinen Bestand haben. Es ist nur dann hinnehmbar, daß ein staatliches Gericht unter Hinweis auf die bestehende Schiedsklausel zwischen den Parteien den Rechtsschutz verweigert, wenn gesichert ist, daß eine andere Instanz (hier: das Schiedsgericht) den Parteien das Recht in der Weise spricht, wie sie es gemeinsam vereinbart hatten. Der Anspruch der belasteten Partei auf Rechtsgewährung durch die staatlichen Gerichte lebt daher wieder auf, sobald das Schiedsgericht seine von den Parteien einverständlich gezogenen Grenzen überschreitet. Das ist nicht nur der Fall, wenn das Schiedsgericht über eine andere als von der Schiedsklausel gedeckte Sache entscheidet, sondern auch dann, wenn es ein anderes als von den Parteien vereinbartes Verfahren anwendet. Es ist daher von entscheidender, rechtsstaatlich völlig unabdingbarer Bedeutung, daß ein

---

[8] Vgl. *B/L/A*, § 1034 Anm. 4: „Maßgebend sind a) die zwingenden Vorschriften der ZPO (es sind sehr wenige), b) ...".

Schiedsverfahren nicht nur − was allerdings ohnehin selbstverständlich sein muß − als solches rechtsstaatlichen Mindestanforderungen (wie Gewährung rechtlichen Gehörs, Unparteilichkeit der Richter usw.) genügt, sondern daß es auch peinlich genau den einverständlichen Vorgaben der Parteien entspricht, mögen diese auch im Einzelfall objektiv wenig sinnvoll erscheinen. Auch sonst in Verträgen kommt es für die Verbindlichkeit einer Klausel nicht darauf an, ob diese objektiv sinnvoll ist, sondern nur darauf, ob sie so gewollt war. Jeder, auch ein geringfügiger Verstoß gegen den feststellbaren gemeinsamen Parteiwillen ist ein Verfahrensverstoß im Sinne von § 1041 Abs. 1 Nr. 1 ZPO, welcher zur Aufhebung führt, wenn er sich auf die Entscheidung auswirken konnte. Der *BGH* sagt daher ganz allgemein: „Ein schiedsgerichtliches Verfahren ist unzulässig, wenn das Schiedsgericht zu ihm nach den Vereinbarungen der Parteien oder den ergänzend eingreifenden gesetzlichen Bestimmungen nicht befugt war"[9].

Für die Feststellung eines Verfahrensverstoßes gemäß § 1041 Abs. 1 Nr. 1 kommt es nicht darauf an, ob die Schiedsrichter in bezug auf eine materiellrechtliche Frage über den Parteiauftrag hinausgegangen sind oder in bezug auf eine formellrechtliche Frage[10]. Haben z. B. die Parteien die Beurteilung ihres Rechtsstreites dem englischen materiellen Recht unterstellt, entscheidet das Schiedsgericht aber nach deutschem Recht oder „ex aequo et bono", dann liegt darin ebenso ein Verfahrensverstoß[11], wie wenn die Schiedsrichter dem Beklagten eine nach der Schiedsverfahrensordnung vorgesehene Einlassungsfrist willkürlich verkürzen. Es ist verfehlt, in den Begriff „Verfahrensverstoß" Qualifikationsprobleme hineinzutragen, wie *Sandrock* es tut. Wenn das angängig wäre, müßte jedes schiedsrichterliche Verhalten danach bewertet werden, ob es dem materiellen Recht zuzuordnen ist, für welchen Fall *Sandrock* offenbar einen Verfahrensverstoß von vorneherein ausschließt, oder dem formellen Recht, für welchen Fall ein Verfahrensverstoß im Sinne des § 1041 Abs. 1 Satz 1 ZPO immerhin denkbar erscheint. Diese Meinung liefe darauf hinaus, daß das Schiedsgericht an materiellrechtliche Vorgaben der Parteien überhaupt nicht gebunden wäre, da − so will *Sandrock* sagen − das staatliche Gericht in einem nachfolgenden Anerkennungsverfahren nicht die richtige Anwendung des materiellen Rechts durch die Schiedsrichter prüft, sondern eben nur die Richtigkeit des im prozeßrechtlichen Sinne verstandenen Verfahrens. Es bleibt also

7

---
9 *BGH*, NJW 1986 S. 1437 = JZ 1986 S. 402.
10 Darum gehen die Ausführungen *Sandrocks* in JZ 1986 S. 370f. am Kern der Sache vorbei.
11 *OLG Frankfurt a. M.*, RIW 1983 S. 400; *Aden*, RIW 1984 S. 934f.

Verfahrensverstoß

festzuhalten, daß als Verfahrensverstoß im Sinne von § 1041 Abs. 1 Nr. 1 ZPO jede Überschreitung der den Schiedsrichtern von den Parteien gezogenen Grenze ist, gleichgültig, ob diese Verirrung als materiellrechtlich oder verfahrensrechtlich im eigentlichen Sinne zu qualifizieren ist [12].

2. Der Verfahrensverstoß

8 Trotz seines unrichtigen Ansatzes stößt *Sandrock* aber auf eine richtige Frage. *Sandrock* sagt: „Die Schiedsrichter sind aufgrund ihres Schiedsrichtervertrages selbstverständlich dazu verpflichtet, nicht nur eine Entscheidung nach dem Recht überhaupt, sondern eine r i c h t i g e Entscheidung nach dem letzteren zu treffen. Jede Verletzung eines materiellen Rechtssatzes würde damit zu einem Schiedsspruch führen, der „auf einem unzulässigen Verfahren" im Sinne des § 1041 Nr. 1 ZPO beruht: Eine ... gänzlich unvertretbare Schlußfolgerung" [13]. Die Verletzung eines „verfahrensrechtlichen" (und nicht eines materiellen) Rechtssatzes würde hingegen zu der sehr natürlichen Schlußfolgerung führen, daß der Schiedsspruch auf einem unzulässigen Verfahren im Sinne von § 1041 Nr. 1 ZPO beruht und folglich aufgehoben werden könnte. Es stellt sich die Frage nach der inneren Begründung so unterschiedlicher Rechtsfolgen für die Verletzung des Parteiauftrages durch den Schiedsrichter, je nachdem, ob diese Verletzung als materiellrechtlich oder verfahrensrechtlich qualifiziert wird.

9 Es ist allgemein anerkannt, daß das staatliche Gericht im Rahmen eines auf § 1041 ZPO gestützten Aufhebungsverfahrens nicht prüft, ob die Schiedsrichter das kraft Parteivereinbarung oder Kollisionsrecht anwendbare materielle Recht richtig angewendet haben [14]. Das staatliche Gericht prüft aber im Anerkennungsverfahren, ob sich die Schiedsrichter an ihren Auftrag gehalten haben. Der Auftrag an die Schiedsrichter geht in der Tat dahin, das berufene Recht „richtig" anzuwenden. Was aber richtig ist, weiß im Grunde niemand. Auch der Bundesgerichtshof weiß das nicht – er judiziert nur, was er für richtig hält. Der Auftrag an die Schiedsrichter geht also dahin, das Recht so anzuwenden, wie sie es vernünftigerweise für richtig halten können. Der Auftrag an die

---

12 Im Ergebnis so: *B/L/A*, § 1041 Anm. 4C.
13 *Sandrock*, a.a.O. (Fn. 10).
14 *Aden*, a.a.O. (Fn. 11), m.N.

Schiedsrichter lautet daher, ihr rechtliches Ermessen innerhalb der von den Parteien gesetzten Grenzen auszuüben. Haben die Parteien nichts anderes gesagt, als daß der Schiedsrichter z.B. nach deutschem oder schweizerischem Recht entscheiden solle, so ist der Auftrag an die Schiedsrichter so zu verstehen, daß die Entscheidung vom deutschen, schweizerischen usw. Recht geprägt sein muß, ohne daß sie notwendigerweise mit der herrschenden Rechtsprechung im Einklang zu stehen hat[15]. Es ist aber nicht zweifelhaft, daß die Parteien einen Schritt weitergehen können, obwohl dieses praktisch niemals geschieht, und dem Schiedsrichter vorschreiben können, daß er sich in seiner Entscheidung, die er nach deutschem, schweizerischem usw. Recht zu treffen hat, ausschließlich auf die höchstrichterliche Rechtsprechung gemäß amtlicher Entscheidungssammlung stützen soll. Es wäre dann ein Verfahrensfehler im Sinne von § 1041 Nr. 1 ZPO, wenn der Schiedsrichter seine Entscheidung z.B. auf ein Urteil des *OLG Köln* aus der NJW stützt, obwohl ein einschlägiges *BGH*-Urteil vorliegt.

Diese in bezug auf das materielle Recht gestellte Frage stellt sich ohne sachliche Abweichung ebenso in bezug auf das formelle Recht. Haben die Parteien dem Schiedsgericht die Anwendung des deutschen Verfahrensrechts vorgeschrieben, ergibt sich dieses aus Kollisionsnormen oder ist es von den Schiedsrichtern selbst als das anwendbare Verfahrensrecht bestimmt worden, so haben die Schiedsrichter unter anderem auch § 139 ZPO zu beachten. Eine Verletzung der richterlichen Aufklärungspflicht wäre mithin ein Verfahrensverstoß im Sinne von § 1041 Nr. 1 ZPO, und natürlich haben die Parteien den Schiedsrichter beauftragen wollen, die Aufklärungspflicht gemäß § 139 „richtig" zu erfüllen. Es stellt sich jedoch in bezug auf diese Frage des formellen Rechts dasselbe Problem, welches in bezug auf das materielle Recht erörtert wurde: Was ist richtig? Da auch das oberste Gericht nicht eigentlich „weiß", wie die richtige Auslegung einer Rechtsvorschrift ist, sondern lediglich kundgibt, was seiner Meinung nach richtig ist, so ist auch das Schiedsgericht zu nicht mehr verpflichtet, als nach seinem pflichtgemäßen Ermessen der Rechtsvorschrift eine möglichst richtige Auslegung zu geben – gleichgültig, ob es sich um eine Rechtsvorschrift des materiellen oder des formellen Rechtes handelt. Ein Verfahrensfehler liegt erst dann vor, wenn die gegebene Auslegung schlechthin unvertretbar ist. Es ist den Parteien aber unbenommen, für das Verfahren die Detailregelungen zu treffen, auf deren Einhaltung durch das Schiedsgericht sie Anspruch ha-

---

15 *B/L/A*, Einf. zu §§ 1034–1039 Anm. 2 unter Bezug auf *Aden*, a.a.O. (Fn. 11).

Verfahrensverstoß/Rechtsnorm

ben, so daß ein zur Aufhebung führender Verfahrensverstoß anzunehmen ist, wenn das Schiedsgericht sich daran nicht hält. Ein Unterschied zwischen materiellem und formellem Recht besteht also in bezug auf die Bewertung als Verfahrensverstoß nicht.

11 Es ergibt sich lediglich eine, vielleicht technisch zu nennende Differenzierung zwischen beiden Rechtsgebieten insofern, als die Vorschriften des materiellen Rechts naturgemäß auslegungsbedürftiger sind als die meisten Vorschriften des formellen Rechts. So ist etwa die Frage, ob ein Käufer den Kaufvertrag zulässigerweise durch Erfüllungssurrogat erfüllt hat, ohne Bewertung verschiedener Rechtssätze gar nicht zu beantworten, während eine typische Frage des formellen Rechts, z. B. ob der Schiedsrichter mit einer der Parteien eng verwandt ist oder ob eine Frist eingehalten wurde, nur innerhalb einer relativ engen Interpretationsweite richtig beantwortet werden kann. In diesem Strukturunterschied zwischen materiellem und formellem Recht ist der eigentliche Grund dafür zu sehen, daß Verfahrensverstöße im Sinne von § 1041 Nr. 1 ZPO praktisch überhaupt nur im Rahmen des eigentlichen Prozeßrechtes festgestellt werden können, während an sich ebenso mögliche Verfahrensverstöße des Schiedsgerichts im Bereich der Anwendung des materiellen Rechtes aufgrund der vorgegebenen breiten Interpretationsmöglichkeit der Rechtsnormen nur ausnahmsweise als solche erkennbar sind.

3. Die Schiedsverfahrensordnungen als auslegungsbedürftige Rechtsnormen

12 Die standardisierten Schiedsverfahrensordnungen bekommen ein anderes juristisches Gesicht, wenn man sie als von den Parteien gewähltes Verfahrensrecht erkennt, welches nur dann im Sinne des § 1041 Nr. 1 richtig angewendet werden kann, wenn es richtig ausgelegt wird. Die einem Schiedsgericht von den Parteien übertragene Befugnis, ihren Rechtsstreit z. B. nach den UNCITRAL-Regeln zu entscheiden, geht selbstverständlich nur dahin, daß das Schiedsgericht diese Regeln „richtig" anwendet. Was aber die richtige Auslegung ist, weiß letzten Endes niemand – also umfaßt die Befugnis des Schiedsgerichts alle Lösungen, welche vernünftigerweise als richtig in Frage kommen. Z. B.: Gemäß Artikel 16 Abs. 2 der UNCITRAL-Regeln kann das Schiedsgericht „den Ort des Schiedsverfahrens innerhalb des von den Parteien vereinbarten Landes bestimmen". Haben die Parteien England als dieses Land bezeichnet, dann wäre es noch eine zulässige Auslegung, wenn der Ort in

Wales liegt, da für die hier anstehenden Rechtsfragen zwischen England und Wales keine Unterschiede bestehen; nicht mehr zulässig wäre es aber, wenn die Schiedsrichter als Austragungsort etwa Glasgow bestimmten, da in Schottland zum Teil abweichendes Recht gilt.

In bezug auf die Auslegung der standardisierten Schiedsverfahrensordnungen gilt daher das unter Nr. 2 allgemein Gesagte. Es ist ein Verfahrensfehler gemäß § 1041 Nr. 1 ZPO, wenn der Schiedsrichter einer Vorschrift dieser Verfahrensordnungen eine Auslegung gibt, die vernünftigerweise nicht mehr vertretbar ist. Haben die Parteien eine bestimmte Auslegungsmöglichkeit einer solchen Verfahrensvorschrift erkannt und in verbindlicher Weise abbedungen, dann ist es ein Verfahrensfehler, wenn der Schiedsrichter diese Vorschrift dennoch so anwendet, obwohl der Wortlaut diese Auslegung trüge. Unter beiden Gesichtspunkten erscheint es sinnvoll, die standardisierten Verfahrensordnungen einer durchgängigen Kommentierung zu unterziehen, sei es, daß in einem Aufhebungsverfahren entstandene Verfahrensfehler aufgespürt werden sollen, sei es, daß unerwünschten verfahrensmäßigen Maßnahmen des Schiedsrichters vorgebeugt werden soll. 13

4. Die Vollstreckbarkeit des Schiedsspruches

Wie ein Pfand- oder Sicherungsrecht seinen rechtlichen Sinn nur daraus zieht, ob und wie es im Ernstfall konkursfest ist, so besteht der Sinn eines Schiedsspruches darin, an dem Ort anerkennungs- und vollstreckungsfähig zu sein, wo er es nach dem Willen der betreibenden Partei sein soll. Liegt dieser Ort in Deutschland, so entscheidet das deutsche Recht darüber, ob ein Schiedsspruch vollstreckt werden kann. Das deutsche Recht, wie übrigens wohl auch die Rechtsordnungen aller anderen Staaten, unterscheidet zwischen einem inländischen, deutschen, Schiedsspruch und einem ausländischen[16]. 14

Handelt es sich um einen inländischen Schiedsspruch, so entscheidet das zuständige Gericht gemäß § 1042 ZPO über die Vollstreckbarkeit und wird diese nur dann versagen, wenn „einer der in § 1041 ZPO bezeichneten Aufhebungsgründe vorliegt". Von den in § 1041 ZPO aufgeführten Aufhebungsgründen ist der Verfahrensfehler der eigentliche Angel- 15

---

16 *Schütze/Tscherning*, Rdnr. 608. Tertium non datur: vereinzelt vorgetragene Theorien zu übernationalen Schiedssprüchen haben – noch – keine Berechtigung, vgl. *Schlosser*, Rdnr. 631.

Vollstreckbarkeit

punkt der Parteiautonomie, während die anderen Aufhebungsgründe sich unter rechtsstaatlichen Bedingungen im Grunde von selbst verstehen dürften. So sind die Aufhebungsgründe gemäß Nr. 2 (Grundrechtsverstoß) und Nr. 4 (Verweigerung des rechtlichen Gehörs) bei richtiger Anwendung bereits in Nr. 1 durch den Verfahrensfehler mit erfaßt[17]. Allein durch den Aufhebungsgrund gemäß § 1041 Nr. 1 wird gewährleistet, daß eine Partei, die sich einer Schiedsvereinbarung unterworfen hat, vom Schiedsgericht auch so behandelt wird, wie es vereinbart war.

16 Ein ausländischer Schiedsspruch kann in Deutschland, d.h. mit Wirkung nur für das Inland, für vollstreckbar erklärt werden, wenn er „nach dem für ihn maßgebenden Recht verbindlich geworden ist" (§ 1044 ZPO). Der Verfahrensverstoß ist als solcher kein Aufhebungsgrund bzw. kein Grund, gemäß § 1044 Abs. 2 den Antrag auf Vollstreckbarerklärung abzulehnen[18]. Hat daher das Schiedsgericht z.B. in Schweden nach schwedischem Verfahren einen Schiedsspruch erlassen, dabei aber schwedisches Verfahrensrecht verletzt, etwa weil das Schiedsgericht die gemäß § 18 Abs. 2 des schwedischen Schiedsgerichtsgesetzes vorgegebene 6-Monats-Frist für den Erlaß des Schiedsspruches überschritt, dann mag die unterlegene Partei diesen Verfahrensfehler in Schweden rügen und vor einem schwedischen Gericht auf Aufhebung des Schiedsspruches klagen. Tut sie es nicht, so wird der deutsche staatliche Richter den fehlerhaften Schiedsspruch auf Antrag für vollstreckbar erklären, auch wenn er den Verfahrensfehler erkennt. Voraussetzung ist lediglich, daß sich der deutsche Richter davon überzeugt hat, daß dieser Verfahrensfehler nicht so gravierend war, daß er zur Unwirksamkeit des Schiedsspruches führt. Derartig gravierende Verfahrensfehler sind selten, aber in dem hier gewählten Beispiel kommt eine völlige Unwirksamkeit des Schiedsspruches gemäß § 18 des schwedischen Schiedsgerichtsgesetzes immerhin in Betracht, obwohl § 20 dieses Gesetzes eher für eine bloße Aufhebbarkeit spräche. Der deutsche Richter hätte also den Verfahrensfehler nur insofern zu prüfen, ob er nach dem anwendbaren Recht (im Beispiel: dem schwedischen) zur Unwirksamkeit des Schiedsspruches führt, sonst gehen den deutschen Richter Verfahrensverstöße nichts an. Eine Ausnahme bilden freilich solche Verstöße des Schiedsrichters, welche zwar nach dem Heimatrecht des Schieds-

---

17 Vgl. *B/L/A*, § 1041, Anm. 4C.
18 Vgl. *BGH* vom 26. 4. 87, WM 87, 739: Die Unwirksamkeit eines New Yorker Schiedsspruches kann nicht mehr nach § 1044 ZPO geltend gemacht werden, wenn die vom Tatrichter ermittelte Rechtslage nach New Yorker Recht ergibt, daß eine auf das Fehlen einer Schiedsabrede gestützte Aufhebungsklage keine Aussicht auf Erfolg hätte.

spruches nicht rechtswidrig sein mögen, die aber aus der Sicht des deutschen Rechtes so gravierend sind, daß die Anerkennung des Schiedsspruches aus den Gründen des § 1044 Abs. 2 Nr. 2 bis 4 versagt wird.

Verfahrensverstöße unterhalb dieser Schwelle gröbster Verstöße können also nur im Heimatland des Schiedsspruches zu seiner Aufhebung führen, und nur wenn das geschehen ist, wird auch der deutsche staatliche Richter diesem Schiedsspruch die Anerkennung im Inland versagen. Da ein ausländischer Richter bei der Frage, ob er einen in seinem Lande erlassenen Schiedsspruch wegen Verfahrensverstoßes aufheben soll, natürlich nach seinem Recht entscheidet, ist denkbar, daß das, was wir aus deutscher Sicht gemäß § 1041 Nr. 1 ZPO als Verfahrensverstoß ansehen, dort keiner ist, wie auch umgekehrt vor dem ausländischen Gericht ein Fehlverhalten als Verfahrensverstoß zur Aufhebung des Schiedsspruches führen kann, welcher in Deutschland nicht als ein solcher gewertet würde.

17

Die in diesem Buch angestellten Erwägungen über den Verfahrensverstoß betreffen daher grundsätzlich nur den deutschen Schiedsspruch und die Bewertung gemäß § 1041 Nr. 1 ZPO. Damit sind formal die Aussagen dieses Buches eingeschränkt, da außerordentlich viele Schiedssprüche auf dem Gebiet des internationalen Handels, die in Deutschland Wirkung suchen, keine deutschen Schiedssprüche sind, sondern ausländische, etwa weil sie in Zürich oder Paris nach dortigem Verfahrensrecht erlassen wurden. In diesen Fällen kann also ein aus deutscher Sicht zu konstatierender Verfahrensverstoß dem Vollstreckbarkeitsantrag nicht entgegengehalten werden, es sei denn, daß auch das jeweilige ausländische Recht dieselbe Wertung mitmacht und daß die Aufhebung des Schiedsspruches dort betrieben wird. Von der Sache her ist aber nicht zu erwarten, daß sich in den uns zivilisatorisch gleichstehenden Ländern des Westens, aber auch des Ostens, wesentliche Unterschiede in der Frage ergeben, ob in einem gegebenen Fall der Mißgriff des Schiedsgerichts einen Verfahrensverstoß darstellt. Der Verfahrensverstoß als Aufhebungsgrund ist, neben der rechtsstaatlichen Selbstverständlichkeit der Gewährung rechtlichen Gehörs, der allgemeinste Aufhebungsgrund nach allen bekannten nationalen Gesetzgebungen[19]. Es ist daher anzunehmen, daß die Aussagen dieses Buches, welche genaugenommen nur auf der Basis des deutschen Rechtes getroffen werden,

18

---

19 Vgl. die Übersicht in: Le Droit de l'Arbitrage en Europe; *Schlosser*, Rdnrn. 694 ff. Beachte auch *Cohn*, S. 137: „In commercial matters nearly all courts nearly everywhere incline towards a common sense manner of interpretation".

AGB-Gesetz

mit nur wenigen Detailabweichungen auch für die Beurteilung der Frage Bedeutung haben, ob eine bestimmte Handlung oder Unterlassung des Schiedsrichters in einem ausländischen Schiedsgerichtsverfahren dort als ein Verfahrensverstoß, der zur Aufhebung des Schiedsspruches dort führen könnte, angesehen werden kann. Ebenso ist es nicht einfach, bei der Bewertung des ordre public wirklich wesentliche Unterschiede von Land zu Land auszumachen[20].

5. Schiedsverfahrensordnung und AGB-Gesetz

19 In zahlreichen Ländern wurden während der letzten Jahre Gesetze erlassen, durch die vorformulierte, standardisierte Vertragsbestandteile einer verschärften richterlichen Kontrolle unterworfen werden. In Deutschland gilt das AGB-Gesetz, nach dessen § 1 kaum ein Zweifel daran bestehen kann, daß die vorformulierten Schiedsverfahrensordnungen als allgemeine Geschäftsbedingungen im Sinne des Gesetzes anzusehen sind[21]. Wenn daher für ein Schiedsverfahren, welches z.B. der Schiedsverfahrensordnung der Internationalen Handelskammer unterliegt, im übrigen deutsches Verfahrensrecht gilt, so kommt grundsätzlich in Betracht, daß die Regeln dieser Verfahrensordnung an der Elle des AGB-Gesetzes gemessen werden.

20 Voraussetzung wäre allerdings, daß die Vereinbarung dieser Schiedsverfahrensordnung einer Vertragspartei als Verwender im Sinne des AGB-Gesetzes zugerechnet werden kann. Wenn beide Seiten gleichermaßen den Vorschlag machen, dieselbe Schiedsverfahrensordnung zum Bestandteil ihrer Schiedsklausel zu machen, kann nicht gemäß § 1 AGB-Gesetz davon gesprochen werden, daß eine Vertragspartei diese Schiedsverfahrensordnung als Bedingung gestellt hat[22]. Im Verhältnis erfahrener Kaufleute zueinander, welche allein als Verwender der Schiedsverfahrensordnung des internationalen Handelsrechts in Frage kommen, wird ein solcher beiderseitiger Einbeziehungsvorschlag die Regel sein. Da diese Parteien immer als Kaufmann im Sinne des Gesetzes anzusehen sein werden, gilt überdies § 24 des Gesetzes, wodurch die typischen Verbraucherschutzvorschriften nicht gelten. Ohne diesen Kaufmannsvorbe-

---

20 *Heymann, E.,* Der ordre public in der privaten Schiedsgerichtsbarkeit, 1969, S. 73 ff. und sonst.
21 *Ulmer/Brandner/Hansen,* Kommentar zum AGB-Gesetz, 4. Aufl., 1982, § 1 Rdnrn. 20 ff.
22 *Ulmer/Brandner/Hansen,* a.a.O. (Fn. 19), Rdnr. 29.

halt müßte aber z. B. die Zugangsfiktion gemäß Art. 6 der ICC-Regeln wohl als gemäß § 10 Nr. 6 AGB-Gesetz unwirksam angesehen werden.

Immerhin gilt auch unter Kaufleuten die Generalklausel gemäß § 9 AGB-Gesetz, so daß von daher bestimmte Vorgaben für die Auslegung einer Standardklausel, wie sie die Schiedsverfahrensordnungen enthalten, nicht ausgeschlossen werden können. Das könnte etwa für das folgende Beispiel von Bedeutung sein: Die ICC-Regeln sagen nichts darüber aus, ob der Schiedsspruch begründet werden muß oder nicht. Üblicherweise wird der Schiedsspruch, und zwar schriftlich, begründet. Die Schiedsrichter gelten aber nach diesen Regeln nicht als verpflichtet, eine Begründung zu liefern. Eine Abbedingung der Begründungspflicht ist gemäß § 1041 Abs. 2 ZPO zwar möglich, so daß der Schiedsspruch auch ohne Begründung Bestand haben kann. Könnte aber nicht argumentiert werden, daß die indirekte, nur durch Nichterwähnung zu erschließende Abbedingung der Begründungspflicht gemäß ICC-Regeln eine Bestimmung ist, welche „mit wesentlichen Grundgedanken" der gesetzlichen Regelung, von der abgewichen wird (hier nämlich: § 1041 Abs. 1 Nr. 5 ZPO), nicht zu vereinbaren ist (§ 9 Abs. 3 Nr. 1 AGB-Gesetz)? Die Schiedsvereinbarung, ergänzt durch die standardisierte Schiedsverfahrensordnung, ist ein prozeßrechtlicher Vertrag, mit dessen Natur und Zweck sich der Fortfall der Begründungspflicht nur schwer verträgt. Beispielhaft mag auch folgende Überlegung angestellt werden: Gemäß Art. 15 Abs. 2 der ICC-Regeln ist es, jedenfalls theoretisch, denkbar, daß schon nach dem ersten mündlichen Termin ein Schiedsspruch zu Lasten der unentschuldigt nicht erschienenen Partei ergeht, und dieser Schiedsspruch wäre rechtskräftig. In dieser Regelung kann, jedenfalls für eine nicht am Austragungsort des Schiedsgerichts wohnende Partei, eine Bestimmung gesehen werden, welche „wesentliche Rechte, die sich aus der Natur des Vertrages" (hier: Schiedsvereinbarung) ergeben, so einschränkt, daß die Erreichung des Vertragszwecks (hier: rasche, aber auch möglichst gerechte Streiterledigung) gefährdet ist (§ 9 Abs. 2 Nr. 2). Nach deutschem Prozeßrecht könnte der Richter nur ein Versäumnisurteil erlassen, welches durch Erhebung des Einspruchs praktisch wieder relativiert würde. Eine Entscheidung nach Lage der Akten, gegen welche ein solcher Einspruch nicht möglich wäre, könnte gemäß § 331 a Satz 2 in Verbindung mit § 251 a Abs. 2 ZPO erst ergehen, nachdem mindestens einmal mündlich verhandelt wurde.

Diese in bezug auf das deutsche AGB-Gesetz gegebenen Beispiele sind unter der Geltung eines anderen Rechts mit einem entsprechenden Gesetz in anderer Form denkbar. Es erscheint daher nützlich, daß die Par-

Statut

teien Vorsorge dagegen treffen, daß die Vereinbarung einer Schiedsverfahrensordnung als eine von einer Partei gestellte Allgemeine Geschäftsbedingung qualifiziert werden kann, etwa indem klar zum Ausdruck gebracht wird, daß beide Parteien den gleichen Wert auf die Vereinbarung der betreffenden Schiedsverfahrensordnung legen.

6. Das Statut der Verfahrensordnung

23 Die Verfahrensordnung wird im Wege einer Gesamtverweisung durch eine Schiedsklausel vereinbart, welche für sich genommen nach dem Recht, das für sie gilt, auszulegen ist. Schiedsrichter aus dem Umkreis der Internationalen Handelskammer scheinen das zum Teil anders zu sehen. Zwar wird anerkannt, daß die ICC-Regeln kein übernationales Recht begründen, welches gleichsam durch die Parteivereinbarung zu einer eigenen Rechtsquelle wird und neben oder gar über einem nationalen Recht steht. Es wird aber die Meinung vertreten, daß entsprechend einer internationalen Übung die internationale Handelsschiedsgerichtsbarkeit von nationalen Gesetzen insofern abgelöst gedacht werden darf, daß mit der Wahl z.B. der ICC-Regeln ein Rückgriff auf nationales Recht nicht mehr zulässig sei. Dieses hätte die praktische Folge, daß diese Regeln gleichsam so aus sich selbst heraus ausgelegt werden dürfen[23], wie auch für die Auslegung internationaler Übereinkommen, z.B. des New Yorker Abkommens, gesagt wird, daß sie eigenständig und ohne Bezug auf das jeweils umgebende nationale Recht auszulegen sind[24]. Soweit sind wir aber noch nicht. Weder die juristische Qualität der ICC-Regeln oder einer anderen Schiedsverfahrensordnung noch ihre internationale Akzeptanz sind bisher von der Art, daß Regelungslücken aus der Systematik der jeweiligen Schiedsverfahrensordnung heraus sicher geschlossen werden können, auch wenn Schiedsrichter und Parteien gemäß Art. 26 ICC-Regeln einen entsprechenden Versuch machen müssen. Das Gesamtkonzept der ICC-Regeln wie auch das anderer Schiedsverfahrensordnungen bietet zwar Anhaltspunkte für die Ausfüllung von Lücken oder Auslegungshilfen, aber insofern stehen diese Schiedsverfahrensordnungen auf derselben Ebene wie ein normaler Vertrag zwischen privaten Parteien. Ein Rückgriff auf das anwendbare Recht ist aber damit nicht ausgeschlossen.

---

23 *Lalive*, zitiert in *CPP*, II S. 8 f.; anscheinend aber anders ebd. S. 66. Vgl. hierzu noch Kap. 1 Fn. 15.
24 *B/L/A*, Schlußanhang VI A 1 zu Art. 2.

Auslegung

Gültigkeit und Inhalt der Schiedsklausel sind daher in der Regel nach dem Recht zu beurteilen, welchem der Vertrag, dem sie angehört, untersteht. Es ist die Frage, ob damit auch die Schiedsverfahrensordnung dem Vertragsstatut folgt. Es bestehen keine Bedenken dagegen, daß die Parteien dieses vereinbaren können. Das hieße also: Untersteht der Vertrag nebst Schiedsklausel dem deutschen Recht und sind durch die Schiedsklausel die UNCITRAL-Regeln, die ICC-Regeln usw. anwendbar gemacht worden, so müßten die Regeln im Einklang mit dem deutschen Recht ausgelegt werden [25].

Das wird dem mutmaßlichen Parteiwillen, auf welchen es mangels ausdrücklicher Vereinbarung ankommt, dann nicht entsprechen, wenn der Austragungsort des Schiedsverfahrens nicht im Lande des materiellen Rechts liegt, in diesem Beispiel also außerhalb Deutschlands z. B. in Madrid, und wenn, wie es die Regel ist, das Verfahrensrecht des Austragungsortes anwendbar ist. Es wäre in diesem Falle wenig sinnvoll, die UNCITRAL-Regeln auf der Grundlage des deutschen Rechtes auszulegen, während die dieser Auslegung entsprechenden Maßnahmen des Schiedsgerichts nach spanischem Prozeßrecht zu beurteilen wären. Das materielle Recht, welchem die Schiedsklausel untersteht, entscheidet daher im Zweifel nur darüber, ob die Verweisung auf die UNCITRAL-Regeln gültig ist. Darüber hinaus ist als mutmaßlicher Parteiwille anzunehmen, daß die bezogene Schiedsverfahrensordnung im Einklang mit dem anwendbaren Verfahrensrecht angewendet werden soll [26].

Diese Frage kann insbesondere dann bedeutsam sein, wenn die Schiedsverfahrensordnung, wie z. B. Art. 13 Abs. 5 ICC-Regeln, vorschreibt, daß der Schiedsrichter die Handelsbräuche zu beachten hat. Es kann von Bedeutung sein, ob der Begriff „Handelsbrauch" im Einklang mit dem Vertragsstatut oder nach der lex fori qualifiziert wird, etwa weil in dem einen Recht als Handelsbrauch bereits eine zwischen den Parteien beobachtete Übung angesehen wird, während in der Bewertung eines anderen Rechtes als Handelsbrauch nur eine in der Branche übliche Handhabung angesehen wird.

---

25 *Cohn*, S. 136: Niemand kann die ICC-Regeln auslegen, ohne daß er uns erst sagt, nach welchem Recht er auslegt.
26 So für das österreichische Recht: *Fasching*, Rdnr. 2171.

2. Teil
Die Schiedsverfahrensordnungen in der Übersicht

Vorbemerkung: Hier wie in der folgenden Kommentierung wird der deutsche Text der jeweiligen Schiedsverfahrensordnung zugrunde gelegt. Angesichts der Tatsache, daß Deutsch die mit Abstand meistgesprochene Sprache Mitteleuropas ist, ist es an sich etwas unangemessen, daß die Verfahrensordnungen regelmäßig in englischen bzw. französischen „amtlichen" Fassungen benutzt werden. Da die Parteien aber Herren des Verfahrens sind, können sie auch wählen, welche sprachliche Fassung der gewählten Schiedsverfahrensordnung sie zugrunde legen. Da im Einzelfall Systemunterschiede zum Ausdruck kommen können (z. B. Übersetzung des englischen „dispute" mit „Streitgegenstand" in Art. 3 ECE-O), sollten die Parteien vorschreiben, welche sprachliche Fassung sie meinen.

1. Kapitel
Die institutsgebundenen Schiedsverfahrensordnungen

1. Die Schiedsverfahrensordnung der Internationalen Handelskammer, Paris (ICC-Regeln)

Literatur: allgemein *Schütze/Tscherning* S. 422 ff. m. N.

Die größte Verbreitung und den höchsten Bekanntheitsgrad, jedenfalls in Westeuropa, hat wohl die Schiedsverfahrensordnung der Internationalen Handelskammer in Paris. Sie ist auch am längsten im Markt. Mit den ICC-Regeln ist verbunden der als Organ der internationalen Handelskammer eingerichtete Schiedsgerichtshof, welcher, obwohl selber kein Gericht, einen organisatorischen Rahmen bietet, innerhalb dessen die berufenen Schiedsrichter handeln können. Die Schiedsgerichtsbarkeit der Internationalen Handelskammer genießt ein hohes internationales Ansehen und ist im Bereich des Handelsrechtes ein wichtiger Faktor grenzübergreifender Rechtspflege. **1**

Die ICC-Regeln sind international in dem Sinne, daß sie zwar an manchen Stellen ihre Verwandtschaft mit mitteleuropäischen Verhältnissen **2**

Übersicht

und Rechtsvorstellungen zeigen, vielleicht auch eine gewisse Affinität zum französischen Recht spüren lassen, so etwa in der letztlich auf das französische Recht zurückgehenden Regelung des Art. 13 (Festlegung des Prozeßprogramms). In der starren Anbindung der Verwaltungskosten und der Schiedsrichterhonorare an den Streitwert scheint dagegen ein gewisser Einfluß des deutschen Rechtes sichtbar zu werden. Die ICC-Regeln sind aber an keiner Stelle einem bestimmten nationalen Recht verhaftet. Die Vorschriften, insbesondere zur Schiedsrichterauswahl, sind nationalitätsblind. Rechtlich stellen die ICC-Regeln einen unverbindlichen und gleichsam privaten Vorschlag eines Dritten (hier: der Internationalen Handelskammer) an die Parteien dar, wie sie das in ihrem Vertrag vorgesehene Schiedsverfahren durchführen könnten. Die ICC-Regeln gelten daher nur in dem Maße, wie die Parteien nicht vorher oder nachher abweichende Regelungen treffen.

3 Die ICC-Regeln sind abschließend in dem Sinne, daß die Parteien lediglich die empfohlene Standardschiedsklausel zu vereinbaren brauchen – alles andere können sie den ICC-Regeln bzw. dem durch diese berufenen Schiedsgerichtshof überlassen. Nichts hindert die Parteien zwar, Ort, Zeit und besondere Verfahrensregeln für das Schiedsverfahren vorzuschreiben, und natürlich steht es ihnen auch frei, das materielle Recht festzulegen – aber nötig ist dies alles nicht. Der Schiedsgerichtshof oder das entsprechend den Regeln zusammengestellte Schiedsgericht trifft diese Bestimmungen, falls eine Vereinbarung fehlt. Parteien ohne oder mit nur geringer Erfahrung in Schiedsverfahren, denen auch hinreichende Erkenntnisse über den Markt an spezifisch erfahrenen Schiedsrichtern fehlen, sollten überlegen, ob dieser „Kundendienst" der ICC-Schiedsgerichtsbarkeit nicht am besten auch ihren, im Augenblick des Vertragsabschlusses meist noch gar nicht absehbaren Interessen entspricht.

4 Die Internationale Handelskammer empfiehlt den Parteien, die auf diese Schiedsgerichtsbarkeit Bezug nehmen wollen, folgende Standardklausel:

> „Alle aus dem gegenwärtigen Vertrage sich ergebenden Streitigkeiten werden nach der Vergleichs- und Schiedsgerichtsordnung der Internationalen Handelskammer von einem oder mehreren gemäß dieser Ordnung ernannten Schiedsrichtern endgültig entschieden."

Der Schiedsgerichtshof

5 Der Schiedsgerichtshof ist nicht das Schiedsgericht. Er ist lediglich Träger formeller Zuständigkeiten, welche die Durchführung des Schiedsverfahrens erleichtern und insbesondere den sonst erforderlichen Rück-

griff auf staatliche Gerichte bei der Bestellung von Schiedsrichtern überflüssig machen. Der Schiedsgerichtshof bestellt die Schiedsrichter, wobei hier wie bei allem folgenden als Obersatz voranzustellen ist: „Sofern die Parteien nichts anderes bestimmt haben" (Art. 2 Abs. 2). Haben die Parteien etwas anderes bestimmt, können sie sich aber über Einzelheiten nicht einigen, so entscheidet ebenfalls der Schiedsgerichtshof (Art. 2 Abs. 3). Das gleiche gilt, wenn die Schiedsklausel an sich eine Schiedsrichterbenennung durch die Parteien vorsieht, eine Partei dieser Pflicht aber nicht nachkommt, z. B. weil sie die Einleitung des Verfahrens verzögern oder überhaupt verhindern will. Der Schiedsgerichtshof übernimmt also hier die Aufgaben, die nach der gesetzlichen Regelung Deutschlands, aber auch anderer Länder, dem zuständigen staatlichen Gericht zukommen.

Als Regelfall ist vorgesehen, daß der Schiedsgerichtshof einen Einzelschiedsrichter ernennt, „sofern er nicht der Ansicht ist, daß die Bedeutung des Streitfalles die Ernennung von 3 Schiedsrichtern rechtfertigt" (Art. 2 Abs. 5). Will der Schiedsgerichtshof hiernach 3 Schiedsrichter bestellen, so setzt er den Parteien eine Frist von 2 Wochen, innerhalb derer sie jeweils einen Schiedsrichter benennen können. Der Obmann wird vom Schiedsgerichtshof ernannt. Fällt ein Schiedsrichter durch Tod oder sonst aus, z. B. weil der Schiedsgerichtshof feststellte, daß ein Schiedsrichter seiner Aufgabe nicht pflichtgemäß nachkommt, wird ein Ersatzmann nach denselben Regeln wie der ausgefallene Richter bestellt. Das bedeutet im Falle der Nichteinigung der Parteien, daß wiederum der Schiedsgerichtshof die Entscheidung trifft. Bedeutsam ist die Regelung, wonach der Schiedsgerichtshof über die Ablehnung von Schiedsrichtern z. B. wegen Befangenheit durch eine Partei endgültig entscheidet. Sichere Kriterien für den Ermessensgebrauch sind nicht vorgegeben. Hier liegt ein auffälliger Unterschied z. B. zu § 20 der Schiedsordnung der Wiener Bundeskammer, welche die Ablehnungsgründe im einzelnen aufführt. Diese Vorschrift steht aber auch im Gegensatz zu § 13 der Stockholmer Regeln, welcher hinsichtlich der Ablehnungsgründe auf das schwedische Schiedsgerichtsgesetz verweist. 6

Der Schiedsgerichtshof entscheidet darüber hinaus verschiedene prozessuale Vorfragen und nimmt – etwa im Rahmen seiner Kompetenz, Fristen zu setzen und zu verlängern – gewisse prozeßleitende Funktionen wahr. Gemäß Art. 8 Abs. 3 entscheidet er „nach dem ersten Anschein", ob eine Schiedsklausel vorliegt, durch welche die ICC-Regeln berufen werden. Die endgültige Kompetenz darüber, ob er zur Entscheidung befugt ist (Kompetenz-Kompetenz), bleibt aber bei dem Schiedsrichter. Die Zuständigkeit des Schiedsgerichtshofs ist hier lediglich negativ, in- 7

Übersicht

dem eine bei ihm anhängig gemachte Klage von vorneherein wegen offenbar mangelnder Zuständigkeit zurückgewiesen werden kann.

8 Gemäß Art. 9 setzt der Schiedsgerichtshof den Kostenvorschuß fest, und zwar aufgrund der Kostentabelle für Vergleichs- und Schiedsverfahren. Der Schiedsgerichtshof bestimmt auch über den Ort des Schiedsverfahrens (Art. 12), falls darüber keine Vereinbarung vorliegt. Der Ort des Schiedsverfahrens wird oft Paris sein. Die Regeln setzen das aber in keiner Weise voraus, und es ist aus der Wahl von Paris als Austragungsort kein rechtlicher Vorteil ersichtlich, etwa gegenüber Berlin, Kopenhagen oder einem anderen Ort. Der Austragungsort des Schiedsverfahrens, letztlich der Ort, an welchem der Schiedsspruch ergeht, kann freilich für die nachfolgende internationale Anerkennung und Vollstreckung des Schiedsspruches von erheblicher Bedeutung sein. Es sollte daher darauf geachtet werden, daß der Austragungsort in einem Vertragsstaat des New Yorker Abkommens von 1958 liegt oder, was insbesondere für den Ost-West-Handel von Bedeutung ist, in einem Vertragsstaat des Europäischen Übereinkommens über die Handelsschiedsgerichtsbarkeit von 1961. Da der Schiedsgerichtshof mit der gemäß Art. 12 vorgesehenen Ortsbestimmung eine gewisse Verantwortung für eine Gewährleistung der Anerkennung und Vollstreckung des Schiedsspruches übernimmt, sollten die Parteien, ehe sie selbst den Ort des Schiedsverfahrens festlegen, überlegen, ob sie diese Frage nicht diesem überlassen wollen. Es ist namentlich für große internationale Verträge stets zu berücksichtigen, daß zwischen Vertragsabschluß und einem eventuell notwendig werdenden Schiedsverfahren viele Jahre liegen können. Ein zur Zeit des Vertragsabschlusses festgelegter Austragungsort für das Schiedsverfahren kann sich Jahre später als weniger geeignet erweisen, oder ein bei Vertragsabschluß gewünschter Austragungsort, der aus Rechtsgründen, etwa weil er nicht in einem der Vertragsstaaten der genannten Übereinkommen liegt, kann inzwischen diesen Mangel aufgeholt haben.

9 Gemäß Art. 18 Abs. 2 kann der Schiedsgerichtshof die Frist, innerhalb derer die Schiedsrichter den Spruch erlassen sollen (6 Monate), verlängern. Er kann aber auch, wenn ein Schiedsrichter sich aus irgendeinem Grunde als unfähig erweist, seinen Pflichten nachzukommen, entscheiden, wie das Schiedsverfahren zu Ende geführt werden soll.

10 Mit zwei Ausnahmen, auf die unten einzugehen ist, hat der Schiedsgerichtshof eine rein formale, abstützende Funktion in bezug auf das Schiedsverfahren. Richterliche Aufgaben im eigentlichen Sinne nimmt der Schiedsgerichtshof nicht wahr. Das Erkenntnisverfahren und die Entscheidung des Streites durch Schiedsspruch liegen ausschließlich beim Schiedsgericht. Auf den Schiedsgerichtshof sind also nur solche Aufgaben verlagert, die mangels einer solchen Institution entweder von den Schiedsrichtern selbst oder — nach den nationalen Gesetzen — von den zuständigen Gerichten wahrgenommen würden. Hierin liegt eine gewisse Überlegenheit der ICC-Regeln, wie überhaupt eines institutsgebundenen Schiedsgerichtes, gegenüber anderen Schiedsverfahrensordnungen.

Art. 13 der ICC-Regeln enthält eine Besonderheit gegenüber anderen Schiedsverfahrensordnungen, die auch etwa im deutschen Prozeßrecht unbekannt ist. „Vor Beginn des eigentlichen Schiedsverfahrens entwirft der Schiedsrichter aufgrund der Akten oder in Gegenwart der Parteien unter Berücksichtigung ihres bisherigen Vorbringens ein Schriftstück, in dem seine Aufgabe bestimmt wird." Der nähere Inhalt dieses Schiedsauftrags oder vielleicht auch als Prozeßprogramm zu bezeichnenden Schriftstücks wird ausgeführt. Das Prozeßprogramm muß gemäß Art. 13 Abs. 2 von den Parteien und dem Schiedsrichter unterschrieben werden. Es wird dann dem Schiedsgerichtshof zugeleitet. Weigert sich eine Partei, bei der Festlegung dieses Programms mitzuwirken oder es zu unterschreiben, kann der Schiedsgerichtshof über seine Genehmigung entscheiden. Die dem Schiedsgerichtshof hier eingeräumte Befugnis gerät an die Grenze einer richterlichen Tätigkeit. Diese Grenze wird aber nicht überschritten. Die Entscheidung des Rechtsstreites bleibt bei dem Schiedsgericht, und die dem Schiedsgerichtshof eingeräumte Genehmigungsbefugnis ist im Grunde nicht mehr als eine formale Prozeßhilfe zur Feststellung des Streitgegenstandes. **11**

Als rechtlich problematisch wird zum Teil Art. 21 der ICC-Regeln angesehen. Diese Vorschrift ist ebenfalls eine Besonderheit der ICC-Schiedsgerichtsbarkeit. Art. 21 bestimmt, daß kein Schiedsspruch ergehen kann, ohne daß er von dem Schiedsgerichtshof in der Form genehmigt worden ist. „Die Schiedsrichter haben dem Schiedsgerichtshof den Entwurf des Schiedsspruches vor seinem Erlaß vorzulegen." Art. 21 sieht vor, daß der Schiedsgerichtshof Änderungen in der Form (also nicht im Inhalt!) vorschreiben kann. Darüber hinaus kann der Schiedsgerichtshof aber „unter Wahrung der Entscheidungsfreiheit des Schiedsrichters" diesen „auf Punkte hinweisen, die den sachlichen Inhalt des Schiedsspruches betreffen". **12**

Es ist einerseits nicht zu übersehen, daß diese Regelung ein gewisses Element nichtrichterlichen Einflusses auf den Schiedsspruch enthält. Da ein Schiedsgericht ein Gericht im Sinne des Gesetzes ist, wäre eine generelle Öffnung für Einflüsse von nicht mit dem Erkenntnisverfahren be- **13**

Übersicht

faßten Dritten auf den Schiedsspruch jedenfalls nach deutschem Recht rechtswidrig. Unter diesem Gesichtspunkt werden gelegentlich Vorbehalte gegen die ICC-Schiedsgerichtsbarkeit erhoben. Abgesehen aber davon, daß die Parteien Art. 21 abbedingen können, besagt diese Vorschrift im Ergebnis nicht mehr, als was für ein von einem deutschen staatlichen Gericht erlassenes Urteil auch gilt. Für dieses ist die Form des Urteils gesetzlich vorgeschrieben; hier wird die Form vom Schiedsgerichtshof gewährleistet. Dem Landgerichtspräsidenten steht es frei, seine Richter, über die er anders als der Schiedsgerichtshof Disziplinargewalt hat, auf Punkte, die sogar den Inhalt ihrer Urteile betreffen, hinzuweisen. Art. 21 ist daher im Rahmen des Gesamtkonzepts der ICC-Schiedsverfahrensordnung nicht nur rechtlich unbedenklich, sondern eine sinnvolle Regelung, die auf eine wünschenswerte Kontinuität im Gesamtbild der ICC-Rechtsprechung hinwirkt.

Der Ablauf des ICC-Verfahrens

14 Das Verfahren beginnt mit der Einreichung der Klageschrift entweder beim Sekretariat oder der entsprechenden Landesgruppe der Internationalen Handelskammer. Das Sekretariat fungiert als Geschäftsstelle und übersendet dem Beklagten eine Abschrift zur Klageerwiderung. Unterliegen die Zahl und die Benennung der Schiedsrichter der Parteibestimmung, so soll die Klage alle erforderlichen Angaben zur Zahl der Schiedsrichter und ihrer Wahl enthalten. Sind also 3 Schiedsrichter vorgesehen, so hat der Kläger in der Klage „seinen" Schiedsrichter zu benennen, und der Beklagte hat binnen 30 Tagen (keine Verlängerungsmöglichkeit) seinerseits die ihm obliegende Wahl zu treffen, welche nach Fristablauf vom Schiedsgerichtshof wahrgenommen werden kann.

15 Fehlt nach dem ersten Anschein eine Schiedsvereinbarung, und läßt der Beklagte sich nicht trotzdem binnen 30 Tagen auf das ICC-Verfahren ein, so findet das Verfahren nicht statt. Stellt der Schiedsgerichtshof hingegen nach dem ersten Anschein fest, daß eine Schiedsklausel das ICC-Verfahren beruft, so ordnet er den Fortgang des Verfahrens an. Die Schiedsrichter werden also bestellt, und diese müssen entscheiden, ob die ICC-Schiedsgerichtsbarkeit vereinbart wurde (Art. 8). Kommen diese zu dem Ergebnis, daß die ICC-Regeln berufen sind, und bleibt der Beklagte bei seiner Weigerung, an dem Verfahren mitzuwirken, so kann das Verfahren ohne ihn weitergeführt werden, so daß eine Entscheidung „nach Lage der Akten", also praktisch eine Versäumnisentscheidung, ergehen kann.

16 Sobald die Klageerwiderung vorliegt und der gemäß Art. 9 zu fordernde Kostenvorschuß geleistet ist, übergibt das Sekretariat dem Schiedsrich-

ter die Akten (Art. 10). Die Zusammensetzung des Schiedsgerichts hat sich nämlich inzwischen nach den Verfahrensregeln ergeben. Entweder die Schiedsrichter wurden vertragsgemäß von den Parteien bestellt, oder der Schiedsgerichtshof hat diese gemäß Art. 2 ernannt. Das Schiedsgericht entwirft jetzt „vor Beginn des eigentlichen Schiedsverfahrens" das Prozeßprogramm (Art. 13). Dieses wird vom Schiedsgericht und den Parteien unterzeichnet und dem Schiedsgerichtshof zugeleitet. Aufgrund dieses Prozeßprogramms gibt der Schiedsgerichtshof das eigentliche Erkenntnisverfahren frei. Bedingung für die Freigabe ist die Feststellung, daß die geforderten Vorschüsse eingezahlt sind.

Das Verfahren vor dem Schiedsrichter ist in Art. 14 mit allgemeinen Worten beschrieben: Es stellt den Sachverhalt „in möglichst kurzer Zeit mit allen geeigneten Mitteln fest", er kann schriftlich entscheiden, muß aber auf Antrag einer Partei eine mündliche Verhandlung durchführen. Er beurteilt das Vorbringen und hört die Parteien sowie „jede andere Person in Gegenwart der Parteien oder in deren Abwesenheit, falls sie ordnungsgemäß geladen sind". In Art. 11 ist bestimmt, daß der Schiedsrichter das Verfahren, nach welchem er im einzelnen vorgeht, selbst bestimmt. In erster Linie ist er selbstverständlich an die Parteivorgaben gebunden. Soweit Vereinbarungen nicht bestehen, kann der Schiedsrichter entweder von Fall zu Fall nach eigenem Ermessen verfahren, oder er kann sich auch auf eine nationale Prozeßordnung, etwa die französische oder deutsche Zivilprozeßordnung, beziehen. 17

Art. 15 ICC-Regeln gibt allgemeine Hinweise für die Durchführung der mündlichen Verhandlung. Der Erlaß des Schiedsspruches ist gemäß Art. 18 binnen 6 Monaten vorgesehen, gerechnet von dem Tag, an welchem das Prozeßprogramm gemäß Art. 13 festgelegt wurde. Der Schiedsgerichtshof kann diese Frist verlängern. Das Schiedsgericht selbst ist hierzu nur befugt mit Zustimmung der Parteien. Wird der Schiedsspruch ungewöhnlich lange verzögert, so daß eine Fristverlängerung nicht mehr in Betracht kommt, kann der Schiedsgerichtshof den oder die Schiedsrichter abberufen und neue Schiedsrichter bestellen. Die Schiedsregeln der ICC schreiben nicht vor, daß der Schiedsspruch begründet werden muß. 18

Gemäß Art. 20 werden in dem Schiedsspruch auch die Kosten des Schiedsverfahrens festgesetzt, und es wird bestimmt, welche der Parteien die Kosten zu tragen hat oder in welchem Verhältnis sie verteilt werden sollen. Anders als im deutschen Recht kommt also in Frage, daß auch die obsiegende Partei mit einem Teil der Kosten belastet wird. Das Honorar der Schiedsrichter und die Verwaltungskosten des Schiedsge- 19

Übersicht

richtshofes werden von letzterem entsprechend der Kostentabelle festgesetzt.

2. Die Schiedsordnung des Schiedsgerichts der Bundeskammer der gewerblichen Wirtschaft, Wien

Literatur: allgemein *Schütze/Tscherning* S. 448 ff.

20 Österreich ist in den letzten Jahren als Austragungsort internationaler Schiedsgerichtsverfahren immer wichtiger geworden. Die Gründe dafür mögen in seiner Rolle als neutralem Land mit der geographischen Mittelpunktslage Wiens zwischen den Blöcken und Kulturbereichen liegen. Österreich hat aber auch aktiv auf diese Entwicklung hingewirkt durch eine 1983 in Kraft getretene Neufassung der das Schiedsgericht betreffenden Vorschriften seiner Zivilprozeßordnung (§§ 577 ff.). Diese Änderung wurde bewußt auf eine internationale Akzeptanz der österreichischen Schiedsgerichtsbarkeit ausgerichtet und basiert auf Vorschlägen einer eigens zu diesem Zweck aus verschiedenen Nationen zusammengerufenen Arbeitsgruppe. Diese gesetzgeberischen Bemühungen stehen im Zusammenhang mit der 1975 erfolgten Einrichtung des ständigen Schiedsgerichtes der Bundeskammer der gewerblichen Wirtschaft, Wien, welches durch eine entsprechende Schiedsklausel zuständig gemacht werden kann, wenn wenigstens eine Partei ihren Sitz außerhalb Österreichs hat. Dieses Schiedsgericht ist ein unselbständiges Organ der Bundeskammer für gewerbliche Wirtschaft. Sein Präsidium wird von dem Vorstand der Kammer bestellt. Die derzeit geltende Verfahrensordnung für dieses Schiedsgericht wurde vom Vorstand der Bundeskammer am 17. Juni 1983 beschlossen.

21 Die Bundeskammer empfiehlt folgende Standardschiedsklausel:

„Alle aus dem gegenwärtigen Vertrag sich ergebenden Streitigkeiten werden nach der Schieds- und Vergleichsordnung des Schiedsgerichts der Bundeskammer der gewerblichen Wirtschaft, Wien, von einem oder mehreren gemäß dieser Ordnung ernannten Schiedsrichtern endgültig entschieden".

Das Schiedsgericht

22 Terminologisch stört die Verwendung des Begriffs „Schiedsgericht" in der Verfahrensordnung für eine Instanz, welche bei den ICC-Regeln Schiedsgerichtshof genannt wird (bei den unten zu behandelnden Stockholmer Regeln heißt sie „Schiedsgerichtsinstitut"), die also nicht selbst den Rechtsstreit entscheidet, also eben kein Schiedsgericht ist, sondern

nur Hilfe leistet. Die Parteien können entscheiden, ob ihr Rechtsstreit von einem Einzelschiedsrichter oder von einem aus drei Schiedsrichtern bestehenden, Schiedsrichtersenat genannten, Spruchkörper entschieden werden soll (§ 16). Besteht keine Vereinbarung, kann der Kläger noch mit der Erhebung der Schiedsklage zwischen diesen Möglichkeiten wählen (§ 13 Abs. 2), indem er zugleich einen Schiedsrichter benennt. Geschieht dieses nicht, entscheidet das Präsidium des Schiedsgerichts. Hält dieses die Bestellung eines Einzelschiedsrichters für ausreichend, so ernennt das Präsidium diesen. Das Präsidium entscheidet auch, wenn ein Schiedsrichter ausfällt und eine Ersatzbestimmung nicht fristgemäß erfolgt. Die Regelung der Schiedsrichterablehnung, welche nach den ICC-Regeln vielleicht etwas zu allgemein dem Ermessen des Schiedsgerichtshofs überlassen wird, ist in § 20 durch eine Auflistung der Befangenheitsgründe detailliert geregelt. Über den Antrag auf Ablehnung entscheidet das Präsidium des Schiedsgerichts.

Der Ablauf des Verfahrens

Das Verfahren wird gemäß § 13 durch die Einreichung einer Klageschrift beim Sekretariat des Schiedsgerichts eingeleitet. Der Kläger hat mit der Klageerhebung eine Einschreibegebühr zu entrichten (§ 27). Der Sekretär des Schiedsgerichts legt einen Kostenvorschuß für das Verfahren fest (§ 28), der von beiden Parteien zu tragen ist bzw. im Fall, daß der Beklagte nicht zahlt, vom Kläger vorzulegen ist, ehe die Akten dem Schiedsrichter zugeleitet werden. Der Ort des Schiedsverfahrens ist grundsätzlich Wien (§ 3). Es kann aber auch ein anderer Ort innerhalb oder außerhalb Österreichs bestimmt werden. Das von den Schiedsrichtern zu beobachtende Verfahren legen diese mangels einer Parteibestimmung selber fest, wie diese auch das anwendbare materielle Recht ermitteln, wenn eine Parteivereinbarung fehlt (§ 23). Das Verfahren kann schriftlich durchgeführt werden, auf Antrag einer Partei muß aber eine mündliche Verhandlung stattfinden.

Eine Frist für den Erlaß des Schiedsspruches ist nicht vorgesehen. Da die in anderen Schiedsverfahrensordnungen hierfür vorgesehenen Fristen sich oft als unpraktikabel erwiesen haben, mag darin eine weise Beschränkung gesehen werden, indirekt besteht aber die Möglichkeit, die Schiedsrichter zu zügiger Arbeit anzuhalten, da das Präsidium auf Antrag einer Partei einen Schiedsrichter amtsentheben kann, wenn er das Verfahren „ungebührlich verzögert" (§ 20 Abs. 4). Weder nach der österreichischen ZPO noch nach den Vorschriften dieser Schiedsverfahrensordnung muß der Schiedsspruch begründet werden. Dieses ist allerdings allgemein üblich.

Übersicht

25 Gemäß § 29 werden die Verwaltungskosten des Schiedsgerichts und die Schiedsrichterhonorare nach einer streitwertabhängigen, von der Bundeskammer veröffentlichten Kostentabelle festgesetzt.

3. Die Schiedsverfahrensordnung der Stockholmer Handelskammer

Literatur: allgemein *Schütze/Tscherning* S. 440ff. m.N.

26 Die Handelskammer Stockholm hat, ähnlich wie die Internationale Handelskammer oder die Wiener Bundeskammer, ein Schiedsgerichtsinstitut eingerichtet, welches in seiner jetzigen Form seit 1949 existiert und internationale Bedeutung erlangt hat, insbesondere im Ost-West-Handelsverkehr. Dieses Schiedsgerichtsinstitut hat eine Schiedsverfahrensordnung entworfen (letzter Stand: 1. Oktober 1976) deren Vereinbarung dem Publikum empfohlen wird. Folgende Standardschiedsklausel wird vorgeschlagen:

> „Alle aus diesem Vertrag sich ergebenden Rechtsstreitigkeiten sind endgültig durch einen Schiedsspruch gemäß den Regeln für das Schiedsgerichtsinstitut der Handelskammer Stockholm zu entscheiden."

In der eigenen Übersetzung des Verfassers lautet diese Schiedsklausel wohl etwas korrekter wie folgt:

> „Alle Rechtsstreitigkeiten im Zusammenhang mit diesem Vertrag sollen endgültig durch ein Schiedsgericht nach den Regeln des Schiedsgerichtsinstituts der Stockholmer Handelskammer beigelegt werden."

Das Schiedsgerichtsinstitut

27 Die Vereinbarung der Stockholmer Regeln beruft, ebenso wie es nach den ICC- und den Wiener Regeln der Fall ist, nicht nur die das eigentliche Verfahren betreffenden Regeln, sondern trifft auch Bestimmungen in bezug auf die Zuständigkeit des Schiedsgerichtsinstituts für die Durchführung des Verfahrens. Wie der ICC-Schiedsgerichtshof und das Wiener Schiedsgericht ist das Institut nicht selbst erkennendes Schiedsgericht. Das Institut hat nur die Aufgabe, im Rahmen der Schiedsverfahrensordnung bei der Durchführung des Schiedsverfahrens Hilfestellung zu gewähren (§ 1). Das Institut dient also als Reserveinstanz für die Schiedsrichterbenennung, wenn die Parteien nichts anderes vereinbart haben. Wenn die Parteien die Entscheidung durch einen Einzelschiedsrichter vorgesehen haben, soll dieser gemäß § 6 von dem Institut benannt werden. Ist nichts zur Zahl der Schiedsrichter gesagt, sind drei

Schiedsrichter zu benennen (§ 6), jeweils einer von einer Partei und der Obmann vom Institut. Ebenso ernennt das Institut den Schiedsrichter anstelle des Beklagten, wenn dieser pflichtwidrig die Benennung unterläßt. Das Institut entscheidet auch über die Ablehnung von Schiedsrichtern und deren etwaige Ersetzung (§ 13). Für die Gründe einer Schiedsrichterablehnung wird in § 13 auf das schwedische Schiedsgerichtsgesetz verwiesen, dort § 5 (Besorgnis der Befangenheit usw.). Das Institut übernimmt außerdem Aufgaben der Prozeßvorbereitung. Der verfahrenseinleitende „Antrag auf Schiedsverfahren" ist an das Institut zu richten, desgleichen die Erwiderung der Gegenpartei (§ 8).

Das Institut weist den Antrag von vorneherein ab, wenn seine Zuständigkeit offenbar nicht gegeben ist. Die eigentliche Kompetenzentscheidung trifft aber das Schiedsgericht selbst. Das Institut kann Fristen, die vom Schiedsgericht einzuhalten sind, verlängern, und es legt die Gebührenvorschüsse fest. Nach deren Eingang leitet es das eigentliche Verfahren durch Übergabe der Akten an den Schiedsrichter ein. 28

Die Stellung des Instituts ist daher sachlich vergleichbar der des Schiedsgerichtshofes nach den ICC-Regeln oder auch des Präsidiums nach den Wiener Regeln, obwohl der ICC-Schiedsgerichtshof schon wegen seiner formellen Prüfungsbefugnis gemäß Art. 21 eine deutlich stärkere Position hat als das Institut. Im Vergleich zum Präsidium des Schiedsgerichts der Wiener Bundeskammer ergeben sich keine auffälligen Unterschiede. Die Stockholmer und die Wiener Regeln sollten daher gleichermaßen als Alternative erwogen werden, wenn die Parteien einerseits einen zu großen Einfluß des Schiedsgerichtshofes befürchten, wenn sie aber andererseits auch nicht völlig auf einen institutionellen Rückhalt bei der Durchführung des Verfahrens und bei der eventuell nötig werdenden Ersatzbestellung von Schiedsrichtern verzichten wollen. 29

Der Ablauf des Verfahrens

Der Schiedsgerichtsprozeß beginnt mit einem Antrag an das Institut, das Schiedsverfahren durchzuführen. Der Antrag enthält die üblichen Formalien sowie einen kurzen Abriß des Streitstoffes und einen vorläufigen Antrag sowie vor allem eine Abschrift der Schiedsklausel nebst Schiedsrichterbenennung (§ 8). Damit ist erst gleichsam ein Zulässigkeitsverfahren eingeleitet. Ist nach Meinung des Instituts die Schiedsverfahrensordnung der Stockholmer Handelskammer offensichtlich gar nicht berufen, so wird das Verfahren nicht eröffnet. Andernfalls leitet das Institut der Gegenpartei die Unterlagen weiter mit der Aufforde- 30 rung, sich zu erklären (z. B. zur Gültigkeit der Schiedsklausel, Einwände gegen den vom Kläger benannten Schiedsrichter) und seinerseits einen Schiedsrichter zu benennen. Hier hat das Institut gewisse prozeßleitende Befugnisse, insofern es den Fortgang des Verfahrens davon abhängig machen kann, daß die Parteien gewisse Erläuterungen zu ihrem Vorbringen geben (§ 10).

31 Nach Abschluß dieses Vorverfahrens wird der eventuell noch fehlende Schiedsrichter vom Institut bestellt, der Ort des Verfahrens bestimmt und der von den Parteien jeweils zu erlegende Kostenvorschuß festgesetzt, es sei denn, das Institut halte seine Zuständigkeit nach den Darlegungen des Beklagten für offensichtlich nicht gegeben (§ 11). Nach Eingang des Kostenvorschusses übergibt das Institut den Vorgang dem inzwischen konstituierten Schiedsgericht (§ 12). Erst dieses fordert den Kläger auf, einen „bestimmten Antrag" zu stellen und die Beweismittel zu bezeichnen, auf die er seine Angaben stützt. Entsprechendes gilt für den Beklagten. Für das vom Schiedsgericht zu beobachtende eigentliche Verfahren sagen die Stockholmer Regeln inhaltlich etwa dasselbe wie auch die ICC-Regeln: Die Schiedsrichter haben sich an die Vereinbarungen der Parteien zu halten und bestimmen im übrigen ihr Verfahren selbst. Auffällig ist § 5, wonach das schwedische Schiedsgerichtsgesetz subsidiär zu den Stockholmer Regeln gilt. Eine solche ausdrückliche Verweisung auf ein nationales Recht findet sich in den Schiedsverfahrensordnungen sonst nicht, wenngleich es sich bis zu einem gewissen Grade von selbst versteht, daß die nach den Kollisionsnormen (lex fori) berufene nationale Rechtsordnung subsidiär gilt, soweit sie nicht zulässigerweise abbedungen ist. Die Besonderheit von § 5 besteht mithin weniger darin, daß ein nationales Recht als subsidiär geltend anerkannt wird, als darin, daß die Schiedsverfahrensordnung der Stockholmer Handelskammer gleichsam zugibt, nicht aus sich heraus alle Verfahrensfragen abschließend zu lösen. So enthalten diese Regeln keine Fristen, binnen deren mangels Vereinbarung ein Schiedsrichter von der beklagten Partei zu benennen ist. Diese Frist ergibt sich aber aus § 7 des Schiedsgerichtsgesetzes (14 Tage). Auch ergibt sich aus dieser Schiedsverfahrensordnung nicht ohne weiteres die Befugnis des Schiedsgerichts, das Verfahren durchzuführen, wenn eine Partei trotz ordnungsgemäßer Ladung nicht erscheint. Diese Befugnis folgt jedoch aus § 14 Schiedsgerichtsgesetz. Auch hinsichtlich der Gründe für die Ablehnung eines Schiedsrichters ist, wie erwähnt, auf die schwedische gesetzliche Regelung verwiesen.

32 Die Stockholmer Regeln machen daher, nur für sich genommen, einen weniger abgerundeten Eindruck als z. B. die ICC-Regeln. Ja selbst die

Wiener Regeln wirken abgerundeter, obwohl sie in bezug auf die Regelungsdichte hinter den Stockholmer Regeln zurückfallen. Wenn daher die Stockholmer Regeln grundsätzlich auch anwendbar sein können für ein Schiedsverfahren an einem beliebigen Ort der Welt, so zeigt doch die starke Abhängigkeit dieser Regeln von dem schwedischen Schiedsgerichtsgesetz, daß die Schiedsgerichtsbarkeit nach diesen Regeln eigentlich nur in Schweden juristisch sinnvoll ist.

Der Schiedsspruch soll binnen eines Jahres nach Konstituierung des Schiedsgerichts ergehen. Die Frist kann aber auf Antrag einer Partei oder des Schiedsgerichts selbst vom Institut verlängert werden (§ 17). Der Schiedsspruch ist zu begründen und mit einer Kostenentscheidung zu versehen. Auffällig ist die Regelung in § 20, wonach das Schiedsgericht auf einen binnen 60 Tagen nach Erlaß des Schiedsspruches zu stellenden Antrag einer Partei verpflichtet ist, eine Interpretation des Schiedsspruches zu geben.

Übersicht

2. Kapitel
Die institutsfreien Schiedsverfahrensordnungen

1. UNCITRAL-Regeln

Literatur: allgemein *Schütze/Tscherning* S. 416 ff. m. N.

1   Die UNCITRAL (steht für: United Nations Commission on International Trade Law) ist ein ständiger Ausschuß der Vereinten Nationen für internationales Handelsrecht. Eines seiner Arbeitsergebnisse sind die UNCITRAL-Schiedsgerichtsregeln vom 15. Dezember 1976, welche seither mit offenbar steigender Tendenz Eingang in die internationale Vertragspraxis gefunden haben. Die UNCITRAL-Regeln haben mit den ICC-Regeln gemein, daß sie von einer nationalen Rechtsordnung völlig unabhängig sind. Wie dort ausgeführt, stehen die Schiedsverfahrensordnungen der Stockholmer Handelskammer und, freilich in geringerem Maße, die der Wiener Bundeskammer auf dem Boden des schwedischen bzw. österreichischen Verfahrensrechtes. Dieses jeweilige nationale Verfahrensrecht wirkt allein schon dadurch auf die Handhabung der betreffenden privaten Schiedsverfahrensordnung ein, als diese Schiedsverfahrensordnungen als den regelmäßigen Austragungsort des Schiedsverfahrens Stockholm bzw. Wien annehmen. Dieses trifft bis zu einem gewissen Grade sogar auf die ICC-Regeln zu, welche, wie ein Vergleich mit den UNCITRAL-Regeln ergibt, europäischer wirken und offenbar auf einen Rechtsanwender zielen, der mit westeuropäischen Rechtsvorstellungen vertraut ist.

2   Das „westliche Gesicht" der ICC-Regeln wird möglicherweise auch dadurch mitgeprägt, daß die ICC-Schiedsgerichtsbarkeit zwar ortsunabhängig ist, daß aber tatsächlich die ganz überwiegende Anzahl der nach dieser Verfahrensordnung durchgeführten Schiedsverfahren in einem Lande Westeuropas, hier vorzugsweise in Frankreich oder der Schweiz, stattfindet. Wenn sich also die ICC-Regeln schon wegen ihrer längeren Geschichte und durch das tatsächliche Gewicht ihrer Klientel und der Austragungsorte faktisch in erster Linie an das Publikum in den westlichen Industriestaaten wenden, so war es der eigentliche Zweck, welcher mit der Ausarbeitung der UNCITRAL-Schiedsregeln verfolgt wurde, eine weltweite Akzeptanz zu gewinnen, und zwar gerade in den Ländern, deren Rechtsentwicklung nicht denselben Stand wie wir hat. Damit hängt offenbar zusammen, daß die UNCITRAL-Regeln eine Reihe von Verfahrensregelungen sehr viel detaillierter ausformulieren, als es in den

bisher besprochenen Schiedsverfahrensordnungen der Fall ist. In gewissem Sinne kommen die UNCITRAL-Regeln rechtsstaatlichen Anforderungen an ein ordentliches Verfahren weiter entgegen, als es die bisher besprochenen Schiedsverfahrensordnungen tun, welche viel stärker als die UNCITRAL-Regeln auf das pflichtgemäße Ermessen der Schiedsrichter und des dahinterstehenden Instituts vertrauen.

Der hervorstechendste Unterschied der UNCITRAL-Regeln zu den bisher besprochenen Schiedsverfahrensordnungen besteht darin, daß die UNCITRAL-Regeln keinen Schiedsgerichtshof oder Schiedsgerichtsinstitut kennen. Weder die UNCITRAL selbst noch irgendeine andere Institution hat den geringsten Einfluß auf das Verfahren und seinen Ausgang. Die von den Parteien zu tragenden Verwaltungskosten eines Instituts entfallen hier also. Freilich kommen auch diese Regeln nicht ohne eine Reserveinstanz aus, welche über die Benennung und Ersetzung von Schiedsrichtern entscheidet, wenn eine Parteivereinbarung fehlt. 3

Den Parteien, welche die UNCITRAL-Regeln berufen wollen, wird nahegelegt, diese Reserveinstanz selber zu bezeichnen (Ernennende Stelle, „Appointing Authority"). Nur für den Fall, daß die Parteien die Ernennende Stelle weder bei Vertragsabschluß noch später bei Einleitung des Verfahrens bestimmen, sieht Art. 7 Abs. 2 eine Ersatzregelung vor in der Weise, daß die betreibende Partei (Schiedskläger) den Generalsekretär des Ständigen Schiedsgerichtshofes in Den Haag um die Bestimmung der Ernennenden Stelle ersuchen kann. Dieses ist aber die einzige Verknüpfung der UNCITRAL-Regeln mit einer außerhalb ihrer selbst liegenden Instanz. 4

Als Musterschiedsklausel wird vorgeschlagen: 5

„Jede Streitigkeit, Meinungsverschiedenheit oder jeder Anspruch, die sich aus diesem Vertrag ergeben oder sich auf diesen Vertrag, seine Verletzung, seine Auflösung oder seine Nichtigkeit beziehen, sind durch ein Schiedsverfahren nach der UNCITRAL-Schiedsgerichtsordnung in ihrer derzeit geltenden Fassung zu regeln."

Diese Schiedsklausel sollte tunlichst ergänzt werden durch die Bezeichnung der Ernennenden Stelle, Angabe der Zahl der Schiedsrichter und die Bestimmung des Austragungsortes.

Unbedingt nötig sind solche Ergänzungen nicht, da die UNCITRAL-Regeln aus sich heraus eine Lösung anbieten, wenn die Parteien keine vereinbaren. Mangels gegenteiliger Bestimmung sind gemäß Art. 5 drei Schiedsrichter zu bestellen. Je einer von einer Partei, und diese wählen den dritten als Obmann (Art. 7). Das übliche Regelungsproblem besteht 6

Übersicht

darin, den Schiedsrichter zu bestimmen, wenn die gegnerische Seite von ihrem Bestimmungsrecht keinen Gebrauch macht und damit das Verfahren hinauszuzögern droht. Ein entsprechendes Problem entsteht, wenn die berufenen Schiedsrichter sich auf den Obmann nicht einigen können. Es wurde gezeigt, daß die Ersatzzuständigkeit für die Benennung des Schiedsrichters oder des Obmanns oder die Befugnis, diese im Falle der Unfähigkeit zu ersetzen, eine der wesentlichen Funktionen des Schiedsgerichtsinstitutes bzw. des Schiedsgerichtshofes ist. Eine solche Institution fehlt bei den UNCITRAL-Regeln, so daß in Art. 6 – 14 ein relativ umständliches Verfahren vorgesehen wird, wie die Schiedsrichter bzw. der Obmann benannt werden, und unter welchen Voraussetzungen die Ernennende Stelle die Ersatzbenennung vornimmt. Die Ernennende Stelle ist auch zuständig, über die Abberufung eines Schiedsrichters zu entscheiden, wenn diesem Befangenheit oder Pflichtverletzung vorgeworfen wird. Wenn die Parteien voraussehen, daß solche Komplikationen bei ihnen nicht auftreten werden oder, falls doch, eine gütliche Einigung erzielt werden wird, können sie auf die Bezeichnung einer Ernennenden Stelle verzichten, zumal hilfsweise immer noch der Rückgriff auf den Generalsekretär des Ständigen Schiedsgerichtshofes in Den Haag zur Bezeichnung einer Ernennenden Stelle möglich ist.

7 Als Ernennende Stelle kommt im übrigen jede beliebige Person oder Institution in Frage. Daher kann auch der ICC-Schiedsgerichtshof oder das Schiedsgericht der Wiener Bundeskammer mit dieser Aufgabe betraut werden, was in der Praxis nicht selten geschieht. In gewissem Sinne werden auf diese Weise die Vorteile der institutsfreien Schiedsverfahrensordnung mit den typischen Vorteilen eines Instituts für den Fall miteinander verbunden, in welchem die Dienste eines Schiedsgerichtsinstitutes besonders nützlich sind.

Der Ablauf des Verfahrens

8 Das Verfahren nach den UNCITRAL-Regeln beginnt mit dem Zugang einer Schiedsmitteilung (Notice of Arbitration) beim Beklagten, mit welcher der Kläger den Beklagten davon in Kenntnis setzt, daß er das Schiedsverfahren durchführen möchte (Art. 3). Diese Schiedsmitteilung ist noch keine Klage, obwohl ihr eine solche bereits beigefügt werden kann. Die Schiedsmitteilung enthält vielmehr zunächst die unumgänglichen Regularien, die zur Durchführung eines Schiedsverfahrens nötig sind: Parteibezeichnung, Bezugnahme auf den Streitfall und die geltend gemachte Schiedsklausel usw. Sind entsprechend der Schiedsvereinbarung drei Schiedsrichter zu bestellen, so kann die Schiedsmitteilung be-

reits die Benachrichtigung von der Bestellung eines Schiedsrichters enthalten. Sobald das Schiedsgericht konstituiert ist, also entweder entsprechend der vertraglichen Regelung oder dem Ernennungsverfahren gemäß den Regeln, setzt dieses dem Kläger eine Frist zur Einreichung der förmlichen Klage (Art. 18), wenn diese nicht schon mit der Schiedsmitteilung eingereicht war. Gemäß Art. 19 wird dem Beklagten eine Frist zur Klageerwiderung gegeben. Beide Fristen sollen 45 Tage nicht überschreiten (Art. 23).

Das Schiedsverfahren wird gem. Art. 15 nach freiem Ermessen des Schiedsgerichts gestaltet. Auf Antrag einer Partei muß eine mündliche Verhandlung stattfinden, andernfalls kann das Schiedsgericht auch nach Lage der Akten vorgehen. Art. 15 Abs. 3 sieht vor, daß von allen Schriftstücken oder Informationen, die dem Schiedsgericht oder einer Partei zugehen, gleichzeitig der anderen Partei Kenntnis zu geben ist. Diese Vorschrift wird durch Art. 17 ergänzt, wonach das Schiedsgericht anordnen kann, daß alle Schriftstücke in die Verfahrenssprache übersetzt werden müssen. 9

Die Beweiserhebung und die mündliche Verhandlung sind in Art. 24 und 25 gesondert geregelt. Hier wie sonst in den Regeln finden sich Vorschriften, die auf der Grundlage unseres Rechtsverständnisses eigentlich überflüssig sind, wenn z. B. in Art. 24 Abs. 1 gesagt ist, daß jede Partei die Beweislast für die von ihr behaupteten Tatsachen habe. Ebenso mag es verzichtbar sein, dem Schiedsgericht in Art. 25 Abs. 1 die Pflicht aufzuerlegen, den Parteien Tag, Zeit und Ort der mündlichen Verhandlung rechtzeitig im voraus bekanntzugeben. Auch versteht sich die Regelung in Art. 25 Abs. 6 von selbst, wonach das Schiedsgericht die Beweiskraft der angebotenen Beweise zu beurteilen hat. Über den Sachverständigenbeweis und die Folgen der Säumnis sind in Art. 27 und 28 recht ausführliche Regelungen getroffen. 10

An diesen Beispielen zeigt sich, was mit der Bemerkung gemeint war, die ICC-Regeln, aber auch die Stockholmer und Wiener Regeln, wendeten sich in erster Linie an ein Publikum, welches mit einer im westlichen Sinne entwickelten Rechtsordnung vertraut ist. Eine Reihe der in den UNCITRAL-Regeln vorgesehenen Vorschriften sind bereits Bestandteil solcher entwickelten Rechtsordnungen oder folgen daraus. Ein Schiedsrichter bedarf an sich so genauer Hinweise und Ermächtigungen nicht. Insofern die UNCITRAL-Regeln aber auf eine weltweite Akzeptanz zielen und ein Publikum ansprechen, welches zum Teil sehr weit auseinandergehende Vorstellungen über formelle Rechtsfragen hat, erscheint es im Gegenteil nicht überflüssig, sondern sogar überaus hilfreich, daß ge- 11

Übersicht

wisse Dinge festgeschrieben werden, die zwischen Angehörigen gleichartiger Rechtssysteme nicht regelungsbedürftig sein mögen. Einerseits ist daher die Flexibilität des UNCITRAL-Verfahrens gegenüber z. B. dem ICC-Verfahren durch das Vorhandensein von zum Teil recht detaillierten Regelungen eingeschränkt, andererseits muß anerkannt werden, daß die UNCITRAL-Regeln ein höheres Maß an formeller Rechtssicherheit bieten.

12 Eine Besonderheit der UNCITRAL-Regeln ist die Befugnis des Schiedsgerichts, einstweilige Verfügungen zu erlassen (Art. 26). Nach deutschem Recht, aber auch nach den Rechtsordnungen anderer Länder ist es zweifelhaft, ob ein Schiedsgericht hierzu befugt werden kann. Die Wiener und die Stockholmer Regeln treffen hierzu überhaupt keine Regelung. Die ICC-Regeln sagen nur umgekehrt, daß das Recht der Parteien, vor einem staatlichen Gericht einstweilige Verfügungen zu beantragen, durch die Vereinbarung der ICC-Regeln nicht berührt werde. Dieses gilt aber auch nach den UNCITRAL-Regeln; gemäß Art. 26 Abs. 3 haben die Parteien daneben das Recht, solche Maßnahmen auch bei dem staatlichen Gericht zu beantragen.

13 Der Schiedsspruch ist gemäß Art. 32 zu begründen, und er ist selbstverständlich endgültig und bindet die Parteien (Art. 32 Abs. 2). Angesichts dieser Vorschrift erscheinen die Art. 35-37 als etwas problematisch, wenn darin gesagt wird, daß der einmal erlassene Schiedsspruch auf Antrag einer Partei ausgelegt (Art. 35), berichtigt (Art. 36) oder ergänzt (Art. 37) werden kann. Die zugelassene Berichtigung von Rechen- und Schreibfehlern dürfte keine Schwierigkeiten aufwerfen. Fraglich ist aber, ob ein ergänzender oder auslegender Zusatz zu dem Schiedsspruch vollstreckungsfähiger Bestandteil desselben werden soll. Zur Vermeidung von Mißverständnissen könnte, wie auch schon zu den Stockholmer Regeln erwogen, eine Abbedingung dieser Vorschriften in Frage kommen.

14 Zusammen mit dem Schiedsspruch erläßt das Schiedsgericht eine Kostenentscheidung. Gemäß Art. 40 gilt der Grundsatz, daß die unterliegende Partei die Kosten des Schiedsverfahrens zu tragen hat. Das sind insbesondere die Honorare für die Schiedsrichter. Das Schiedsgericht kann jedoch eine andere Aufteilung vorsehen. Hinsichtlich der eigenen Rechtsbeistandskosten der obsiegenden Partei gilt dieser Grundsatz nicht. Das Schiedsgericht ist hier vielmehr aufgefordert, frei zu bestimmen, welche Partei diese Kosten zu tragen hat und in welcher Höhe.

2. Die ECE-Regeln

Literatur: allgemein *Schütze/Tscherning* S. 410ff. m.N.

Das Europäische Übereinkommen über die internationale Handelsschiedsgerichtsbarkeit vom 21. April 1961 war ein wichtiger Schritt zur Internationalisierung des Schiedsgerichtswesens, indem insbesondere die Verbindlichkeit von Schiedsverträgen und der entsprechenden Schiedssprüche in den Vertragsstaaten festgestellt wurde. Das Europäische Übereinkommen ist insofern eine Ergänzung des New Yorker Abkommens von 1958. Das Europäische Übereinkommen war ein Ergebnis der Arbeiten des Wirtschafts- und Sozialrates der Vereinten Nationen und insbesondere zugeschnitten auf Schiedsklauseln zwischen Partnern in Westeuropa und im kommunistischen Osteuropa. Parallel zu diesem Europäischen Übereinkommen, mit welchem die zwischenstaatliche Anerkennung von Schiedssprüchen gesichert wird, wurde von den im wesentlichen gleichen Personen, welche das Übereinkommen ausgearbeiten hatten, eine Musterschiedsverfahrensordnung entworfen, die nach dem Träger dieser Beratungen (Economic Commission for Europe, einem Ausschuß der Vereinten Nationen) ECE-Regeln genannt werden. Diese datieren vom 20. Januar 1966. **15**

Das Europäische Übereinkommen und die ECE-Regeln stehen daher in einem gewissen sachlichen und zeitlichen Zusammenhang, nicht aber in einem rechtlichen. Die ECE-Regeln können allgemein angewendet werden, insbesondere nicht nur in Verträgen zwischen Staatsangehörigen der Vertragsstaaten des Europäischen Übereinkommens. Vor allem ist die Anwendung des Europäischen Übereinkommens völlig unabhängig davon, welche Schiedsverfahrensordnung vereinbart wurde. Die Tatsache freilich, daß an dem Zustandekommen der ECE-Regeln in besonderem Maße Vertreter auch der kommunistischen Staaten Anteil hatten, scheint zu einer erhöhten Akzeptanz dieser Regeln in den Staatshandelsländern zu führen. Das bedeutet aber nicht, daß diesen Regeln gleichsam ein politischer Geruch anhaftete – die Regeln sind im Gegenteil geflissentlich politisch neutral. Allgemein scheint die Bedeutung der ECE-Regeln aber nicht sehr groß zu sein. Das mag damit zusammenhängen, daß die späteren UNCITRAL-Regeln die von den ECE-Regeln angesprochenen Zielgruppen jedenfalls teilweise mit abdecken. **16**

Wie bei den UNCITRAL-Regeln ist lediglich für den Fall, daß bei der Schiedsrichterbestellung oder Abberufung oder Ablehnung von Schiedsrichtern in der Schiedsklausel nicht geregelte Fragen auftauchen, die Einschaltung einer Ernennenden Stelle vorgesehen. Wie bei den **17**

Übersicht

UNCITRAL-Regeln können die Parteien die Ernennende Stelle festlegen. Verzichten die Parteien darauf, so ergibt sich die Ernennende Stelle gemäß Art. 4 und 5 entsprechend einem Verfahren, welches deswegen reichlich umständlich ist, weil ein Höchstmaß von politischer Neutralität zwischen Ost und West angestrebt wird. Ist nichts anderes vereinbart, so ergibt sich die Ernennende Stelle aus der im Anhang zu den Regeln veröffentlichten Liste. Nach dem Ort, wo das Schiedsgericht stattfinden soll, ist die Ernennende Stelle z. B. für Österreich die Bundeskammer der gewerblichen Wirtschaft und für Deutschland der Deutsche Ausschuß für Schiedsgerichtswesen usw. Diese Liste kommt aber nur zum Tragen, wenn der Ort des Schiedsverfahrens vertraglich festliegt. Ist das nicht der Fall, ergibt sich aus Art. 5 eine Ersatzlösung, nämlich — wenn alles nichts hilft — der Sonderausschuß, welcher gem. Art. 4 des Europäischen Übereinkommens vom 21. April 1961 gebildet wird. Hier findet sich dann auch die einzige rechtliche Verknüpfung zwischen dem Europäischen Übereinkommen und den ECE-Regeln.

18   Als Musterschiedsklausel wird empfohlen:

„Jeder Rechtsstreit aus oder in Verbindung mit diesem Vertrag, den die Parteien nicht gütlich beilegen konnten, soll endgültig durch ein Schiedsgericht entschieden werden, und zwar nach den Regeln der ECE-Schiedsverfahrensordnung, welche den Parteien bekannt ist".

19   Ähnlich wie bei den UNCITRAL-Regeln ist zu empfehlen, die Schiedsklausel um die Festlegung des Ortes der Schiedsgerichtsbarkeit zu erweitern sowie die Ernennende Stelle zu bestimmen. Die Art. 3 – 13 befassen sich mit der Bestellung der Schiedsrichter und ihrer Abberufung bzw. ihrer Ersetzung im Todesfall und im Falle allgemeiner Unfähigkeit. Diese Vorschriften sind inhaltlich mit den Art. 5-14 UNCITRAL-Regeln vergleichbar. Wie im Falle der UNCITRAL-Regeln kommt die Ernennende Stelle nur in diesem Zusammenhang und auch hier nur hilfsweise ins Bild. Sie hat wie dort keinerlei Einflußmöglichkeiten auf den eigentlichen Gang des Schiedsverfahrens.

Der Ablauf des Verfahrens

20   Das Verfahren beginnt mit einer Schiedsmitteilung, welche unter Bezug auf die Schiedsklausel den Streitfall bezeichnet und Vorschläge zur Zusammensetzung des Schiedsgerichtes macht. Ist das Schiedsgericht konstituiert, bestimmt es den Ort des Verfahrens (Art. 14) und setzt den Parteien eine Frist für die Klage und Klageerwiderung (Art. 15). Das Verfahren bestimmen die Schiedsrichter nach freiem Ermessen (Art. 22)

auf der Grundlage des rechtlichen Gehörs und völliger Gleichbehandlung der Parteien. Diese Ermessensfreiheit ist in Art. 24 weiter ausgeführt, in welchem dem Schiedsgericht die Freiheit zugestanden wird, über die Zulässigkeit und den Wert von Beweisen zu befinden — eine Regelung, die an sich schon in Art. 22 abgedeckt ist und vielleicht ebensowenig einer ausdrücklichen Erwähnung bedarf wie die Befugnis des Schiedsgerichts, im Säumnisfall auch ohne die säumige Partei das Verfahren durchzuführen.

Wie die UNCITRAL-Regeln sehen die ECE-Regeln vor, daß das Schiedsgericht einstweilige Sicherungsmaßnahmen ergreifen darf (Art. 27). Der Schiedsspruch soll binnen 9 Monaten nach Konstituierung des Schiedsgerichtes ergehen (Art. 34). Die Frist kann von den Parteien natürlich verlängert werden, vom Schiedsgericht selbst nur, wenn besondere Gründe diese Verlängerung rechtfertigen. Der Schiedsspruch ist zu begründen. Wiederum ähnlich wie die UNCITRAL-Regeln schreibt Art. 43 vor, daß im Grundsatz die Kosten von der unterlegenen Partei zu tragen sind, wobei freilich das Schiedsgericht die Befugnis hat, einen abweichenden Aufteilungsschlüssel vorzusehen.

3. Teil
Kommentierung der Schiedsverfahrensordnungen

1. Kapitel

Die Schiedsverfahrensordnung der Internationalen Handelskammer, Paris (ICC-Regeln)

Vorbemerkung: Die Verfahrensordnung der Internationalen Handelskammer war seit 1975 unverändert. Sie wurde mit Wirkung ab 1. Januar 1988 neu gefaßt. Die Abweichungen der Neufassung gegenüber der Grundfassung sind im wesentlichen formalen Charakters und beschränken sich auf Ergänzungen und redaktionelle Änderungen in folgenden Artikeln:

Artikel 2 Absätze 5 – 13; Artikel 6 Absatz 4; Artikel 9; Artikel 13 Absatz 2 und Artikel 18. Diese Änderungen können wie folgt zusammengefaßt werden:

Die an die ICC-Landesgruppen gerichteten Aufforderungen, einen Schiedsrichter zu benennen, werden befristet (Artikel 2 Absatz 6). Schiedsrichter aus Ländern ohne ICC-Landesgruppen können ernannt werden, wenn die Parteien nicht widersprechen (Artikel 2 Abs. 6). Schiedsrichter müssen den Schiedsgerichtshof vor ihrer Bestellung über Umstände unterrichten, die ihre Unabhängigkeit von den Parteien fraglich erscheinen lassen können (Artikel 2 Absatz 7).

Für die Ablehnung des Schiedsrichters sind bestimmte Fristen einzuhalten (Artikel 2 Absatz 8). Die bisherige sehr knappe Regelung (Artikel 2 Absatz 7 a. F.) betreffend die Entscheidung über Ablehnungsgesuche und Ersetzung von Schiedsrichtern ist in Artikel 2 Absätze 9 – 11 nun ausführlicher behandelt. In Artikel 6 Absatz 4 und Artikel 18 Absatz 1 sind Regelungen zur Fristenberechnung aufgenommen worden. Artikel 13 Absatz 2 sowie Artikel 9 enthalten Änderungen in bezug auf Vorschußzahlungen und Fristenverlängerung.

Die hier vorgelegte Kommentierung basiert auf dem Text der Grundfassung von 1975. Im Anschluß an die Kommentierung werden die neugefaßten Vorschriften in eigener Übersetzung aus dem Englischen

Art. 1 – Abs. 1 – ICC

(eine offizielle deutsche Übersetzung steht noch aus) mit Kommentar wiedergegeben (Seite ... ff.).

Schiedsgerichtshof
Artikel 1

1 Bei der Internationalen Handelskammer besteht ein internationales Organ der Schiedsgerichtsbarkeit, dessen Mitglieder vom Verwaltungsrat der Internationalen Handelskammer ernannt werden. Das Organ trägt die Bezeichnung Schiedsgerichtshof. Seine Aufgabe ist es, Vorsorge für die schiedsgerichtliche Beilegung wirtschaftlicher Streitigkeiten internationalen Charakters aufgrund der folgenden Bestimmungen zu treffen.

2 Der Schiedsgerichtshof tritt in der Regel einmal im Monat zusammen. Er erläßt seine Geschäftsordnung.

3 Der Präsident des Schiedsgerichtshofes oder sein Vertreter ist ermächtigt, im Namen des Schiedsgerichtshofes dringende Entscheidungen zu treffen; er muß jedoch den Schiedsgerichtshof in der nächsten Sitzung hiervon unterrichten.

4 Der Schiedsgerichtshof kann gemäß seiner Geschäftsordnung einem oder mehreren Ausschüssen, die aus seinen Mitgliedern gebildet werden, die Befugnis übertragen, gewisse Entscheidungen zu treffen; er muß jedoch über die getroffenen Entscheidungen in der nächsten Sitzung unterrichtet werden.

5 Der Schiedsgerichtshof unterhält in den Räumen der Internationalen Handelskammer ein Sekretariat.

Artikel 1 – Absatz 1:

Bei der Internationalen Handelskammer besteht ein internationales Organ der Schiedsgerichtsbarkeit, dessen Mitglieder vom Verwaltungsrat der Internationalen Handelskammer ernannt werden. Das Organ trägt die Bezeichnung Schiedsgerichtshof. Seine Aufgabe ist es, Vorsorge für die schiedsgerichtliche Beilegung wirtschaftlicher Streitigkeiten internationalen Charakters aufgrund der folgenden Bestimmungen zu treffen.

1 Die Internationale Handelskammer wurde 1919 gegründet. Sie ist die einzige weltumfassende private Organisation der Wirtschaft. Ihre über 7000 Mitglieder sind Einzelunternehmen, Wirtschaftsverbände und

Kammern aus über 100 Ländern. Getragen wird die Internationale Handelskammer von den nationalen Landesgruppen, die ihrerseits selbständige Organisationen sind. Es gibt über 50 Landesgruppen der Internationalen Handelskammer in allen Industrieländern der westlichen Welt sowie in zahlreichen Entwicklungsländern. In diesen Landesgruppen sind die jeweiligen Mitglieder der Internationalen Handelskammer zusammengeschlossen. Neben den Landesgruppen gibt es Einzelmitglieder in Ländern ohne eigene Landesgruppe. Die deutsche Landesgruppe der Internationalen Handelskammer hat ihren Sitz in Köln (Postanschrift: Deutsche Gruppe der Internationalen Handelskammer, 5000 Köln 1, Postfach 100447). Die Landesgruppen ernennen die Delegierten für die Organe und Fachkommissionen der Internationalen Handelskammer, an deren Spitze ein Präsident steht. Oberstes Beschlußgremium ist der Rat. Die Geschäftsführung liegt bei dem Generalsekretariat der Internationalen Handelskammer (Postanschrift: International Chamber of Commerce, 38, Cours Albert 1, F/75008 Paris).

Der Schiedsgerichtshof der ICC ist als rechtlich unselbständiges Organ der Internationalen Handelskammer eingerichtet. Er wurde 1923 gegründet. Seit seinem Bestehen wurde er mit etwa 5000 Fällen befaßt. Derzeit werden etwa 300 neue Fälle pro Jahr registriert (*Jarvin*, Recht und Praxis, S. 9). Der Schiedsgerichtshof hat zur Zeit etwa 40 Mitglieder. Diese sind keine Angestellten der Internationalen Handelskammer. Vielmehr ist diese bemüht, unabhängige, international anerkannte Fachleute in dieses Gremium zu berufen. 2

Es ist Aufgabe des Schiedsgerichtshofes, Vorsorge für die „schiedsgerichtliche Beilegung wirtschaftlicher Streitigkeiten internationalen Charakters" zu treffen. Auch die Wiener Regeln setzen voraus, daß „wenigstens eine Partei ihren Sitz außerhalb des Gebiets der Republik Österreich hat" (§ 1). Eine solche Aufgabenbeschreibung ist aber rechtlich ohne Bedeutung (vgl. *Fouchard*, S. 227). Sicherlich können die ICC-Regeln auch in einem Schiedsverfahren ohne Auslandsberührung zugrunde gelegt werden. Das kann sinnvoll sein, wenn die Parteien, die sich im nationalen sowohl wie im internationalen Geschäft treffen, für ihre Streiterledigung generell ein einheitliches Forum mit einheitlichen Regeln schaffen wollen. Die Geschäftsordnung des Schiedsgerichtshofes sagt daher auch etwas allgemeiner, daß der Schiedsgerichtshof den Fall annehmen kann, wenn die ICC-Schiedsgerichtsbarkeit vereinbart ist, ohne daß es also auf die Internationalität des Geschäftes ankommt. 3

Artikel 1 – Absätze 2–4:

Der Schiedsgerichtshof tritt in der Regel einmal im Monat zusammen. Er erläßt seine Geschäftsordnung.

Der Präsident des Schiedsgerichtshofes oder sein Vertreter ist ermächtigt, im Namen des Schiedsgerichtshofes dringende Entscheidungen zu treffen; er muß jedoch den Schiedsgerichtshof in der nächsten Sitzung hiervon unterrichten.

Der Schiedsgerichtshof kann gemäß seiner Geschäftsordnung einem oder mehreren Ausschüssen, die aus seinen Mitgliedern gebildet werden, die Befugnis übertragen, gewisse Entscheidungen zu treffen; er muß jedoch über die getroffenen Entscheidungen in der nächsten Sitzung unterrichtet werden.

4 Diese Absätze betreffen die innere Organisation des Schiedsgerichtshofes und nicht das Schiedsgerichtsverfahren. Es wäre rechtlich sauberer gewesen, diese Organisationsregeln nicht in die Verfahrensordnung mit aufzunehmen. Während nämlich die Verletzung der eigentlichen Verfahrensregeln zu einem Verfahrensverstoß bei dem Schiedsspruch führt, kann dies bei einer Verletzung von Organisationsregeln des Schiedsgerichtshofes grundsätzlich nicht angenommen werden. Es ist weder im Sinne der Parteien noch vom wohlverstandenen Zweck der ICC-Regeln gedeckt, wenn z. B. ein nach dieser Verfahrensordnung erlassener Schiedsspruch mit der Begründung angegriffen würde, im Schiedsgerichtshof sei entgegen Art. 1 Abs. 2 die Sitte eingerissen, nur noch einmal im Quartal zusammenzutreffen, oder ein Ausschuß habe entgegen Abs. 4 unterlassen, den Schiedsgerichtshof über getroffene Entscheidungen in der nächsten Sitzung zu unterrichten. Ebenso sind Verstöße gegen die interne Geschäftsordnung des Schiedsgerichtshofes als solche unter keinem Gesichtspunkt Verfahrensverstöße. Nur unter reichlich theoretischen Annahmen wäre denkbar, daß grobe Verstöße gegen die internen Organisationsregeln nach außen auf das Schiedsverfahren durchschlagen und zu einem Verfahrensfehler werden können, etwa weil ein voreingenommener Schiedsgerichtshof die Bestätigung eines von der Partei benannten Schiedsrichters verweigert (vgl. Art. 2 Abs. 1).

Wahl der Schiedsrichter
Artikel 2

1 Der Schiedsgerichtshof entscheidet die Streitfälle nicht selbst. Soweit die Parteien nichts anderes bestimmt haben, ernennt oder bestätigt er die Schiedsrichter gemäß den folgenden Bestimmungen.

Bei der Ernennung oder Bestätigung der Schiedsrichter berücksichtigt der Schiedsgerichtshof deren Staatsangehörigkeit, Wohnsitz und sonstige Beziehungen zu den Ländern, deren Staatsangehörigkeit die Parteien und die anderen Schiedsrichter haben.

2 Die Streitfälle können durch einen Einzelschiedsrichter oder durch drei Schiedsrichter entschieden werden. In den folgenden Artikeln sind unter «Schiedsrichter» gegebenenfalls der Einzelschiedsrichter oder die Schiedsrichter zu verstehen.

3 Sind die Parteien übereingekommen, daß der Streitfall durch einen Einzelschiedsrichter entschieden werden soll, können sie ihn gemeinsam benennen; die Benennung bedarf der Bestätigung durch den Schiedsgerichtshof. Einigen sich die Parteien nicht innerhalb von 30 Tagen, nachdem die Schiedsklage der Gegenpartei zugestellt worden ist, so wird der Schiedsrichter durch den Schiedsgerichtshof ernannt.

4 Sind drei Schiedsrichter vorgesehen, benennt jede Partei – der Kläger in der Klage und der Beklagte in seiner Klagebeantwortung – dem Schiedsgerichtshof einen unabhängigen Schiedsrichter zur Bestätigung. Unterläßt es eine Partei, einen Schiedsrichter zu benennen, so wird er von dem Schiedsgerichtshof ernannt. Der dritte Schiedsrichter, der den Vorsitz in dem Schiedsgericht führt, wird durch den Schiedsgerichtshof ernannt, es sei denn, die Parteien haben vorgesehen, daß die von ihnen benannten Schiedsrichter sich über den dritten Schiedsrichter innerhalb einer bestimmten Frist einigen sollen. In diesem Fall bestätigt der Schiedsgerichtshof den dritten Schiedsrichter. Falls die von den Parteien benannten Schiedsrichter sich nicht in der von den Parteien oder von dem Schiedsgerichtshof gesetzten Frist einigen, wird der dritte Schiedsrichter durch den Schiedsgerichtshof ernannt.

5 Haben die Parteien die Zahl der Schiedsrichter nicht vereinbart, ernennt der Schiedsgerichtshof einen Einzelschiedsrichter, sofern er nicht der Ansicht ist, daß die Bedeutung des Streitfalles die Ernennung von drei Schiedsrichtern rechtfertigt. In diesem Fall steht den Parteien eine Frist von zwei Wochen zur Verfügung, innerhalb derer sie die Schiedsrichter benennen können.

Art. 2 — Abs. 1 — ICC

6 Obliegt es dem Schiedsgerichtshof, einen Einzelschiedsrichter oder den Vorsitzenden des Schiedsgerichtes zu ernennen, so wählt er die Landesgruppe der Internationalen Handelskammer aus, die er um einen Vorschlag ersucht. Der Einzelschiedsrichter oder der Vorsitzende des Schiedsgerichts soll die Staatsangehörigkeit eines anderen Landes besitzen als die Parteien. Der Einzelschiedsrichter oder der Vorsitzende des Schiedsgerichts kann jedoch, falls es die Umstände rechtfertigen und keine der Parteien Einwendungen erhebt, die gleiche Staatsangehörigkeit besitzen, wie eine der Parteien.

Hat der Schiedsgerichtshof anstelle einer Partei, die es unterlassen hat, einen Schiedsrichter zu benennen, diesen zu ernennen, so ersucht er die Landesgruppe des Landes, dessen Staatsangehörigkeit diese Partei besitzt, um einen Vorschlag. Falls es sich um ein Land handelt, in dem keine Landesgruppe besteht, so steht ihm das Recht zu, irgendeine Persönlichkeit auszuwählen, die er für geeignet hält.

7 Wird ein Schiedsrichter durch eine Partei abgelehnt, so entscheidet der Schiedsgerichtshof über die Gründe der Ablehnung nach eigenem Ermessen; seine Entscheidung ist endgültig.

8 Ein Schiedsrichter kann ersetzt werden im Falle seines Todes oder seiner Verhinderung, oder falls er infolge einer Ablehnung oder aus anderen Gründen sein Amt niederlegen muß, oder falls der Schiedsgerichtshof nach Prüfung der Stellungnahme eines Schiedsrichters feststellt, daß dieser seiner Aufgabe nicht gemäß der Schiedsordnung oder innerhalb der auferlegten Frist nachkommt. In allen diesen Fällen wird gemäß den Absätzen 3, 4 und 6 verfahren.

[Neufassung Art. 2 Abs. 5 – 13 s. S. 135 ff.]

Artikel 2 — Absatz 1:

Der Schiedsgerichtshof entscheidet die Streitfälle nicht selbst. Soweit die Parteien nichts anderes bestimmt haben, ernennt oder bestätigt er die Schiedsrichter gemäß den folgenden Bestimmungen.

Bei der Ernennung oder Bestätigung der Schiedsrichter berücksichtigt der Schiedsgerichtshof deren Staatsangehörigkeit, Wohnsitz und sonstige Beziehungen zu den Ländern, deren Staatsangehörigkeit die Parteien und die anderen Schiedsrichter haben.

1 Der Schiedsgerichtshof entscheidet nicht selbst. Er dürfte es auch nicht, wenn die Parteien damit einverstanden wären, denn nicht er ist Schiedsrichter. Es entscheidet der in der rechtlichen Konstruktion von ihm ein-

Art. 2 – Abs. 1 – ICC

gesetzte Spruchkörper. Die Bezeichnung Schiedsgerichtshof (englisch: Court of Arbitration) ist daher in unserem Verständnis falsch. Der Schiedsgerichtshof ist gerade kein Gerichtshof, sondern eine Art ständige Geschäftsstelle für die jeweils einzusetzenden Spruchkörper. Er hat bestimmte administrative, aber auch gewisse, wenn auch beschränkte, Überwachungsfunktionen (*Böckstiegel*, NJW 1977, S. 464). Der Vorrang anderslautender Parteivereinbarung ist selbstverständlich. Unter diesem Vorbehalt steht in erster Linie die Hauptaufgabe des Schiedsgerichtshofes, nämlich bei der Schiedsrichterbestellung mitzuwirken.

Es steht den Parteien natürlich frei, die Schiedsrichter selbst auszuwählen, ihre Abwahl im Falle der Unfähigkeit zu regeln und Vorschriften aufzustellen für den Fall der Befangenheit usw. Die Parteien könnten daher auf die Dienste des Schiedsgerichtshofes auch gänzlich verzichten und damit auch die entsprechende Verwaltungsgebühr sparen, wenn sie aus den ICC-Regeln nur bestimmte, das eigentliche Verfahren betreffende Vorschriften herausgreifen. Da die ICC-Regeln freilich nur durch die besondere Stellung des Schiedsgerichtshofes ihren eigentlichen Sinn bekommen, wäre eine solche Vereinbarung wenig sinnvoll, und sie würde wohl von dem Schiedsgerichtshof auch nicht akzeptiert werden (*Schwab*, Recht und Praxis, S. 55). Der Schiedsgerichtshof würde in diesem Falle also wahrscheinlich nicht tätig werden, mit der Folge, daß die Schiedsklausel als undurchführbar unwirksam ist. Haben sich die Parteien daher allgemein auf die ICC-Regeln verständigt, dann ist damit auch die für das Schiedsgericht aufgestellte Verfahrensordnung bindend geworden (RGZ 159 S. 95), d. h. auch die besonderen Befugnisse des Schiedsgerichtshofes gemäß dieser Verfahrensordnung sind damit Gegenstand der Schiedsvereinbarung geworden. Hat daher eine Partei entsprechend der ihr in der Schiedsklausel eingeräumten Befugnis einen Schiedsrichter benannt, so bedarf auch dieser gemäß Abs. 2 der Bestätigung durch den Schiedsgerichtshof (vgl. auch unten: Abs. 4). Wird diese Bestätigung versagt, so ist ein Schiedsspruch, der unter Mitwirkung eines nicht bestätigten Schiedsrichters zustande gekommen ist, mit einem Verfahrensfehler behaftet und würde aus Sicht des deutschen Richters der Aufhebung verfallen. 2

Schwab stellt die Frage, ob einem von den Parteien bestellten Schiedsrichter die Bestätigung durch den Schiedsgerichtshof überhaupt versagt werden kann, denn eine solche Versagung sei mit dem übergeordneten Grundsatz der Parteifreiheit bei der Auswahl der Schiedsrichter nicht vereinbar (Recht und Praxis, S. 56). *Schwab* übersieht dabei aber, daß die Parteien sich auf die Bestätigungskompetenz des Schiedsgerichtsho- 3 fes vertraglich einließen und daher an die Entscheidungen des Schiedsgerichtshofes gebunden sind. Wird die Bestätigung daher vom Schiedsgerichtshof, gleich aus welchen Gründen, verweigert, so ist das Schiedsgericht, an welchem ein unbestätigter Schiedsrichter mitwirkt, nicht ordnungsgemäß besetzt.

4 Nach den ICC-Regeln wird eine Person nicht durch die Parteibenennung zum Schiedsrichter, sondern durch die Bestätigung seitens des Schiedsgerichtshofes. In der rechtlichen Konstruktion wäre zu sagen, daß der Schiedsgerichtshof einem Vorschlag der entsprechenden Partei folgt, wenn er die von dieser benannte Person zum Schiedsrichter bestellt bzw. bestätigt. Das hat Bedeutung für die Rechtsbeziehungen der Beteiligten zueinander. Als Partner des Schiedsrichtervertrages sind nicht — wie sonst üblich — die Parteien einerseits und der oder die Schiedsrichter andererseits anzusehen. Partner des Schiedsrichtervertrages sind der Schiedsgerichtshof und der/die Schiedsrichter. Der Schiedsgerichtshof ist als Institution den Schiedsrichtern zur Zahlung ihres Honorars verantwortlich und nicht die Parteien (*CPP* III, S. 56). Über die Konstruktion der vertraglichen Beziehungen zwischen Schiedsgerichtshof, Schiedsrichtern und Parteien scheint allerdings eine gewisse Unsicherheit zu bestehen. In der, soweit ersichtlich, einzigen deutschen Stellungnahme hierzu (*Raeschke-Kessler/Bühler,* ZIP 1987, S. 1160) wird vorgeschlagen, in der Vereinbarung der ICC-Schiedsregeln eine unwiderrufliche Bevollmächtigung des Schiedsgerichtshofs durch die Parteien zu sehen, den Schiedsrichtervertrag für diese mit dem zu bestätigenden Schiedsrichter abzuschließen. Gegen die rechtliche Möglichkeit einer solchen Konstruktion ist nichts einzuwenden. Sachgerecht dürfte sie aber nicht sein, da diese Konstruktion den Parteien das Recht beließe, unter Ausschluß des Schiedsgerichtshofes ergänzende Vereinbarungen zu treffen. Das aber würde kaum in das System der ICC-Schiedsgerichtsbarkeit passen. Ob aber in der Vereinbarung der ICC-Schiedsgerichtsbarkeit über die Unwiderruflichkeit der Vollmacht hinaus auch eine verdrängende Vollmacht zugunsten des Schiedsgerichtshofes gesehen werden darf, der zufolge der Schiedsgerichtshof unter Ausschluß der Parteien einen Schiedsrichtervertrag nach eigenem Ermessen für die Parteien abschließen darf, ist jedenfalls für das deutsche Recht zweifelhaft. Zunächst gibt die Schiedsklausel, welche nichts anderes sagt, als daß sich die Parteien der ICC-Schiedsgerichtsbarkeit unterwerfen, dafür zu wenig her. Zum anderen ist für das deutsche Recht zweifelhaft, ob eine solche verdrängende Vollmacht gültig wäre.

Welche der beiden Rechtskonstruktionen zum Tragen kommt, ist allerdings auch eine Frage des vertraglichen Verhältnisses zwischen den Parteien und dem Schiedsgerichtshof. (Dieselbe Frage wird sich in bezug auf die anderen institutsgebundenen Schiedsgerichte stellen.) Bei Darstellungen der institutionellen Schiedsgerichtsbarkeit und insbesondere der ICC-Schiedsgerichtsbarkeit wird diese praktisch nie erörtert. Aus der Sicht des deutschen Rechtes wäre wohl an einen Geschäftsbesorgungsvertrag zwischen den Parteien und dem Schiedsgerichtshof zu denken (vgl. Art. 3, Rdnr. 4). Das Recht, welches diesen Geschäftsbesorgungsvertrag zwischen Parteien und Schiedsgerichtshof regiert (im Zweifel das französische Recht, vgl. Art. 3 Rdnr. 4), müßte notfalls befragt werden, welches der zulässige Inhalt einer solchen unwiderruflichen Vollmacht ist bzw., ob die Vereinbarung der ICC-Schiedsgerichtsbarkeit als eine solche Bevollmächtigung interpretiert werden darf.

Im Rahmen seiner Befugnisse, auf die Zusammensetzung des Schiedsgerichtes einzuwirken, ist die nationale Blindheit einer der Grundgedanken der ICC-Schiedsgerichtsbarkeit. Nationale Neutralität war nach dem ersten Weltkrieg, also in den Gründungsjahren der ICC-Schiedsgerichtsbarkeit, eines der großen Stichworte, mit welchen eine Reihe von internationalen Schlichtungsmechanismen, von denen die Gründung der Internationalen Handelskammer eine war, in Gang gesetzt wurden. Im Verhältnis der westlichen Staaten zueinander ist dieser Gesichtspunkt heute sicherlich weniger wichtig geworden, ohne freilich seine Bedeutung verloren zu haben. Der Grundgedanke ist, daß in einem internationalen Rechtsstreit die gleiche Nationalität zwischen Richter und Partei die Objektivität des Urteils zugunsten der eigenen Nation trüben kann. Übersehen wird aber oft gerade die entgegengesetzte Gefahr, daß nämlich mit einer Art „König-Eduard-Effekt" gegenüber einer der eigenen Nation angehörigen Partei eine besonders kritische Haltung angenommen wird (der englische König Eduard VII. 1901–1910 war, obwohl rein deutschen Geblütes, Hauptverfechter einer gegen Deutschland gerichteten englischen Politik). 5

Die Staatsangehörigkeit der Schiedsrichter ist nur ein Kriterium. Diese tritt heute meist zurück gegenüber dem Bedürfnis, den fachlich richtigen Schiedsrichter zu bestellen. Dennoch wird der Schiedsgerichtshof nicht über „sonstige Beziehungen" zu den Ländern, deren Staatsangehörigkeit die Parteien und die anderen Schiedsrichter haben, hinwegsehen. So wäre in einem Streit zwischen einer deutschen Partei und einer Partei aus z. B. Gabun zu berücksichtigen, daß ein französischer Schiedsrichter oder ein solcher aus einem anderen Lande der Frankophonie eine besondere Beziehung zu Gabun haben kann. 6

Art. 2 – Abs. 1 – ICC

7 Im internationalen Schiedsverfahren treten nur ausnahmsweise Individuen als Parteien auf. Die Nationalität einer Partei ist daher in der Regel nach den gesellschaftsrechtlichen Kollisionsnormen, wie sie am Sitze des Schiedsgerichtshofes gelten, d. h. also nach französischen Kollisionsnormen, zu bestimmen. Das wird dann problematisch, wenn es sich, wie z. B. im Fall der Adam Opel AG, zwar um eine deutsche Gesellschaft handelt, die jedoch im Hinblick auf ihr internationales Auftreten als Teil des General Motors Konzern angesehen werden muß. Vom Wortlaut des Abs. 1 ebenfalls nicht klar abgedeckt ist der Fall, daß zwar nicht die Parteien dieselbe Nationalität wie der Schiedsrichter haben, wohl aber deren für sie handelnde Direktoren. Das würde, um bei dem Beispiel der Adam Opel AG zu bleiben, dazu führen, daß Schiedsrichter aus Deutschland sowie aus den Vereinigten Staaten vom Schiedsgerichtshof möglichst vermieden werden sollten. Die Nichtberücksichtigung der in Abs. 1 genannten Neutralitätskriterien durch den Schiedsgerichtshof bei der Ernennung bzw. Bestätigung von Schiedsrichtern muß als ein Verfahrensverstoß angesehen werden, auch wenn im Bezug auf die Person des Schiedsrichters selbst kein Befangenheitsgrund geltend gemacht werden kann, wie es ja weder nach deutschem noch – soweit ersichtlich – nach einem ausländischen Recht für sich genommen ein Ablehnungsgrund ist, wenn der Richter bzw. Schiedsrichter eine bestimmte Nationalität (nicht) hat. Durch die Vereinbarung der ICC-Regeln haben die Parteien aber auch ihr besonderes Vertrauen in die Neutralitätsgrundsätze des Schiedsgerichtshofes gem. ICC-Regeln ausgedrückt. Das Schiedsgericht ist daher dann nicht ordnungsgemäß besetzt, wenn der Schiedsgerichtshof unter Verletzung der Grundsätze gemäß Abs. 1 einen Schiedsrichter bestellt bzw. bestätigt hat. Zu einem Verfahrensverstoß kann eine solche Verletzung seitens des Schiedsgerichtshofes allerdings nur dann werden, wenn dieser das ihm gemäß Abs. 1 eingeräumte Ermessen verletzt, etwa weil er eine Schiedsrichterbenennung bzw. Bestätigung ausspricht, ohne die Neutralitätspflicht in Betracht zu ziehen und ohne Berücksichtigung der näheren Umstände einen Schiedsrichter gemäß Liste benennt.

8 Die Auswahl des Schiedsrichters trifft im Rechtssinne zwar der Schiedsgerichtshof, praktisch aber hält sich der Schiedsgerichtshof an den von der betreffenden Landesgruppe gemachten Vorschlag (*CPP* I, S. 22). Das führt naturgemäß dazu, daß Staaten ohne eine eigene ICC-Landesgruppe bei der ICC-Schiedsgerichtsbarkeit nicht oder kaum vertreten sind, ein Umstand, welcher der Akzeptanz der ICC-Regeln für Parteien aus den betreffenden Ländern entgegenstehen kann (zum praktischen Vorgehen des Schiedsgerichtshofes: *CPP* III, S. 27 f.). Eine Änderung ist nunmehr durch Art. 2 Absätze 5 ff. neuer Fassung eingetreten.

Artikel 2 – Absatz 2:

Die Streitfälle können durch einen Einzelschiedsrichter oder durch drei Schiedsrichter entschieden werden. In den folgenden Artikeln sind unter «Schiedsrichter» gegebenenfalls der Einzelschiedsrichter oder die Schiedsrichter zu verstehen.

Die ICC-Regeln entscheiden sich für ein Schiedsgericht bestehend entweder aus einem Richter oder aus dreien. Die nach anderen Schiedsverfahrensordnungen theoretisch gegebene Möglichkeit, auch 5 und mehr Schiedsrichter zu benennen oder zwei (vgl. § 1028 ZPO) kommt praktisch wohl kaum vor, könnte aber auch für die ICC-Regeln vereinbart werden, wenn die entsprechenden Anpassungen dieser Regeln ebenfalls vereinbart werden.   9

Artikel 2 – Absatz 3:

Sind die Parteien übereingekommen, daß der Streitfall durch einen Einzelschiedsrichter entschieden werden soll, können sie ihn gemeinsam benennen; die Benennung bedarf der Bestätigung durch den Schiedsgerichtshof. Einigen sich die Parteien nicht innerhalb von 30 Tagen, nachdem die Schiedsklage der Gegenpartei zugestellt worden ist, so wird der Schiedsrichter durch den Schiedsgerichtshof ernannt.

Dieser Absatz spricht den Fall an, daß die Parteien ausdrücklich ein Einer-Schiedsgericht vorgesehen haben. Auch wenn der Schiedsrichter in diesem Fall von den Parteien gemeinsam benannt wird, bedarf die Benennung der Bestätigung durch den Schiedsgerichtshof. Im Rechtssinne wird daher auch dieser Schiedsrichter vom Schiedsgerichtshof ernannt (*CPP* I, S. 22). Das hat auch für den Fall zu gelten, daß der Schiedsrichter in der Schiedsvereinbarung bereits individuell bezeichnet oder aufgrund allgemeiner Kriterien eindeutig identifizierbar ist. In dem Fall, daß der Schiedsgerichtshof die von beiden Parteien gemeinsam ernannte Person ablehnt und ihr die Bestätigung verweigert, haben die Parteien eine andere Person zu benennen; das Benennungsrecht geht nicht auf den Schiedsgerichtshof über. Für die Bestätigung durch das Schiedsgericht ist keine Frist vorgesehen. Die Unterlassung der Bestätigung oder   10

Art. 2 – Abs. 4 – ICC

ein Schweigen des Schiedsgerichtshofes darf aber nach Ablauf einer angemessenen Frist als solche angesehen werden.

Einigen die Parteien sich nicht innerhalb von 30 Tagen auf die Person des Schiedsrichters, so geht das Benennungsrecht nicht automatisch auf den Schiedsgerichtshof über. Dieser hat lediglich nun auch das Recht, einen Schiedsrichter zu benennen, so daß die Priorität entscheidet. Einigen sich also die Parteien z. B. am 33. Tage, so ist eine am 35. Tage getroffene Bestellung durch den Schiedsgerichtshof hinfällig.

Artikel 2 – Absatz 4:

Sind drei Schiedsrichter vorgesehen, benennt jede Partei – der Kläger in der Klage und der Beklagte in seiner Klagebeantwortung – dem Schiedsgerichtshof einen unabhängigen Schiedsrichter zur Bestätigung. Unterläßt es eine Partei, einen Schiedsrichter zu benennen, so wird er von dem Schiedsgerichtshof ernannt. Der dritte Schiedsrichter, der den Vorsitz in dem Schiedsgericht führt, wird durch den Schiedsgerichtshof ernannt, es sei denn, die Parteien haben vorgesehen, daß die von ihnen benannten Schiedsrichter sich über den dritten Schiedsrichter innerhalb einer bestimmten Frist einigen sollen. In diesem Fall bestätigt der Schiedsgerichtshof den dritten Schiedsrichter. Falls die von den Parteien benannten Schiedsrichter sich nicht in der von den Parteien oder von dem Schiedsgerichtshof gesetzten Frist einigen, wird der dritte Schiedsrichter durch den Schiedsgerichtshof ernannt.

11 Auch wenn in einem Dreier-Schiedsgericht jede Partei das Recht hat, einen Schiedsrichter zu benennen, so sind sie einander verpflichtet, einen unabhängigen Schiedsrichter zu benennen. Wird von einer Partei ein Schiedsrichter benannt, der nicht unabhängig ist, so kann der Schiedsgerichtshof diese fehlerhafte Bestellung wie die Unterlassung der Schiedsrichterbestellung behandeln und gemäß Satz 2 selbst den Schiedsrichter bestellen. (Zum Problem der Unabhängigkeit des parteibenannten Schiedsrichters vgl. *Franzen*, NJW 1986, S. 299). In diesem Zusammenhang ist Nr. 15 der Geschäftsordnung des Schiedsgerichtshofes zu sehen, wonach dieser die Schiedsrichter auffordert, ihn über Umstände in Kenntnis zu setzen, die ihre Unabhängigkeit fraglich erscheinen lassen können. Nach allgemeinen Rechtsgrundsätzen ist aber in diesem Falle zu fordern, daß der Schiedsgerichtshof der betreffenden Partei Gelegenheit gibt, die Bedenken des Schiedsgerichtshofes an der Unabhängigkeit des von dieser Partei benannten Kandidaten zu zerstreuen

und gegebenenfalls eine andere Person zu benennen. Der Schiedsgerichtshof hätte daher der betreffenden Partei eine Frist zu setzen unter der gleichzeitigen Androhung, daß er seinerseits einen Schiedsrichter benennen werde, falls die Partei nicht entweder die Bedenken zerstreue oder eine andere Person benenne. Auch wenn der von einer Partei benannte Schiedsrichter, auch nach dem Urteil des Schiedsgerichtshofs selbst, unabhängig ist, bedarf er nach dem Wortlaut des Abs. 4 der Bestätigung durch den Schiedsgerichtshof. Diese wird üblicherweise gegeben werden. Eine Ablehnung der Bestätigung käme aber in Betracht, wenn der Schiedsgerichtshof aus der Person des Benannten nachteilige Wirkungen für das Ansehen der ICC-Schiedsgerichtsbarkeit befürchtet. Da der Schiedsgerichtshof unter keinem Kontrahierungszwang gegenüber den Parteien der Schiedsvereinbarung steht, ist es grundsätzlich das freie Ermessen des Schiedsgerichtshofes, ob er die von den Parteien benannten Schiedsrichter bestätigen will oder nicht. Erst in der Bestätigung durch den Schiedsgerichtshof dürfte die Annahme des auf Erbringung der in der Schiedsverfahrensordnung genannten Dienste gerichteten Vertragsangebotes der Parteien zu sehen sein.

Der dritte Schiedsrichter des Dreier-Schiedsgerichts wird vom Schiedsgerichtshof bestellt, „es sei denn, die Parteien haben vorgesehen, daß die von ihnen benannten Schiedsrichter sich über den dritten Schiedsrichter innerhalb einer bestimmten Frist einigen sollen". Dieses Muster der Bestellung des dritten Schiedsrichters ist sicherlich in der Praxis am weitesten verbreitet. Wörtlich müßte Abs. 4 aber so gelesen werden, als wäre jede andere Form der Wahl des dritten Schiedsrichters unzulässig, daß also nach der ICC-Verfahrensordnung nur die Alternative besteht, entweder einer Wahl durch die von den Parteien bestellten Schiedsrichter oder eine Bestellung durch den Schiedsgerichtshof. Bei richtiger Auslegung kann es aber nicht Zweck der ICC-Regeln sein, den Parteien zu verwehren, den dritten Mann auch noch in anderer Weise zu bestellen, z. B. indem die gewählten Schiedsrichter und die Parteien gemeinsam den dritten wählen, oder daß eine weitere neutrale Institution über die Person des dritten Schiedsrichters befindet. Im Bezug auf die auch hier erforderliche Bestätigung des dritten Schiedsrichters durch den Schiedsgerichtshof fällt die Wortwahl auf, wonach der Schiedsgerichtshof verpflichtet ist, („bestätigt"; in der englischen Fassung: „shall confirm"), den aus der Wahl hervorgehenden Dritten zu bestätigen. Ein eigenes Ermessen steht dem Schiedsgerichtshof jetzt nicht mehr zu. 12

Der dritte Schiedsrichter führt den Vorsitz; die Parteien könnten freilich etwas anderes vereinbaren, indem sie die Auswahl des Vorsitzenden den 13

Art. 2 – Abs. 5 – ICC

drei Schiedsrichtern überlassen oder überhaupt auf die Bezeichnung eines Vorsitzenden verzichten. Besondere prozessuale Befugnisse sind dem Vorsitzenden nicht übertragen, insbesondere fehlt es an einer Vorschrift, derzufolge der Vorsitzende das Schiedsverfahren leitet (vgl. § 136 ZPO), womit gewisse sitzungspolizeiliche Rechte verbunden wären (vgl. § 176 GVG). Diese Befugnisse des Vorsitzenden dürften aber allein aus der Wortwahl „Vorsitzender" im Zusammenhang mit dem im übrigen anwendbaren Verfahrensrecht am Orte des Schiedsverfahrens herzuleiten sein. Es ist daher im Zweifel von den ICC-Regeln gedeckt und kein Verfahrensfehler, wenn der Vorsitzende ohne Zustimmung oder notfalls auch gegen den gemeinsamen Beschluß seiner Beisitzer prozeßleitende oder sitzungspolizeiliche Maßnahmen durchführt.

14 Wie in Abs. 3 verlieren die Parteien das Benennungsrecht bezüglich des dritten Schiedsrichters nicht automatisch, wenn sie die Frist überschreiten, es entsteht lediglich eine Konkurrenz mit dem einsetzenden Benennungsrecht des Schiedsgerichtshofes, welche nach Priorität zu entscheiden sein wird.

Artikel 2 – Absatz 5:

Haben die Parteien die Zahl der Schiedsrichter nicht vereinbart, ernennt der Schiedsgerichtshof einen Einzelschiedsrichter, sofern er nicht der Ansicht ist, daß die Bedeutung des Streitfalles die Ernennung von drei Schiedsrichtern rechtfertigt. In diesem Fall steht den Parteien eine Frist von zwei Wochen [neue Fassung: 1 Monat] zur Verfügung, innerhalb derer sie die Schiedsrichter benennen können.

15 Haben die Parteien die Zahl der Schiedsrichter nicht vorgeschrieben, sondern z. B. gemäß Musterklausel offengelassen, so ernennt der Schiedsgerichtshof einen Einzelschiedsrichter, wenn er nicht der Ansicht ist, daß die Bedeutung des Verfahrens die mit einem Dreier-Schiedsgericht verbundenen zusätzlichen Kosten rechtfertigt. Dieses ist eine verfahrensrelevante Entscheidung des Schiedsgerichtshofs. Sie ist nach pflichtgemäßem Ermessen zu treffen. Die Praxis des Schiedsgerichtshofes geht dahin, 3 Schiedsrichter zu benennen, wenn der Streitwert 1 Mio. US-Dollar übersteigt (*CPP* II, S. 48). Da die Parteien gemäß Satz 2 in diesem Fall das Recht haben, jeweils einen (der deutsche Text ist mißverständlich, der englische Text jedoch klar: „each") Schiedsrichter zu benennen, ist zu folgern, daß der Schiedsgerichtshof den Parteien Gelegenheit geben muß, sich dazu zu äußern, ob ein Schiedsgericht aus ei-

nem oder drei Schiedsrichtern eingesetzt werden soll. Es ist daher zu fordern, daß der Schiedsgerichtshof den Parteien mit der Bitte um Stellungnahme seine Absicht mitteilt, ein Dreier-Schiedsgericht einzusetzen. Die in Satz 2 genannte 2-Wochen-Frist läuft daher erst ab Zugang dieser Mitteilung bei den Parteien. Der Schiedsgerichtshof wäre aber auch an einen gleichlautenden Vorschlag der Parteien nicht gebunden. Er könnte sich also für das Dreier-Schiedsgericht auch dann entscheiden, wenn die Parteien ihrer Meinung Ausdruck geben, ein Schiedsgericht mit nur einem Schiedsrichter sei ausreichend. Etwas anderes würde nur dann gelten, wenn die Parteien aufgrund einer solchen Mitteilung des Schiedsgerichtshofes in verbindlicher Weise nunmehr regeln, was sie vorher hätten regeln können, nämlich daß ein Einer-Schiedsgericht ihre Sache zu entscheiden habe. An eine solche Parteivereinbarung wäre der Schiedsgerichtshof natürlich gebunden.

Artikel 2 – Absatz 6 [ab 1. 1. 1988 durch Neufassung ersetzt]:

Obliegt es dem Schiedsgerichtshof, einen Einzelschiedsrichter oder den Vorsitzenden des Schiedsgerichtes zu ernennen, so wählt er die Landesgruppe der Internationalen Handelskammer aus, die er um einen Vorschlag ersucht. Der Einzelschiedsrichter oder der Vorsitzende des Schiedsgerichts soll die Staatsangehörigkeit eines anderen Landes besitzen als die Parteien. Der Einzelschiedsrichter oder der Vorsitzende des Schiedsgerichts kann jedoch, falls es die Umstände rechtfertigen und keine der Parteien Einwendungen erhebt, die gleiche Staatsangehörigkeit besitzen, wie eine der Parteien.

Hat der Schiedsgerichtshof anstelle einer Partei, die es unterlassen hat, einen Schiedsrichter zu benennen, diesen zu ernennen, so ersucht er die Landesgruppe des Landes, dessen Staatsangehörigkeit diese Partei besitzt, um einen Vorschlag. Falls es sich um ein Land handelt, in dem keine Landesgruppe besteht, so steht ihm das Recht zu, irgendeine Persönlichkeit auszuwählen, die er für geeignet hält.

Dieser Absatz führt den Grundsatz der nationalen Neutralität gemäß Art. 2 Abs. 1 näher aus. Z.B.: Kläger ist Holländer, Beklagter ist Belgier. In Frage käme, daß der Schiedsgerichtshof etwa die deutsche Landesgruppe um einen Vorschlag bittet. Gemäß Satz 2 muß der vom Schiedsgerichtshof bestellte Schiedsrichter eine andere Staatsangehörigkeit haben als die Parteien, es sei denn, keine der Parteien erhebe Einwendungen dagegen. Dieser Einwand müßte aber wegen des erwähnten

16

Art. 2 – Abs. 7 a.F. – ICC

König-Eduard-Effekts auch dann berücksichtigt werden, wenn – im Beispiel – sich der holländische Kläger gegen einen holländischen Schiedsrichter erklären sollte. Hätten im Beispiel die holländischen bzw. belgischen Parteien aber Einwendungen gegen die deutsche Nationalität des vom Schiedsgerichtshof bestellten Schiedsrichters, wäre das unschädlich. Bestellt der Schiedsgerichtshof entgegen diesen Einwendungen einen Deutschen, so ist das Schiedsgericht ordnungsgemäß besetzt, solange nicht die Parteien im Sinne einer verbindlichen Schiedsvereinbarung oder einer Ergänzung zu derselben festlegen, daß der entsprechende Schiedsrichter z. B. die Schweizer Staatsangehörigkeit haben soll. Es handelt sich hier um eine zwingende Regel, die deutsche Übersetzung („soll ... besitzen") ist schief. Im englischen Original heißt diese Stelle „shall be chosen ...", was also keine Öffnung zuläßt. Wird das Schiedsgericht also mit einem Vorsitzenden oder einem Einzelrichter besetzt, welcher die Staatsangehörigkeit einer der beiden Parteien hat, und eine Partei erhebt Einwendungen dagegen, dann ist das Schiedsgericht nicht ordnungsgemäß besetzt, und der nachfolgende Schiedsspruch krankt an einem Verfahrensfehler.

17   Problematisch ist diese Klausel unter dem Gesichtspunkt, daß nicht immer eindeutig ist, welche Nationalität eine Gesellschaft hat. Auch wenn diese Nationalität nach den Regeln des Kollisionsrechts eindeutig bestimmt werden kann, so wäre die Bestellung eines deutschen Schiedsrichters in einem Streit zwischen z. B. VW do Brasil und einer amerikanischen Partei kaum im Sinne dieser Vorschriften. Es kommt nach diesem Absatz 6 nur auf die Nationalität der Parteien an, nicht auch auf die von deren Repräsentanten. Die Ford AG in Köln wäre also eine deutsche Gesellschaft, und es dürfte nach dem Wortlaut dieses Absatzes auch dann ein amerikanischer Schiedsrichter bestellt werden, wenn der Vorstandsvorsitzer der deutschen Ford AG selbst Amerikaner ist. Im Hinblick auf solche, von den ICC-Regeln nicht gedeckte Konstellationen wäre es empfehlenswert, den Personenkreis der in Frage kommenden Schiedsrichter möglichst schon in der Schiedsvereinbarung einzugrenzen.

Artikel 2 – Absatz 7 [ab 1. 1. 1988 durch Neufassung ersetzt; Art. 2 Abs. 8–13]:

Wird ein Schiedsrichter durch eine Partei abgelehnt, so entscheidet der Schiedsgerichtshof über die Gründe der Ablehnung nach eigenem Ermessen; seine Entscheidung ist endgültig.

Art. 2 – Abs. 7 a.F. – ICC

Durch diese Vorschrift wird dem Schiedsgerichtshof die endgültige Entscheidung über die von einer Partei geltend gemachten Ablehnungsgründe in bezug auf einen Schiedsrichter zugewiesen. Das ist nach deutschem Recht nicht unproblematisch. Jedenfalls soweit es sich um einen deutschen Schiedsspruch handelt, ist der aus § 1032 ZPO und dem allgemeinen Rechtsstaatsprinzip hergeleitete Rechtsgrundsatz zu beachten, wonach die Parteien weder dem Schiedsgericht noch einem Dritten die endgültige Entscheidung über die Ablehnung eines Schiedsrichters unter Ausschluß der staatlichen Gerichte übertragen können (*BGHZ* 24 S. 3; *B/L/A*, § 1032 Anm. 3; *Real*, S. 110). Das Recht, einen Schiedsrichter abzulehnen, ist offenbar in allen Ländern ziemlich ähnlich ausgestaltet (vgl. die Übersicht von *Gentinetta,* S. 172ff.). 18

Es ist anzuerkennen, daß das Schiedsgericht nicht über seine eigene Ablehnung entscheiden darf, da die Schiedsrichter auch ein materielles Interesse (Honorar) daran haben können, nicht wegen Befangenheit oder aus anderen Gründen ausgeschlossen zu werden. Für den staatlichen Richter entfällt dieser Gesichtspunkt, denn er wird eher im Gegenteil daran interessiert sein, die Sache so oder so vom Tisch zu bekommen. Dieser Rechtsgrundsatz wird daher zu Recht zum deutschen „Ordre Public" gerechnet (*Schlosser*, Rdnr. 79). Es ist aber rechtsstaatlich nicht gefordert, daß überhaupt nur ein staatliches Gericht über die Ablehnungsgründe entscheiden kann. Dem staatlichen Gericht mag die allerletzte Entscheidung bleiben. Nichts aber spricht dagegen, einen Dritten mit der Beurteilung der Frage zu betrauen, ob ein Schiedsrichter nach bestimmten Kriterien ausgeschlossen werden soll oder nicht. Wie die Parteien die Entscheidung des Rechtsstreits insgesamt einer privaten Instanz, nämlich den Schiedsrichtern, übertragen können, so dürfen sie dieses erst recht in bezug auf eine Teilfrage wie die, welcher Schiedsrichter über sie entscheiden soll. Es ist daher völlig zweifelsfrei, daß die Parteien die Schiedsrichterbestellung einem Dritten übertragen können, ein Rechtsgrundsatz, welcher dem Funktionieren einer Schiedsverfahrensordnung nach dem Muster der ICC-Regeln überhaupt zugrunde liegt (*Real*, S. 87). So muß es auch zulässig sein, einem Dritten, z.B. dem Schiedsgerichtshof, die Entscheidung darüber zu übertragen, ob ein Schiedsrichter in dieser Stellung bleiben oder abberufen werden soll. Es wird daher zu Recht gesagt, daß nur die Vereinbarung, mit welcher das staatliche Gericht als letzte Instanz in dieser Frage überhaupt ausgeschlossen werden soll, nichtig ist (*Laschet*, KTS 1985 S. 243). Auf dieser Linie liegt auch eine Entscheidung der *Cour d'Appel Paris* vom 15. 1. 1986 (KTS 1985 S. 306), mit welcher die Partei eines Schiedsverfahrens nach den ICC-Regeln mit dem Antrag zurückgewiesen wurde, die Ent- 19

Art. 2 – Abs. 7 a.F. – ICC

scheidung des Schiedsgerichtshofes, mit welcher sein Antrag auf Abberufung eines Schiedsrichters abschlägig beschieden wurde, aufzuheben. Das Gericht meinte, eine solche Entscheidung des ICC-Schiedsgerichtshofes könne vom staatlichen Gericht nicht nachgeprüft werden.

20 Der Vorbehalt der letztgültigen Entscheidung durch die staatlichen Gerichte über die Unparteilichkeit der Schiedsrichter kann daher nur insoweit gelten, als das deutsche staatliche Gericht sich nicht die Entscheidung darüber nehmen lassen will, ob der mit der Abberufung oder Bestätigung des Schiedsrichters befaßte Dritte, hier also der Schiedsgerichtshof, sein Ermessen in einer Weise ausgeübt hat, die von der Parteivereinbarung, wie sie in der Schiedsvereinbarung nebst vereinbarter Schiedsverfahrensordnung zum Ausdruck kommt, nicht mehr abgedeckt ist, oder ob dieses Ermessen in einer für das deutsche Recht schlechthin unerträglichen Weise ausgeübt wurde. Der Auftrag der Parteien an den Schiedsgerichtshof, über die Ablehnung von Schiedsrichtern zu entscheiden, ist nach Treu und Glauben auszulegen. Die Parteien wollen dem Schiedsgerichtshof nach dieser Vorschrift zwar ein rechtliches Ermessen einräumen, nicht aber die Befugnis, willkürlich zu entscheiden. Der Schiedsgerichtshof ist daher bei der Beurteilung der Ablehnungsfrage an das anwendbare Verfahrensrecht, mindestens aber an die zwingenden Regeln der lex fori gebunden. Die Gegenmeinung, wonach der Schiedsgerichtshof hinsichtlich der Ablehnungsgründe an kein nationales Recht gebunden sei (*CPP* III, S. 36), überzeugt nicht und ist aus deutscher Sicht nur insofern zu akzeptieren, als der Schiedsgerichtshof tatsächlich schärfere Anforderungen an die Unparteilichkeit der Schiedsrichter stellt, als das anwendbare Verfahrensrecht (*CPP*, a.a.O.).

21 In Ländern westlichen Zuschnitts kann unterstellt werden, daß Willkür bei der Ermessensentscheidung ebenso unwirksam ist, wie sie auch von dem mutmaßlichen Parteiwillen, welcher die Zuständigkeit des Schiedsgerichtshofes in dieser Frage begründet, nicht mehr gedeckt ist. Es wird vertreten, daß die Entscheidungen des Schiedsgerichtshofes Akte öffentlicher Gewalt seien (*Laschet* in FS Nagel S. 182/83). Daraus wird geschlossen, daß der Schiedsgerichtshof ohne Anhörung der Parteien entscheiden dürfe. Es ist aber zweifelhaft, ob ausländische Parteien oder Gerichte an diese Qualifikation des französischen Rechtes in einem eventuellen Aufhebungsverfahren gebunden wären.

22 Über den Ablehnungsantrag entscheidet der Schiedsgerichtshof gemäß Nr. 16 seiner internen Geschäftsordnung in einer Plenarsitzung. Aus dem Rechtsverhältnis zwischen den Parteien und dem Schiedsgerichts-

hof ergibt sich, ob die Parteien einen Anspruch darauf haben, daß der Schiedsgerichtshof über diese Fragen entsprechend seiner internen Geschäftsordnung entscheidet, oder ob es im Einzelfall zulässig ist, daß der Schiedsgerichtshof in einer anderen als der gem. Nr. 16 vorgesehenen Form über das Ablehnungsgesuch entscheidet. Aus deutscher Sicht wäre wohl anzunehmen, daß der Schiedsgerichtshof insofern frei ist und sein Verfahren ändern kann, solange willkürliche Benachteiligungen einer Partei vermieden werden (vgl. Art. 1 Rdnr. 4).

Sollte der Fall eintreten, daß die Schiedsrichter weiterverhandeln und einen Schiedsspruch erlassen, obwohl der Schiedsgerichtshof einen von den Schiedsrichtern abberufen hatte, so war das Schiedsgericht auch dann nicht vorschriftsmäßig besetzt, wenn die Abberufung des Schiedsrichters zu Unrecht erfolgt sein sollte. Die Parteien haben ein Verfahren nach den ICC-Regeln gewählt, dazu gehört auch die Beachtung der Entscheidungen des Schiedsgerichtshofes innerhalb seiner Kompetenzen. Der Schiedsspruch ist daher verfahrenswidrig und kann aufgehoben werden. Der zu Unrecht vom Schiedsgerichtshof abberufene Schiedsrichter mag wegen seiner Schadensersatzansprüche (z. B. Honorarausfall) den Schiedsgerichtshof unmittelbar in Anspruch nehmen und dann nach dem für den Schiedsrichtervertrag anwendbaren Recht feststellen lassen, ob der Schiedsgerichtshof im Verhältnis zu ihm zu dieser Maßnahme befugt war oder nicht; im Verhältnis zu den Parteien muß die Entscheidung des Schiedsgerichtshofes als von Anfang an gültig angesehen werden. 23

Artikel 2 – Absatz 8 [ab 1. 1. 1988 durch Neufassung ersetzt]:

Ein Schiedsrichter kann ersetzt werden im Falle seines Todes oder seiner Verhinderung, oder falls er infolge einer Ablehnung oder aus anderen Gründen sein Amt niederlegen muß oder falls der Schiedsgerichtshof nach Prüfung der Stellungnahme eines Schiedsrichters feststellt, daß dieser seiner Aufgabe nicht gemäß der Schiedsordnung oder innerhalb der auferlegten Frist nachkommt. In allen diesen Fällen wird gemäß den Absätzen 3, 4 und 6 verfahren.

Manche Rechtsordnungen stellen an die Person des Schiedsrichters bestimmte negative oder positive Ausschlußkriterien, wenn z. B. in § 578 der österreichischen ZPO gesagt ist, daß aktive staatliche Richter nicht Schiedsrichter sein dürfen oder wenn in § 5 des schwedischen Schiedsgerichtsgesetzes ein Geschäftsunfähiger ausdrücklich von diesem Amt ausgeschlossen wird. Diese letztere Bedingung gilt, auch wenn sie nicht wörtlich aus dem Gesetz folgt, auch bei uns (vgl. *BGH*, NJW 1986 24

Art. 2 – Abs. 8 a.F. – ICC

S. 3077). Allgemein gilt, daß ein Schiedsrichter sein Amt verliert, wenn er aus irgendeinem Grunde, gleichgültig ob er diesen zu vertreten hat oder nicht, unfähig wird, dieses Amt wie ein ordentlicher Schiedsrichter auszuüben. Dabei muß die Richtschnur sein, daß der Schiedsrichter materielles Recht spricht (*BGHZ* 51 S. 258) und Aussprüche schafft, die der Rechtskraft fähig sind. Es besteht daher auch ein öffentliches Interesse daran, daß die geistigen Fähigkeiten eines Schiedsrichters ein gewisses Maß nicht unterschreiten (vgl. insbesondere den instruktiven Fall *BGH*, NJW 1986 S. 3077: Psychiatrische Untersuchung des Schiedsrichters).

25 Der Verlust des Schiedsrichteramtes ist vertragsrechtlich die Folge der Unmöglichkeit für den Schiedsrichter, seine Pflichten nach dem Schiedsrichtervertrag zu erfüllen. Das Recht, die Unmöglichkeit dieser Vertragserfüllung bzw. daraus ableitbare Ansprüche geltend zu machen, liegt bei dem Vertragspartner des Schiedsrichters, d. h. grundsätzlich bei den beiden Parteien des Schiedsverfahrens (*Real*, S. 85). Ist aber im Verfahren nach den ICC-Regeln der Schiedsgerichtshof als Vertragspartner der Schiedsrichter anzusehen (vgl. Rdnr. 4), so ist Art. 2 Abs. 8 die Beschreibung eines die Vertragsbeziehung Schiedsgerichtshof – Schiedsrichter betreffenden Rechtes, auf dessen Wahrnehmung die Parteien grundsätzlich keinen Einfluß haben.

26 Die Ausübung des Rechtes, einen Schiedsrichter zu ersetzen, steht im pflichtgemäßen Ermessen des Schiedsgerichtshofes. Mit Ausnahme des Todes eines Schiedsrichters ist sein Unvermögen, als Schiedsrichter tätig zu sein, selten offenbar. Eine längere Krankheit kann, muß aber nicht dazu führen. Eine Persönlichkeitsveränderung oder ein abruptes Nachlassen der Geisteskräfte kann zur Unfähigkeit führen, letztlich bleibt dieses aber Wertungssache.

27 Abs. 8 sieht, bei nicht völlig eindeutigem Wortlaut, vor, daß der Schiedsgerichtshof auch ohne entsprechende Anhörung einer der Parteien von sich aus die Entfernung eines Schiedsrichters verfügen kann, wenn ein Unfähigkeitsgrund gegeben ist. Die deutsche Formulierung „kann ersetzt werden" ist wiederum falsch. Richtig ist die englische Fassung, wonach der Schiedsrichter ersetzt werden muß („shall be replaced"), wenn der Schiedsgerichtshof einen Unfähigkeitsgrund feststellt.

28 Ob ein Unfähigkeitsgrund gegeben ist, muß der Schiedsgerichtshof nach pflichtgemäßem Ermessen feststellen. Durch die Vereinbarung der ICC-Regeln haben sich die Parteien dem Ermessen des Schiedsgerichtshofs auch insofern unterworfen. Das kann im Ernstfall dazu führen, daß der

Schiedsgerichtshof einer Partei „ihren" Schiedsrichter wegnimmt. Es wäre wohl erst dann ein unzulässiges, weil vom Parteiwillen nicht mehr gedecktes Verfahren anzunehmen, wenn der Schiedsgerichtshof offensichtlich sachwidrige Entscheidungen träfe. Aber auch in diesem Fall hört der abberufene Schiedsrichter auf, es zu sein. Amtet er, auch mit Zustimmung der Parteien, weiter, ist das Schiedsgerichtsverfahren keines mehr nach den ICC-Regeln. Die Parteien und ggf. der willkürlich abberufene Schiedsrichter mögen freilich in diesem Falle einen Schadensersatzanspruch gegen den Schiedsgerichtshof haben. Die Ernennung des Nachfolgers geschieht in derselben Weise wie die des abberufenen Schiedsrichters, d.h. jede Partei behält die Möglichkeit, „ihren" Schiedsrichter vorzuschlagen. Es gelten dann die allgemeinen Regeln, wonach der neue Schiedsrichter vom Schiedsgerichtshof bestätigt werden muß.

Rechtlich nicht unproblematisch ist es, daß der Schiedsgerichtshof den Schiedsrichter auch abberufen kann, wenn er seinen Aufgaben nicht gemäß der Schiedsordnung oder innerhalb der auferlegten Fristen nachkommt. Sicherlich wird der Schiedsgerichtshof nach pflichtgemäßem Ermessen erst dann einschreiten, wenn nachhaltige Verstöße vorliegen. Was gilt aber, wenn der Schiedsrichter diese leugnet oder Fristüberschreitungen mit plausiblen Gründen entschuldigt? Eine Vertragsverletzung seitens des Schiedsgerichtshofes kann daher in Frage kommen, wenn dieser in offensichtlich sachwidriger Weise solche Pflichtenverstöße des Schiedsrichters angenommen hat. An einen solchen Fall wäre etwa zu denken, wenn der Schiedsgerichtshof den Schiedsrichter aufgrund Abs. 8 wegen Pflichtverstoß abberuft, ohne ihn selbst oder die Partei, welche ihn berief, dazu gehört zu haben. Ein Verstoß seitens des Schiedsgerichtshofes käme auch dann in Frage, wenn dieser aufgrund einer abweichenden rechtlichen Würdigung etwa der prozessualen Schwierigkeiten des Schiedsverfahrens der Meinung ist, der Schiedsrichter verfahre viel zu umständlich und wende das anwendbare Verfahrensrecht viel zu kleinlich an. Ein Schiedsspruch, der daraufhin unter Mitwirkung eines vom Schiedsgerichtshof neu ernannten Schiedsrichters erginge, würde auf einem unzulässigen Verfahren beruhen und, aus der Sicht des deutschen Rechts, aufhebbar sein, denn die Parteien haben nur die Schiedsrichter, nicht auch den Schiedsgerichtshof mit der rechtlichen Beurteilung ihres Falles betraut (vgl. im übrigen Rdnr. 28).

29

Art. 3 – Abs. 1 – ICC

Schiedsklage
Artikel 3

1 Wünscht eine Partei das Schiedsverfahren der ICC in Anspruch zu nehmen, so hat sie ihre Klage bei dem Sekretariat des Schiedsgerichtshofes, entweder über ihre Landesgruppe oder unmittelbar, einzureichen; im letzteren Fall unterrichtet das Sekretariat die beteiligte Landesgruppe.

Der Tag, an dem die Klage bei dem Sekretariat des Schiedsgerichtshofes eingeht, gilt in jedem Falls als Beginn des Schiedsverfahrens.

2 Die Klage soll insbesondere enthalten
a) Name, Vorname, Stellung, Anschrift der Parteien.
b) Darlegung der Ansprüche des Klägers.
c) Vereinbarungen zwischen den Parteien, insbesondere die Schiedsvereinbarung sowie die der Klarstellung des Streitfalles dienlichen Unterlagen und Angaben.
d) Alle erforderlichen Angaben zur Zahl der Schiedsrichter und ihrer Wahl gemäß den Bestimmungen des Artikels 2.

3 Das Sekretariat übersendet dem Beklagten eine Abschrift der Klage und der beigefügten Unterlagen zur Beantwortung.

Artikel 3 – Absatz 1:

Wünscht eine Partei das Schiedsverfahren der ICC in Anspruch zu nehmen, so hat sie ihre Klage bei dem Sekretariat des Schiedsgerichtshofes, entweder über ihre Landesgruppe oder unmittelbar, einzureichen; im letzteren Fall unterrichtet das Sekretariat die beteiligte Landesgruppe.

Der Tag, an dem die Klage bei dem Sekretariat des Schiedsgerichtshofes eingeht, gilt in jedem Fall als Beginn des Schiedsverfahrens.

1 Die Schiedsklage, deren notwendiger Inhalt sich aus Absatz 2 ergibt, wird durch Einreichung eines entsprechenden Schriftstückes beim Sekretariat oder der jeweiligen Landesgruppe der Internationalen Handelskammer erhoben. Nach deutschem Prozeßrecht ist die Klage erst erhoben, wenn sie dem Gegner zugestellt ist (§ 253 Abs. 1 ZPO), wobei zur Fristwahrung die Einreichung der Klageschrift bei Gericht genügt, wenn die Zustellung demnächst erfolgt (§ 270 Abs. 3 ZPO). Die Wirkung der Rechtshängigkeit, die insbesondere für die Frage der Verjährung wichtig ist, entfällt also wieder, wenn die an sich rechtzeitig eingereichte Klage – womöglich aus Verschulden des Gerichts – nicht demnächst zugestellt wird. Unterabsatz 2 verlegt das Datum der Rechtshän-

gigkeit vor auf den Zeitpunkt der Einreichung der Klageschrift beim Schiedsgerichtshof bzw. der Landesgruppe. Es kann fraglich sein, ob diese Vorverlegung der Rechtshängigkeit auch für das deutsche Recht verbindlich ist, etwa für die Verjährungsunterbrechung gemäß § 220 in Verbindung mit § 209 BGB. Dieses ist mit *Schütze* (WM 1986 S. 347) zu bejahen. Die Schiedshängigkeit und die daran anknüpfenden Folgen treten also mit Einreichung der Klage ein, auch wenn die Zustellung beim Gegner nicht mehr im Sinne der deutschen ZPO „demnächst" erfolgt.

Es kann aber nicht darauf verzichtet werden, daß die Schiedsklage überhaupt zugestellt wird, denn die Möglichkeit der Kenntnisnahme ist eine rechtsstaatliche Voraussetzung für die Auslösung von für den Betroffenen nachteiligen Rechtsfolgen. Wird also die Schiedsklage nicht innerhalb eines angemessenen Zeitraums zugestellt, so sind die Folgen der Schiedshängigkeit nicht eingetreten. Dieser Zeitraum ist allerdings großzügig zu bemessen, wenn berücksichtigt wird, daß der BGH im Falle einer Auslandszustellung noch 9 Monate für „demnächst" gehalten hat (*B/L/A*, § 270 Anm. 4D). 2

Artikel 3 – Absatz 2:
Die Klage soll insbesondere enthalten
a) Name, Vorname, Stellung, Anschrift der Parteien.
b) Darlegung der Ansprüche des Klägers.
c) Vereinbarungen zwischen den Parteien, insbesondere die Schiedsvereinbarung sowie die der Klarstellung des Streitfalles dienlichen Unterlagen und Angaben.
d) Alle erforderlichen Angaben zur Zahl der Schiedsrichter und ihrer Wahl gemäß den Bestimmungen des Artikels 2.

Der notwendige Inhalt der Klageschrift (vgl. § 253 ZPO) ist knapp gehalten. In bezug auf die etwas skurrile Rechtsfrage des deutschen Zivilprozesses, ob eine gerade Linie als Unterschrift anzusehen ist (vgl. *BGH*, NJW 1987, S. 1333), darf angemerkt werden, daß eine Unterschrift unter die Klage nicht zwingend vorgeschrieben ist. In lit. a ist die Angabe von „Name, Vorname und Stellung" gefordert, was angesichts der Tatsache, daß Parteien internationaler Schiedsgerichtsverfahren fast immer juristische Personen sind, etwas antiquiert wirkt. 3

Vertragsrechtlich, nämlich im Verhältnis der Parteien des Schiedsverfahrens zum Schiedsgerichtshof, ergibt sich folgendes: Der Schiedsge- 4

Art. 3 — Abs. 3 — ICC

richtshof hat sich durch Veröffentlichung der ICC-Regeln dem Publikum allgemein angeboten, Dienstleistungen der in der Verfahrensordnung angegebenen Art zu den darin aufgeführten Bedingungen zu erbringen (*Fouchard,* S. 249: „offre permanente" des Schiedsgerichtshofs). Eine Kontrahierungspflicht besteht aber nicht. Die Einreichung einer Schiedsklage durch den Kläger ist daher als das Angebot beider Parteien an den Schiedsgerichtshof zum Abschluß eines entsprechenden Dienstleistungsvertrages zu sehen. Die Schiedsvereinbarung der Parteien, durch welche die ICC-Regeln berufen werden, ist als eine unwiderrufliche Bevollmächtigung der einen durch die andere Partei zu werten, auch im Namen der anderen Partei durch Erhebung einer formgerechten Schiedsklage, mit dem Schiedsgerichtshof diesen Vertrag zu schließen. Da der Schiedsgerichtshof im Grundsatz frei entscheiden kann, unter welchen Voraussetzungen er einen solchen Dienstleistungsvertrag mit den Parteien schließen will, kann er grundsätzlich auch eine den Formvorschriften nicht genügende Klage als ein ausreichendes Angebot zum Abschluß dieses Vertrages ansehen. Insofern aber in der Klageerhebung zugleich ein Vertragsangebot zum Abschluß eines solchen Dienstleistungsvertrages nicht nur im eigenen Namen des Klägers, sondern auch im Namen des Beklagten liegt, hat sich der Schiedsgerichtshof zu fragen, ob eine den Formvorschriften des Art. 3 Abs. 2 nicht genügende Schiedsklage den Bedingungen entspricht, unter welchen der Kläger als durch den Beklagten befugt angesehen werden darf, den Dienstleistungsvertrag im Namen beider abzuschließen. Rechte und Pflichten zwischen dem Schiedsgerichtshof und den Parteien entstehen mithin erst dann, wenn die Klage mit dem notwendigen Inhalt eingereicht und gegebenenfalls ergänzt wird. Festzuhalten ist, daß diese Überlegungen auf der Basis des deutschen Rechts angestellt werden. Da der Schiedsgerichtshof seinen ständigen Sitz in Paris hat, kann im Zweifel davon ausgegangen werden, daß die vertraglichen Beziehungen zwischen diesem und den Schiedsverfahrensparteien dem französischen materiellen Recht unterliegen (vgl. Art. 1991ff. Code Civil).

Artikel 3 — Absatz 3:

Das Sekretariat übersendet dem Beklagten eine Abschrift der Klage und der beigefügten Unterlagen zur Beantwortung.

5   Die Sprache, in welcher die Klage und die Unterlagen eingereicht werden müssen, ist nicht festgelegt. Vor dem deutschen staatlichen Gericht

und entsprechend vor den staatlichen Gerichten anderer Länder liegt die Gerichtssprache fest. Haben die Parteien die Verfahrenssprache bestimmt, wird anzunehmen sein, daß eine in einer anderen Sprache eingereichte Schiedsklage unbeachtlich ist und keine Schiedshängigkeit begründet. Zumindest ist eine Beifügung einer beglaubigten Übersetzung zu fordern. Steht die Festlegung der Verfahrenssprache aber noch aus, soll diese z. B. vom Schiedsgericht gemäß Artikel 15 Absatz 3 getroffen werden, so darf eine Klage, da sie ja in irgendeiner Sprache abgefaßt werden muß, in jeder nach Lage der Dinge angemessenen Sprache eingereicht werden.

Das kann die Sprache einer der Parteien sein oder auch eine gemeinsam bekannte Sprache. In einem Streit zwischen Deutschen und Brasilianern wäre daher Deutsch und Portugiesisch angemessen und wohl auch Englisch, nicht aber z. B. Schwedisch oder Ungarisch.

Klagebeantwortung
Artikel 4

1 Der Beklagte soll sich innerhalb einer Frist von höchstens 30 Tagen seit Empfang der in Artikel 3, Absatz 3 genannten Schriftstücke zu den Vorschlägen betreffend die Zahl und die Wahl der Schiedsrichter äußern und gegebenenfalls einen Schiedsrichter benennen. Gleichzeitig soll er die Klagebeantwortung einreichen und die Unterlagen beifügen. Der Beklagte kann ausnahmsweise bei dem Sekretariat beantragen, die Frist zur Einreichung der Klagebeantwortung und der Unterlagen zu verlängern. Auf jeden Fall muß der Antrag auf Verlängerung der Frist die Stellungnahme des Beklagten zu den Vorschlägen betreffend die Zahl und die Wahl der Schiedsrichter und gegebenenfalls die Benennung der Schiedsrichter enthalten. Falls der Beklagte dies unterläßt, berichtet das Sekretariat dem Schiedsgerichtshof, der das Schiedsverfahren gemäß der Schiedsordnung fortführt.

2 Abschrift der Antwort und gegebenenfalls der beigefügten Unterlagen werden dem Kläger zur Kenntnisnahme zugestellt.

Der Beklagte hat sich innerhalb von 30 Tagen nach Empfang der Klage zur Zahl und Auswahl der Schiedsrichter zu äußern. Angesprochen ist damit der Fall gemäß Art. 2 Abs. 5, wonach die Zahl der Schiedsrichter noch nicht in der Schiedsklausel selbst festgelegt ist. In bezug auf diese Erklärung kann die Frist nicht verlängert werden. Der Beklagte soll in- 1

Art. 4 — ICC

nerhalb derselben 30 Tage auch eine sachliche Klageerwiderung geben; insofern ist eine Fristverlängerung zulässig. Der Sinn dieser Regelung liegt zu Tage: Die Bestellung der Schiedsrichter, gegebenenfalls die Behandlung eventueller Ablehnungsanträge, ist ohnehin eine zeitraubende Prozedur. Hier ergibt sich für den Beklagten ein grundsätzlich weites Feld, Obstruktion zu betreiben (vgl. den instruktiven Fall: *BGH*, WM 1986 S. 402: „Rabbinisches Schiedsgericht"). Dem soll durch die zwingende 30-Tagefrist entgegengewirkt werden. Hält der Beklagte die Frist nicht ein, verfährt der Schiedsgerichtshof gem. Art. 2 Abs. 5, wenn die Schiedsvereinbarung die Zahl der Schiedsrichter nicht festlegte, d. h. der Schiedsgerichtshof bestellt den Einzelschiedsrichter oder verfügt die Einsetzung eines Dreier-Schiedsgerichtes (vgl. Art. 2 Rdnr. 15).

2   Unter dem Gesichtspunkt des deutsches Rechtes fragt sich, ob die Verfahrensordnung zwingende Fristen vorschreiben darf, die auch dann nicht verlängerbar sind, wenn die Fristversäumnis aus Gründen geschah, die der Betreffende nicht zu vertreten hatte. Die Erklärungsfrist zur Zahl und Auswahl der Schiedsrichter wäre in der Terminologie der ZPO als Notfrist anzusehen, bei welcher Wiedereinsetzung gewährt werden kann (§ 233 ZPO). Diese Regelung gehört aber nicht zum zwingenden Recht. Es muß den Parteien unbenommen sein, Regelungen zu vereinbaren, wonach eine Partei auch ohne Verschulden prozessuale Nachteile aus einer Fristversäumnis erleidet. Allenfalls kann die Frage sein, ob diese Regelung noch mit § 9 AGB-Gesetz zu vereinbaren ist für den Fall, daß die ICC-Regeln im Einzelfall als AGB angesehen werden sollten. Das dürfte aber ebenfalls zu bejahen sein.

3   Aus der Versäumung der Frist zur Klageerwiderung folgen keine unmittelbaren prozessualen Nachteile. Die Frage aber, ob die Frist auf Antrag verlängert werden soll oder nicht, ist grundsätzlich eine richterliche Entscheidung, zu welcher der Schiedsgerichtshof an sich nicht befugt ist. Es ist daher zweifelhaft, ob der Schiedsgerichtshof eine Verlängerung etwa mit der Begründung gewähren oder ablehnen kann, daß die Komplexität der Klage eine solche Fristverlängerung (nicht) erlaube (vgl. Art. 2, Rdnr. 29). Unbedenklich wäre dagegen eine Fristverlängerung mit der Begründung, daß die Schiedsrichter noch nicht bestellt seien.

4   Zur Sprache der Klagebeantwortung gilt das zu Artikel 3 Rdnr. 5 Gesagte.

Widerklage
Artikel 5

1 Falls der Beklagte Widerklage erheben will, soll er diese dem Sekretariat zusammen mit der in Artikel 4 vorgesehenen Klagebeantwortung einreichen.

2 Der Kläger kann innerhalb einer Frist von 30 Tagen seit Zustellung der Widerklage darauf erwidern.

Die ICC-Regeln unterstellen die Zulässigkeit einer Widerklage im Schiedsverfahren, indem sie die Formalien ihrer Erhebung regeln. Insofern ist Art. 5 mit § 33 ZPO vergleichbar, wo ebenfalls aus der schlichten Erwähnung der Widerklage deren Zulässigkeit gefolgert wird. Art. 5 kann aber, und will ersichtlich auch nicht, Aussagen darüber machen, unter welchen Voraussetzungen eine Widerklage, ein Gegenanspruch usw. vom Schiedsgericht mit entschieden werden darf, unter welchen Voraussetzungen also ein solcher Gegenanspruch als der Schiedsklausel unterfallend angesehen wird. Darüber hat das Schiedsgericht gemäß Art. 8 zu entscheiden, wenn es über seine Kompetenz befindet. 1

Ob eine Schiedsvereinbarung einen − für sich genommen der Schiedsvereinbarung nicht unterliegenden − Gegenanspruch mit erfaßt, ist nach deutschem Verständnis eine Frage nicht des Prozeßrechtes, sondern des materiellen Rechtes und ist daher durch Auslegung der Schiedsvereinbarung zu ermitteln. Im deutschen Recht wird angenommen, daß das Schiedsgericht auch über die zur Aufrechnung gestellte Gegenforderung rechtskräftig entscheiden dürfe (*B/L/A*, § 1025 Anm. 3c), es sei denn, die Parteien hätten etwas anderes vereinbart (*Maier*, Rdnr. 338). Da das Schiedsgericht auch in dieser Frage nicht über den Parteiauftrag hinweggehen darf, hat es sich, wenn die Parteien eine ausdrückliche Regelung nicht getroffen haben, an das von den Parteien gewählte oder kraft Kollisionsrechts anwendbare materielle Recht zu halten. Wenn dieses, wie etwa das französische Recht, die Aufrechnung nur erlaubt, wenn sie sowohl nach dem Recht der Hauptforderung als auch nach dem Recht der zur Aufrechnung gestellten Forderung zulässig ist, dann gibt Art. 5 der ICC-Regeln als rein prozessuale Vorschrift keine materielle Grundlage für die Begründung eines andernfalls nicht bestehenden Aufrechnungsrechtes (vgl. *Eickhoff* zur Aufrechnung im englischen Recht S. 34ff. und im französischen Recht S. 37ff.). 2

Etwas anderes könnte gelten, wenn die ICC-Regeln im Rahmen eines Verfahrens Anwendung fänden, welches nach englisch/amerikanischem 3

Art. 6 – ICC

Verfahrensrecht abliefe. Dieses Recht qualifiziert die Aufrechnung als ein Institut des Prozeßrechts (*Kegel*, S. 427), so daß die Verfahrensvorschrift Art. 5 ICC-Regeln, welche von der Aufrechenbarkeit ausgeht, im Zweifel zur Begründung einer andernfalls nicht zu begründenden Aufrechenbarkeit herangezogen werden kann. Es besteht dann auch kein Grund, warum das Schiedsgericht nicht auch über die zur Aufrechnung gestellte Forderung entscheiden sollte.

4 Das zur Aufrechnung Gesagte gilt nicht ohne weiteres auch für die Widerklage. Im Schiedsverfahren ist eine Widerklage zwar grundsätzlich zulässig (*Maier*, Rdnr. 45). Unterliegt aber der Streitgegenstand der Widerklage nicht selbst auch der Schiedsvereinbarung, dann darf das Schiedsgericht darüber nicht entscheiden, es sei denn, das Verhalten der Parteien (Erhebung der Widerklage und rügelose Einlassung des Klägers) sei als eine entsprechende Ergänzung der Schiedsvereinbarung zu werten. Art. 5 gibt als solcher keine Begründung dafür, daß eine, für sich genommen nicht der Schiedsvereinbarung unterliegende Widerklage in die Kompetenz des Schiedsgerichts fällt. Art. 5 stellt lediglich implizit fest, daß im Schiedsverfahren auch eine Widerklage möglich sei.

Schriftsätze und andere schriftliche Mitteilungen
Artikel 6

Von allen Schriftsätzen und anderen schriftlichen Mitteilungen der Parteien, ebenso von allen beigefügten Unterlagen müssen soviel Ausfertigungen eingereicht werden, daß je eine Abschrift für jede Partei, je eine für jeden Schiedsrichter und eine für das Sekretariat zur Verfügung steht.

Alle Zustellungen oder Mitteilungen des Sekretariats und des Schiedsrichters sind ordnungsgemäß erfolgt, wenn sie gegen Empfangsbescheinigung ausgehändigt oder wenn sie durch Einschreiben an die Anschrift oder die letzte bekannte Anschrift, so wie diese von dem Empfänger oder gegebenenfalls der anderen Partei mitgeteilt worden ist, übersandt werden.

Zustellungen und Mitteilungen gelten an dem Tage als erfolgt, an dem sie durch die Partei oder ihren Vertreter empfangen wurden oder, falls sie ordnungsgemäß abgesandt wurden, hätten empfangen werden müssen.

[Neuer Absatz 4 ab 1. 1. 1988, s. S. 143].

Zu Absatz 1 ist anzunehmen, daß die schriftlichen Mitteilungen in der Verfahrenssprache vorgelegt werden müssen, oder — solange diese noch nicht festliegt — in einer angemessenen Sprache (vgl. Artikel 3, Rdnr. 5).

1

Absatz 2 regelt Fragen der Zustellungen im Schiedsverfahren. Die staatlichen Prozeßordnungen schreiben regelmäßig ein bestimmtes Zustellungsverfahren vor (vgl. §§ 166–213a ZPO). Die ordnungsgemäße Kundmachung von geplanten Maßnahmen des Gerichtes sowie von Tatsachenbehauptungen der Gegenpartei, welche das Gericht berücksichtigen will, ist eine der Kernvoraussetzungen für die Gewährung des nach allen Rechtsordnungen unverzichtbaren rechtlichen Gehörs. Gemäß Art. 6 ist nicht garantiert, daß diese Kundmachungen der Partei unmittelbar persönlich zugehen. Der Wortlaut des Art. 6 scheint zu unterstellen, daß die Empfangsbescheinigung von der Partei selbst abgegeben werden muß. Handelt es sich dabei — wie üblich — nicht um eine Privatperson, sondern um eine Gesellschaft, wären das die gesetzlichen Vertretungsorgane. In einer sachgerechten Auslegung führt Art. 6 aber dazu, daß die ICC-Regeln durch die Zustellungsvorschriften ergänzt werden müssen, welche an dem Orte gelten, an welchem der Zustellungserfolg eintreten soll. Diese Zustellungsregeln entscheiden dann darüber, ob eine Aushändigung an z.B. die zufällig im Ladenlokal befindliche sprichwörtliche Putzfrau ausreicht oder nicht. (Zu Zustellungsfragen im Schiedsgerichtsverfahren vgl. grundsätzlich: *Sandrock*, „Das Gesetz..." S. 7ff.)

2

Problematisch ist, ob die Zugangsfiktion gemäß Abs. 3 anzuerkennen ist, oder ob eine schiedsrichterliche Entscheidung, welche von einer solchen Fiktion mit beeinflußt ist, als ein Verstoß gegen den Grundsatz des rechtlichen Gehörs anzusehen wäre. Im deutschen Recht findet sich in § 270 Abs. 2 ZPO eine gewisse Entsprechung, wenn es dort heißt: „Bei Übersendung durch die Post gilt die Mitteilung ... als bewirkt, sofern nicht die Partei glaubhaft macht, daß ihr die Mitteilung nicht ... zugegangen ist." Das Haager Zustellungsübereinkommen sieht in Art. 16 die Wiedereinsetzung in den vorigen Stand vor, wenn die Partei ohne Verschulden von einer Mitteilung keine Kenntnis erhielt. Hieraus ist wohl der Schluß zu ziehen, daß nicht nur nach deutschem, sondern auch nach internationalem Recht strikte Zugangsfiktionen unzulässig sind, wohl aber Zugangsvermutungen, welche dem Betroffenen den Nachweis erhalten, er habe das Schriftstück nicht bekommen. Art. 6 ist daher in diesem Sinne auszulegen, und es ist nur dann richtig verfahren worden, wenn der betreffenden Partei der Beweis des Nichtzugangs vom Schiedsgericht grundsätzlich zugestanden wurde.

3

Art. 7 – ICC

Fehlen einer Schiedsvereinbarung
Artikel 7

Besteht zwischen den Parteien nach dem ersten Anschein keine Schiedsvereinbarung oder liegt eine die Internationale Handelskammer nicht nennende Schiedsvereinbarung vor und antwortet der Beklagte nicht innerhalb der in Artikel 4 Absatz 1 bestimmten Frist von 30 Tagen oder lehnt er das Schiedsverfahren der Internationalen Handelskammer ab, so wird dem Kläger mitgeteilt, daß das Schiedsverfahren nicht stattfinden kann.

1 Der Schiedsgerichtshof unterliegt hinsichtlich seiner Dienstleistungen keinem Kontrahierungszwang. Er kann seine Mitwirkung an einem Schiedsverfahren ohne Begründung ablehnen (*Fouchard*, S. 233, m. N.). Art. 7 stellt den Parteien in Aussicht, daß er seine Mitwirkung nur ablehnen wird, wenn prima facie keine Schiedsklausel besteht, welche die ICC-Regeln beruft und dieser Mangel nicht binnen 30 Tagen, z. B. durch Nachholung einer entsprechenden Parteivereinbarung, abgestellt wird. Das von *Schwab* (Recht und Praxis, S. 57) gesehene Problem, ob der Schiedsgerichtshof mit seiner negativen Zuständigkeitsprüfung möglicherweise richterliche Funktionen übernehme (ausdrücklich a. A. *Fouchard*, a. a. O.), stellt sich daher nicht. Zweifellos kann der Schiedsgerichtshof mit einer positiven Entscheidung das Schiedsgericht nicht präjudizieren. Dieses entscheidet selbst, ob es zuständig ist. Mit einer negativen Entscheidung ist lediglich gesagt, daß der Schiedsgerichtshof nicht mitwirken will, ohne daß er damit verbindlich feststellte, daß eine Schiedsgerichtsklausel nicht vorliege.

2 Die ICC-Regeln fordern nicht ausdrücklich Schriftlichkeit für die Schiedsklausel. Der Schiedsgerichtshof wird, wenn nur eine mündliche Schiedsvereinbarung vorliegt, seine Zuständigkeit dann verneinen, wenn im Lande einer der Parteien die Schriftlichkeit der Schiedsklausel zum Ordre Public gehört (so anscheinend Österreich), so daß ein Schiedsspruch nicht anerkannt würde. In bezug auf Deutschland brauchte der Schiedsgerichtshof keine Hemmungen zu haben, eine durch konkludentes Handeln oder mündlich vereinbarte Zuständigkeit der ICC-Schiedsgerichtsbarkeit als ausreichende Grundlage anzusehen, wenn diese Vereinbarung zwischen Vollkaufleuten getroffen wurde (vgl. *BGH*, WM 1970 S. 1050: mündliche Schiedsklausel betreffend Schiedsgericht in Österreich).

Wirkungen der Schiedsvereinbarung
Artikel 8

1 Wenn die Parteien das Schiedsverfahren der Internationalen Handelskammer vereinbaren, unterwerfen sie sich damit dieser Schiedsordnung.

2 Weigert sich oder unterläßt es eine der Parteien, an dem Schiedsverfahren teilzunehmen, so findet dieses trotz der Weigerung oder Unterlassung statt.

3 Erhebt eine der Parteien einen oder mehrere Einwände in bezug auf das Vorhandensein oder die Gültigkeit der Schiedsvereinbarung, so kann der Schiedsgerichtshof, wenn er nach dem ersten Anschein das Vorhandensein einer Vereinbarung feststellt, den Fortgang des Verfahrens anordnen, ohne damit über die Zulässigkeit oder die Begründetheit der Einwände zu entscheiden. In diesem Fall obliegt es dem Schiedsrichter, über seine eigene Zuständigkeit zu entscheiden.

4 Vorbehaltlich anderer Vereinbarung hat der Einwand, der Vertrag sei nichtig oder bestehe nicht, nicht die Unzuständigkeit des Schiedsrichters zur Folge, wenn er die Gültigkeit der Schiedsvereinbarung feststellt. Er bleibt selbst bei Nichtbestehen oder Nichtigkeit des Vertrages zuständig, die Rechtsbeziehungen der Parteien zu bestimmen und über ihre Ansprüche und Anträge zu entscheiden.

5 Die Parteien können vor der Übergabe der Akten an den Schiedsrichter und ausnahmsweise nach diesem Zeitpunkt bei jedem zuständigen Gericht einstweilige Anordnungen oder Sicherungsmaßnahmen beantragen, ohne dadurch gegen die sie bindende Schiedsvereinbarung zu verstoßen und unbeschadet der dem Schiedsrichter zustehenden Befugnisse.

Ein solcher Antrag sowie alle durch das Gericht angeordneten Maßnahmen sollen unverzüglich dem Sekretariat des Schiedsgerichtshofes zur Kenntnis gebracht werden. Das Sekretariat unterrichtet hierüber den Schiedsrichter.

Artikel 8 – Absatz 1:

Wenn die Parteien das Schiedsverfahren der Internationalen Handelskammer vereinbaren, unterwerfen sie sich damit dieser Schiedsordnung.

1 Der Text dieses Absatzes ist sachlich gleichbedeutend mit dem Ausspruch des Reichsgerichts: „Durch die Vereinbarung des Schiedsgerichts

der Kreisbauernschaft ist auch die für dieses Schiedsgericht aufgestellte Verfahrensordnung bindend geworden" (*RGZ* 159 S. 95). Dabei gilt grundsätzlich, daß die Parteien die Schiedsverfahrensordnung nur so vereinbaren wollen, wie sie zur Zeit des Abschlusses der Schiedsvereinbarung besteht. Künftige Änderungen sind im Zweifel nicht mit erfaßt (*OLG Hamburg*, KTS 1983 S. 429). Dieser Parteiwille kann sich aber aus den Umständen ergeben (*BGH*, BB 1986, S. 1187). Diese Vermutung kann natürlich durch eine entsprechende Fassung der Schiedsvereinbarung abgeändert werden, etwa durch die Formulierung: „Es gelten die ICC-Regeln in ihrer jeweiligen Fassung". Die ICC-Regeln sind über die Zeiten im wesentlichen unverändert geblieben. Dennoch dürfte sich für langfristige Verträge eine entsprechende Klausel empfehlen, um spätere Zweifelsfragen im Bezug auf die Anwendung der Regeln in ihrer dann bestehenden Fassung von vorneherein auszuräumen. Der BGH hat darüber hinaus angenommen, daß solche Änderungen einer institutionellen Schiedsverfahrensordnung, welche der Sicherung der rechtlichen Gültigkeit der Verfahrensordnung dienen, im Zweifel von den Parteien im voraus mit vereinbart sind (WM 1986 S. 688). Die Neufassung der Regeln mit Wirkung vom 1. 1. 1988 geht darüber hinaus, sie ist daher von den bisher vereinbarten Schiedsklauseln nicht erfaßt.

Artikel 8 – Absatz 2:

Weigert sich oder unterläßt es eine der Parteien, an dem Schiedsverfahren teilzunehmen, so findet dieses trotz der Weigerung oder Unterlassung statt.

2   Das Schiedsgerichtsverfahren kennt nach deutschem Recht kein Versäumnisurteil im Sinne von § 330ff. ZPO (*B/L/A*, § 1034 Anm. 5). Auch die ICC-Regeln sehen ein solches förmliches Versäumnisverfahren nicht vor. Rechtlich spräche freilich nichts dagegen, wenn die Parteien das Schiedsgericht ermächtigten, ein echtes Versäumnisurteil im Sinne von § 331 ZPO zu erlassen (*Schlosser*, Rdnr. 563). Ohne eine solche ausdrückliche Ermächtigung wäre es aber als unzulässig anzusehen, wenn das Schiedsgericht das tatsächliche mündliche Vorbringen des Klägers im Falle der Säumnis des Beklagten als zugestanden ansähe und darauf seine, durch keinen Einspruch (§ 338 ZPO) umzustoßende, Entscheidung gründete. Auch die allgemeine Ermächtigung an das Schiedsgericht, sein Verfahren selbst zu bestimmen (vgl. Art. 11; § 1034 Abs. 2 ZPO und praktisch gleichlautend die entsprechenden Vorschriften anderer Rechtsordnungen), würde im Zweifel die Praktizierung eines rei-

nen Versäumnisverfahrens im Sinne der §§ 331 ff. ZPO nicht abdecken. Eine solche Verkürzung der Rechtsfindung ohne den Schutz des § 338 ZPO (oder einer entsprechenden Vorschrift in anderen Rechtsordnungen) ist im Zweifel von der Parteivereinbarung nicht mehr gedeckt. Es käme daher in Frage, daß ein entsprechender Versäumnis-Schiedsspruch als durch einen Verfahrensfehler zustande gekommen angesehen und aufgehoben wird.

Wenn auch ein förmliches Versäumnisurteil, vielleicht sogar im ersten mündlichen Termin, als verfahrenswidrig angesehen werden muß, folgt aus der Wirksamkeit der Schiedsklausel, daß das Verfahren auch ohne Beteiligung, ja auch gegen den erklärten Willen des Gegners durchgeführt werden und mit einem Schiedsspruch abgeschlossen werden kann. Das Schiedsgericht trifft daher eine Entscheidung nach Lage der Akten. Die tatsächlichen Behauptungen der anwesenden Partei dürfen danach zwar nicht ohne weiteres als zugestanden angesehen werden, und das Schiedsgericht hat sich eine Überzeugung darüber zu bilden. Allgemeinem Beweisrecht nicht nur der deutschen ZPO entspricht es aber, wenn der Richter es zu Lasten einer Partei wertet, wenn diese sich auf tatsächliche Behauptungen des Gegners nicht erklärt (§ 138 ZPO; vgl. aber auch den in § 427 ZPO zum Ausdruck kommenden Rechtsgedanken). Das Schiedsgericht entscheidet also in diesem Falle nicht aufgrund eines fiktiven Zugeständnisses, sondern aufgrund eines durch entsprechende Beweiserleichterung nachgewiesenen Tatbestandes, wobei die grundsätzliche Möglichkeit offenbleibt, daß eine unwidersprochene Tatsachenbehauptung im Einzelfall gleichwohl nicht als bewiesen angesehen wird. 3

Artikel 8 — Absatz 3:

Erhebt eine der Parteien einen oder mehrere Einwände in bezug auf das Vorhandensein oder die Gültigkeit der Schiedsvereinbarung, so kann der Schiedsgerichtshof, wenn er nach dem ersten Anschein das Vorhandensein einer Vereinbarung feststellt, den Fortgang des Verfahrens anordnen, ohne damit über die Zulässigkeit oder die Begründetheit der Einwände zu entscheiden. In diesem Fall obliegt es dem Schiedsrichter, über seine eigene Zuständigkeit zu entscheiden.

Die sog. Kompetenz-Kompetenz, d. h. die Befugnis des Schiedsgerichts, über seine eigene Zuständigkeit zu entscheiden, ist eine der oft diskutierten Fragen der Schiedsgerichtsbarkeit. Eine Partei kann nur dann verpflichtet sein, einen Schiedsspruch zu befolgen, wenn sie sich in bezug 4

Art. 8 – Abs. 4 – ICC

auf die entschiedene Sache auch diesem Schiedsgericht unterworfen hatte. Die Prüfung, ob das Schiedsgericht sich innerhalb der ihm durch die Schiedsvereinbarung zugewiesenen Zuständigkeit gehalten hat, kann der staatlichen Gerichtsbarkeit daher nicht durch Parteivereinbarung entzogen werden (*B/L/A*, § 1041 Anm. 4 A; BGHZ 24 S. 3). Die Parteien können aber, wie sie überhaupt ein Schiedsgericht für sich vereinbaren können, vereinbaren, daß das Schiedsgericht auch die Befugnis habe, verbindlich darüber zu entscheiden, ob ein bestimmter Streitgegenstand von der Schiedsvereinbarung erfaßt wird. Es handelt sich dann gleichsam um eine zweistufige Schiedsvereinbarung, wonach in der ersten Stufe – entsprechend der Standardformulierung – „sämtliche Streitigkeiten aus diesem Vertrag" einem Schiedsgericht zugewiesen werden und in einer zweiten Schiedsklausel dem Schiedsgericht die Befugnis eingeräumt wird, darüber zu entscheiden, ob ein bestimmter Streitgegenstand eine Streitigkeit aus diesem Vertrag ist. Diese zweite Schiedsklausel, die Kompetenz-Kompetenz-Klausel, kann ohne weiteres mit verbindlicher Wirkung vereinbart werden (BGHZ 68 S. 356). Um eine solche Kompetenz-Kompetenz-Klausel handelt es sich in Art. 8 Abs. 3. Diese Klausel ist nach deutschem Recht gültig, wie sie auch nach anderen Rechten (z. B. dem französischen) gültig ist. Von Schiedsrichtern der ICC-Schiedsgerichtsbarkeit scheint überdies die Meinung vertreten zu werden, daß es auf ein nationales Recht in bezug auf diese Frage ohnehin nicht ankommt (*CPP* II, S. 18).

Artikel 8 – Absatz 4:

Vorbehaltlich anderer Vereinbarung hat der Einwand, der Vertrag sei nichtig oder bestehe nicht, nicht die Unzuständigkeit des Schiedsrichters zur Folge, wenn er die Gültigkeit der Schiedsvereinbarung feststellt. Er bleibt selbst bei Nichtbestehen oder Nichtigkeit des Vertrages zuständig, die Rechtsbeziehungen der Parteien zu bestimmen und über ihre Ansprüche und Anträge zu entscheiden.

5   Ist die Schiedsvereinbarung, wie üblich, als Teil des Hauptvertrages, auf welchen sie sich bezieht, vereinbart, so teilt sie grundsätzlich dessen rechtliches Schicksal. Ist also der Hauptvertrag aus irgendeinem Grunde unwirksam, so müßte das auch für die Schiedsvereinbarung gelten. Das ist kaum im Sinne der Parteien. Vielmehr ist anzunehmen, daß die Parteien eine umfassende Zuständigkeit des Schiedsgerichts wünschten, so daß das Schiedsgericht grundsätzlich über die Gültigkeit des Hauptvertrages entscheiden darf, es sei denn, daß sich aus der Schiedsvereinba-

rung oder aus sonstigen Umständen ein eindeutiger gegenteiliger Wille der Parteien erkennen läßt (vgl. *Maier,* Rdnr. 52). Diese Rechtslage wird für die ICC-Regeln in Abs. 4 ausdrücklich bekräftigt, was namentlich im Hinblick auf andere Rechtsordnungen, welche mit der sog. „doctrine of separability" ohne ausdrückliche Parteivereinbarung Schwierigkeiten haben.

Die rechtliche Trennung von Hauptvertrag und Schiedsvereinbarung, 6 auch wenn beide „zufällig" in demselben Vertragswerk enthalten sind, macht im deutschen Recht keine Schwierigkeiten (vgl. *Maier,* a.a.O.), scheint aber auch in praktisch allen anderen Rechtsordnungen festes Recht geworden zu sein (*CPP* II, S. 15f. m.N.). Schiedsklausel und Hauptvertrag müssen daher auch nicht demselben materiellen Recht unterliegen, obwohl ein solcher materiellrechtlicher Gleichlauf in der Regel von den Parteien gewollt sein wird. Ist der Hauptvertrag gültig, so richtet sich die Gültigkeit der Schiedsklausel nach dem für diesen anwendbaren Recht. Ist dieser ungültig, so ist die Schiedsklausel wie die Rechtswahlklausel nach dem Recht zu beurteilen, das anzuwenden wäre, wenn die Rechtswahlklausel wirksam wäre (vgl. *BGH* vom 15. 12. 1986, NJW 1987 S. 1145).

Artikel 8 – Absatz 5:

Die Parteien können vor der Übergabe der Akten an den Schiedsrichter und ausnahmsweise nach diesem Zeitpunkt bei jedem zuständigen Gericht einstweilige Anordnungen oder Sicherungsmaßnahmen beantragen, ohne dadurch gegen die sie bindende Schiedsvereinbarung zu verstoßen und unbeschadet der dem Schiedsrichter zustehenden Befugnisse.

Ein solcher Antrag sowie alle durch das Gericht angeordneten Maßnahmen sollen unverzüglich dem Sekretariat des Schiedsgerichtshofes zur Kenntnis gebracht werden. Das Sekretariat unterrichtet hierüber den Schiedsrichter.

Durch diesen Absatz wird den Parteien erlaubt, vor dem staatlichen Gericht einstweilige Anordnungen in bezug auf den Streitgegenstand zu beantragen, welcher an sich dem Schiedsgericht zur Entscheidung zugewiesen ist. Absatz 5 sagt nur, daß die Parteien, wenn sie dieses tun, nicht gegen die Schiedsvereinbarung verstoßen. Die ICC-Regeln treffen aber keine Aussage darüber, ob das Schiedsgericht selbst solche einstweiligen Anordnungen erlassen dürfte. Der letzte Satzteil („unbeschadet ...") 7

noch 7 will aber sagen, daß das Schiedsgericht von den Parteien zum Erlaß solcher Eilmaßnahmen ermächtigt werden darf, soweit das staatliche Recht dem nicht entgegensteht. Ob die Parteien das Schiedsgericht zu einstweiligen Anordnungen ermächtigen können, ist eine Frage, die für das deutsche Recht umstritten ist (vgl. *Aden,* BB 1985, S. 2277; *Schwab,* Recht und Praxis, S. 62). Auch wenn man wie *Aden* grundsätzlich der Meinung ist, daß ein Schiedsgericht einstweilige Anordnungen mit vollstreckbarer Wirkung erlassen kann, ist zu fordern, daß die Parteien das Schiedsgericht hierzu ausdrücklich ermächtigen. Eine normale Schiedsvereinbarung enthält eine solche Ermächtigung im Zweifel nicht. Das gilt auch für die ICC-Regeln, die eine solche Ermächtigung zwar nicht ausschließen, aber auch nicht beinhalten.

Vorschuß für die Verfahrenskosten
Artikel 9

1 **Der Schiedsgerichtshof setzt den Kostenvorschuß dergestalt fest, daß die Kosten des Schiedsverfahrens gedeckt werden.**

Falls unabhängig von der Klage eine oder mehrere Widerklagen erhoben werden, kann der Schiedsgerichtshof getrennte Vorschüsse für die Klage(n) und die Widerklage(n) festsetzen.

2 **Kostenvorschüsse werden im allgemeinen jeweils zur Hälfte von dem Kläger (oder den Klägern) und von dem (oder den) Beklagten geleistet. Es kann jedoch jede der Parteien den vollen Kostenvorschuß für Klage oder Widerklage leisten, falls die andere Partei ihren Anteil nicht einzahlt.**

3 **Das Sekretariat kann die Übergabe der Akten an den Schiedsrichter davon abhängig machen, daß die Parteien oder eine der Parteien den gesamten oder einen Teil des Kostenvorschusses bei der Internationalen Handelskammer eingezahlt haben.**

4 **Wenn das Schriftstück, in dem die Aufgaben des Schiedsrichters gemäß Artikel 13 bestimmt werden, dem Schiedsgerichtshof vorgelegt worden ist, stellt dieser fest, ob der festgesetzte Kostenvorschuß eingezahlt ist.**

Das in Artikel 13 genannte Schriftstück wird nur wirksam, und der Schiedsrichter behandelt nur solche Klagen, für die der Kostenvorschuß bei der Internationalen Handelskammer eingezahlt worden ist.

Der Schiedsgerichtshof wird Vertragspartner der Parteien (s. oben zu Art. 3 Rdnr. 4). Gegenstand des Vertrages ist eine besondere Dienstleistung im Zusammenhang mit dem Schiedsverfahren. Aufgrund dieses Vertrages erwirbt der Schiedsgerichtshof einen Vergütungsanspruch gegen beide Parteien entsprechend der vom Schiedsgerichtshof veröffentlichten Kostentabelle. Nach allgemeinem Recht, aber auch entsprechend dem in Abs. 2 niedergelegten Grundsatz sind beide Parteien bis zu einer rechtsgültigen anderweitigen Aufteilung verpflichtet, jeweils die Hälfte des Kostenvorschusses zu leisten. Nach der hier vorgetragenen Konstruktion des Dienstleistungsvertrages zwischen dem Schiedsgerichtshof und den Parteien (s. oben) hätte der Schiedsgerichtshof nach Einreichung einer ordnungsgemäßen Schiedsklage einen klagbaren Anspruch auf einen Vorschuß für die Verfahrenskosten nicht nur gegenüber dem Kläger, sondern auch gegenüber dem Beklagten.

In der Praxis wird der Schiedsgerichtshof zu diesen Mitteln nicht greifen, sondern schlicht seine Leistungen verweigern, solange nicht alle Kosten bezahlt sind. Das in Abs. 2 vorgesehene Recht einer Partei, den der anderen Partei obliegenden Teil des Kostenvorschusses auch zu leisten, erweist sich so als eine vertragliche Ausformung des in § 267 BGB niedergelegten Grundsatzes.

Die Festsetzung der Kostenvorschüsse sowie die Art ihrer Zahlung ist mit Wirkung ab 1. 7. 1986 neu geregelt worden (vgl. ausführliche Darstellung in IPrax 1987, S. 58 ff.). Danach ist der Kläger gehalten, 2.000 US $ anzuzahlen, damit eine Schiedsklage entgegengenommen werden kann. Dieser Betrag ist nicht rückforderbar, er wird aber später auf die Verwaltungskosten verrechnet. 50% des Kostenvorschusses (25% von jeder Partei) sind fällig, bevor der Schiedsgerichtshof die Akten dem Schiedsgericht übergibt. Der Rest wird zahlbar mit dem Wirksamwerden des Schiedsauftrages gemäß Artikel 13.

Übergabe der Akten an den Schiedsrichter
Artikel 10

Vorbehaltlich der Bestimmungen des Artikels 9 übergibt das Sekretariat dem Schiedsrichter die Akten des Streitfalles, sobald die Antwort des Beklagten auf die Klage eingegangen ist, jedoch nach Ablauf der Fristen, die in Artikel 4 und 5 für die Einreichung dieser Schriftstücke vorgesehen sind.

Art. 11 – ICC

1 Art. 10 gewährleistet den Fortgang des Verfahrens, auch wenn der Beklagte sich nicht rührt (vgl. Art. 8, Rdnr. 3).

Verfahrensbestimmungen
Artikel 11
Auf das Verfahren vor dem Schiedsrichter sind die Bestimmungen dieser Schiedsordnung anzuwenden, und soweit diese keine Vorschriften enthält, die Bestimmungen, die von den Parteien oder, falls sie es unterlassen, die von dem Schiedsrichter getroffen werden, gleichgültig, ob sie sich dabei auf eine nationale Prozeßordnung beziehen oder nicht, die auf das Schiedsverfahren angewendet werden soll.

1 Art. 11 und seine Entsprechungen in anderen Schiedsverfahrensordnungen sind das Herzstück eines Schiedsverfahrens. Die Schiedsrichter sind nur an den Parteiauftrag und an das materielle und formelle Recht nur insoweit gebunden, als die Parteien nicht zulässigerweise eine andere Regelung getroffen haben. Die Schiedsrichter können verfahren wie sie wollen – nach Gefühl und Wellenschlag oder auch, indem sie den Parteien mitteilen, sie wollten im Rahmen der ICC-Regeln das deutsche Prozeßrecht anwenden (so in: *BGH*, NJW 1986 S. 1436). Schiedsrichter und Parteien können also ein bestimmtes nationales Prozeßrecht anwendbar stellen, z. B. das deutsche (so in: *OLG Frankfurt,* RIW 1984, S. 400), französische usw. Sie können aber auch z. B. vorschreiben, daß die Schiedsrichter im Rahmen des Art. 11 der ICC-Regeln sich an die Vorschriften der UNCITRAL-Verfahrensordnung halten sollen, was wegen der detaillierteren Formulierung mancher UNCITRAL-Vorschrift im Einzelfall sinnvoll sein kann.

2 Bei der Ausübung ihres Ermessens müssen die Schiedsrichter allerdings die zwingenden Normen des Verfahrensrechtes berücksichtigen, welches das Schiedsverfahren beherrscht. Das wird in aller Regel das Verfahrensrecht des Landes sein, in welchem das Schiedsgericht tagt (*Böckstiegel*, Recht und Praxis, S. 82). Cohn weist zu Recht darauf hin, daß der Sitz des Schiedsgerichts nicht notwendig identisch ist mit dem Ort, an welchem einzelne Schritte des Schiedsverfahrens vorgenommen werden (a. a. O., S. 154), und nennt als Beispiel, daß ein an sich in Frankreich sitzendes Schiedsgericht sich nach England begibt, um dort Zeugen zu vernehmen. Mangels anderer Parteivorgaben ist das Schiedsgericht im Rahmen der Beweisaufnahme in England an das dortige, sich dem kontinentalen Rechtsverständnis weithin entziehende Beweisrecht gebunden, soweit dieses zwingendes Recht ist. Dieses Beispiel könnte erweitert werden, wenn man annimmt, das Schiedsgericht müsse in einer zweiten Runde Zeugen in z. B. Portugal hören. Das völlig verschiedenartige Beweiserhebungsrecht in beiden Ländern bringt im Grunde unnötige Zufälligkeiten in das Verfahren hinein. Es empfiehlt sich daher, im voraus vorzuschreiben, daß unabhängig vom Tagungsort ein einheitliches Verfahrensrecht angewendet werden soll, soweit zwingende Regeln dieses gestatten.

Sehr selten werden detailliertere Aussagen darüber gemacht, was eigentlich als zwingendes Verfahrensrecht anzusehen sei. Auch *Böckstiegel* beschränkt sich auf die etwas mehrdeutige Feststellung, daß diese zwingenden Normen hin und wieder leicht feststellbar sind, hin und wieder aber auch erst durch sorgfältige Prüfung ermittelt werden müssen (Recht und Praxis, S. 82). Versucht man einmal für das deutsche Recht zu sichten, welche für ein Verfahren anwendbaren Vorschriften der ZPO zwingend sind, so ist die Ausbeute eher dürftig, wie die folgende Auswahl von Vorschriften der ZPO zeigt: 3

§ 128: Grundsatz der Mündlichkeit: Nein

§ 136: Prozeßleitung durch den Vorsitzenden: Vielleicht zwingend insofern, als irgendeine Form von Prozeßleitung von dem Gericht ausgehen muß.

§ 137: Bindung an die Anträge: Wohl als zwingender Grundsatz anzuerkennen (§ 308).

§ 138: Wahrheitspflicht: Zwingend insofern, als das Gericht die Parteien und Zeugen wohl nicht von ihrer Pflicht, wahrheitsgemäße Aussagen zu machen, befreien kann.

§ 157: Sicherung der Rechtsvertretung durch Beistände: Zwingend, vgl. § 1034 ZPO; im Ausland ergibt sich die Frage, ob ein von einer Partei gewählter Beistand Rechtsanwalt im Sinne des § 1034 ist und deswegen vom Schiedsgericht nicht hätte zurückgewiesen werden dürfen.

§ 159: Protokoll, wohl zwingend in bezug auf Prozeßerklärungen.

§ 286: Beweiswürdigung: Das Schiedsgericht ist zwar nicht an Beweisregeln gebunden. Es muß aber irgendeine Form von Beweiswürdigung stattfinden; es darf nicht einfach mutmaßen oder Beweisanträge mutwillig übergehen.

§ 299: Akteneinsicht: Das Recht auf Akteneinsicht seitens der Parteien ist wohl nicht als zwingendes Recht anzusehen, da diese auch Entscheidungsunterlagen enthalten können (private Voten der Schiedsrichter), die in die Privatsphäre der Schiedsrichter fallen. Gemäß Art. 25 b des Schweizerischen Konkordats über die Schiedsgerichtsbarkeit gilt dieses Akteneinsichtsrecht aber als zwingend.

§ 309: Unverzichtbar ist der Grundsatz, daß ein Schiedsspruch nur von einem Richter erlassen werden darf, der an den Verhandlungen teilnahm. Das bedeutet aber nicht notwendig, daß der betreffende Richter an sämtlichen Verhandlungen teilnehmen müßte.

§ 357: Beweisaufnahmen in Gegenwart der Parteien: Die Parteien können zwar von sich aus auf die Teilnahme an der Beweisaufnahme verzichten. Es ist aber wohl unverzichtbar, daß das Schiedsgericht den Parteien die Gegenwart gestattet.

§ 397: Fragerecht der Parteien an Zeugen: Dieses ist wohl ein unverzichtbarer Teil des Prozesses.

4 Der Grundsatz der Gewährung rechtlichen Gehörs gehört sicherlich zum Kernbestand eines jeden rechtsstaatlichen Verfahrens. Der Begriff der Gewährung des rechtlichen Gehörs entspricht dem im ordentlichen Verfahren (BGHZ 31, S. 43; *Wieczorek/Schütze*, § 1041 D IV a). Die Art, wie den Parteien rechtliches Gehör zu gewähren ist, steht jedoch im Ermessen des Schiedsrichters. Der Anspruch auf ein Rechtsgespräch ist in diesem Grundsatz nicht enthalten (BGHZ 85, S. 291). Die Proklamation dieses Grundsatzes allein gibt also noch keinerlei Hinweis darauf, in welchen Ausformungen dieser Grundsatz zum zwingenden Prozeßrecht gehört (hierzu im einzelnen: *B/L/A*, § 1041 Anm. 7; *Wieczorek/ Schütze*, a.a.O.). Ob dieser Grundsatz zwingend fordert, die jeweilige Gegenpartei zu einer von der Partei beantragten oder dem Schiedsgericht beabsichtigten Fristverlängerung zu hören (so *OLG Stuttgart*, IPrax 1987 S. 369) steht dahin (s.u. Artikel 18 Rdnr. 2).

5 Ein weiterer, aus dem Gesetz nicht ohne weiteres abzuleitender, zwingender Grundsatz des wohl nicht nur deutschen Verfahrensrechtes kann dahin formuliert werden, daß die Parteien Anspruch auf eine vernunftgemäße Entscheidung durch das Schiedsgericht haben. Die Entscheidung kann zwar sachlich und rechtlich falsch sein (vgl. *Gottwald* in FS Nagel S. 54ff.). Auch logische Fehler begründen in der Regel weder einen Verfahrensverstoß noch einen sonstigen Aufhebungsgrund, die Entscheidung muß aber unter irgendeinem vernunftgemäßen Gesichtspunkt für einen Kenner der Materie nachvollziehbar sein (vgl. *BGH* v. 29. 9. 1983, KTS 1984, S. 267). Die Schiedsrichter dürfen sich also von ihrer Verpflichtung, vernunftgemäß zu entscheiden, nicht über ein gewisses Maß hinaus dispensieren.

Es obliegt dem Ermessen des Schiedsgerichtes, ob es bei dem einmal gewählten Verfahren bleiben will (z.B. dem deutschen Verfahrensrecht gem. ZPO) oder ob es dieses wechseln will (*B/L/A,* § 1034 Anm. 4). Es ist aber unter dem Grundsatz der Gewährung rechtlichen Gehörs zu fordern, daß die Parteien zu jedem Zeitpunkt wissen, nach welchen Regeln das Schiedsgericht bestimmte Prozeßhandlungen zu beurteilen gedenkt. Es ist daher ein Verfahrensverstoß, wenn das Schiedsgericht eine entsprechende Belehrung der Parteien unterläßt. (a.A. *B/L/A* a.a.O.). Umgekehrt können auch die Parteien, gegen den Widerspruch der Schiedsrichter, während des Verfahrens auf ein anderes Verfahren übergehen (*CPP* II, S. 66).

6

Die ICC-Regeln schreiben nicht ausdrücklich vor, daß von den mündlichen Verhandlungen Protokolle gefertigt werden. Dieses wird in vielen Fällen von den Schiedsrichtern veranlaßt werden, entweder aus eigenem Antrieb oder weil es von der lex fori zwingend geboten ist. Nach deutschem Prozeßrecht wie auch nach dem Prozeßrecht einiger Schweizer Kantone wird die Führung eines Protokolls als zwingend anzusehen sein (vgl. § 159 ZPO). Parteien, welche Wert auf eine schriftliche Begründung legen und im Hinblick auf ein eventuelles Aufhebungsverfahren ihre Rechtsposition sichern wollen, sollten ausdrücklich, gegebenenfalls bei der Festlegung des Prozeßprogrammes gemäß Art. 13 bestimmen, daß Protokolle zu führen sind.

7

Ort des Schiedsverfahrens
Artikel 12

Der Schiedsgerichtshof bestimmt den Ort des Schiedsverfahrens, falls die Parteien darüber keine Vereinbarung getroffen haben.

Jeder Schiedsspruch ist entweder ein inländischer oder ein ausländischer (*B/L/A,* § 1044 Anm. 1). Gelegentlich vorgetragene Theorien, welche die Möglichkeit eines außerhalb jeder nationalen Rechtsordnung stehenden Schiedsspruches postulieren, sind bisher zu Recht an der Macht der Verhältnisse gescheitert (vgl. allgemein *Habscheid,* Nationale oder supranationale Schiedssprüche, ZZP 1970, S. 25 ff.).

1

Auf die Nationalität eines Schiedsspruches kommt es an, wenn ein Schiedsspruch vollstreckt werden soll. Regelmäßig folgt in den einzelnen staatlichen Rechtsordnungen die Anerkennung bzw. die Vollstreckung des ausländischen Schiedsspruches anderen Regeln als die eines inländischen Schiedsspruches. So wird ein inländischer Schieds-

2

spruch bei uns nach § 1041 ZPO beurteilt, während sich die Anerkennung eines ausländischen Schiedsspruches, wenn nicht das Konventionsrecht vorgeht, nach § 1044 ZPO richtet. In Österreich gilt, daß inländische Schiedssprüche, vorbehaltlich der allgemeinen Aufhebungsgründe, ohne weiteres vollstreckbar sind, während ausländische Schiedssprüche nur im Rahmen staatsvertraglicher Regelungen anerkannt und vollstreckt werden, außerhalb solcher Regelungen nur, wenn die Gegenseitigkeit verbürgt ist (*Melis*, S. 28). Eine ähnliche Rechtslage besteht in der Schweiz. Die Anerkennung und Vollstreckbarkeit ausländischer Schiedssprüche in der Schweiz ist nur im Rahmen staatsvertraglicher Regelungen allgemein gewährleistet, außerhalb staatsvertraglicher Regelungen kommt eine Anerkennung nach kantonalem Prozeßrecht in Betracht. Je nach Kanton kann es dann auf die Gegenseitigkeit ankommen wie im Kanton Zug oder auch nicht, wie in Basel und Zürich (*Klein*, in: Die Internationale Schiedsgerichtsbarkeit in der Schweiz, S. 48).

3 Jeder Staat bestimmt für sich, welchen Schiedsspruch er als inländisch oder ausländisch ansehen will. Nach in Deutschland völlig herrschender Meinung entscheidet das angewendete Verfahrensrecht über die Nationalität des Schiedsspruches unabhängig davon, wo dieser erlassen wurde (BGHZ 21 S. 365; *B/L/A,* § 1044 Anm. 1 B mit Nachweisen). Die große Mehrzahl anderer Staaten läßt aber, wie auch bei uns gegen den BGH vertreten wird, den Ort des Schiedsverfahrens über die Nationalität entscheiden (allgemein: *Schlosser* Rdnrn. 67, 640; *B/L/A,* a.a.O.). Auch das New Yorker Abkommen über die Anerkennung und Vollstreckung ausländischer Schiedssprüche von 1958 erklärt implizit als ausländische solche Schiedssprüche, „die im Hoheitsgebiet eines anderen Staates als desjenigen ergangen sind, in dem die Anerkennung und Vollstreckung nachgesucht wird" (Art. 1). Ähnlich erklärt § 5 des schwedischen Gesetzes über „Ausländische Schiedsabreden und Schiedssprüche" (von 1929 i.d.F.v. 1984) als ausländisch einen Schiedsspruch, der außerhalb Schwedens erlassen wurde. Nach österreichischem und dem Recht anderer Nachbarstaaten gilt Ähnliches. Das kann theoretisch zu Verwirrungen führen, wenn z.B. ein Schiedsspruch in Wien nach deutschem Verfahrensrecht erlassen wird: Der Schiedsspruch ist dann im Sinne des deutschen Rechtes ein deutscher Schiedsspruch, nach österreichischem Recht hingegen ein österreichischer und hat mithin den Vorteil, in beiden Ländern wie ein inländischer Schiedsspruch vollstreckt werden zu können. Ob dieser Schiedsspruch in einem dritten Lande als deutscher oder österreichischer Schiedsspruch angesehen wird, was Bedeutung in bezug auf die entweder mit Deutschland oder Österreich bestehenden

staatsvertraglichen Regelungen über die Anerkennung von Schiedssprüchen haben kann, entscheidet das jeweilige Drittland.

Der Ort des Schiedsverfahrens, oder genauer: der Ort, an welchem der Schiedsspruch erlassen wurde, kann daher von erheblichem Gewicht sein. Im Verhältnis zwischen Ländern, die Partner von zweiseitigen oder mehrseitigen Konventionen sind, spielt die Nationalität eines Schiedsspruches allerdings nicht die Rolle, wie etwa im Verhältnis Deutschland-Panama, welches wie die meisten mittel- und südamerikanischen Länder dem New Yorker Abkommen nicht beigetreten ist. Im Hinblick auf die Gewährleistung der Anerkennung eines Schiedsspruches in beiden Ländern sollten die deutsche und die panamesische Partei daher einen Austragungsort in einem Lande suchen, aus welchem Schiedssprüche sowohl in Deutschland als auch in Panama anzuerkennen sind. Mexiko ist Mitglied des New Yorker Abkommens, so daß die Vollstreckbarkeit im Verhältnis zu Deutschland gewährleistet ist; Mexiko ist aber auch Mitglied des interamerikanischen Abkommens, aus welchem die Anerkennung eines in Mexiko erlassenen Schiedsspruches auch für Panama gewährleistet wird. Die Parteien sollten daher in diesem Falle einen Ort in Mexiko als Ort des Schiedsverfahrens bezeichnen (Beispiel von *Jarvin*, Recht und Praxis, S. 11). 4

In der Mehrzahl der Fälle bestimmen die Parteien im Rahmen der ICC-Schiedsgerichtsbarkeit den Ort des Verfahrens selbst (*Jarvin*, a.a.O.). Da die Parteien die Bedeutung der Ortswahl für eine vielleicht erst in vielen Jahren stattfindende schiedsrichterliche Auseinandersetzung nicht sicher voraussehen können, da sie vielleicht auch nicht die speziellen Kenntnisse haben, um einen Ort zu bestimmen, welcher eine optimale Vollstreckbarkeit in den beteiligten Ländern mit einem sachgerechten örtlichen Verfahrensrecht verbindet, dürfte es sich namentlich in bezug auf Vertragspartner in exotischen Ländern empfehlen, die Ortsbestimmung dem Schiedsgerichtshof zu überlassen, der gerade bei solchen Fragen besonders nützliche Dienste leisten kann. In mehr als einem Drittel sämtlicher Fälle scheinen die Parteien diese Dienste auch tatsächlich in Anspruch zu nehmen, indem sie die Ortswahl offen lassen (*CPP* II, S. 50). Die Tatsache, daß der Schiedsgerichtshof, dessen Sitz in Paris ist, den Schiedsspruch bestätigt, macht den Schiedsspruch nach deutschem Recht nicht zu einem französischen Schiedsspruch. Das wird in anderen Ländern offenbar ebenso gesehen (*CPP* II, S. 51). 5

Aufgabe des Schiedsrichters
Artikel 13

1. Vor Beginn des eigentlichen Schiedsverfahrens entwirft der Schiedsrichter aufgrund der Akten oder in Gegenwart der Parteien unter Berücksichtigung ihres bisherigen Vorbringens ein Schriftstück, in dem seine Aufgabe bestimmt wird. Es soll folgende Angaben enthalten:
   a) **Name, Vorname und Stellung der Parteien.**
   b) **Anschrift der Parteien, an die alle Zustellungen oder Mitteilungen im Verlauf des Schiedsverfahrens wirksam gerichtet werden können.**
   c) **Zusammenfassende Darlegung des Vorbringens der Parteien.**
   d) **Bezeichnung der zu entscheidenden Streitfälle.**
   e) **Name, Vorname, Beruf, Anschrift des Schiedsrichters.**
   f) **Ort des Schiedsverfahrens.**
   g) **Einzelheiten hinsichtlich der anzuwendenden Verfahrensbestimmungen und gegebenenfalls die Ermächtigung des Schiedsrichters, nach billigem Ermessen zu entscheiden.**
   h) **Alle sonstigen Angaben, die notwendig sind, um die Vollstreckbarkeit des Schiedsspruches zu sichern, oder die der Schiedsgerichtshof oder der Schiedsrichter für zweckmäßig erachtet.**

2. Das in Absatz 1 genannte Schriftstück muß von den Parteien und dem Schiedsrichter unterzeichnet werden. Innerhalb von zwei Monaten seit der Übergabe der Akten übersendet der Schiedsrichter das von ihm und den Parteien unterzeichnete Schriftstück an den Schiedsgerichtshof. Diese Frist kann auf Antrag des Schiedsrichters durch Beschluß des Schiedsgerichtshofes ausnahmsweise verlängert werden. [Ergänzung ab 1. 1. 1988].

   Weigert sich eine der Parteien, bei der Abfassung des genannten Schriftstückes mitzuwirken oder es zu unterschreiben, kann der Schiedsgerichtshof, falls er feststellt, daß es sich um einen der in Artikel 8 Absatz 2 und 3 vorgesehenen Fälle handelt, über die Genehmigung des Schriftstückes entscheiden. Danach setzt er dieser Partei eine Frist zur Unterzeichnung des Schriftstückes, nach deren Ablauf das Schiedsverfahren fortgesetzt und der Schiedsspruch gefällt wird.

3. Die Parteien können das materielle Recht, das der Schiedsrichter auf den Rechtsstreit anwenden soll, frei bestimmen. Liegen keine Hinweise der Parteien über das anwendbare Recht vor, so wendet der Schiedsrichter das Recht an, das sich nach den Kollisionsnormen ergibt, die er für anwendbar hält.

4. Der Schiedsrichter entscheidet nach billigem Ermessen, falls beide Parteien ihn hierzu ermächtigen.

5. In jedem Falle hat der Schiedsrichter die Bestimmungen des Vertrages und die Handelsbräuche zu beachten.

Artikel 13 − Absatz 1:

Vor Beginn des eigentlichen Schiedsverfahrens entwirft der Schiedsrichter aufgrund der Akten oder in Gegenwart der Parteien unter Berücksichtigung ihres bisherigen Vorbringens ein Schriftstück, in dem seine Aufgabe bestimmt wird. Es soll folgende Angaben enthalten:
a) Name, Vorname und Stellung der Parteien.
b) Anschrift der Parteien, an die alle Zustellungen oder Mitteilungen im Verlaufe des Schiedsverfahrens wirksam gerichtet werden können.
c) Zusammenfassende Darlegung des Vorbringens der Parteien.
d) Bezeichnung der zu entscheidenden Streitfälle.
e) Name, Vorname, Beruf, Anschrift des Schiedsrichters.
f) Ort des Schiedsverfahrens.
g) Einzelheiten hinsichtlich der anzuwendenden Verfahrensbestimmungen und gegebenenfalls die Ermächtigung des Schiedsrichters, nach billigem Ermessen zu entscheiden.
h) Alle sonstigen Angaben, die notwendig sind, um die Vollstreckbarkeit des Schiedsspruches zu sichern, oder die der Schiedsgerichtshof oder der Schiedsrichter für zweckmäßig erachtet.

Die Festlegung des Prozeßprogramms oder Schiedsauftrages (englisch: terms of reference) ist eine Besonderheit des ICC-Verfahrens. Es handelt sich um eine Vorwegabstimmung zwischen dem Schiedsgericht und den Parteien über den Streitgegenstand und das einzuschlagende Verfahren oder, unter dem Aspekt des zwischen Schiedsrichter und Parteien bestehenden Schiedsrichtervertrages, um die Beschreibung der Aufgaben des Schiedsgerichts (vgl. grundsätzlich: *Sandrock* RIW 1987, S. 649). Die hier vorgesehene Festlegung des Prozeßprogramms geht auf das französische Recht zurück, sie wird aber, auch wenn französisches Verfahrensrecht nicht anwendbar ist, allgemein für nützlich gehalten. *Böckstiegel* schreibt: „Man käme zwar in den meisten Schiedsverfahren auch ohne die Terms of Reference zurecht, aber dieses Schriftstück hat gerade in schwierigen Fällen Vorteile, etwa daß der Streitgegenstand präzisiert und abgegrenzt wird, im konkreten Fall erforderlich erscheinende besondere Verfahrensregelungen festgeschrieben werden und −

Art. 13 – Abs. 2 – ICC

jedenfalls wenn beide Parteien unterzeichnen – die Existenz einer Schiedsvereinbarung nicht mehr bestritten werden kann" (Recht und Praxis, S. 81). Der Schiedsauftrag gemäß Art. 13 ist ein zwingendes Verfahrenserfordernis eines jeden ICC-Schiedsverfahrens. Fehlt es, so liegt ein Verfahrensfehler vor, der gegebenenfalls zur Aufhebung des Schiedsspruches führt. Aber auch der Inhalt des so festgelegten Prozeßprogramms ist in dem Sinne zwingend, als Verstöße dagegen Verfahrensfehler mit derselben Konsequenz sind. Als besonders wichtig und hilfreich für Parteien und Schiedsgerichte sind die in Art. 13 Abs. 1 (g) genannten „Einzelheiten hinsichtlich der anzuwendenden Verfahrensbestimmungen" anzusehen. Gerade weil die Schiedsrichter ein weites Verfahrensermessen haben (Art. 11), dürfte es in vielen Fällen nützlich sein, gewisse Grundregeln festzuschreiben. Als besonders wichtige Einzelpunkte werden genannt (vgl. *CPP* III, S. 62): Regeln betreffend die Vorlagepflicht von Dokumenten; Regeln über den Zeugenbeweis und die Zulässigkeit schriftlichen Zeugnisses; die Ermächtigung an den Obmann, prozeßleitende Verfügungen zu erlassen. Es ist aber nicht Zweck des Prozeßprogramms gemäß Art. 13, das Verfahrensrecht für das betreffende Schiedsverfahren detailliert auszuformulieren. Ein zu großer Detaillierungsgrad in diesem Punkte führt eher zu Mißverständnissen und zusätzlichen Kontroversen.

Artikel 13 – Absatz 2:

Das in Absatz 1 genannte Schriftstück muß von den Parteien und dem Schiedsrichter unterzeichnet werden. Innerhalb von zwei Monaten seit der Übergabe der Akten übersendet der Schiedsrichter das von ihm und den Parteien unterzeichnete Schriftstück an den Schiedsgerichtshof. Diese Frist kann auf Antrag des Schiedsgerichtshofes ausnahmsweise verlängert werden. [Ergänzung ab 1. 1. 1988].

Weigert sich eine der Parteien, bei der Abfassung des genannten Schriftstückes mitzuwirken oder es zu unterschreiben, kann der Schiedsgerichtshof, falls er feststellt, daß es sich um einen der in Artikel 8 Absatz 2 und 3 vorgesehenen Fälle handelt, über die Genehmigung des Schriftstückes entscheiden. Danach setzt er dieser Partei eine Frist zur Unterzeichnung des Schriftstückes, nach deren Ablauf das Schiedsverfahren fortgesetzt und der Schiedsspruch gefällt wird.

2 Der Schiedsrichter ist binnen 2 Monaten nach dem Zeitpunkt, an welchem er die Akten vom Schiedsgerichtshof empfangen hat, verpflichtet,

das Prozeßprogramm aufzusetzen und, von den Parteien unterschrieben, dem Schiedsgerichtshof zuzuleiten. Folgen einer unentschuldigten Fristversäumnis können zu Konsequenzen gem. Art. 2 Abs. 8 führen.

Der Unterabsatz 2 von Absatz 2 ist unklar. Wenn sich eine Partei gemäß Art. 8 Abs. 2 (hinzuzufügen: ohne Rechtfertigung) weigert, an der Abfassung des Schiedsauftrages mitzuwirken oder weil sie der Meinung ist, eine gültige Schiedsklausel liege nicht vor, kann der Schiedsgerichtshof den Schiedsauftrag auch ohne die entsprechende Unterschrift genehmigen. Was aber gilt, wenn die Partei sehr wohl zur Mitwirkung bereit ist, die Parteien und das Schiedsgericht sich aber nicht auf das Prozeßprogramm einigen können und die Unterschrift deswegen unterbleibt? Nach dem Wortlaut des Unterabsatzes 2 muß die Abfassung des Schiedsauftrages in diesem Fall unterbleiben, was nicht ausschließt, daß der Schiedsrichter allein ein Prozeßprogramm entwirft, an welches er sich im Rahmen seiner freien Verfahrensbestimmung halten kann, aber – mangels Zustimmung beider Parteien – nicht muß. 3

In den Fällen des Art. 8 Abs. 2 und 3 und wenn eine Partei sich weigert, an der Abfassung mitzuwirken, ist eine Genehmigung des Prozeßprogramms durch den Schiedsgerichtshof möglich. Das ist nicht unproblematisch. Ist das Prozeßprogramm als ein für das Schiedsverfahren verbindlicher Prozeßvertrag anzusehen, dann kann die Zustimmung einer Partei nicht ohne weiteres durch einen Dritten (hier: Schiedsgerichtshof) ersetzt werden. Insbesondere insofern das Prozeßprogramm rechtliche Fragen im Zusammenhang mit der Durchführung des Schiedsverfahrens regelt, ist die Entscheidung durch jemanden, der nicht Schiedsrichter ist, rechtlich bedenklich. Es käme zwar in Frage, daß der Schiedsgerichtshof als durch die ICC-Regeln eingesetzter besonderer Schiedsrichter in bezug auf die in Art. 13 zu klärenden Fragen angesehen wird, daß dieser also insofern mit schiedsrichterlicher Kompetenz über die Pflicht der sich weigernden Partei verbindlich entscheidet, dem Prozeßprogramm zuzustimmen. Diese Konstruktion würde allerdings mit der zwingenden Vorschrift des deutschen Rechtes kollidieren, wonach nur eine natürliche Person Schiedsrichter sein kann, nicht aber eine Behörde oder eine juristische Person (*B/L/A*, § 1025 Anm. 5 C). Möglicherweise kann aber mit dem Rechtsgedanken des § 317 BGB geholfen werden, wonach der Schiedsgerichtshof als von den Parteien ermächtigt angesehen wird, im Nichteinigungsfall über das Prozeßprogramm nach billigem Ermessen zu entscheiden. 4

Artikel 13 – Absatz 3:

Die Parteien können das materielle Recht, das der Schiedsrichter auf den Rechtsstreit anwenden soll, frei bestimmen. Liegen keine Hinweise der Parteien über das anwendbare Recht vor, so wendet der Schiedsrichter das Recht an, das sich nach den Kollisionsnormen ergibt, die er für anwendbar hält.

5   Die Parteien können und – wenn nicht besondere Gründe dagegen sprechen – sollten das anwendbare Recht festlegen. Haben die Parteien das nicht getan, so muß der Schiedsrichter erst die anwendbaren Kollisionsnormen ermitteln, anhand derer er dieses feststellt. Mangels anderer Anhaltspunkte wird der Schiedsrichter die am Ort des Schiedsgerichts geltenden Kollisionsnormen zum Ausgangspunkt nehmen. Hat der Schiedsrichter das anwendbare materielle Recht festgestellt oder ist dieses von den Parteien bestimmt, so hat er dessen Inhalt zu ermitteln. Die Art und Weise, wie der Inhalt des anwendbaren Rechts ermittelt wird, ist ihrerseits eine Frage des Verfahrensrechtes. Das anwendbare Verfahrensrecht wird eigenständig festgestellt und kann von dem anwendbaren materiellen Recht abweichen.

6   Findet deutsches Verfahrensrecht Anwendung, so gilt § 293 ZPO, wonach der Schiedsrichter ebenso wie der staatliche Richter von sich aus „nach pflichtgemäßem Ermessen unter Gebrauch der ihm zugänglichen Erkenntnismöglichkeiten den Inhalt ausländischen Rechts zu ermitteln" hat (*Kegel*, S. 294). Dieses ist auch die Rechtslage in Österreich. In vielen romanischen Ländern, in England und in den meisten Einzelstaaten der USA ist jedoch das ausländische Recht wie eine Tatsache zu beweisen (*Kegel*, S. 295). Weder die ICC-Verfahrensordnung noch andere Verfahrensordnungen treffen eine Regelung für das Verfahren, welches der Schiedsrichter in bezug auf die Ermittlung fremden Rechtes einzuhalten hat. Hier handelt es sich also um eine andere als um die in der Literatur immer wieder erörterte Frage, nach welchen Kriterien mangels einer Parteivereinbarung das anwendbare Recht als solches (z. B. deutsches oder französisches Recht) festgestellt wird (vgl. *Hober*, RIW 1986 S. 685 ff.; *Böckstiegel*, NJW 1977 S. 468; *derselbe*, Recht und Praxis, S. 84 f.). Die nicht nur in Deutschland sondern wohl von allen Rechtsordnungen anerkannte Befugnis der Parteien, das anwendbare materielle Recht, gegebenenfalls unter bestimmten Einschränkungen, selbst zu vereinbaren oder dessen Feststellung dem Schiedsrichter zu überlassen, gibt den Parteien daher im Grunde nichts, solange nicht durch Parteivereinbarung oder sonstige Rechtsregeln festgeschrieben ist, in welcher

Art und Weise der Inhalt des so bezogenen materiellen Rechtes zu ermitteln ist.

Es stellt sich daher die Frage, ob auch dieses Inhaltsermittlungsverfahren unter die Ermessensfreiheit der Schiedsrichter fällt, welches ihnen erlaubt, das von ihnen einzuschlagende Verfahren selbst zu bestimmen. Zweifellos können die Parteien dem Schiedsgericht entsprechende Vorgaben stellen, etwa indem ausdrücklich gesagt wird, daß diese den Inhalt des fremden Rechtes vollständig und notfalls anhand von Rechtsgutachten zu ermitteln hätten. Das geschieht aber praktisch nie, schon weil diese Fragestellung als solche fast nie gesehen wird. Wenn die Parteien ihren Vertrag z. B. norwegischem materiellem Recht unterstellt haben, für das in Deutschland tagende Schiedsgericht jedoch die Geltung deutschen Verfahrensrechtes nach den ICC-Regeln vereinbart haben, dann sind die Schiedsrichter gemäß § 293 ZPO verpflichtet, den Inhalt des norwegischen Rechtes von sich aus festzustellen, sie könnten sich nicht unter Berufung auf Art. 11 Abs. 3 ICC-Regeln (entsprechend: § 1034 ZPO) von dieser Pflicht befreien, indem sie in bezug auf diesen Punkt ihr Verfahrensermessen dahin ausüben, daß die Parteien ihnen den Inhalt dieses Rechtes nachzuweisen hätten.

Haben die Parteien hingegen z. B. Schweizer materielles Recht vereinbart, kommt aber (kraft Parteivereinbarung oder gemäß Artikel 11) z. B. englisches Verfahrensrecht zur Anwendung, dann muß der Schiedsrichter das Schweizer Recht wie eine zu beweisende Tatsache behandeln. Er wäre gemäß Artikel 14 Absatz 2 befugt, von sich aus ein Rechtsgutachten aus der Schweiz anzufordern. Die Vereinbarung der Parteien, wonach ein bestimmtes materielles Recht zur Anwendung kommen soll, ist im Zweifel nur ein Auftrag an den Schiedsrichter, das fremde materielle Recht nach den Regeln des anwendbaren Verfahrensrechtes entweder selbst zu ermitteln oder als zu beweisende Tatsache zu behandeln. Die Wahl eines bestimmten materiellen Rechts gibt den Parteien daher für sich genommen noch keine Gewähr dafür, daß dieses auch inhaltlich zur Anwendung kommt. Diese Wahl muß ergänzt werden durch ein entsprechendes Verfahrensrecht.

Das anwendbare Recht entscheidet auch darüber, ob der Streitgegenstand überhaupt schiedsfähig ist. Schließt dieses, wie z. B. das deutsche Recht, Schiedsverfahren für Kartellrechtsstreitigkeiten aus, so entscheidet dieses Recht auch darüber, ob eine bestimmte Frage z. B. als kartellrechtlich zu qualifizieren ist. (Zum Begriff der Schiedsfähigkeit vgl. *Bork*, ZZP 1987, S. 249 ff). Um die Schiedsfähigkeit des Streitgegenstandes zu erhalten, kommt grundsätzlich in Betracht, daß die Parteien, gegebenenfalls unter Mithilfe der Schiedsrichter, ein anderes materielles Recht vereinbaren, welches die betreffende Frage als schiedsfähig ansieht oder sie anders qualifiziert. Ob dieser „Münchhausentrick" (wie er in *CPP* II, S. 24 genannt wird) Erfolg hat, wird sich in einem eventuellen Aufhebungs- oder Anerkennungsverfahren erweisen; der ordre public wird häufig dagegenstehen.

Artikel 13 – Absatz 4:
Der Schiedsrichter entscheidet nach billigem Ermessen, falls beide Parteien ihn hierzu ermächtigen.

10 Es ist ein Verfahrensverstoß, wenn das Schiedsgericht ohne Ermächtigung der Parteien statt des durch Parteivereinbarung oder Rechtsermittlung anzuwendenden Rechtes allgemeine Billigkeitsregeln zur Grundlage seiner Entscheidung macht (*B/L/A* § 1041, 4C; *BGH*, NJW 1986 S. 1438; *Aden*, RIW 1984 S. 934). Bei grundsätzlich gleicher Rechtslage hat der österreichische oberste Gerichtshof jedoch hierin keinen Verfahrensverstoß gesehen. Er hat allerdings damit Widerspruch und zum Teil Erstaunen erregt (KTS 1983 S. 666 mit Anmerkung von *Schlosser*).

11 Ob das billige Ermessen, die Entscheidung „ex aequo et bono" wiederum eigenen, paralegalen Normen unterliegt, ist eine der interessantesten Fragen des internationalen Handelsrechts. Von Juristen verschiedener Länder wird die Existenz einer lex mercatoria postuliert, in welcher sich, dem allgemeinen Völkerrecht nicht unähnlich, gewisse Rechtsgrundsätze finden sollen, die zu ihrer Gültigkeit das Placet einer bestimmten nationalen Rechtsordnung nicht nötig haben (vgl. grundlegend: Braeckmans „Paralegale Normen en lex mercatoria" in Tijdschrift voor Privatrecht 1986, 1 ff. und für das Schiedsgerichtsverfahren insbesondere S. 48 ff.).

12 In einem in der internationalen Vertragspraxis offenbar immer wichtiger werdenden Bereich gehen freilich Rechtsanwendung und Billigkeitsentscheidung ineinander über. Die nationalen Rechtsordnungen, wurzelnd in einer Zeit, in der es praktisch noch keine langfristigen Verträge gab, sind oft wenig ergiebig zu der Frage, unter welchen Voraussetzungen ein Anspruch auf Vertragsanpassung besteht. Hier ist eine eigentliche Rechtsentscheidung oft nicht möglich. Das Gesetz schweigt entweder völlig oder gibt außer Allgemeinheiten nichts her (z.B. § 242 BGB), und – mit der durch zwei Nachkriegskonvulsionen bedingten Ausnahme Deutschlands – ist auch die Rechtsprechung der meisten Länder in

dieser Frage selten über das Stadium der reinen Billigkeitsbetrachtung hinausgekommen. Parteien, welche voraussehen, daß eventuelle Rechtsstreitigkeiten sich an solchen Anpassungsfragen entzünden werden, sollten daher erwägen, ob sie nicht in bezug auf diese Fragen auf eine Rechtsentscheidung des Schiedsgerichtes verzichten wollen, um es statt dessen ausdrücklich zu ermächtigen, eine Billigkeitsentscheidung zu treffen. Dadurch könnte eine letztlich unfruchtbare Diskussion um Präzedenzfälle aus der Rechtsprechung des im übrigen anwendbaren materiellen Rechtes vermieden werden (vgl. *Peter*, Journal of International Abitration 1986, S. 29 ff.).

Die fehlerhafte Anwendung des materiellen, inländischen oder ausländischen, Rechts ist für sich genommen kein Verfahrensverstoß. Ein Verfahrensverstoß ist erst dann anzunehmen, wenn die Schiedsrichter eine Entscheidung treffen, die dem Gepräge des anwendbaren Rechtes widerspricht (allgemein: *Aden*, RIW 1984 S. 934 f.). War der Schiedsrichter beauftragt, eine Billigkeitsentscheidung zu treffen, so wird auch die Abhängigkeit einer Entscheidung von einem materiellen nationalen Recht einen Verfahrensverstoß darstellen. 13

Artikel 13 − Absatz 5:

In jedem Falle hat der Schiedsrichter die Bestimmungen des Vertrages und die Handelsbräuche zu beachten.

Es ist selbstverständlich, daß der Schiedsrichter die Bestimmungen des Vertrages zu beachten hat. Die notwendigen Auslegungsregeln sind dem anwendbaren Recht zu entnehmen. Mangels anderer Anhaltspunkte ist es auch das anwendbare Recht, welches über das Bestehen oder Nichtbestehen bestimmter Handelsbräuche entscheidet. Abweichungen sind aber etwa in folgendem Beispiel möglich: Ein Hamburger Kaufmann kauft vom türkischen Exporteur Nüsse. Der Vertrag unterliege Schweizer Recht. In bezug auf Geschäfte dieser Art haben sich aufgrund jahrzehntelanger Übung bestimmte Handelsbräuche ausgebildet, die dem Schweizer Recht unbekannt sein dürften. Über die Verweisung des Abs. 5 ist der Schiedsrichter verpflichtet, das Schweizer Recht in Anbetracht dieser Handelsbräuche auszulegen. Das materielle Recht überlagert also die Handelsbräuche nicht, sondern tritt neben diese, deren Existenz und Verbindlichkeit für die Parteien wie eine Tatsache zu beweisen ist. 14

Art. 14 – Abs. 1 – ICC

Verfahren vor dem Schiedsrichter
Artikel 14

1. Der Schiedsrichter stellt den Sachverhalt in möglichst kurzer Zeit mit allen geeigneten Mitteln fest. Nach der Prüfung der Schriftsätze der Parteien und der vorgelegten schriftlichen Unterlagen führt der Schiedsrichter mit den Parteien eine mündliche Verhandlung durch, falls eine von ihnen dies beantragt; ist dies nicht der Fall, kann er von sich aus eine mündliche Verhandlung anordnen. Der Schiedsrichter kann außerdem jede andere Person in Gegenwart der Parteien oder in deren Abwesenheit anhören, falls sie ordnungsgemäß geladen sind.

2. Er kann einen oder mehrere Sachverständige ernennen, ihre Aufgaben bestimmen, ihre schriftlichen Gutachten entgegennehmen und/oder sie vernehmen.

3. Der Schiedsrichter kann aufgrund der Aktenlage entscheiden, wenn die Parteien dies beantragen oder dem zustimmen.

Artikel 14 – Absatz 1:

Der Schiedsrichter stellt den Sachverhalt in möglichst kurzer Zeit mit allen geeigneten Mitteln fest. Nach der Prüfung der Schriftsätze der Parteien und der vorgelegten schriftlichen Unterlagen führt der Schiedsrichter mit den Parteien eine mündliche Verhandlung durch, falls eine von ihnen dies beantragt; ist dies nicht der Fall, kann er von sich aus eine mündliche Verhandlung anordnen. Der Schiedsrichter kann außerdem jede andere Person in Gegenwart der Parteien oder in deren Abwesenheit anhören, falls sie ordnungsgemäß geladen sind.

1 Angesichts der Allgemeinermächtigung in Art. 11, das Verfahren selbst zu bestimmen, kann in Satz 1 nur eine an sich überflüssige Proklamation gesehen werden. Weder aus den ICC-Regeln noch aus dem deutschen Prozeßrecht ergibt sich bündig, was unter „mündlicher Verhandlung" zu verstehen ist. Eine Konferenz am Bildtelefon würde jedenfalls nicht genügen, andererseits folgt aus dem Grundsatz des rechtlichen Gehörs auch nicht ohne weiteres, daß der Schiedsrichter mit den Parteien ein Rechtsgespräch führen muß (BGHZ 85, S. 291). Wollen die Parteien dieses mit den entsprechenden schiedsrichterlichen Frage- und Aufklärungspflichten sicherstellen, müssen sie dieses entweder ausdrücklich vereinbaren, etwa durch Aufnahme dieser Punkte in das Prozeßpro-

gramm gemäß Artikel 13, oder sie müssen darauf hinwirken, daß ein Verfahrensrecht zugrunde gelegt wird, welches den Schiedsrichtern diese Pflichten auferlegt.

Es ist gemäß Satz 1 Pflicht des Schiedsrichters, den Sachverhalt „mit allen geeigneten Mitteln" festzustellen. Dazu gehört auch die Beurteilung der Zulässigkeit von Beweismitteln. Welche Beweismittel und wie in das Schiedsverfahren eingeführt werden dürfen, ist in den Regeln nicht gesagt. Auch aus Satz 2 folgt dazu nichts. Dieser ist eher mißverständlich in dem Sinne, als offenbar nichts dagegen spricht, wenn das Schiedsgericht auch eine „nicht ordnungsgemäß geladene" Person, die gleichwohl erschienen ist, in Gegenwart der Parteien hört. Der Wortlaut des Artikel 14 Satz 2 gibt dem Schiedsgericht nicht das Recht, von sich aus, ohne entsprechenden Beweisantrag, Zeugen zu laden und zu verhören oder andere Beweismittel heranzuziehen. Dieses Recht hat der Schiedsrichter nur in bezug auf Sachverständige (Artikel 14 Absatz 2). Ob das Schiedsgericht das Recht hat, von sich aus Beweismittel heranzuziehen, muß sich daher aus dem anwendbaren Verfahrensrecht ergeben. Haben die Parteien z. B. die ICC-Regeln auf der Grundlage deutschen Verfahrensrechtes vereinbart, wäre es wohl als Verfahrensverstoß anzusehen, wenn das Schiedsgericht eine Person als Zeuge vorlüde und anhörte, auf welche sich keine Partei bezogen hat (vgl. § 273 Absatz 2 Nr. 4 ZPO). Der gegenteiligen Meinung, daß die Parteien durch die Wahl der ICC-Regeln dem Schiedsgericht auch insofern völlig freie Hand lassen, als dieses Zeugen nach Wahl laden könne (CPP IV. S. 11), kann nur in dem Rahmen gefolgt werden, wie die Schiedsrichter gemäß Artikel 11 das Verfahren völlig frei bestimmen dürfen.

Nach deutschem Recht ist der Ausforschungsbeweis unzulässig, ein entsprechender Beweisantrag bliebe vom Gericht unberücksichtigt. Das Verfahrensrecht anderer Länder, namentlich der Vereinigten Staaten, weicht in dieser Frage wie überhaupt im Bereich des Beweisrechtes von unseren Vorstellungen ganz erheblich ab. Wenn ein Schiedsgericht aufgrund eines Ausforschungsbeweisantrages einer Partei oder gar von sich aus von einer Partei die umfangreiche Vorlage mehr oder weniger relevanter Schriftstücke verlangt, wäre eine solche Maßnahme durch Art. 11 und Art. 14 Abs. 1 wohl als gedeckt anzusehen, jedenfalls dann, wenn z. B. New Yorker Verfahrensrecht vereinbart oder gemäß Artikel 11 bestimmt wurde (vgl. Rdnr. 2). Eine deutsche Partei würde sich einem solchen Verlangen zwar entgegenzustellen versuchen, könnte aber nicht verhindern, daß das Schiedsgericht nachteilige Schlüsse aus der Weigerung, einer solchen Auflage nachzukommen, zöge. Ein ent-

Art. 14 – Abs. 1 – ICC

sprechender, der deutschen Partei nachteiliger Schiedsspruch wäre daher nicht durch einen Verfahrensfehler bedingt und verstieße auch schwerlich gegen die öffentliche Ordnung, er müßte daher in Deutschland vollstreckt werden.

4   Es wird zwar gesagt, daß die Schiedsrichter im Rahmen der ICC-Schiedsgerichtsbarkeit nicht zu solchen weitgehenden „amerikanischen" Vorlagebeschlüssen neigen (*CPP* II, S. 77). Das kann aber keine Sicherheit dafür geben, daß das Schiedsgericht nicht doch einmal zu Mitteln greift, welche dem deutschen Verständnis fernliegen. Ein deutscher Jurist, geschult an den Regeln der ZPO, sollte wissen, welche Fallen gerade im Beweisverfahrensrecht anderer Länder liegen können (vgl. allgemein zum Problem: *Rubino-Sammartano*, a. a. O.). Umgekehrt kann es die Besonderheit des Falles mit sich bringen, daß die Parteien für den Fall eines Rechtsstreites in besonderem Maße auf in den Händen der jeweils anderen Partei befindliche Urkunden angewiesen sein werden, was von den Vorlagepflichten des anwendbaren Verfahrensrechtes nicht gedeckt sein kann. In bezug auf beide Möglichkeiten ist eine sorgfältige Auswahl des Verfahrensrechtes bzw. die Vereinbarung sachspezifischer Regelungen anzuraten, und es ist gerade unter diesem Gesichtspunkt zu bedauern, daß viele Parteien die Aushandlung der Schiedsvereinbarung und die Festlegung der anwendbaren Schiedsverfahrensordnung nebst anwendbarem Verfahrensrecht eher beiläufig behandeln. Ergänzend ist auf das Problem hinzuweisen, daß in diesem Bereich materielles und prozessuales Recht ineinandergreifen können, wenn etwa die prozessuale Vorlegungspflicht gemäß § 422 ZPO an das Bestehen eines materiellrechtlichen Herausgabeanspruchs geknüpft wird.

5   Das Beweisermittlungsverfahren, d. h. Fragen der (Un-)Zulässigkeit bestimmter Ermittlungstechniken (z. B. Suggestivfragen an Zeugen, Verwertung des Zeugnisses vom Hörensagen usw.), folgt dem gewählten oder gemäß Artikel 11 von den Schiedsrichtern bestimmten Verfahrensrecht. Auch in dieser Hinsicht enthält das anglo-amerikanische Verfahrensrecht Regeln, die von deutschen bzw. kontinentalen Vorstellungen erheblich abweichen. Auch wenn für das amerikanische Recht gesagt wird, daß die strengen Regeln des Beweisverfahrens im Schiedsverfahren nicht gelten (CPP IV. S. 6 m. N.), ist Vorsicht angezeigt. Für das englische Verfahrensrecht, welches offenbar auf dem Standpunkt steht, daß der Schiedsrichter in derselben Weise wie der staatliche Richter an das Beweisverfahrensrecht gebunden ist (CPP IV. S. 7 m. N.), gelten diese Erleichterungen jedenfalls nicht. Wenn die Parteien daher nicht von vornherein durch die Wahl z. B. des deutschen Verfahrensrechtes

solche Probleme ausschalten wollen, sollten sie jedenfalls negativ festlegen, daß in diesem Bereich anglo-amerikanisches Verfahrensrecht nicht angewendet wird, von den Schiedsrichtern also auch gemäß Artikel 11 nicht bestimmt werden darf.

Artikel 14 – Absatz 2:

Er kann einen oder mehrere Sachverständige ernennen, ihre Aufgaben bestimmen, ihre schriftlichen Gutachten entgegennehmen und/oder sie vernehmen.

Bezüglich etwaiger Gutachter ist das Schiedsgericht nicht an Parteianträge gebunden. Das Gericht kann sich bei der Benennung eines Gutachters auch über einen gemeinsamen Parteivorschlag hinwegsetzen, solange dieser nicht als verbindliche Parteivereinbarung zu qualifizieren ist. 6

Artikel 14 – Absatz 3:

Der Schiedsrichter kann aufgrund der Aktenlage entscheiden, wenn die Parteien dies beantragen oder dem zustimmen.

Die Entscheidung nach Aktenlage kommt darüber hinaus in Betracht, wenn eine Partei ohne Entschuldigung dem Verfahren fernbleibt (vgl. Art. 15 Abs. 2). 7

Artikel 15

1. **Auf Antrag einer Partei oder nach eigenem Ermessen fordert der Schiedsrichter die Parteien rechtzeitig auf, an dem von ihm festgesetzten Tag und Ort zu erscheinen; er unterrichtet hierüber das Sekretariat des Schiedsgerichtshofes.**
2. **Bleibt eine Partei trotz ordnungsgemäßer Ladung aus, so ist der Schiedsrichter befugt, das Verfahren gleichwohl durchzuführen, nachdem er sich überzeugt hat, daß die Partei die Ladung erhalten hat und eine ausreichende Entschuldigung für ihr Ausbleiben nicht vorliegt; die Verhandlung gilt als streitige Verhandlung.**
3. **Der Schiedsrichter bestimmt die Verfahrenssprache(n) unter Berücksichtigung aller Umstände und insbesondere der Sprache des Vertrages.**

Art. 15 – Abs. 2 – ICC

4. Der Schiedsrichter bestimmt den Ablauf der mündlichen Verhandlungen. Diese sind streitig. Ohne Zustimmung des Schiedsrichters und der Parteien ist ein an dem Verfahren nicht Beteiligter nicht zugelassen.

5. Die Parteien erscheinen entweder persönlich oder lassen sich durch gehörig bevollmächtigte Beauftragte vertreten. Sie können auch von Beratern begleitet sein.

Artikel 15 – Absatz 1:

Auf Antrag einer Partei oder nach eigenem Ermessen fordert der Schiedsrichter die Parteien rechtzeitig auf, an dem von ihm festgesetzten Tag und Ort zu erscheinen; er unterrichtet hierüber das Sekretariat des Schiedsgerichtshofes.

1 Die Verfahrensordnung selbst enthält keine Ladungsfristen. Was „rechtzeitig" ist, ergibt sich daher aus den Gepflogenheiten am Ort der Verhandlung oder, wenn diese bestehen, aus den geltenden Verfahrensregeln. Die Schiedsrichter können aber eigene Fristen setzen. Aus dem allgemeinen Gerechtigkeitsgebot folgt, daß diese Fristen für beide Parteien im Grundsatz gleich sein müssen. Es wäre aber zulässig, wenn das Schiedsgericht den besonderen Verkehrs- und Kommunikationsproblemen einer Partei in bezug auf den Ort des Schiedsverfahrens Rechnung trägt und die Fristen für diese Partei etwas länger bemißt.

Artikel 15 – Absatz 2:

Bleibt eine Partei trotz ordnungsgemäßer Ladung aus, so ist der Schiedsrichter befugt, das Verfahren gleichwohl durchzuführen, nachdem er sich überzeugt hat, daß die Partei die Ladung erhalten hat und eine ausreichende Entschuldigung für ihr Ausbleiben nicht vorliegt; die Verhandlung gilt als streitige Verhandlung.

2 Ordnungsgemäß ist eine Ladung, die rechtzeitig von der betreffenden Partei empfangen wurde bzw. deren Empfang nach rechtsstaatlichen Grundsätzen unterstellt werden darf. Die Schiedsrichter sind gemäß Art. 11 sogar befugt, für das Schiedsverfahren eigene Ladungsfristen und eigene Zustellungsregeln festzulegen. Diese müssen aber nach den Umständen angemessen sein und der betreffenden Partei die Möglichkeit zur sachgerechten Stellungnahme lassen. Unangemessene und will-

kürliche Fristen und daraus abgeleitete Prozeßnachteile für eine Partei führen zu einem Verfahrensverstoß, welcher den Schiedsspruch insgesamt gefährdet.

Als Richtgröße der Angemessenheit wird man die Regeln der lex fori ansehen (vgl. in Deutschland §§ 166 ff. ZPO). Der Wortlaut „Ladung erhalten" ist schief (englisch: „has been summoned", gemeint ist: ordnungsgemäß geladen). Ob dieses der Fall ist, z. B. ob im Einzelfall auch eine öffentliche Zustellung im Sinne von § 203 ZPO erlaubt war, entscheidet das Schiedsgericht, welches gut beraten ist, sich im Rahmen von Zugangsfiktionen eng an die lex fori zu halten, um dem Vorwurf eines Verfahrensverstoßes bzw. der Verweigerung des Rechtsgehörs vorzubeugen. 3

Zum Säumnisverfahren vgl. Artikel 8 Rdnr. 3. 4

Artikel 15 – Absatz 3:

Der Schiedsrichter bestimmt die Verfahrenssprache(n) unter Berücksichtigung aller Umstände und insbesondere der Sprache des Vertrages.

Der Ort des Schiedsverfahrens wird gemäß Art. 12 vom Schiedsgerichtshof bestimmt, falls die Parteien nichts anderes vereinbart haben. Die Verfahrenssprache wird nicht vom Schiedsgerichtshof, sondern von den Schiedsrichtern bestimmt, und es fällt auf, daß hier der Zusatz fehlt „falls die Parteien darüber keine Vereinbarung getroffen haben." Nach dem Wortlaut dieser Bestimmung kann also das Schiedsgericht die Verhandlungssprache auch gegen den gemeinschaftlichen Willen der Parteien festlegen. Das wäre an sich ungewöhnlich, so daß sich die Frage nach einem Redaktionsversehen aufdrängt. Andererseits ist zu berücksichtigen, daß nicht nur nach deutschem Gerichtsverfassungsrecht die Sprache der Richter und nicht die unter Umständen sogar gemeinschaftliche Sprache der Parteien die Verfahrenssprache ist. Für ein autonomes, von der Parteibestimmung unabhängiges Recht des Schiedsgerichts zur Sprachenwahl spricht weiter die Überlegung, daß namentlich wegen der Neutralitätsanordnung etwa in Art. 2 Abs. 6 leicht der Fall vorstellbar ist, daß ein Schiedsrichter bestellt werden muß, welcher der von den Parteien bestimmten Sprache nicht mächtig ist. Da Abs. 3 die Bestimmung mehrerer Verfahrenssprachen zuläßt, ist daher anzunehmen, daß das Schiedsgericht die von den Parteien gewählte Sprache jedenfalls als eine der Verfahrenssprachen akzeptieren muß, nicht aber gehindert ist, eine weitere Verfahrenssprache zu bestimmen. 5

Art. 15 – Abs. 5 – ICC

6   Bei Bestimmung mehrerer Verfahrenssprachen ist allerdings nach dem Grundsatz des rechtlichen Gehörs für entsprechende Übersetzungen zu sorgen. Das gilt insbesondere für Sachverständigengutachten und Zeugenaussagen. Übersetzungskosten in eine Verfahrenssprache sind Verfahrenskosten; sonstige Übersetzungen fallen der Partei zur Last, welche sie veranlaßt.

Artikel 15 – Absatz 4:
Der Schiedsrichter bestimmt den Ablauf der mündlichen Verhandlungen. Diese sind streitig. Ohne Zustimmung des Schiedsrichters und der Parteien ist ein an dem Verfahren nicht Beteiligter nicht zugelassen.

7   Die Sitzungspolizei wird von dem Schiedsgericht wahrgenommen. Die Regeln sagen nicht, daß der Obmann insofern besondere Befugnisse hat. Dieses dürfte sich aber auch ohne eine solche ausdrückliche Regelung aus der Funktion des Obmannes ergeben. Es ist daher davon auszugehen, daß der vorsitzende Schiedsrichter sitzungspolizeiliche Maßnahmen auch gegen den übereinstimmenden Willen der Beisitzer durchführen kann, z.B. ein Rauchverbot während der Verhandlung verhängen, auch wenn die Parteien und die Beisitzer gerne rauchen würden. Das Schiedsgericht schuldet den Parteien Vertraulichkeit der Verhandlungen. Auch insofern ist anzunehmen, daß der vorsitzende Schiedsrichter gegebenenfalls auch gegen die Stimmen der Beisitzer die Entfernung einer nicht verfahrensbeteiligten Person aus dem Verhandlungslokal veranlassen kann, wenn eine Seite darauf anträgt. Verfahrensbeteiligt sind nur die Parteien, ihre Berater und, während der Vernehmung, die Zeugen und Sachverständigen.

Artikel 15 – Absatz 5:
Die Parteien erscheinen entweder persönlich oder lassen sich durch gehörig bevollmächtigte Beauftragte vertreten. Sie können auch von Beratern begleitet sein.

8   Die allgemeine Befugnis einer Partei, sich von Beratern begleiten zu lassen, läßt theoretisch einen Mißbrauch zu, indem eine Partei unangemessen viele Personen hinzuzieht. Dem Obmann muß die Befugnis zugestanden werden, gegebenenfalls die Zahl der aktuell anwesenden Personen auf ein angemessenes Maß zu reduzieren, weil sonst ein massenpsy-

chologischer Effekt zugunsten der betreffenden Partei nicht ausgeschlossen werden kann (vgl. Rdnr. 7). Das Schiedsgericht entscheidet darüber, ob eine Person Beauftragter oder Berater im Sinne dieser Vorschrift ist.

Artikel 16

Vor dem Schiedsrichter können die Parteien neue Ansprüche und Gegenansprüche geltend machen, sofern diese sich in den gemäß Artikel 13 bestimmten Grenzen seines Auftrags halten oder in einem Nachtrag zu diesem Schriftstück festgehalten werden, der von den Parteien unterzeichnet und dem Schiedsgerichtshof mitgeteilt wird.

Die eigentliche Bedeutung dieser Vorschrift liegt darin, daß Ansprüche und Gegenansprüche, die nicht vom Prozeßprogramm gemäß Art. 13 erfaßt sind, in diesem Stadium des Verfahrens nicht mehr Verfahrensgegenstand werden sollen. Erwirbt also der Beklagte nach Festlegung des Prozeßprogramms eine Gegenforderung gegen den Kläger, so könnte diese jetzt nicht mehr zur Aufrechnung gestellt werden. Dasselbe müßte für die Erhebung einer Widerklage gelten, deren materielle Voraussetzungen der Schiedsbeklagte nach Abfassung des Prozeßprogramms als gegeben ansieht. 1

Nichts hindert freilich die Parteien, im Zusammenwirken mit dem Schiedsgericht das Prozeßprogramm zu ergänzen. Weigert sich eine Partei, an einer solchen Ergänzung mitzuwirken, ist zweifelhaft, ob noch einmal das Verfahren gemäß Art. 13 anwendbar ist. Die nachträgliche Einbeziehung von aufrechenbaren Gegenforderungen oder Widerklagen mag prozeßökonomisch vernünftig sein. Darüber zu befinden, ist aber nicht Aufgabe des Schiedsgerichtshofes. Das Schiedsgericht selbst darf aber ohne Zustimmung beider Parteien über das festgelegte Prozeßprogramm nicht hinausgehen, da sonst dessen Zweck insgesamt in Frage gestellt würde, ist aber auch mit dieser Zustimmung dazu nicht verpflichtet. Aus der Sicht des deutschen Rechtes entspräche die hier gegebene Auslegung der Befugnis des Schiedsgerichts, über einen nicht selbst der Schiedsklausel unterliegenden, zur Aufrechnung gestellten Gegenanspruch des Beklagten zu entscheiden; das Schiedsgericht darf, muß aber nicht entscheiden (BGHZ 10 S. 325). 2

Art. 17 – ICC

Schiedsvergleich
Artikel 17

Wenn die Parteien sich vergleichen, nachdem der Schiedsrichter mit den Akten im Sinne des Artikels 10 befaßt worden ist, wird dies durch einen Schiedsspruch, der aufgrund des Vergleiches ergeht, festgestellt.

1 Der Schiedsvergleich ist im deutschen Recht ein eigenständiges Rechtsgebilde neben dem Schiedsspruch. Der vor dem Schiedsgericht erklärte Vergleich ist daher nach deutscher Auffassung kein Schiedsspruch und er muß, um vollstreckbar zu werden, die besonderen Bedingungen des § 1044a ZPO erfüllen (*B/L/A*, § 1044a Anm. 2). Auch ein ausländischer Schiedsvergleich muß diese Bedingungen erfüllen, denn § 1044a ZPO unterscheidet nicht nach ausländischem und inländischem Schiedsvergleich (*Maier*, Rdnr. 481).

2 Etwas anderes gilt, wenn nach ausländischem Recht ein vor dem Schiedsgericht erklärter Vergleich von dem Schiedsgericht in der Form eines Schiedsspruches festgestellt bzw. erlassen werden darf, wie es etwa nach österreichischem Recht möglich ist (*Melis*, S. 21) oder nach dem Recht des schweizerischen Konkordats über die Schiedsgerichtsbarkeit, wo es in Art. 34 heißt: „Das Vorliegen einer den Streit beendigenden Einigung der Parteien wird vom Schiedsgericht in der Form eines Schiedsspruchs festgestellt." Wenn auch das deutsche Recht, wie aus § 1044a ZPO folgt, eine andere Haltung einnimmt, so erkennt es eine entsprechende Entscheidung des ausländischen Verfahrensrechtes doch an. Ein solcher Schiedsspruch wäre daher in jeder Hinsicht ein voll gültiger Schiedsspruch (*Schlosser*, Rdnr. 809).

3 Auf diesem Konzept beruht die Regelung des Art. 17, welche im Ergebnis besagt, daß der Schiedsrichter, sofern er nach dem anwendbaren Verfahrensrecht dazu befugt ist, einen vor ihm erklärten Vergleich in der Form eines regelrechten Schiedsspruches zu erlassen hat. Untersteht der Schiedsspruch deutschem Verfahrensrecht, ist Art. 17 daher unanwendbar, da die Regelung des § 1044a ZPO unverzichtbar ist (*B/L/A*, § 1044a Anm. 2).

4 Der Erlaß von Zwischenschiedssprüchen ist in den Regeln nicht ausdrücklich vorgesehen. Ihre Zulässigkeit und Wirksamkeit muß sich aus dem anwendbaren Verfahrensrecht ergeben (allg. zum Problem *Laschet*, IPrax 1984, S. 72). In Form eines Schiedsvergleichs müßten sie für das deutsche Recht gültig sein.

Frist, innerhalb welcher der Schiedsspruch ergehen soll
Artikel 18

1. Der Schiedsrichter soll seinen Schiedsspruch innerhalb von 6 Monaten seit dem Tage erlassen, an dem er das in Artikel 13 vorgesehene Schriftstück unterzeichnet hat [ab 1. 1. 1988 geändert].

2. Der Schiedsgerichtshof kann diese Frist ausnahmsweise und auf einen mit Gründen versehenen Antrag des Schiedsrichters oder notfalls von Amts wegen verlängern, falls er es für notwendig hält.

3. Wird keine Fristverlängerung gewährt, so entscheidet der Schiedsgerichtshof, erforderlichenfalls unter Anwendung des Artikels 2 Absatz 8 [Neufassung: Absatz 11], in welcher Weise das Verfahren zu Ende geführt werden soll.

Die deutsche ZPO sieht keine Frist vor, innerhalb derer der Schiedsspruch erlassen werden muß. Die Schiedsrichter haben daher an sich unbegrenzt Zeit, und es ist allenfalls denkbar, daß die Parteien nach allgemeinen Grundsätzen des Schuldrechtes den Schiedsrichtervertrag wegen Pflichtverletzung kündigen (*Maier*, Rdnr. 175). Es bestehen aber keine Bedenken, wenn die Parteien, wie viele ausländische Rechtsordnungen es tun, eine Befristung vorsehen, innerhalb derer der Schiedsrichter den Schiedsspruch zu erlassen hat, was im Überschreitensfall im Zweifel zu einer automatischen Beendigung des Schiedsrichtervertrages führt (vgl. *Schlosser*, Rdnrn. 591, 729; *Real*, S. 181). Eine solche Frist ist von den Parteien über Art. 18 vereinbart. Es ist rechtlich auch unbedenklich, wenn die Parteien dem Schiedsgerichtshof die Befugnis einräumen, diese Frist zu verlängern. Diese Befugnis muß nach pflichtgemäßem Ermessen ausgeübt werden, d. h. unter Berücksichtigung des besonderen Zwecks, den die Parteien mit der Vereinbarung einer Schiedsvereinbarung in der Regel verfolgen.

Einer der wichtigeren Gründe zum Abschluß einer Schiedsvereinbarung ist die Erwartung der Parteien, daß die Entscheidung zügig getroffen wird, und in dieser Erwartung werden sie mit der in Art. 18 festgesetzten 6-Monats-Frist bestärkt. Eine Verlängerung dieser Frist ist indirekt eine Hilfestellung für die Partei mit der schwächeren sachlichen oder rechtlichen Position, die nämlich den Prozeß verlöre, wenn sie nicht über die Verlängerung dieser Frist die Möglichkeit hätte, durch neuen Sach- und Rechtsvortrag die Dinge doch noch zu ihren Gunsten zu wenden. Die Handhabung dieses Verlängerungsrechtes durch den Schiedsgerichtshof kann daher im Einzelfall zu einer nachhaltigen Beeinflussung des Ergebnisses eines Schiedsverfahrens führen. Es ist *Schütze* daher jedenfalls zuzustimmen, wenn er sagt, daß die Praxis des Schiedsgerichtshofes, die Fristen regelmäßig automatisch ohne Anhörung des Schiedsgerichtes oder der Partei zu verlängern, unzulässig ist (WM 1986 S. 348). Das *OLG Stuttgart* hat in einem solchen Fall die Konsequenz gezogen, dem Schiedsspruch die Anerkennung zu versagen (IPrax 1987, S. 369). Jede Partei habe nach allgemeinen verfahrensrechtlichen Grundsätzen Anspruch darauf, daß ihr vor den Verlängerungsbeschlüssen Gelegenheit zur Äußerung gegeben werde. Der Schiedsspruch war daher unter Verletzung des Grundsatzes des rechtlichen Gehörs zustandegekommen (zustimmend: *Wackenhuth,* IPrax 1987, S. 355). Die Gegenmeinung sieht in Artikel 18 nur eine interne Ordnungsvorschrift für den Schiedsgerichtshof, welcher Auswirkungen nur im Verhältnis des Schiedsgerichtshofs zu den Schiedsrichtern habe (*Hermanns,* IPrax 1987, S. 353; auch: *Appelationsgericht Basel-Stadt,* IPrax 1985, S. 44). Diese Vorschrift mag auch eine interne Ordnungsvorschrift sein, da sie aber Eingang in die Schiedsverfahrensordnung gefunden hat, haben Parteien, welche die ICC-Schiedsverfahrensordnung berufen, einen Anspruch darauf, daß sich das Schiedsgericht auch im Verhältnis zu ihnen daran hält. Da eine Fristverlängerung gemäß Absatz 2 nur „ausnahmsweise und auf einen mit Gründen versehenen Antrag" in Frage kommt, darf jede Partei erwarten, hierzu Stellung nehmen zu können, um notfalls auf einen Austausch eines oder mehrerer Schiedsrichter gemäß Artikel 2 Absatz 8 hinzuwirken (grundsätzlich: *Raeschke-Kessler/Bühler,* a. a. O. S. 1158 ff.).

3 Darüber hinaus ist aber zu erwägen, ob der Schiedsgerichtshof, der ja nicht selbst das Schiedsgericht ist, überhaupt aus anderen als streng organisatorischen Gründen die Frist verlängern darf. Als solche organisatorische Gründe wären zu nennen etwa die Krankheit eines Schiedsrichters oder eines anderen Verfahrensbeteiligten, unerwartete Kommunikationsprobleme mit ausländischen Beteiligten usw. Nicht als Verlängerungsgrund anerkannt werden kann jedoch die schlichte Tatsache, daß die Schiedsrichter innerhalb der vorgesehenen Frist noch zu keiner abschließenden Meinung gekommen sind. Nach der hier vorgetragenen Meinung hat jede Partei gemäß Art. 18 einen Anspruch darauf, daß innerhalb der vorgeschriebenen Zeit eine Entscheidung getroffen wird, die notfalls auf eine schlichte Non-liquet-Entscheidung hinauslaufen kann. Es wäre daher ein Verfahrensfehler, wenn der Schiedsgerichtshof durch seine Fristverlängerung eine solche Entscheidung unmöglich machte, es sei denn, ein Ausnahmefall im Sinne des Absatz 2 liege vor.

Haben die Schiedsrichter nicht innerhalb der vorgeschriebenen Frist ihre 4
Entscheidung getroffen, so schreiben einige Rechtsordnungen die automatische Beendigung der Schiedsvereinbarung vor (z. B. § 18 schwedisches Schiedsgerichtsgesetz). Die ICC-Regeln sehen, wie aus Abs. 3 folgt, ein Andauern der Schiedsvereinbarung vor (vgl. *Appelationsgericht Basel-Stadt,* Rdnr. 2; *Raeschke-Kessler/Bühler,* a. a. O., S. 1162). Der Schiedsgerichtshof hat das Recht, gegebenenfalls gemäß Art. 2 Abs. 8 darüber zu entscheiden, ob ein Schiedsrichter seine Aufgaben erfüllt. Er kann den Schiedsrichter ersetzen, d. h. den Schiedsvertrag mit ihm beenden, ohne daß dadurch die Schiedsklausel verbraucht würde. Auch hier ist beiden Parteien Gelegenheit zur Stellungnahme zu geben.

Entscheidung durch drei Schiedsrichter
Artikel 19

Sind drei Schiedsrichter ernannt worden, so wird der Schiedsspruch mit Stimmenmehrheit gefällt. Kommt diese nicht zustande, so entscheidet der Vorsitzende allein.

Diese Regelung entspricht materiell dem § 1038 ZPO. Wenn das deut- 1
sche Verfahrensrecht anwendbar ist, gilt § 196 Abs. 2 GVG in bezug auf unterschiedliche Mehrheiten zu Summen. Vom Ermessen der Schiedsrichter, das Verfahren selbst zu bestimmen, wäre gedeckt, wenn sie eine andere Methode als z. B. die in § 196 Abs. 2 GVG festgelegte wählen, solange nur der Grundsatz erhalten bleibt, daß eine Mehrheit entscheidet. Die Bestimmung, daß notfalls der Vorsitzende allein entscheidet, ist daher bedenklich.

Möglicherweise ist Art. 19 beeinflußt durch die frühere Fassung der 2
ICC-Regeln, wonach die Parteien vereinbaren konnten, daß das dritte Mitglied des Schiedsgerichts kein Schiedsrichter im eigentlichen Sinne, sondern ein „Umpire" im Sinne des englischen Rechtes sei. Der Umpire entscheidet allein, und die Beisitzer auf der Schiedsrichterbank sind gleichsam nur seine Berater (*Cohn,* S. 143; CPP III S. 110). Es wird allerdings gesagt, die bloße Möglichkeit für den Obmann, eine Alleinentscheidung zu treffen, biete einen starken Anreiz für jedenfalls einen der Beisitzer, seine Meinung zu überprüfen, um zu einer Mehrheitsentscheidung zu kommen. In diesem indirekten Druck auf die Beisitzer wird ein Vorteil etwa gegenüber Art. 31 Abs. 1 der UNCITRAL-Regeln gesehen

Art. 19 – ICC

(*CPP* III, S. 109). Da nun die von gegnerischen Parteien benannten Beisitzer selten zu einer Übereinstimmung kommen werden, welche der Obmann nicht teilt, werden durch dieses Argument die hier gesehenen Bedenken eher noch gestützt. Wer, wie der Obmann gemäß Art. 19 ICC-Regeln weiß, daß er praktisch das letzte Wort hat, steht leicht in der Versuchung, auf die Stimmen der anderen wenig zu geben.

3 Artikel 19 Satz 2 ist daher rechtlich bedenklich. Es ist im Zweifel anzunehmen, daß die Parteien den organisatorischen und finanziellen Mehraufwand eines Dreier-Schiedsgerichts im Vergleich zum Einer-Schiedsgericht nicht haben treiben wollen, um am Ende vor der Möglichkeit zu stehen, sich mit dem Spruch eines einzelnen Schiedsrichters, hier des Obmannes, bescheiden zu müssen. Können die Schiedsrichter keine Mehrheit finden, dann ist die Erfüllung ihres auf die Findung einer Kollegialentscheidung gerichteten Auftrages unmöglich geworden, und nach den ICC-Regeln kommt Artikel 2 Absatz 8 zum Zuge. Der Schiedsgerichtshof wird in einem solchen Falle erwägen müssen, einen oder ggf. alle Schiedsrichter auszutauschen. Es ist kein Grund ersichtlich, weswegen ein privates Schiedsgericht in bezug auf die Findung einer Kollegialentscheidung geringere Anstrengungen machen sollte als ein staatliches Gericht, welches sich ebenfalls nicht damit zufrieden geben darf, daß eine Mehrheitsentscheidung nicht zustande komme. Artikel 19 Satz 2 kann aus der Sicht des deutschen Rechtes nicht als hinreichende Ermächtigung dafür angesehen werden, daß in einem solchen Fall der Obmann allein entscheide. Die Voraussetzungen, unter denen eine solche Einzelentscheidung zulässig sein soll, sind viel zu unklar. Denkbar ist z.B., daß der Obmann unter Berufung auf Artikel 19 Satz 2 einen Einzelschiedsspruch erläßt, während die beiden Beisitzer noch einen Kompromiß für möglich halten. Vorstellbar ist auch, daß sich die Beisitzer auf eine Entscheidung einigen und einen abweichenden, nun mehrheitlich zustande gekommenen Schiedsspruch erlassen, welcher im Widerspruch zu dem Einzelschiedsspruch des Obmannes steht. Wenn der Fall der Einzelentscheidung durch den Obmann sehr selten ist (*Sandrock*, Das Gesetz ... S. 5 m.N.), fragt sich, warum wegen eines seltenen Ausnahmefalles eine so gravierende Abweichung von dem erklärten Parteiwillen zulässig sein soll, ohne daß dessen Voraussetzungen klar definiert sind. Nichts hindert die Parteien freilich, durch eindeutige Vereinbarung dem Obmann die Befugnis, einen Einzelschiedsspruch zu erlassen, ausdrücklich zuzuweisen. Artikel 19 Satz 2 muß daher aus Sicht des deutschen Rechtes einschränkend dahin ausgelegt werden, daß das Schiedsgericht die Parteien darauf hinweisen muß, daß angesichts

der Unmöglichkeit, eine Kollegialentscheidung zu treffen, nunmehr der Obmann von seinem Recht gemäß Artikel 19 Satz 2 Gebrauch machen wird. Wenn die Parteien dieses akzeptieren, ist die Einzelentscheidung verfahrensgemäß.

Eine Variante dieses Problems ist es, wenn die Schiedsrichter, die sich zwar mehrheitlich auf einen Schiedsspruch geeinigt haben, nicht alle bereit sind, diesen zu unterzeichnen. Gemäß § 1039 ZPO wurde für das deutsche Recht die Unterschrift aller Schiedsrichter als zwingendes Wirksamkeitserfordernis des Schiedsspruches angesehen, was als Wettbewerbsnachteil des deutschen Rechts der Schiedsgerichtsbarkeit gegenüber anderen Rechtsordnungen angesehen wurde (*Triebel/Viertel*, BB 1986 S. 1168). Die Neufassung des § 1039 ZPO (in Kraft seit dem 1. September 1986) trägt dem Rechnung. Aber auch in der neuen Fassung ist § 1039 so zu lesen, daß lediglich die fehlende Unterschrift eines von drei Schiedsrichtern durch den Vorsitzenden ersetzt werden kann. Die übrigen Schiedsrichter müssen den Schiedsspruch zu seiner Wirksamkeit unterzeichnen. Es kann aber nicht ersetzt werden, daß der betreffende Schiedsrichter an der Entscheidung mitgewirkt hat. Fehlt es daran, ist der Schiedsspruch nach deutschem Recht ungültig (*Sandrock,* Das Gesetz ... S. 6). Aus dem Wortlaut des § 1039 folgt, daß die Unterschrift des Vorsitzenden unabdingbar ist (a. A. *Lörcher*, BB 1988, S.78).

4

Entscheidung über die Kosten des Verfahrens
Artikel 20

1. **In dem endgültigen Schiedsspruch werden außer der Entscheidung zur Sache die Kosten des Schiedsverfahrens festgesetzt und bestimmt, welche der Parteien die Kosten zu tragen hat oder in welchem Verhältnis sie verteilt werden sollen.**

2. **Die Kosten des Schiedsverfahrens umfassen das Honorar des Schiedsrichters und die Verwaltungskosten, die der Schiedsgerichtshof gemäß der Kostentabelle (Anhang III) festsetzt, sowie die eventuellen Auslagen des Schiedsrichters, die Gebühren und Auslagen der Sachverständigen im Fall der Einholung eines Gutachtens und die üblichen Aufwendungen der Parteien für ihre Verteidigung.**

3. **Falls die Umstände des Einzelfalles es ausnahmsweise erfordern, kann der Schiedsgerichtshof das Honorar des Schiedsrichters höher oder niedriger festsetzen als dies in der Kostentabelle vorgesehen ist.**

Art. 20 – ICC

Kostenregelung für das Schiedsverfahren

Die Kosten des Schiedsverfahrens sind in Anlage III zu den Regeln niedergelegt. Diese wurden mit Wirkung ab 1. 7. 1986 neugefaßt (vgl. Art. 9 Rdnr. 2). Eine offizielle deutsche Fassung der letzten Änderung steht aus. Es wird daher in eigener Übersetzung aus dem Englischen der für das Schiedsverfahren (nicht also für das Schlichtungsverfahren) einschlägige Teil dieser Regelung wiedergegeben.

Anlage III 2

Kosten des Schiedsverfahrens

a) Der vom Schiedsgerichtshof festgelegte Kostenvorschuß umfaßt das Schiedsrichterhonorar, die Auslagen der Schiedsrichter und die Verwaltungskosten des Schiedsgerichtshofes.
b) Die Schiedsgerichtsklage oder Widerklage wird dem Schiedsgericht nur vorgelegt, nachdem wenigstens die Hälfte des vom Schiedsgerichtshof festgelegten Kostenvorschusses gezahlt wurde. Der Schiedsauftrag (terms of reference) wird erst gültig, und die Schiedsrichter werden nur in bezug auf solche Klagen und Widerklagen tätig, für welche der gesamte Kostenvorschuß bezahlt ist.
c) Der Schiedsgerichtshof setzt die Verwaltungskosten eines Schiedsverfahrens entsprechend der nachfolgenden Tabelle fest. Wenn die streitige Forderung nicht beziffert ist, entscheidet der Schiedsgerichtshof nach seinem Ermessen. In besonders gelagerten Ausnahmefällen kann der Schiedsgerichtshof die Verwaltungsgebühr niedriger als in der Tabelle angegeben festsetzen.
d) Vorbehaltlich der Regelung in Art. 20 Abs. 3 der Regeln setzt der Schiedsgerichtshof die Schiedsrichterhonorare entsprechend der nachfolgenden Tabelle fest. Wenn die streitige Forderung nicht beziffert ist, entscheidet der Schiedsgerichtshof nach seinem Ermessen.
e) Werden mehr als ein Schiedsrichter mit der Sache befaßt, kann der Schiedsgerichtshof nach seinem Ermessen das Gesamthonorar der Schiedsrichter bis auf das dreifache des Honorars eines Einzelschiedsrichters anheben.
f) und g): entfallen

III Vorschuß für die Verwaltungskosten

a) entfällt
b) Jeder Antrag, ein Schiedsverfahren zu eröffnen, muß von einem Verwaltungskostenvorschuß in Höhe von US Dollar 2000,– begleitet sein.
c) Ohne diesen Vorschuß bleibt der Antrag unberücksichtigt. Diese Zahlung geht in das Vermögen der Internationalen Handelskammer über; sie wird nicht erstattet, sie wird aber auf den von der betreffenden Partei zu tragenden Verwaltungskostenanteil angerechnet.

Art. 20 - ICC

IV entfällt

V Tabelle für die Berechnung der Verwaltungskosten und Honorare der Schiedsrichter

Zur Berechnung der Verwaltungskosten und des Honorars des Schiedsrichters werden die aufgeführten Prozentzahlen, die auf jede der aufeinanderfolgenden Zeilen des Streitwertes anzuwenden sind, zusammengezählt mit der Maßgabe, daß bei einem Streitwert von mehr als US Dollar 50 Millionen ein Pauschalbetrag von US Dollar 50 500, – sämtliche Verwaltungskosten abdeckt.

a) Verwaltungskosten

Streitwert (in US Dollar)			Verwaltungskosten in %
zwischen	0 –	50,000	$ 2000
zwischen	50,001 –	100,000	3
zwischen	100,001 –	500,000	1,5
zwischen	500,001 –	1,000,000	1
zwischen	1,000,001 –	2,000,000	0,5
zwischen	2,000,001 –	5,000,000	0,2
zwischen	5,000,001 –	10,000,000	0,1
zwischen	10,000,001 –	50,000,000	0,05
über 50,500,000			

b) Honorare der Schiedsrichter

Streitwert (in US Dollar)		Honorare in % min.	max.
zwischen	0 – 50,000	$ 1,000	$ 10
zwischen	50,001 – 100,000	1,5	6
zwischen	100,001 – 500,000	0,8	3
zwischen	500,001 – 1,000,000	0,5	2
zwischen	1,000,001 – 2,000,000	0,3	1,5
zwischen	2,000,001 – 5,000,000	0,2	0,6
zwischen	5,000,001 – 10,000,000	0,1	0,3
zwischen	10,000,001 – 50,000,000	0,05	0,15
zwischen	50,000,001 – 100,000,000	0,02	0,1
über	100,000,000	0,01	0,05

1 Auch wenn die Schiedsvereinbarung keine ausdrückliche Regelung enthält, ist als selbstverständlich zu unterstellen, daß die Parteien eine Entscheidung des Schiedsgerichtes auch über die Kosten bzw. die Kostentragung wollten. Wollen die Parteien insofern eine Entscheidung durch das staatliche Gericht, müssen sie dieses bei der Abfassung der Schiedsvereinbarung klar zum Ausdruck bringen (*Maier*, Rdnr. 503). Art. 20 formuliert daher einen Auftrag an das Schiedsgericht, der für das deutsche Recht im Rahmen der §§ 1025 ff. ZPO aus allgemeinen Rechtserwägungen herzuleiten wäre. Das Schiedsgericht entscheidet in erster Linie über die Kostentragung, d.h. daß die Parteien gesamtschuldnerisch für die gesamten Verfahrenskosten gegenüber den jeweiligen Gläubigern dieser Kosten haften, z.B. Auslagenerstattung der Zeugen, über die Quote, zu welcher der Innenausgleich zwischen ihnen stattzufinden hat. Unmittelbare verfahrensbegleitende Kosten (Auslagen des Schiedsgerichts für Dolmetscher, Zeugen, Tagungslokale usw.) werden vom Schiedsgericht gemäß Abs. 1 selbst festgesetzt. Insofern von einer Partei ein höherer Vorschuß geleistet würde, als ihrem internen Kostentragungsanteil gemäß Schiedsspruch entspricht, entsteht aus dem Schiedsspruch ein unmittelbarer Zahlungsanspruch dieser Partei gegen die andere, welcher an der Rechtskraftwirkung des Schiedsspruches teilnimmt.

Die Schiedsrichter dürfen weder nach deutschem Recht (*B/L/A*, § 1040 Anm. 2 Ba; *BGH* v. 7.3.1985, ZIP 1985, S. 1095) noch nach der ICC-Verfahrensordnung ihre eigenen Kosten festlegen (*CPP* III, S. 125). Da sie nicht in eigener Sache Schiedsrichter sein dürfen, ist es auch nicht möglich, daß eine oder beide Parteien im Schiedsspruch zur Zahlung des Schiedsrichterhonorars an die Schiedsrichter mit Rechtskraftwirkung verurteilt werden – abgesehen davon, daß die Schiedsvereinbarung sich ohnehin nur auf Ansprüche zwischen den Parteien bezieht und nicht auch auf die Honoraransprüche, welche aufgrund des Schiedsrichtervertrages zwischen den Schiedsrichtern und den Parteien erwachsen. Die Schiedsrichter und auch der Schiedsgerichtshof müßten gegebenenfalls ihre Honorare bzw. die Verwaltungsgebühr im normalen Rechtsgang einklagen (*Schwytz*, BB 1974 S. 676). Auch aus diesem Grunde ist verständlich, daß der Schiedsgerichtshof seine Kosten und Gebühren als Vorschüsse einzieht.

2

Über die Höhe des Schiedsrichterhonorars entscheiden die Schiedsrichter nicht selbst, sondern der Schiedsgerichtshof anhand einer Tabelle. Dieses billige Ermessen ist in der vom Schiedsgerichtshof veröffentlichten Kostentabelle konkretisiert. Gemäß Nr. 23 der internen Geschäftsordnung des Schiedsgerichtshofes darf dieser von dem in Art. 20 Abs. 3 vorgesehenen Recht Gebrauch machen, fallbezogene Abweichungen nach oben oder unten vorzunehmen. Diese interne Geschäftsordnung bindet aber die Parteien nicht, falls diese etwa behaupten wollen, daß die vom Schiedsgerichtshof vorgenommene Kostenfestsetzung den Rahmen der Angemessenheit überschreitet.

3

Rechtlich stellt sich die Frage, ob eine Partei die Bestimmung des Schiedsgerichtshofes angreifen könnte. Die Vereinbarung der ICC-Schiedsverfahrensordnung enthält zugleich ein gemeinsames Vertragsangebot der Parteien an den Schiedsgerichtshof, die Honorarbestimmung gemäß Art. 20 vorzunehmen. Dieses Angebot wird gemacht durch Klageeinreichung und vom Schiedsgerichtshof angenommen durch schlüssiges Handeln, indem er die Sache bearbeitet. Insofern der Schiedsgerichtshof sich an die den Parteien bei Klageerhebung bekannte Kostentabelle hält, wird die Entscheidung des Schiedsgerichtshofes kaum angreifbar sein.

4

Art. 21 - ICC

Vorherige Prüfung des Schiedsspruches durch den Schiedsgerichtshof
Artikel 21

Vor der Unterzeichnung eines Teilschiedsspruches oder eines endgültigen Schiedsspruchs muß der Schiedsrichter seinen Entwurf dem Schiedsgerichtshof vorlegen. Dieser kann Änderungen in der Form vorschreiben. Unter Wahrung der Entscheidungsfreiheit des Schiedsrichters kann der Schiedsgerichtshof ihn auf Punkte hinweisen, die den sachlichen Inhalt des Schiedsspruchs betreffen. Kein Schiedsspruch kann ergehen, ohne daß er von dem Schiedsgerichtshof in der Form genehmigt worden ist.

1 Der in dieser Vorschrift enthaltene Genehmigungsvorbehalt zugunsten des Schiedsgerichtshofes wird als eine der Wesenseigentümlichkeiten des ICC-Verfahrens angesehen. Sie wird teilweise für rechtlich nicht ganz unproblematisch gehalten unter dem Gesichtspunkt, daß der Schiedsgerichtshof damit richterliche Kompetenzen an sich ziehe (*Schlosser*, Rdnrn. 480, 483). Wäre das der Fall, dann wäre ein Schiedsspruch, der vom Schiedsgerichtshof genehmigt ist, in einem unzulässigen Verfahren zustande gekommen, denn die Parteien haben Anspruch auf Entscheidung durch das vereinbarungsgemäß bestellte Schiedsgericht, nicht aber auf Entscheidung durch einen Dritten.

2 *Böckstiegel* erwähnt, daß der Schiedsgerichtshof von der ihm in Art. 21 eingeräumten Befugnis kaum Gebrauch mache (Recht und Praxis, S. 87). Das Problem scheint daher vorwiegend theoretisch zu sein. Die von *Schlosser* sicher nicht ganz zu Unrecht gesehenen Probleme treten aber noch weiter zurück, wenn man unterstellt, der Schiedsgerichtshof halte sich an seine interne Geschäftsordnung. Diese enthält unter Nr. 22 eine Anweisung für die gem. Art. 21 vorzunehmende Prüfung wie folgt: „Bei der vorherigen Prüfung der Entwürfe von Schiedssprüchen gemäß Art. 21 der ICC-Schiedsordnung richtet der Schiedsgerichtshof sein Hauptaugenmerk auf die formalen Anforderungen des auf das Verfahren anwendbaren Verfahrensrechtes und, soweit zwingende Vorschriften am Schiedsort bestehen, hauptsächlich auf die Begründung der Schiedssprüche, die Unterschriften und die Zulässigkeit von abweichenden Meinungen". Das deutsche Recht läßt es ebenso wie ausländische Rechtsordnungen zu, daß Schiedsrichter sich zur Bildung ihrer eigenen Meinung gutachtlicher Stellungnahmen Dritter bedienen. Nach deutschem Recht wird es sogar als zulässig angesehen, daß ein anderer als die Schiedsrichter die vom Schiedsgericht festgelegten Gründe des Schieds-

spruches formuliert (*B/L/A*, § 1039 Anm. 2), also den Inhalt des Schiedsspruches in formaler Weise mit gestaltet. Es ist dann kein durchschlagender Grund zu sehen, warum die Parteien nicht auch den Schiedsgerichtshof über Art. 21 beauftragen können, ein wachsames Auge auf die formale Richtigkeit des Schiedsspruches zu werfen, auch wenn, was offenbar kaum vorkommt, der Schiedsgerichtshof einen Schiedsspruch nicht genehmigt, setzt er sich mit seiner Entscheidung nicht an die Stelle des Schiedsrichters. Vielmehr ist nun dieser verpflichtet, den Schiedsspruch umzuarbeiten. Damit bleibt der Schiedsspruch eine Entscheidung des Schiedsrichters.

So wenig wie sich aus der Sicht des deutschen Rechts durchgreifende Bedenken gegen Art. 21 ergeben, so wenig werden diese von der bisher bekanntgewordenen Rechtsprechung in Frankreich und in der Schweiz gesehen (*CPP* III, S. 122). Eine gegenteilige Entscheidung des türkischen obersten Gerichtes zeigt jedoch, daß die Bedenken nicht völlig theoretisch sind (*CPP* III, S. 123). 3

Erlaß des Schiedsspruches
Artikel 22

Der Schiedsspruch gilt als am Orte des Schiedsverfahrens und im Zeitpunkt seiner Unterzeichnung durch den Schiedsrichter erlassen.

Abgesehen davon, daß das Verfahren an verschiedenen Orten stattfinden kann, ist diese Regel deswegen im Grunde überflüssig, weil nicht sicher ist, ob ein staatliches Gericht, vor welchem es auf den Ort, an welchem der Schiedsspruch erlassen wurde, ankommt, an die in Art. 22 enthaltene Fiktion gebunden ist. Kommt es etwa für die Bestimmung der Nationalität des Schiedsspruches oder für die Feststellung etwa verletzter zwingender Verfahrensregeln der lex fori auf den Ort, an welchem der Schiedsspruch erlassen wurde, an, so wäre jedenfalls ein deutsches Gericht durch eine solche Parteivereinbarung nicht gebunden. 1

Zustellung des Schiedsspruches an die Parteien
Artikel 23

1. Nach Erlaß des Schiedsspruches stellt das Sekretariat des Schiedsgerichtshofes den Parteien eine vom Schiedsrichter unterzeichnete Ausfertigung zu, jedoch erst, nachdem sämtliche Kosten des Schiedsver-

Art. 23 – ICC

fahrens an die Internationale Handelskammer durch die Parteien oder eine von ihnen beglichen worden sind.

2. **Der Sekretär des Schiedsgerichtshofes erteilt den Parteien auf Antrag, jedoch nur ihnen, jederzeit von ihm beglaubigte Abschriften.**

3. **Mit der Zustellung gemäß Absatz 1 verzichten die Parteien auf eine weitere Zustellung oder eine Niederlegung durch den Schiedsrichter.**

1   Der Schiedsgerichtshof gibt den Parteien nicht eher eine Ausfertigung des Schiedsspruches, als bis sämtliche Kosten des Schiedsverfahrens an die Internationale Handelskammer bezahlt sind. Ohne eine solche Ausfertigung ist das ganze Schiedsverfahren für den obsiegenden Teil aber nichts wert. Da eine Partei, die einen Kostenerstattungsanspruch gegen die andere hat, diesen nur aufgrund des Schiedsspruches vollstrecken kann, wäre diese daher möglicherweise genötigt, eventuelle Rückstände, die jene Partei dem Schiedsgerichtshof schuldet, vorzustrecken, um in den Besitz des vollstreckbaren Titels zu gelangen. Gegen die Rechtsgültigkeit eines solchen Zurückbehaltungsrechtes durch den Schiedsgerichtshof (also nicht durch die Schiedsrichter selbst!) können rechtliche Bedenken erhoben werden. So verbietet auch § 23 Abs. 3 schwedisches Schiedsgerichtsgesetz dem Schiedsrichter, ein Zurückbehaltungsrecht an dem Schiedsspruch wegen seiner Kosten auszuüben. Aus der Sicht des deutschen Rechtes käme allein ein Zurückbehaltungsrecht des Schiedsgerichtshofes gemäß § 273 BGB in Betracht. Auch dieses greift aber wohl nicht, da die Gegenleistung des Schiedsgerichtshofes, nämlich das Verfahren durchzuführen und zu einer rechtlichen Entscheidung durch Schiedsspruch zu kommen, bereits erbracht ist; es fehlt nur noch die äußere Dokumentation. Wegen der völligen Ungleichartigkeit der Forderung des Schiedsgerichtshofes auf Geld einerseits und dem Anspruch der Parteien auf Rechtsschutz andererseits, muß ein Zurückbehaltungsrecht aber auch aus allgemeinen rechtlichen Erwägungen entfallen. Möglicherweise soll der zurückbehaltene Titel der obsiegenden Partei erst die Mittel in die Hand bringen, welche sie in den Stand setzen kann, ihre Zahlungspflichten gegenüber dem Schiedsgerichtshof zu erfüllen. Aus der Sicht des deutschen Rechtes spräche wohl viel dafür, dem Schiedsgerichtshof ein solches Zurückbehaltungsrecht nicht zuzugestehen, mit der Folge, daß der Schiedsgerichtshof bzw. die Schiedsrichter ihre ausstehenden Honorare im normalen Rechtsgang durchsetzen müßten, nachdem sie den Parteien den Schiedsspruch ausgehändigt haben. Da der Schiedsgerichtshof seinen Sitz in Paris hat, wäre über die Zulässigkeit dieses Zurückbehaltungsrechtes aber nach französischem Recht zu entscheiden.

Durch die Neufassung des § 1039, wonach der Verzicht auf die Niederlegung des Schiedsspruches bei dem Gericht zulässig ist, ist diese Vorschrift nun auch für das deutsche Recht wirksam.

Artikel 23 spricht von der „Zustellung des Schiedsspruchs". *Sandrock* meint, damit sei keinesfalls der Begriff „Zustellung" im Sinne von §§ 166 ff. ZPO gemeint (Das Gesetz ... S. 13, Fn. 90). Er mag darin Recht haben, daß nach englischem oder sonstigem Recht eine andere Form der Kundmachung ausreicht als gemäß den Vorschriften der deutschen ZPO. Für den Fall, daß deutsches Verfahrensrecht anwendbar ist, kommt es aber nicht darauf an, wie die englische Fassung der Schiedsverfahrensordnung zu verstehen ist, sondern allein darauf, wie der Begriff „Zustellung", der in Artikel 23 Absatz 3 verwendet wird, von den Parteien verstanden werden muß. Es sind daher, vorbehaltlich einer anderen Parteivereinbarung, Zustellungsregeln gemäß dem anwendbaren Verfahrensrecht zu beachten bzw. gemäß den Regeln an dem Orte, wo die Zustellung bewirkt werden soll.

Endgültigkeit und Vollstreckbarkeit des Schiedsspruches
Artikel 24

1. Der Schiedsspruch ist endgültig.

2. Jede Partei, die die Schiedsgerichtsbarkeit der Internationalen Handelskammer in Anspruch nimmt, verpflichtet sich damit, den Schiedsspruch unverzüglich zu erfüllen und von allen Rechtsmitteln, auf die sie verzichten kann, Abstand zu nehmen.

Artikel 24 – Absatz 1:

Der Schiedsspruch ist endgültig.

Absatz 1 enthält an sich eine überflüssige Proklamation. Ob ein Schiedsspruch endgültig ist, entscheidet das Recht, wo er seine Rechtskraftwirkung entfalten soll. Diese Entscheidung unterliegt aber nicht mehr der Parteivereinbarung. Die in Art. 24 Abs. 1 enthaltene Feststellung besagt daher nicht mehr, als daß im Verhältnis der Verfahrensbeteiligten zueinander die aus der Schiedsvereinbarung folgenden prozessualen Rechte und Pflichten mit dem Erlaß des Schiedsspruches erledigt sind. Was die Parteien mit dem Schiedsspruch machen, bleibt ihnen überlassen. In den praktisch meisten Fällen wird er von der unterlegenen

Art. 25 – ICC

Partei still erfüllt, andernfalls wird die obsiegende Partei gemäß Art. 23 eine Ausfertigung anfordern und – soweit es auf deutsches Recht ankommt – zum Zwecke der Vollstreckbarkeitserklärung beim zuständigen Gericht niederlegen. In diesem Fall ist die Niederlegung nach wie vor zwingend.

Artikel 24 – Absatz 2:

Jede Partei, die die Schiedsgerichtsbarkeit der Internationalen Handelskammer in Anspruch nimmt, verpflichtet sich damit, den Schiedsspruch unverzüglich zu erfüllen und von allen Rechtsmitteln, auf die sie verzichten kann, Abstand zu nehmen.

2 Dieser Absatz ist für sich genommen mißverständlich. Er besagt nicht, daß die Parteien auf eine eventuelle Aufhebungsklage verzichten. Ebensowenig wie der Vorausverzicht auf zwingende gesetzliche Regelungen möglich ist, kann ein Vorausverzicht auf die Geltendmachung eventueller Aufhebungsgründe wirksam sein. Der *BGH* hat unmittelbar unter Berufung auf Art. 24 Abs. 2 gesagt: „Der Aufhebungsklage steht auch nicht entgegen, daß die Kläger sich gemäß Art. 24 Abs. 2 Verfahrensordnung verpflichtet haben, von allen Rechtsmitteln, auf die sie verzichten können, Abstand zu nehmen. Es ist allgemein anerkannt, daß diese Bestimmung die – nach dem hier maßgeblichen deutschen Verfahrensrecht ohnehin unverzichtbare – Aufhebungsklage grundsätzlich nicht betrifft. Wenn Art. 24 Abs. 2 Verfahrensordnung von Rechtsmitteln spricht, bezieht sich dies vielmehr auf die Rechtslage in einigen Staaten, in denen das Schiedsverfahren nur ein Ersatz für das Gerichtsverfahren im ersten Rechtszug ist und die unterlegene Partei den Schiedsspruch mit den Rechtsmitteln gegen erstinstanzliche Gerichtsurteile anfechten kann" (NJW 1986, S. 1436).

Hinterlegung des Schiedsspruches
Artikel 25

1. **Jeder gemäß dieser Schiedsordnung erlassene Schiedsspruch wird in Urschrift im Sekretariat des Schiedsgerichtshofes hinterlegt.**

2. **Der Schiedsrichter und das Sekretariat des Schiedsgerichtshofes unterstützen die Parteien bei der Erfüllung aller weiteren erforderlichen Formalitäten.**

Art. 25 – ICC

Die Sammlung der Schiedssprüche beim Schiedsgerichtshof dient rein internen Zwecken. Die Veröffentlichung eines Schiedsspruches in einer Weise, welche einen Rückschluß auf die beteiligten Parteien zuläßt, muß als generell unzulässig angesehen werden, wenn nicht beide Parteien zustimmen. 1

Ungeklärt und anscheinend bisher nicht erörtert ist die Frage, wem das Urheberrecht an den Schiedssprüchen zusteht. Diese Frage stellt sich für die Urteile staatlicher Gerichte naturgemäß nicht. Im Rahmen der Internationalen Handelsschiedsgerichtsbarkeit kommen nicht selten Gegenstände zum Austrag, die nicht nur von ihrem Wert, sondern auch von ihrer rechtlichen und technischen Komplexität erhebliche Bedeutung über den Einzelfall hinaus haben können. Gutachten, welche als Entscheidungsunterlagen für ein solches Schiedsverfahren erstellt werden, sind in der Regel mit sehr erheblichen Honoraren zu vergüten. Es kann daher nicht ausgeschlossen werden, daß ein Schiedsspruch, der von international anerkannten Fachleuten erlassen wird, über seine unmittelbare streitentscheidende Wirkung hinaus ein erhebliches Fachwissen verkörpert und damit einen im Falle der, gegebenenfalls nur auszugsweisen, Weiterverwendung nicht unerheblichen Marktwert hat. Nach deutschem Recht wären die Schiedsrichter gemäß § 8 des Urheberrechtsgesetzes als Urheber des Schiedsspruches anzusehen, und nicht etwa die Parteien, die dieses Urteil überdies nur indirekt in Auftrag gaben (*Fromm/Nordemann*, Urheberrecht, 6. Auflage, 1986, § 8 Anm. 2 d). So steht auch dem Anwalt, nicht seinem Auftraggeber, das Urheberrecht an seinem Schriftsatz zu (*BGH*, NJW 1987, S. 1332). Eine andere Frage ist, ob in dem Schiedsrichtervertrag bereits die Einräumung von Nutzungsrechten durch die Schiedsrichter an die Parteien an dem zukünftig zu erlassenden Schiedsspruch gesehen werden kann. Diese Frage ist hier nicht zu vertiefen (allgemein: *Fromm/Nordemann*, a.a.O., vor § 31 Rdnr. 7), aber wohl zu verneinen. Den Parteien „interessanter Verträge" ist daher der Rat zu geben, von Fall zu Fall zu prüfen, ob der Schiedsrichtervertrag um eine Klausel erweitert werden sollte, der zufolge den Parteien für eine bestimmte Zeit das alleinige Nutzungsrecht an dem Schiedsspruch zusteht, was auch für die Aktivlegitimation bei Unterlassungsansprüchen wichtig sein kann (vgl. *BGH*, a.a.O.). 2

Der Schwerpunkt dieser Vorschrift liegt auf dem Wort Formalitäten. Damit sind gemeint Anfertigung und Abschriften, Bereitstellung von Adressenmaterial und ähnliche Dokumentationen. Eine Hilfestellung bei Vollstreckungsverfahren ist daher wohl nur insofern gemeint, als der Schiedsgerichtshof bei ihm befindliche Dokumente zur Verfügung stellen wird, um die Vollstreckung des Schiedsspruches zu ermöglichen. 3

Art. 26 — ICC

Allgemeine Bestimmung
Artikel 26

In allen nicht ausdrücklich in dieser Schiedsordnung vorgesehenen Fälen verfahren Schiedsgerichtshof und Schiedsrichter nach dem Sinn und Zweck der Schiedsordnung, und sie wirken mit allen Mitteln darauf hin, daß die Vollstreckbarkeit des Schiedsspruches gesichert ist.

1 Der Wert solcher allgemeiner Loyalitätsklauseln ist schon in normalen Verträgen beschränkt; das dürfte auch hier gelten.

Neufassung der ICC-Schiedsverfahrensordnung mit Wirkung ab 1. Januar 1988

Artikel 2:

Absätze 1 – 4:
unverändert

Absatz 5:
unverändert; **Ausnahme: die Zweiwochenfrist in Satz 2 wurde ersetzt durch eine Frist von 1 Monat.**

Absatz 6:
Wenn der Schiedsgerichtshof einen Einzelschiedsrichter oder den Obmann des Schiedsgerichts zu bestimmen hat, so wird diese Bestimmung getroffen, nachdem der Schiedsgerichtshof einen Vorschlag von der ICC-Landesgruppe erbeten hat, welche er für geeignet hält. Wenn der Schiedsgerichtshof diesem Vorschlag nicht folgen will, oder wenn die Landesgruppe innerhalb der vom Schiedsgerichtshof gesetzten Frist keinen Vorschlag macht, kann der Schiedsgerichtshof seine Bitte an dieselbe Landesgruppe wiederholen oder eine andere geeignet erscheinende Landesgruppe um einen Vorschlag bitten.

Wenn der Schiedsgerichtshof es nach den Umständen für geboten hält, kann er einen Schiedsrichter oder Obmann aus einem Lande ohne Landesgruppe bestellen, wenn keine Partei innerhalb der vom Schiedsgerichtshof gesetzten Frist widerspricht.

Der Einzelschiedsrichter oder der Obmann soll die Staatsangehörigkeit eines anderen Landes besitzen als die Parteien. Der Einzelschiedsrichter oder der Obmann kann jedoch, falls es die Umstände rechtfertigen und keine der Parteien Einwendungen erhebt, die gleiche Staatsangehörigkeit besitzen, wie eine der Parteien.

Hat der Schiedsgerichtshof anstelle einer Partei, die es unterlassen hat, einen Schiedsrichter zu benennen, diesen zu ernennen, so nimmt er diese Ernennung vor, nachdem er einen Vorschlag von der Landesgruppe des Landes eingeholt hat, dem diese Partei angehört. Wenn der Schiedsgerichtshof diesem Vorschlag nicht folgen will, oder wenn die entsprechende Landesgruppe innerhalb der vom Schiedsgerichtshof gesetzten

Art. 2 – ICC – neue Fassung

Frist keinen Vorschlag macht, oder wenn das Land, dem diese Partei angehört, keine Landesgruppe hat, ist der Schiedsgerichtshof frei, eine Person auszuwählen, die er für geeignet hält, nachdem er die Landesgruppe des Landes, dem diese Partei angehört (wenn es eine solche gibt), hiervon unterrichtet hat.

Absatz 7:

Jeder Schiedsrichter, der vom Schiedsgerichtshof bestellt oder bestätigt wird, muß von den Parteien des Schiedsverfahrens unabhängig sein und bleiben.

Bevor ein in Aussicht genommener Schiedsrichter bestellt oder bestätigt wird, muß dieser schriftlich dem Generalsekretär des Schiedsgerichtshofs alle Tatsachen und Umstände offenlegen, welche, aus der Sicht der Parteien, seine Unabhängigkeit fraglich erscheinen lassen können. Der Generalsekretär wird diese Information nach Erhalt den Parteien schriftlich zugänglich machen und ihnen eine Frist für etwaige Bemerkungen setzen.

Ein Schiedsrichter hat dem Generalsekretär des Schiedsgerichtshofs und den Parteien sofort schriftlich alle Tatsachen und Umstände der vorbezeichneten Art offenzulegen, welche in der Zeit zwischen seiner Bestellung oder Bestätigung durch den Schiedsgerichtshof und der Kundgabe des Endschiedsspruches auftreten sollten.

Absatz 8:

Die Ablehnung eines Schiedsrichters, sei es wegen eines behaupteten Mangels an Unabhängigkeit oder aus einem anderen Grund, geschieht durch Einreichung eines Schriftsatzes an den Generalsekretär des Schiedsgerichtshofes, in welchem die Tatsachen und Umstände, auf welche die Ablehnung gestützt wird, dargelegt werden.

Der Ablehnungsantrag ist zulässig, wenn er von der Partei abgesendet wurde innerhalb von 30 Tagen, nachdem dieser die Bestellung oder Bestätigung des Schiedsrichters durch den Schiedsgerichtshof angezeigt wurde, oder wenn die Partei den Antrag binnen 30 Tagen absendet, nachdem sie Kenntnis von den Tatsachen und Umständen, auf welche der Ablehnungsantrag gestützt wird, erhält, wenn dieser Zeitpunkt nach dem des Erhalts der vorbezeichneten Anzeige liegt.

Absatz 9:

Der Schiedsgerichtshof entscheidet über die Zulässigkeit und, falls erforderlich, desgleichen über die Begründung eines Ablehnungsantrages, nachdem der Schiedsgerichtshof dem betreffenden Schiedsrichter, den Parteien und den anderen Mitgliedern des Schiedsgerichts Gelegenheit zur schriftlichen Stellungnahme binnen angemessener Frist gegeben hat.

Absatz 10:

Ein Schiedsrichter wird außer im Falle seines Todes ersetzt, wenn der Schiedsgerichtshof dem Ablehnungsantrag stattgibt, oder wenn der Schiedsgerichtshof den Rücktritt des Schiedsrichters von seinem Amt akzeptiert.

Absatz 11:

Ein Schiedsrichter wird darüber hinaus ersetzt, wenn der Schiedsgerichtshof feststellt, daß er aus rechtlichen oder tatsächlichen Gründen an der Erfüllung seines Amtes gehindert ist, oder daß er seine Pflichten nicht entsprechend diesen Regeln oder nicht innerhalb der vorgeschriebenen Fristen erfüllt.

Wenn der Schiedsgerichtshof, gestützt auf Informationen, die zu seiner Kenntnis gelangt sind, die Anwendung des vorstehenden Absatzes in Erwägung zieht, wird der Schiedsgerichtshof erst entscheiden, nachdem der Generalsekretär des Schiedsgerichtshofs diese Information dem betreffenden Schiedsrichter, den Parteien und den anderen Mitgliedern des Schiedsgerichtes schriftlich zugänglich gemacht hat und diesen Gelegenheit zur schriftlichen Stellungnahme binnen angemessener Frist eingeräumt hat.

Absatz 12:

In jedem Fall, in welchem ein Schiedsrichter ersetzt werden muß, ist das Verfahren gem. vorstehenden Absätzen 3, 4, 5 und 6 einzuhalten. Sobald das Schiedsgericht in neuer Zusammensetzung bestellt ist, hat es, nachdem die Parteien zur Stellungnahme aufgefordert wurden, darüber zu befinden, ob und inwieweit das bisherige Verfahren zu wiederholen ist.

Absatz 13:

Die Entscheidungen des Schiedsgerichtshofs über Bestellung, Bestätigung, einen Ablehnungsantrag oder eine Ersetzung eines Schiedsrichters sind endgültig.

Die Entscheidungsgründe des Schiedsgerichtshofs betreffend Bestellung, Bestätigung, Ablehnungsantrag oder betreffend die Ersetzung ei-

Art. 2 – Abs. 6 – ICC – neue Fassung

nes Schiedsrichters mit der Begründung, daß er seine Pflichten nicht entsprechend diesen Regeln oder innerhalb der vorgeschriebenen Frist erfüllt hat, werden nicht bekanntgegeben.

Kommentierung

Literatur: *Bredow/Bühler* a. a. O.

Absatz 6:

1 Der in Absatz 6 alter Fassung niedergelegte Grundsatz, daß der Schiedsgerichtshof die Schiedsrichter zwar selbst bestimmt, sich aber dabei an den Vorschlag der zuständigen ICC-Landesgruppe hält, versagt, wenn in den betreffenden Ländern keine Landesgruppe besteht. Damit war die ICC-Schiedsverfahrensordnung in Ländern ohne ICC-Landesgruppen nicht attraktiv. Die Neufassung von Absatz 6 dient daher der weiteren Internationalisierung der ICC-Schiedsgerichtsbarkeit auch im Bereich solcher Länder, welche der Internationalen Handelskammer fernstehen. Der Schiedsgerichtshof kann sich eine „passende Landesgruppe" aussuchen, welche er um einen Schiedsrichtervorschlag ersuchen wird. Z. B.: Ist für eine Partei aus dem frankophonen Land A in Afrika, welches keine Landesgruppe hat, eine Schiedsrichterbenennung durchzuführen, so kommt in Betracht, daß die Landesgruppe im frankophonen Land B angesprochen wird. Entsprechend dem Geist der ICC-Regeln wird der Schiedsgerichtshof also Sprache und kulturelle Affinität berücksichtigen, um den Mangel einer eigenen Landesgruppe möglichst aufzuwiegen.

Reagiert die Landesgruppe nicht binnen der gesetzten Frist, kann der Schiedsgerichtshof es noch einmal versuchen oder gleich tun, was er nach einem zweimaligen erfolglosen Versuch tun muß, nämlich die Landesgruppe eines dritten Landes ansprechen, wobei er sich bei der Auswahl dieses dritten Landes wiederum von den gleichen Überlegungen leiten lassen wird. Es liegt zutage, daß dieses Bemühen des Schiedsgerichtshofs um möglichste Berücksichtigung der in Frage kommenden Interessen mit einer u. U. nicht unerheblichen Zeitverzögerung bis zur Konstituierung des Schiedsgerichts erkauft wird.

2 Die Partei A aus einem Lande ohne ICC-Landesgruppe hat gegenüber der Partei B aus einem Lande mit einer solchen einen Nachteil, denn B hat eine gewisse Gewähr dafür, daß „seine" Landesgruppe einen Schiedsrichter vorschlägt, der seinem Kulturkreis nahesteht, während für A nur eine passende Landesgruppe, nicht aber seine eigene ein Vo-

tum abgibt. Um diesen Vorteil des B wieder auszugleichen, hat der Schiedsgerichtshof gemäß Unterabsatz 2 die Wahl, auch im Falle des B einen Schiedsrichter aus einem Lande ohne ICC-Landesgruppe zu nehmen, allerdings nur, wenn keine Partei widerspricht.

Der Unterabsatz 3 ist identisch mit Absatz 6 Unterabsatz 1 alter Fassung. 3

Unterabsatz 4 erweitert nur die Varianten von Absatz 6 Unterabsatz 2 4 um die Fälle, in denen die angesprochene Landesgruppe nicht oder nicht in brauchbarer Weise reagiert.

Absatz 7:

Der erste Unterabsatz ist die Proklamation eines Grundsatzes, der zwar 5 wichtig ist, aber aus sich heraus keine Rechtsfolgen zeitigt. Ein vom Schiedsgerichtshof ernannter oder bestätigter Schiedsrichter verliert sein Amt nicht ipso iure dadurch, daß er von einer Partei abhängig wird (z. B. seine Ehefrau tritt in die Dienste einer Partei). Es bedarf einer förmlichen Amtsentsetzung.

Der zweite Unterabsatz ist sachlich aus Nr. 14 der internen Geschäfts- 6 ordnung des Schiedsgerichtshofes entwickelt worden und entspricht Artikel 9 UNCITRAL. Unklar ist, welche Sanktion folgt, wenn der Schiedsrichter dieser Pflicht nicht genügt, vielleicht weil er die betreffenden Umstände nicht als seine Unabhängigkeit gefährdend ansah. Das mit dem Schiedsrichter bestehende Vertragsverhältnis (vgl. Artikel 2, Rdnr. 4) ist allerdings durch diese Unterlassung verletzt, so daß der Schiedsrichter zum Schadensersatz verpflichtet wird, wenn infolge der Späterkennung seiner Befangenheit seine Ablehnung zu einem Zeitpunkt erfolgt, in welchem durch das schon fortgeschrittene Schiedsverfahren nutzlose Kosten entstanden sind. Da aber die Parteien in der ICC-Schiedsgerichtsbarkeit nach der hier vertretenen Ansicht in keinem Vertragsverhältnis zu dem Schiedsrichter stehen, schuldet der Schiedsrichter, welcher entgegen Absatz 7 Umstände verschweigt, den Schadensersatzanspruch nicht denen, die den Schaden erleiden (den Parteien), sondern dem Schiedsgerichtshof, welcher im Zweifel keinen Schaden hat. Ob die Parteien in diesem Fall eine Drittschadensliquidation durchführen können, muß sich aus dem Recht beantworten, welches den Geschäftsbesorgungsvertrag zwischen den Parteien und dem Schiedsgerichtshof (vgl. Artikel 3, Rdnr. 4) regiert.

Der in Aussicht genommene oder, nach seiner Bestellung, der amtieren- 7 de Schiedsrichter hat die seine Unabhängigkeit in Frage stellenden Um-

Art. 2 — Abs. 9 — ICC — neue Fassung

stände auch dann offenzulegen, wenn er im Ergebnis zu Recht glauben darf, daß sie seiner Berufung bzw. der Fortführung seines Amtes nicht entgegenstehen. Denn das Urteil darüber soll nach den Regeln nicht ihm, sondern dem Schiedsgerichtshof zustehen. Er hat sich daher in die Lage der Parteien zu versetzen („in den Augen der Parteien") und zu prüfen, ob diesen eine etwaige Sonderbeziehung zwischen Schiedsrichter und einer Partei verdächtig erscheinen kann (vgl. Art. 9 UNCITRAL).

Absatz 8: [Grundsätzlich zur Schiedsrichterablehnung: Art. 2 Abs. 7 a.F. (Rdnr. 18 – 23)]

8   Dieser Absatz entspricht Artikel 11 UNCITRAL (vgl. auch Artikel 6 ECE). Adressat des Ablehnungsbegehrens ist aber der Schiedsgerichtshof, nicht wie in den UNCITRAL-Regeln die Gegenpartei oder das Schiedsgericht selbst wie gem. ECE-Regeln. Anstelle der 15-Tagesfrist in Artikel 11 UNCITRAL ist hier aber eine von 30 Tagen getreten. Die 30-Tagesfrist ist dann problematisch, wenn der Ablehnungsgrund einer Partei während eines schon im Verhandlungsstadium befindlichen Verfahrens bekannt wird. Diese Partei könnte versucht sein, dem betreffenden Schiedsrichter anzudeuten, daß sie einen Ablehnungsgrund habe, um hiermit zu erreichen, daß sich dieser Schiedsrichter dieser Partei dafür erkenntlich zeigt, daß sie von dem Ablehnungsrecht keinen Gebrauch machen wird. Sachgerecht wäre daher wohl, wenn die Partei verpflichtet wäre, die Rüge unverzüglich zu erheben.

Absatz 9:

9   Eine Regelung wie Artikel 11 Absatz 3 UNCITRAL fehlt, wonach die Gegenpartei der Ablehnung zustimmen kann, wodurch das Amt des Schiedsrichters ohne weiteres endet. Hier bleibt allein der Schiedsgerichtshof befugt, über die Ablehnung zu entscheiden. Die Anhörung des betroffenen Schiedsrichters, der anderen Mitglieder des Schiedsgerichtes sowie beider Parteien ist rechtsstaatlich zweifellos erwünscht, kann aber doch zu erheblichen Verzögerungen führen, da man den so Angehörten Gelegenheit zu einer Replik auf die Äußerungen der jeweils anderen kaum wird versagen dürfen. Vielleicht wäre eine — in den ICC-Regeln nicht vorgesehene — mündliche Verhandlung mit einem Zwischenschiedsspruch über die Ablehnung das geeignete Mittel zur Verfahrensbeschleunigung. Die ICC-Regeln schließen ein solches Verfahren allerdings auch nicht aus (vgl. Art. 17 Rdnr. 4).

10 Die ICC-Regeln scheinen nicht davon auszugehen, daß der Schiedsgerichtshof bei seiner Entscheidung über das Vorliegen eines Absetzungs-

grundes an ein Verfahrensrecht gebunden ist (vgl. Art. 2 Rdnr. 20). Dieses folgt wohl auch aus Absatz 13, wonach der Schiedsgerichtshof die Gründe seiner Entscheidung nicht kundgibt. Wenn die Parteien ihr Verfahren nach den ICC-Regeln unter ein bestimmtes Verfahrensrecht gestellt haben, dann haben sie im Zweifel aber gewollt, daß auch die wohl wichtigste aller im Schiedsverfahren auftretenden Fragen, nämlich die nach der Unparteilichkeit eines Schiedsrichters, diesem gewählten Verfahrensrecht folgen soll und nicht dem freien Gutdünken des Schiedsgerichtshofes überlassen bleiben soll. Dieses gilt insbesondere auch für die Möglichkeit, daß der Schiedsgerichtshof an die Unparteilichkeit eines Schiedsrichters höhere Anforderungen stellt, als ein anwendbares staatliches Verfahrensrecht. Überzogene Anforderungen an die Unparteilichkeit eines Schiedsrichters brauchen durchaus nicht immer im Interesse der Parteien zu sein. Für bestimmte Sachgebiete sind die als Schiedsrichter in Frage kommenden Persönlichkeiten so rar, daß es untunlich sein kann, sie aus anderen als wirklich zwingenden Gründen zu disqualifizieren.

Absatz 10:

Das Verfahren der Schiedsrichterersetzung bei Tod oder sonst folgt dem Verfahren ihrer Erstbenennung (vgl. Absatz 12), d.h. Einholung von Vorschlägen der ICC-Landesgruppe usw. Auffällig ist, daß die einseitige Amtsniederlegung noch nicht zum Verlust des Amtes führt, der Schiedsgerichtshof muß diese akzeptieren. Vertragsrechtlich bedeutet dieses, daß der Schiedsrichter trotz des Vorwurfs der Befangenheit seitens einer Partei weiter verpflichtet ist, sein Amt zu führen (anders in Artikel 11 Absatz 3 UNCITRAL), wenn er sich nicht schadensersatzpflichtig machen will.

11

Absatz 11:

Dieser Absatz präzisiert, was sich sachlich auch schon aus Artikel 2 Absatz 8 alter Fassung ergibt, vgl. daher die Kommentierung dort.

12

Die Unmöglichkeit, aus Rechtsgründen sein Amt nicht auszuüben, kann sich für den Schiedsrichter aus dem anwendbaren Verfahrensrecht ergeben, wenn dieses das Schiedsrichteramt vom Vorliegen oder der Abwesenheit bestimmter Kriterien in bezug auf die Person des Schiedsrichters abhängig macht (z.B. kann nach schwedischem Recht ein Minderjähriger nicht Schiedsrichter sein). Ein tatsächlicher Hinderungsgrund kann gegeben sein, wenn etwa das Heimatland des Schiedsrichters nicht gewährleistet, daß dieser zu den Sitzungen eine Ausreisegenehmigung erhält.

Absatz 12:

13   Die Möglichkeit, das Verfahren nach Ersetzung des Schiedsrichters ganz oder teilweise zu wiederholen, war dem Schiedsgericht im Rahmen seines Verfahrensermessens (Artikel 11) auch nach alter Fassung schon gegeben. Die neu eingefügte Vorschrift gibt daher lediglich eine Klarstellung und ist offenbar von Artikel 14 Uncitral beeinflußt, zum Glück aber nicht so starr gefaßt wie dort. Im übrigen vgl. auch die Kommentierung dort wie zu § 19 Wiener Regeln.

Absatz 13:

14   Die Endgültigkeit einer vom Schiedsgerichtshof getroffenen Entscheidung ändert nichts daran, daß in einem Aufhebungsverfahren die Befangenheit oder Untauglichkeit eines Schiedsrichters vor dem staatlichen Gericht aufgegriffen werden kann, wenn das entsprechende Recht einen Grund hierfür gibt. Anders liegt es, wenn der Schiedsgerichtshof einen Schiedsrichter aus Gründen wegen Befangenheit ersetzt hat, welche ein staatliches Gericht nach dem anwendbaren Verfahrensrecht nicht als Befangenheitsgrund angenommen hätte. Die in diesem Sinne ungerechtfertigte Absetzung eines Schiedsrichters kann im Aufhebungsverfahren im Zweifel dann nicht angegriffen werden, wenn der Ersatzschiedsrichter (im Sinne dieses Verfahrensrechtes: ebenfalls) nicht befangen war. Denn die Ersetzung eines unbefangenen Schiedsrichters durch einen anderen unbefangenen Schiedsrichter kann für den Schiedsspruch, welcher angegriffen werden soll, nicht in rechtlich erheblicher Weise ursächlich sein.

15   Der zweite Unterabsatz des Absatzes 13 ist bedenklich. Da der Schiedsgerichtshof keine Gefühlsentscheidungen treffen darf, sondern im Zweifel Recht anwendet (vgl. Anmerkung zu Absatz 9, Rdnr. 10), haben die Parteien Anspruch darauf zu erfahren, was den Schiedsgerichtshof veranlaßt hat, einen Schiedsrichter (nicht) abzuberufen. Dieser Unterabsatz kann daher nur mit der Begründung akzeptiert werden, daß darin ein Vorausverzicht der Parteien auf eine Begründung durch den Schiedsgerichtshof gesehen wird. Ein solcher Vorausverzicht wäre ebenso zulässig, wie es der Verzicht auf die Begründung des Schiedsspruches überhaupt ist. Diese Auslegung ist allerdings mit dem Wortlaut etwas schwer zu vereinbaren, da hiernach lediglich auf die Verlautbarung der Begründung, nicht aber auf diese selbst, verzichtet wird. Ist aber jemand verpflichtet, eine Begründung zu geben, so muß diese auch leisten, wozu sie da ist, d.h. sie muß kritischer Würdigung standhalten, und dazu bedarf es ihrer Verlautbarung.

Artikel 6

Absätze 1 – 3:

unverändert (vgl. Art. 6 Rdnr. 1 – 3).

Absatz 4:

Die in diesen Regeln oder in der Geschäftsordnung des Schiedsgerichtshofes beschriebenen oder die vom Schiedsgerichtshof nach diesen beiden Regeln gesetzten Fristen beginnen an dem Tage, welcher dem Tag folgt, an welchem eine Anzeige oder Mitteilung gemäß dem vorhergehenden Absatz als bewirkt gilt. Wenn in dem Lande, wo die Anzeige oder Mitteilung als bewirkt gelten soll, dieser folgende Tag ein gesetzlicher Feiertag oder ein arbeitsfreier Tag ist, beginnt die Frist an dem ersten dann folgenden Arbeitstag. Gesetzliche Feiertage und arbeitsfreie Tage werden bei der Fristberechnung mitgezählt. Ist der letzte Tag einer gegebenen Frist in dem Lande, wo die Anzeige oder Mitteilung als bewirkt gilt, ein gesetzlicher Feiertag oder ein arbeitsfreier Tag, endet die Frist mit dem Ende des ersten darauffolgenden Arbeitstages.

Kommentierung:

Absatz 4 schließt unmittelbar an die unveränderten Absätze 1 – 3 des Artikel 6 an. Die Regelung entspricht der deutschen und, soweit zu sehen, der Rechtslage in den meisten Ländern. Die Vorschrift hat mithin lediglich klarstellenden Charakter (vgl. auch Art. 2 UNCITRAL). 1

Da innerhalb der Staaten verschiedenartige Feiertage in Betracht kommen (z. B.: der Rosenmontag ist in Düsseldorf als arbeitsfreier Tag im Sinne der Vorschrift anzusehen, in Essen also nicht), entscheidet das interlokale Recht im Empfängerstaat, ob an einem bestimmten Ort ein Tag als arbeitsfrei gilt oder nicht. Dem anwendbaren Recht muß es überlassen bleiben zu entscheiden, ob Tage bürgerlicher Unruhen oder technische Defekte in den Übermittlungsanlagen der Zugangsfiktion und der Fristenberechnung entgegengehalten werden können. Dabei können sich Qualifikationsprobleme ergeben, wenn unter der Herrschaft des einen Rechtes diese Fragen dem materiellen Recht zugeordnet werden, während ein anderes Recht diese als prozessual ansieht. 2

Nach Absatz 4 läuft die Frist „am Ende des Tages" ab, also um 24.00 Uhr. Vertragliche Vereinbarungen, wonach Nachrichten usw. während normaler Geschäftszeiten zugehen müssen, sollten aber nach dem Grundsatz der Spezialität Vorrang haben. 3

Artikel 9:

Dieser Artikel wurde lediglich redaktionell überarbeitet, wobei sich für die deutsche Fassung keinerlei Auswirkungen ergeben. Es wurde lediglich das englische Wort „deposit" durch den Ausdruck „advance in costs" ersetzt. Beide Ausdrücke werden durch die deutsche Übersetzung „Kostenvorschuß" abgedeckt.

Absatz 2 wurde insofern gestrafft, als die Regelung nicht mehr nur „im allgemeinen" gilt, sondern überhaupt.

Artikel 13:

Geändert wurde lediglich in Absatz 2 erster Unterabsatz der dritte Satz („diese Frist kann auf Antrag des Schiedsrichters durch Beschluß des Schiedsgerichtshofes ausnahmsweise verlängert werden.") Anstelle dieser Formulierung tritt mit Wirkung vom 1. 1. 1988 die folgende Formulierung ein:

Der Schiedsgerichtshof kann aufgrund eines begründeten Antrages des Schiedsgerichts, notfalls auch von sich aus, diese Frist verlängern, wenn er es für erforderlich hält.

Kommentierung:

1   Diese Änderung mag dem Schiedsgerichtshof ein wenig mehr Flexibilität in der Einräumung und Überwachung von Fristen geben. Wesentliche Unterschiede gegenüber der bisherigen Fassung sind aber nicht zu erkennen. Die nunmehr ausdrücklich festgelegte Begründungspflicht des Schiedsgerichts für den Verlängerungsantrag kann allenfalls zu der Frage führen, ob die Parteien zu diesem Antrag gehört werden müssen (vgl. Artikel 18, Rdnr. 2).

Artikel 18:

Absatz 1:

Die Frist, innerhalb derer der Schiedsrichter den Schiedsspruch zu erlassen hat, wird auf 6 Monate festgesetzt. Sobald die Voraussetzungen gem. Artikel 9 Absatz 4 erfüllt sind, beginnt die Frist an dem Tage, an welchem ein Schiedsrichter oder eine der Parteien als Letzter das in Artikel 13 genannte Schriftstück unterschieben hat. Wurde einer Partei eine Fristverlängerung gem. Artikel 13 Absatz 2 zugestanden, beginnt die 6-Monatsfrist mit dem Ablauf dieser Fristverlängerung. Die Frist beginnt mit dem Tag, an welchem der Generalsekretär des Schiedsgerichtshofs

Art. 18 − Abs. 2+3 − ICC − neue Fassung

dem Schiedsgericht anzeigt, daß der Kostenvorschuß vollständig eingezahlt wurde, wenn diese Anzeige später als das vorgenannte Datum des Fristbeginns erfolgte.

Absätze 2 + 3:
unverändert (vgl. Art. 18 Rdnr. 2−4).

Kommentierung:

Absatz 1 muß im Zusammenhang gelesen werden mit der Neufassung des Artikel 13 Absatz 2 für den Fall, daß eine Partei sich weigert, das Programm zu unterzeichnen. An der Verpflichtung des Schiedsrichters, den Schiedsspruch innerhalb von 6 Monaten zu erlassen, hat sich nichts geändert, die Wortwahl im englischen Text: „must render" in der Neufassung gegenüber „shall make" spricht eher noch für eine Verschärfung dieser Pflicht, ohne daß sie sich in der deutschen Übersetzung auswirkt.

1

2. Kapitel
Schiedsordnung des Schiedsgerichts der Bundeskammer der gewerblichen Wirtschaft, Wien

§ 1 Zuständigkeit

Das Schiedsgericht der Bundeskammer der gewerblichen Wirtschaft in Wien (im folgenden das Schiedsgericht genannt) ist sachlich zur Erledigung von Wirtschaftsstreitigkeiten zuständig, wenn wenigstens eine Partei ihren Sitz außerhalb des Gebiets der Republik Österreich hat.

1 Träger der ICC-Schiedsgerichtsbarkeit ist die Internationale Handelskammer, eine privatrechtliche Organisation. Träger der hier zu besprechenden Schiedsgerichtsbarkeit ist eine öffentlich-rechtlich organisierte Stelle, die Bundeskammer der gewerblichen Wirtschaft, deren rechtliche Stellung etwa der eines deutschen Bundesamtes entspricht. Durch Gesetz aus dem Jahre 1974 wurde die Zuständigkeit der Bundeskammer begründet zur „Errichtung eines Schiedsgerichts für Streitigkeiten, bei denen mindestens ein Streitteil seinen Sitz außerhalb des Gebiets der Republik Österreich hat". Entsprechend verabschiedete der Vorstand der Bundeskammer mit Wirkung ab 1. Januar 1975 eine Schiedsgerichtsordnung. Die Änderung einiger Bestimmungen betreffend die Schiedsgerichtsbarkeit im Jahre 1983 wurde zum Anlaß genommen, die Schiedsgerichtsordnung der neuen Rechtslage anzupassen (allg. *Schütze*, WM 1987, S. 609ff.). Die derzeit gültige Schieds- und Vergleichsordnung des Schiedsgerichts der Bundeskammer der gewerblichen Wirtschaft wurde daher unter dem 17. Juni 1983 beschlossen (vgl. *Melis*, Überlegungen, S. 143). Zur Verbreitung der Wiener Regeln vgl. *Stumpf*, RIW 1987, S. 823.

2 Die Einrichtung des Schiedsgerichtes und seine Organisation waren Akte des öffentlichen Rechts, und es stellt sich die Frage, ob auch seine Maßnahmen und Entscheidungen (vgl. § 20 Abs. 3 betreffend Schiedsrichterablehnung) als Maßnahmen des öffentlichen Rechtes qualifiziert werden müssen. Das ist sicherlich nicht gewollt, vielmehr kann unterstellt werden, daß die Schiedsgerichtsbarkeit der Wiener Bundeskammer, auch insoweit Entscheidungen durch Repräsentanten der Kammer selbst und nicht durch die Schiedsrichter getroffen werden, ausschließlich auf dem Gebiet des Privatrechtes liegen sollen. In der Bestellung des

Schiedsrichters selbst, also in dem Verhalten des Staates, welches den Schiedsrichter in seiner Tätigkeit gewähren läßt, wird ein Akt des öffentlichen Rechtes gesehen, welcher durch den privatrechtlichen Schiedsrichtervertrag lediglich um die privatrechtlichen Pflichten und Rechte (z. B. Honoraranspruch der Schiedsrichter) ergänzt wird (*Fasching*, Rdnr. 2191).

Auf die Entscheidung öffentlich-rechtlich bzw. privatrechtlich kommt 3 es möglicherweise an, wenn das Schiedsgericht bzw. dessen Präsidium sich über Organisationsregeln hinwegsetzen möchte. Die Beschränkung der Zuständigkeit des Schiedsgerichtes auf Streitigkeiten, in denen wenigstens eine Partei ihren Sitz außerhalb Österreichs hat, folgt der gesetzlichen Vorgabe. Das Präsidium des Schiedsgerichtes wäre daher wohl nicht befugt, ein Schiedsgerichtsverfahren anzunehmen, in welchem beide Parteien ihren Sitz in Österreich haben. Diese Zuständigkeitsbeschränkung kann störend sein in einem Fall, in welchem zwar beide Parteien ihren Sitz in Österreich haben, diese Parteien aber als Tochtergesellschaften ausländischer Unternehmen im Grunde einen internationalen Streit austragen wollen (vgl. den von *Fouchard*, S. 227 berichteten Fall). Die formale Anknüpfung an den Sitz der Partei in oder außerhalb Österreichs führt auch zu der Frage, ob eine rechtlich unselbständige Betriebsstätte (z. B. Bankfiliale) einer ausländischen Gesellschaft für die Zwecke dieser Vorschrift so angesehen wird, als ob sie ihren Sitz im österreichischen Inland hat. Vom Zweck der Schiedsverfahrensordnung müßte das zu bejahen sein.

§ 2

Die Zuständigkeit des Schiedsgerichts ist gegeben, wenn die Parteien seine Anrufung schriftlich oder in Telegrammen oder Fernschreiben, die sie gewechselt haben, vereinbart haben oder übereinstimmend schriftlich erklären, daß sie sich seiner Zuständigkeit unterwerfen.

Nach österreichischem Recht ist ein Schiedsvertrag nur gültig, wenn er 1 schriftlich abgeschlossen wurde (§ 577 Abs. 3 ZPO). Es gibt keine Ausnahmeregelung für Vollkaufleute (*Fasching*, Rdnr. 2179). Ist in Allgemeinen Geschäftsbedingungen eine Schiedsklausel enthalten, so hat diese nur dann Gültigkeit, wenn sie von den Parteien unterschrieben wurde. Auch eine rügelose Einlassung auf das Schiedsverfahren würde den Mangel der Schriftlichkeit nicht heilen (vgl. *Melis*, S. 12; *Schönherr*, RIW 1980 S. 814).

§ 3 — Wiener Regeln

2 Die Fassung des § 2 entspricht daher dem sehr strengen Schriftlichkeitserfordernis des österreichischen Rechtes. Problematisch wird diese Vorschrift, wenn die Parteien sich unter der Geltung eines anderen als des österreichischen Rechtes gültig, wenn auch nicht schriftlich, auf die Schiedsvereinbarung geeinigt haben. Wenn also zwei deutsche Vollkaufleute sich telefonisch auf die Schiedsgerichtsbarkeit der Wiener Regeln geeinigt haben, dann ist diese Schiedsvereinbarung nach deutschem Recht gültig, ihre Durchführbarkeit scheitert aber an dem Wortlaut des § 2. Die Parteien können auch nicht über die Bedingungen verfügen, unter welchen nach dem ausdrücklichen Wortlaut von § 2 der Schiedsordnung das Schiedsgericht der Wiener Bundeskammer zuständig werden will. Es wäre wohl sachgerecht, wenn § 2 umformuliert würde in der Weise, daß die Zuständigkeit des Gerichtes durch eine für die Parteien gültige Schiedsvereinbarung begründet wird.

§ 3

Schiedsverfahren finden am Sitz des Schiedsgerichts in Wien statt. Das Präsidium kann jedoch auf gemeinsamen Antrag der Parteien beschließen, daß ein Verfahren an einem anderen Ort im In- oder Ausland durchgeführt wird.

1 Die ausdrückliche Festlegung Wiens als Austragungsort des Schiedsverfahrens geht noch über die implizite Festlegung auf einen in Schweden gelegenen Austragungsort durch die Stockholmer Regeln hinaus. Wien wird in aller Regel für die Parteien akzeptabel sein. Österreich ist Mitglied der großen internationalen Übereinkommen zur Anerkennung und Vollstreckung von Schiedssprüchen. Als Besonderheit hat Österreich zudem einen zweiseitigen Vertrag mit der Türkei aufzuweisen, wodurch im Verhältnis zu diesem Land, welches sonst den internationalen Konventionen ferngeblieben ist, eine Vollstreckungsmöglichkeit von Schiedssprüchen gewährleistet wird. Schiedsverfahren mit einer türkischen Partei finden daher auffällig häufig in Österreich statt.

2 Die Festlegung auf Wien als Austragungsort des Schiedsverfahrens kann nicht bedeuten, daß das Schiedsgericht gehindert sei, außerhalb Österreichs schiedsrichterliche Handlungen vorzunehmen, z. B. im Ausland Beweis zu erheben (vgl. Artikel 16 Absatz 3 UNCITRAL). Nach dem Zweck der Schiedsordnung kann die Festlegung auf Wien nur das Ziel haben, die internationale Anerkennungsfähigkeit des Schiedsspruches zu gewährleisten.

Auf Antrag beider Parteien kann das Präsidium das Schiedsverfahren 3
auch an einem anderen Ort stattfinden lassen. Der Text des § 3 ist dahin
zu verstehen, daß das Präsidium sich auch über einen gemeinsamen Antrag der Parteien hinwegsetzen darf, so daß es notfalls bei Wien bleibt,
auch wenn die Parteien lieber in z. B. Meran tagen würden.

§§ 4–6 Organisation

§ 4 Dem Schiedsgericht gehören das Präsidium, das Sekretariat, Einzelschiedsrichter oder Schiedsrichtersenate an.

§ 5 (1) Dem Präsidium gehören ein Obmann, drei weitere Mitglieder und der Sekretär des Schiedsgerichts an. Die Mitglieder des Präsidiums werden vom Vorstand der Bundeskammer der gewerblichen Wirtschaft für fünf Jahre bestellt. Eine Wiederwahl ist zulässig.

(2) Die Sitzungen des Präsidiums werden vom Obmann, in seiner Stellvertretung vom Sekretär geleitet. Das Präsidium ist beschlußfähig, wenn drei seiner Mitglieder anwesend sind. Es fällt seine Beschlüsse mit einfacher Mehrheit. Bei Stimmengleichheit entscheidet die Stimme des Vorsitzenden.

§ 6 Das Sekretariat erledigt unter der Aufsicht des Sekretärs die administrativen Agenden des Schiedsgerichts.

Es ist etwas störend, wenn die Wiener Regeln als „Schiedsgericht" das 1
bezeichnen, was eigentlich nur eine organisatorische Zusammenfassung
von Aufgaben zum gemeinsamen Ziele der Durchführung des Schiedsverfahren ist, also nicht nur das Präsidium und Sekretariat, sondern
auch die Einzelschiedsrichter und Schiedsrichtersenate insgesamt als
„das Schiedsgericht" bezeichnet. Diese Bezeichnung lehnt sich offenbar
an den Begriff des staatlichen Gerichtes an, welches nicht nur den
Spruchkörper bezeichnet, sondern auch den organisatorischen Rahmen,
in welchem dieser zu seiner Tätigkeit findet. Solange der Schiedsrichter
bzw. das Schiedsrichterkollegium nicht benannt ist, gibt es aber keinen
Spruchkörper, so daß die Bezeichnung „Schiedsgericht" auf das beschränkt bleibt, was nach den ICC-Regeln als Schiedsgerichtshof oder
nach den Stockholmer Regeln als Schiedsgerichtsinstitut bezeichnet
wird. Es wäre daher auch für die Wiener Regeln zu empfehlen, eine begriffliche Unterscheidung herbeizuführen zwischen dem „Schiedsgerichtsinstitut" und dem Schiedsgericht als dem eigentlichen Spruchkörper (allg. *Schütze*, WM 1987, S. 609).

§ 7 – Wiener Regeln

2 Das Schiedsgericht als Plenum der Schiedsrichter und des Präsidiums, hat nach der Schiedsordnung keine Funktion. Die Aufgaben, die denen entsprechen, welche nach den ICC-Regeln dem Schiedsgerichtshof zugewiesen sind, werden nach den Wiener Regeln vom Präsidium wahrgenommen. Das Präsidium wird gemäß § 5 Abs. 1 vom Vorstand der Bundeskammer für 5 Jahre bestellt. Es gilt auch hier das zu Art. 2 ICC-Regeln Gesagte, wonach die Organisation des Schiedsgerichtsinstituts an sich keine Frage des Schiedsverfahrens ist und daher der Parteidisposition entzogen ist. Es ist kaum vorstellbar, daß die Verletzung einer solchen Organisationsvorschrift im nachfolgenden Anerkennungs- oder Aufhebungsverfahren bezüglich des Schiedsspruchs mit Erfolg gerügt werden kann. Es ist daher für die Zwecke des privaten Schiedsverfahrens unerheblich, ob die Mitglieder des Präsidiums für 5 oder mehr Jahre bestellt werden. Würde ein Mitglied des Präsidiums für nur 3, ein anderes aber auf 7 Jahre bestellt, so ist kaum denkbar, daß sich aus diesem Verstoß gegen § 5 Abs. 1 irgendwelche Folgen für den Schiedsspruch ergeben.

§ 7 Schiedsrichter

(1) Als Schiedsrichter können Personen tätig sein, die über besondere Kenntnisse und Erfahrungen auf rechtlichem oder wirtschaftlichem Gebiet verfügen. Sie müssen nicht österreichische Staatsbürger sein. Zum Schiedsrichteramt geeignete Personen können in eine Schiedsrichterliste eingetragen werden, die vom Sekretär geführt wird. Über die Aufnahme oder Streichung aus der Schiedsrichterliste entscheidet das Präsidium.

(2) Die Aufnahme in die Schiedsrichterliste ist nicht Voraussetzung für die Ausübung des Schiedsrichteramtes. Die Parteien, die von ihnen benannten Schiedsrichter und das Präsidium können – soweit ihnen nach dieser Ordnung das Recht der Namhaftmachung von Schiedsrichtern zusteht – jede Person benennen oder ernennen, welche die in Abs. 1 genannten Voraussetzungen erfüllt.

(3) Mitglieder des Präsidiums können nur die Funktion eines Vorsitzenden eines Schiedsrichtersenates oder, auf Vorschlag aller Parteien, eines Einzelschiedsrichters, annehmen.

(4) Die Schiedsrichter sind an keine Weisungen gebunden und haben ihr Amt nach bestem Wissen und Gewissen auszuüben. Sie sind zur Verschwiegenheit verpflichtet.

§ 7 – Absatz 1:

Als Schiedsrichter können Personen tätig sein, die über besondere Kenntnisse und Erfahrungen auf rechtlichem oder wirtschaftlichem Gebiet verfügen. Sie müssen nicht österreichische Staatsbürger sein. Zum Schiedsrichteramt geeignete Personen können in eine Schiedsrichterliste eingetragen werden, die vom Sekretär geführt wird. Über die Aufnahme oder Streichung aus der Schiedsrichterliste entscheidet das Präsidium.

Die allgemeine Qualifikationsbeschreibung der Schiedsrichter ist im Grunde eine sanktionslose Proklamation. Nach der Schiedsordnung besteht insbesondere nicht die Möglichkeit, einen Schiedsrichter allein deswegen abzuberufen, weil er über die nach § 7 Abs. 1 geforderten „besonderen Kenntnisse und Erfahrungen" nicht verfügt. Dem Präsidium ist auch nicht das Recht vorbehalten, wie es etwa vom ICC-Schiedsgerichtshof in Anspruch genommen wird, die von den Parteien benannten Schiedsrichter zu bestätigen. Schwer vorstellbar ist auch, daß in einem Aufhebungsverfahren mit Erfolg als Verfahrensverstoß gerügt werden könnte, der Schiedsrichter habe keine „besonderen Kenntnisse" gehabt. 1

Nach österreichischem Recht werden keine besonderen Voraussetzungen vom Schiedsrichter gefordert, er muß lediglich voll geschäftsfähig sein. Aktive Berufsrichter – hinzuzufügen: im österreichischen Dienst – können aber nicht Schiedsrichter sein. Ein Verstoß dagegen macht den Schiedsspruch gemäß § 595 Abs. 1 Satz 3 öZPO aufhebbar (*Fasching*, Rdnr. 2190). Diese Regelung soll offenbar die österreichische staatliche Gerichtsbarkeit schützen, könnte doch ein Berufsrichter ein Interesse daran haben, den vor ihn gebrachten Fall lieber als Schiedsrichter, d.h. gegen ein Honorar, zu entscheiden, als im Rahmen seiner normalen Berufsausübung. Für die internationale Schiedsgerichtsbarkeit, für welche ein österreichischer staatlicher Richter ohnehin nicht zuständig wäre, entfällt diese Überlegung. Es müßte daher – jedenfalls mit Zustimmung beider Parteien – möglich sein, auch einen aktiven österreichischen Berufsrichter als Schiedsrichter zu berufen. Auf derselben Ebene liegt die Überlegung, daß ausländische Berufsrichter in einem österreichischen Schiedsverfahren als Schiedsrichter mitwirken können (*Schönherr*, RIW 1980 S. 815). 2

§ 7 – Absatz 2:

Die Aufnahme in die Schiedsrichterliste ist nicht Voraussetzung für die Ausübung des Schiedsrichteramtes. Die Parteien, die von ihnen benannten Schiedsrichter und das Präsidium können – soweit ihnen nach die-

§ 7 – Abs. 2 – Wiener Regeln

ser Ordnung das Recht der Namhaftmachung von Schiedsrichtern zusteht – jede Person benennen oder ernennen, welche die in Abs. 1 genannten Voraussetzungen erfüllt.

3 Die Bedeutung der Schiedsrichterliste kann nur in einer internen und unverbindlichen Vorauswahl von Persönlichkeiten gesehen werden, welche das Präsidium, falls es Schiedsrichter zu bestellen oder auszutauschen hat, benennen könnte. Weder das Präsidium noch gar die Parteien sind an diese Liste gebunden, auf deren Zusammensetzung die Parteien übrigens auch keinen Einfluß haben. Die Schiedsrichterliste ist daher möglicherweise ein Relikt des früheren Rechtszustandes, wonach Schiedsrichter nur sein konnte, wer in die Liste eingetragen war (*Melis*, Überlegungen, S. 144). Diese Liste kann aber, namentlich bei unerfahrenen Parteien, eine praktische Hilfe bei der Suche nach geeigneten Schiedsrichtern sein. Die gem. Art. 14 Abs. 1 vorgesehene Übersendung der Schiedsrichterliste kann daher für die Partei, die innerhalb kurzer Zeit einen Schiedsrichter zu benennen hat, sehr nützlich sein.

4 Manche Schiedsverfahrensordnungen sehen vor, daß Schiedsrichter nur eine Person sein kann, welche in eine bei der entsprechenden Institution geführten Liste aufgenommen worden ist. Dieses ist insbesondere der Fall bei den Außenhandelsschiedsgerichten in den RGW-Ländern. Absatz 2 ist insofern eine im Grunde zwar überflüssige, aber nützliche Klarstellung der Tatsache, daß die Parteien und auch das Präsidium in der Wahl der Schiedsrichter nicht durch eine solche Vorauswahl beschränkt sind. Es kann also jede Person zum Schiedsrichter benannt werden, welche die in § 7 Abs. 1 genannten Voraussetzungen erfüllt. Bei diesen Voraussetzungen kann es sich nur um die sehr allgemein gehaltene Vorschrift handeln, daß Schiedsrichter über besondere Kenntnisse und Erfahrungen auf rechtlichem oder wirtschaftlichem Gebiet verfügen müssen. Formaljuristisch ließe sich aus Abs. 2 daher ein gewisses Recht des Präsidiums herleiten, Personen, auch wenn sie von den Parteien benannt wurden, vom Schiedsrichteramt dann zurückzuweisen, wenn sie allzu kraß von einem gewissen Mindeststandard abweichen, andernfalls das Präsidium seine Mitwirkung an dem Schiedsverfahren verweigert. Eine formelle Bestätigung des Schiedsrichters durch das Präsidium ist nicht vorgesehen. Während gemäß ICC-Regeln die Mitwirkung eines nicht vom Schiedsgerichtshof bestätigten Schiedsrichters zu einem verfahrenswidrigen Schiedsspruch führt, ist es nach den Wiener Regeln auch dann kein Verfahrensfehler, wenn eine Partei einen Schiedsrichter benannte, dessen Tauglichkeit das Präsidium hätte anzweifeln müssen.

§§ 8–12 Schlichtungsverfahren

§ 8 Auf Antrag einer Partei kann im Rahmen der sachlichen Zuständigkeit des Schiedsgerichts ein Schlichtungsverfahren durchgeführt werden. Ein solches Verfahren ist nur mit Zustimmung der Gegenpartei(en) möglich. Das Vorliegen einer gültigen Schiedsklausel ist nicht erforderlich.

§ 9 Der Antrag auf Einleitung des Schlichtungsverfahrens ist beim Sekretariat des Schiedsgerichts einzubringen. Dieses fordert die Gegenpartei(en) auf, sich innerhalb einer Frist von dreißig Tagen ab Zustellung zu äußern. Weigert sich eine Partei, an dem Schlichtungsverfahren teilzunehmen oder erfolgt innerhalb der gesetzten Frist keine Äußerung, gilt der Schlichtungsversuch als gescheitert.

§ 10 Sind die Parteien mit der Durchführung eines Schlichtungverfahrens einverstanden, bestimmt das Präsidium eines seiner Mitglieder oder eine andere geeignete Person als Schlichter. Dieser prüft die von den Parteien vorgelegten Unterlagen, lädt sie zu einer mündlichen Sitzung ein und unterbreitet Vorschäge zur gütlichen Beilegung des Streitfalles.

§ 11 (1) Wird eine Einigung erzielt, wird das Ergebnis in einem Protokoll festgehalten, das von den Parteien und dem Schlichter zu unterschreiben ist. Auf Antrag aller Parteien kann das Präsidium den Schlichter bei Vorliegen einer gültigen Schiedsgerichtsvereinbarung zum Einzelschiedsrichter ernennen. Dieser hat in diesem Fall die Einigung in Form eines Schiedsspruches abzufassen.

(2) Ist keine Einigung möglich, gilt das Verfahren als beendet. Während des Schlichtungsverfahrens von den Parteien gemachte Vorschläge, Feststellungen oder Äußerungen sind für ein folgendes Schiedsverfahren nicht bindend. Der Schlichter kann außer unter den in Abs. 1 genannten Voraussetzungen in einem Schiedsverfahren über dieselbe Angelegenheit nicht Schiedsrichter sein.

§ 12 Die Kosten des Schlichtungsverfahrens werden vom Sekretär mit einem Viertel der im § 29 enthaltenen Kostentabellen festgesetzt.

Die §§ 8–12 betreffen das Schlichtungsverfahren, auf welches hier nicht einzugehen ist. Es ist auch in der Praxis kaum gefragt (*Melis*, Überlegungen, S. 146). Zu der auffälligen Regelung in § 11 Absatz 1 Satz 3 vgl. unten § 26 Rdnr. 2. 1

Schiedsverfahren
§ 13 Einleitung des Verfahrens

(1) Das Verfahren wird durch Einreichung einer Klage mit der erforderlichen Zahl von Ausfertigungen für jede Partei, die Schiedsrichter und das Sekretariat des Schiedsgerichts in deutscher oder der Vertragssprache beim Sekretariat des Schiedsgerichts eingeleitet.

(2) Die Klage hat zu enthalten:
- Die Bezeichnung der Parteien und ihre Anschrift
- die Unterlagen über die Zuständigkeit des Schiedsgerichts
- ein bestimmtes Klagsbegehren und Angaben bzw. Unterlagen, auf die sich das Klagsbegehren stützt
- den Wert des Streitgegenstandes zum Zeitpunkt der Klagseinbringung, wenn das Klagsbegehren nicht auf eine bestimmte Geldsumme gerichtet ist
- Angaben zur Zahl der Schiedsrichter gemäß § 16. Wird eine Entscheidung durch drei Schiedsrichter gewünscht, die Benennung einer gemäß § 7 (1) für das Schiedsrichteramt geeigneten Person mit Angabe der Anschrift.

§ 13 – Absatz 1:

Das Verfahren wird durch Einreichung einer Klage mit der erforderlichen Zahl von Ausfertigungen für jede Partei, die Schiedsrichter und das Sekretariat des Schiedsgerichts in deutscher oder der Vertragssprache beim Sekretariat eingeleitet.

1 Das Verfahren wird eingeleitet durch Einreichung einer im Sinne von Abs. 2 formgültigen Klage, wobei als zusätzliche Voraussetzungen für die formgerechte Klageerhebung genannt sind: Beifügung der erforderlichen Zahl von Ausfertigungen und Klageerhebung in deutscher oder der Vertragssprache. Nach dem Wortlaut des Art. 13 Abs. 1 tritt die Schiedshängigkeit auch mit der Einreichung einer Klage auf Deutsch ein, wenn die Vertragssprache z. B. Arabisch ist (Argument aus: in deutscher oder der Vertragssprache). Aus der Schiedsordnung ergibt sich keine Pflicht für das Präsidium, für eine Übersetzung der Klage zu sorgen, vielmehr wird die Klage dem Gegner gem. § 14 zugestellt. Damit träte nach dem reinen Wortlaut Schiedshängigkeit auch dann ein, wenn bei vereinbarter Vertragssprache Arabisch dem Beklagten eine in Deutsch abgefaßte Klage zugestellt wird, mit welcher er im Zweifel nichts anfangen kann, die er möglicherweise nicht einmal als Klageerhe-

bung erkennt. Diese Rechtsfolge wäre wohl eine Verstoß gegen den Grundsatz des rechtlichen Gehörs. In richtiger Auslegung will Abs. 1 aber wohl nur sagen: Die Klage ist in deutscher Sprache einzureichen oder, wenn Deutsch nicht Vertragssprache ist, in der Vertragssprache mit deutscher Übersetzung.

§ 13 – Absatz 2:

Die Klage hat zu enthalten:
- **die Bezeichnung der Parteien und ihre Anschrift**
- **die Unterlagen über die Zuständigkeit des Schiedsgerichts**
- **ein bestimmtes Klagsbegehren und Angaben bzw. Unterlagen, auf die sich das Klagsbegehren stützt**
- **den Wert des Streitgegenstandes zum Zeitpunkt der Klagseinbringung, wenn das Klagsbegehren nicht auf eine bestimmte Geldsumme gerichtet ist**
- **Angaben zur Zahl der Schiedsrichter gemäß § 16. Wird eine Entscheidung durch drei Schiedsrichter gewünscht, die Benennung einer gemäß § 7 (1) für das Schiedsrichteramt geeigneten Person mit Angabe der Anschrift.**

Das Präsidium des Schiedsgerichts ist bereit, an einem Schiedsverfahren gemäß den Wiener Regeln mitzuwirken, wenn die Klage bestimmte Kriterien erfüllt. Die Formulierung „hat zu enthalten" spricht für eine gewisse rechtliche Strenge, so daß anzunehmen ist, daß das Präsidium bzw. das Sekretariat die Entgegennahme der Klage ablehnen und damit den Eintritt der Rechtshängigkeit verhindern kann, wenn die Klage den Formalien nicht genügt, z.B. wenn der Wert des Streitgegenstandes nicht angegeben wird oder die vorgeschriebene Benennung des Schiedsrichters unterbleibt. Diese Vorschrift ist dann nicht unproblematisch, wenn das Sekretariat des Schiedsgerichtes (oder das Präsidium?) die Annahme der Klage deswegen verweigert, weil sie den Erfordernissen gemäß Abs. 2 nicht genügt. Die Entscheidung darüber, ob der Wert des Streitgegenstandes hätte angegeben werden müssen oder ob ein Klagsbegehren auch im Sinne der Vorschrift „bestimmt" ist (lt. *Fasching* ein zwingendes Erfordernis , Rdnr. 2208), ist im Grunde bereits eine richterliche Entscheidung, die den zu ernennenden Schiedsrichtern vorbehalten werden muß. Auf der anderen Seite haben Parteien, welche sich auf die Wiener Regeln eingelassen haben und welche möglicherweise auch den sehr klaren Wortlaut „die Klage hat zu enthalten" vertraut haben, einen Anspruch darauf, daß die Schiedshängigkeit nur durch eine

2

§ 14 – Wiener Regeln

Klage entsteht, welche diesen Mindestanforderungen genügt. Es dürfte daher dem Parteiwillen am ehesten entsprechen, wenn man das Sekretariat nur dann als befugt ansieht, eine eingereichte Klage als unzulässig zurückzuweisen, wenn ihre Mängel gem. Abs. 2 klar zu Tage treten. Die Schiedsordnung sieht nicht vor, daß das Sekretariat in diesem Fall den Kläger zur Berichtigung oder Ergänzung der Klage aufzufordern hat, was aber sachgerecht und mit der Unparteilichkeit des Schiedsgerichtes vereinbar wäre.

§ 14

(1) Das Sekretariat stellt der beklagten Partei die Klage, ein Exemplar der Schiedsordnung und der Schiedsrichterliste zu und fordert sie auf, binnen einer Frist von dreißig Tagen eine Klagsbeantwortung oder allenfalls Widerklage in der nach § 13 (1) erforderlichen Zahl von Ausfertigungen einzubringen und sich gemäß § 16 zur Zahl der Schiedsrichter zu äußern. Wird eine Entscheidung durch drei Schiedsrichter gewünscht, ist eine gemäß § 7 (1) für das Schiedsrichteramt geeignete Person mit Angabe der Anschrift zu benennen.

(2) Die in Abs. (1) genannte Frist kann aus berücksichtigungswürdigen Gründen verlängert werden.

1 Zum Begriff der Zustellung siehe § 15. Die Überschreitung der 30-Tage-Frist zieht keine notwendigen Folgen nach sich. Nur insofern die Benennung des Schiedsrichters nicht fristgemäß erfolgt, riskiert die betreffende Partei die Ersatzbenennung gemäß § 16 durch das Präsidium. Die prozessualen Folgen einer verspäteten oder unvollständigen Klageerwiderung können daher nicht vom Präsidium sondern nur vom Schiedsrichter ausgesprochen werden. Auch bei Überschreitung der 30tägigen Benennungsfrist besteht das Ernennungsrecht der Partei so lange fort, bis das Präsidium die Ersatzbenennung ausgesprochen hat.

2 Über die Zulässigkeit einer Widerklage trifft die Verfahrensordnung keine ausdrückliche Regelung. Nur aus der beiläufigen Erwähnung der Widerklage, hier wie in § 27, folgt, daß die Schiedsordnung der Zulässigkeit einer Widerklage, wenn sie sich aus dem anwendbaren Verfahrensrecht ergeben sollte, nicht entgegensteht. Dasselbe müßte gelten für einen vom Beklagten zur Aufrechnung gestellten Gegenanspruch. Unter dem Gesichtspunkt des § 2 ist allerdings problematisch, ob ein Gegenanspruch im Rahmen des Schiedsverfahrens nach dieser Verfahrensordnung zur Aufrechnung gestellt werden darf, wenn er nicht in derselben

strengen Weise durch ausdrückliche schriftliche Erklärung der Parteien einer Schiedsvereinbarung nach dieser Verfahrensordnung unterworfen wurde.

§ 15

Zustellungen des Schiedsgerichtes an die Parteien gelten als ordnungsgemäß durchgeführt, wenn sie mittels eingeschriebenen Briefs an die von den Parteien angegebenen Anschriften erfolgt sind oder das zuzustellende Schriftstück gegen Empfangsbescheinigung ausgehändigt wurde.

Es ist nicht ganz klar, ob § 15 eine Zugangsfiktion enthält, ob es also genügt, daß die Nachricht mit eingeschriebenem Brief an die angegebenen Anschriften abgesendet wurde oder ob es erforderlich ist, daß der Brief auch ankam. Die Formulierung dieser Vorschrift wie auch die Alternative, welche eine Aushändigung des Schriftstücks erfordert, sprechen dafür, daß eine Zustellung nur dann als geschehen angesehen wird, wenn die Nachricht bei der angegebenen Adresse ankam. Die Regelung weicht daher von der Vorschrift Art. 6 ICC-Regeln ab und folgt der Regelung in Art. 2 der UNCITRAL-Schiedsordnung. Es empfiehlt sich daher im Verkehr mit Parteien aus exotischen Ländern oder überhaupt aus Ländern, auf deren Post kein wirklicher Verlaß ist, einen unwiderruflichen Zustellungsbevollmächtigten ausdrücklich auch für den Fall eines etwaigen Schiedsgerichtsverfahrens vorzusehen. Der Nachweis der ordnungsgemäßen Zustellung kann sonst sehr leicht unmöglich werden und an diesem kann die Entscheidung der Kernfrage des Schiedsgerichtsverfahrens hängen, nämlich der nach der Gewährung des rechtlichen Gehörs.

§ 16
Benennung von Schiedsrichtern

Die Parteien können vereinbaren, ob ihr Rechtsstreit von einem Einzelschiedsrichter oder einem aus drei Schiedsrichtern zusammengesetzten Schiedsrichtersenat entschieden werden soll. Liegt eine solche Vereinbarung nicht vor und erfolgt seitens einer der Parteien keine Benennung eines Schiedsrichters gemäß § 13 oder § 14, beschließt das Präsidium, ob der Rechtsstreit von einem oder drei Schiedsrichtern zu entscheiden ist.

Schiedsgerichtliche Spruchkörper von mehr als 3 Schiedsrichtern kommen – schon aus Kostengründen – in der Praxis kaum vor. Es ist da-

§ 17 – Wiener Regeln

her sachgerecht, wenn die Wiener Regeln die Zahl der Schiedsrichter von vorneherein auf 3 begrenzen. Dieser Spruchkörper wird dann Schiedsrichtersenat genannt. Ein Schiedsgericht, bestehend aus 2 Schiedsrichtern, wie in der deutschen gesetzlichen Regelung, ist nach den Wiener Regeln nicht vorgesehen.

2 Haben die Parteien eine Vereinbarung über die Zahl der Schiedsrichter nicht getroffen, kann der Kläger durch Benennung eines Schiedsrichters zum Ausdruck bringen, daß er eine Entscheidung durch einen Schiedsrichtersenat wünscht. Stimmt die Gegenseite zu, ernennt sie gemäß § 14 ihrerseits einen Schiedsrichter. Stimmt sie nicht zu, so daß zwischen den Parteien offen ist, ob das Schiedsgericht aus einem Schiedsrichter oder aus dreien bestehen soll, liegt die Entscheidung beim Präsidium. Dasselbe gilt, wenn der Kläger in seiner Klage keine Angabe zur Zahl der Schiedsrichter gemacht hat, wohl aber der Beklagte ein Dreier-Schiedsgericht wünscht und entsprechend seinen Schiedsrichter nominiert. Die Partei ist an die von ihr getroffene Benennung gebunden, sobald der Gegner die Anzeige davon erhalten hat (*Fasching*, Rdnr. 2196).

§ 17

Ist der Rechtsstreit von einem Einzelschiedsrichter zu entscheiden, wird dieser vom Präsidium ernannt. Die Vorsitzenden von Schiedsrichtersenaten werden von den Schiedsrichtern, die von den Parteien benannt wurden, gewählt.

1 Der Einzelschiedsrichter wird vom Präsidium ernannt, und zwar gleichgültig ob die Parteien bereits in der Schiedsvereinbarung ein Einer-Schiedsgericht vereinbart hatten oder ob dieses die Folge einer gemäß § 16 erfolgten Bestimmung durch das Präsidium ist. Der Wortlaut des § 17 erweckt den Eindruck, daß die Befugnis, den Einzelschiedsrichter zu benennen, ausschließlich bei dem Präsidium liegt. Es stellt sich daher die Frage, ob ein Einzelschiedsrichter, welcher von den Parteien gemeinschaftlich oder, was auch denkbar wäre, durch eine von den Parteien bestimmte dritte Stelle ernannt wird, Einzelschiedsrichter im Rahmen der Wiener Regeln sein kann. Es ist also die Frage, ob sich das Präsidium mit der Ernennung eines Einzelschiedsrichters über den gemeinschaftlich geäußerten Willen der Parteien hinwegsetzen kann. Ausgangspunkt muß sein, daß die Verfahrensherrschaft bei den Parteien liegt, daß diese also die Möglichkeit haben müssen, ihre gemeinschaftlichen Vorstellungen durchzusetzen. So wurde auch die vorliegende Ver-

fahrensordnung 1983 gerade auch mit dem Ziel revidiert, den Parteien die Möglichkeit zu geben, Schiedsrichter ihrer Wahl, insbesondere unabhängig von irgendwelchen Schiedsrichterlisten, zu benennen (*Melis*, Überlegungen, S. 147). In richtiger Auslegung ist § 17 also in dem Sinne zu verstehen, daß das Präsidium den Einzelschiedsrichter nur dann ernennt, wenn sich die Parteien nicht vorher auf einen gemeinsamen Kandidaten geeinigt haben.

Anders als nach den ICC-Regeln oder den Stockholmer Regeln wird der Vorsitzende eines Dreier-Schiedsgerichtes nicht von dem Schiedsgerichtsinstitut benannt, hier dem Präsidium, sondern von den parteibenannten Schiedsrichtern gewählt. Das schließt aber nicht aus, daß die Parteien eine entsprechende Vereinbarung treffen, wonach die Benennung des vorsitzenden dritten Schiedsrichters durch das Präsidium, oder vielleicht sogar durch eine dritte Stelle, zu erfolgen habe. 2

§ 18

Machen die Parteien von ihrem Recht, einen Schiedsrichter zu benennen, keinen Gebrauch oder einigen sich die von den Parteien benannten Schiedsrichter binnen dreißig Tagen ab Zustellung der Aufforderung durch das Sekretariat nicht auf einen Vorsitzenden, erfolgt die Ernennung durch das Präsidium.

Der Fall ist denkbar, daß der Kläger ein Dreier-Schiedsgericht begehrt und seinen Schiedsrichter auch bestellt, die Gegenseite aber nur ein Einer-Schiedsgericht wünscht. Wenn das Präsidium gemäß § 16 Entscheidung durch ein Dreier-Schiedsgericht beschließt, hat der Beklagte das Recht und die Pflicht, einen Schiedsrichter zu ernennen. Macht er von diesem Recht keinen Gebrauch, darf das Präsidium den Schiedsrichter für den Beklagten benennen. Die Verfahrensordnung sagt aber leider nicht, innerhalb welcher Zeit der Beklagte in diesem Beispiel sein Benennungsrecht ausüben muß, denn die in § 18 genannte 30-Tages-Frist bezieht sich, jedenfalls grammatisch, nur auf den Fall, daß sich die von den Parteien benannten Schiedsrichter nicht binnen 30 Tagen auf einen Vorsitzenden Schiedsrichter einigen. Da man dem Beklagten in diesem Fall aber jedenfalls eine gewisse Überlegungsfrist zur Benennung seines Schiedsrichters einräumen muß, die Benennung durch das Präsidium also nicht sofort erfolgen darf, wird man im Zweifel ebenfalls eine 30tägige Frist zugrunde legen. 1

Das Präsidium ernennt den Vorsitzenden, wenn sich die von den Parteien benannten Schiedsrichter nicht binnen 30 Tagen auf den Vorsitzen- 2

§ 19 – Wiener Regeln

den einigen. Nach dem Gesagten kann es vorkommen, daß einer der zwei Schiedsrichter nicht von den Parteien, sondern vom Präsidium ernannt wurde. § 18 dürfte so zu verstehen sein, daß als parteibenannter Schiedsrichter der Schiedsrichter zu verstehen ist, welcher entweder von einer Partei unmittelbar benannt oder von einer Partei hätte benannt werden müssen, hilfsweise aber vom Präsidium benannt wurde. Eine wörtliche Auslegung des § 18 würde nämlich zu einer Aporie führen: Einigen sich die Schiedsrichter, von welchen einer parteibenannt ist, der andere aber vom Präsidium benannt wurde, nicht, kann mangels ausdrücklicher Ermächtigung auch das Präsidium den Vorsitzenden nicht bestellen.

§ 19

(1) Ist ein von einer Partei benannter Schiedsrichter gestorben, oder legt er sein Amt nieder, wird die Partei, die ihn benannt hat, vom Sekretariat aufgefordert, binnen dreißig Tagen ab Zustellung der Aufforderung, einen anderen Schiedsrichter zu benennen. Kommt die Partei dieser Aufforderung nicht nach, erfolgt die Ernennung durch das Präsidium.

(2) Ist ein Vorsitzender eines Schiedsrichtersenats gestorben oder legt er sein Amt nieder, haben die beiden anderen Schiedsrichter binnen dreißig Tagen ab Aufforderung durch das Sekretariat einen neuen Vorsitzenden zu wählen. Erfolgt die Wahl nicht innerhalb dieser Frist, wird der neue Vorsitzende durch das Präsidium ernannt.

(3) Die Ersatzernennung von Einzelschiedsrichtern nimmt das Präsidium vor.

(4) Der Umstand, daß ein Schiedsrichterwechsel stattgefunden hat, begründet keine Einwendung gegen die Fortsetzung des Verfahrens oder gegen den gefällten Schiedsspruch.

§ 19 – Absatz 1:

Ist ein von einer Partei benannter Schiedsrichter gestorben, oder legt er sein Amt nieder, wird die Partei, die ihn benannt hat, vom Sekretariat aufgefordert, binnen dreißig Tagen ab Zustellung der Aufforderung einen anderen Schiedsrichter zu benennen. Kommt die Partei dieser Aufforderung nicht nach, erfolgt die Ernennung durch das Präsidium.

1   Wie in § 18 sollte unter dem „von einer Partei benannten Schiedsrichter" ein solcher Schiedsrichter verstanden werden, welcher entweder

von einer Partei unmittelbar benannt wurde oder vom Präsidium im Rahmen der Ersatzbestellung benannt wurde, weil eine Partei ihrer Ernennungspflicht nicht nachkam. Andernfalls würde der Wortlaut dazu führen, daß das Präsidium, welches einmal einen Schiedsrichter bestellt, auch in Zukunft in bezug auf diesen Schiedsrichter das Bestellungsrecht hat, obwohl die Gründe, welche bei der ersten Benennung zum Eintrittsrecht des Präsidiums führten, inzwischen weggefallen sein können.

Die Regelung, wonach jeder Partei ihr ursprüngliches Ernennungsrecht erhalten bleibt, auch wenn ein Schiedsrichter aus irgendwelchen Gründen wegfällt, ist grundsätzlich sachgerecht und entspricht dem Willen der Parteien. Problematisch wird diese Regelung allerdings dann, wenn dieses Recht auch erhalten bleibt in dem Falle, in welchem ein von einer Partei benannter Schiedsrichter wegen Befangenheit abgelehnt wird. § 20 Abs. 6 sagt ausdrücklich, daß im Falle der Ablehnung eines Schiedsrichters die Ersatzbenennung gemäß § 19 erfolgt, d.h. also die Partei, die bereits einmal einen befangenen Schiedsrichter ernannt hatte, behält das Recht, noch einmal denselben Versuch zu machen. Sie kann wiederum einen der Befangenheit verdächtigen Schiedsrichter benennen, und wenn auch dieser gemäß § 20 Abs. 6 seines Amtes enthoben wird, bleibt der ernennenden Partei gleichwohl das Ernennungsrecht. Theoretisch kann dieses zu willkürlichen Verzögerungen führen, indem eine Partei immer wieder Schiedsrichter benennt, welche die andere Partei zum Befangenheitsantrag veranlassen, oder was schlimmer ist, sie treibt dieses Spiel so lange, bis die andere Seite der Sache müde wird. § 6 der Stockholmer Regeln sehen für den Fall der Ablehnung wegen Befangenheit ausdrücklich einen Verlust des Ernennungsrechtes vor. Auch nach den ICC-Regeln würde diese Folge vermieden. 2

§ 19 – Absatz 2:

Ist ein Vorsitzender eines Schiedsrichtersenats gestorben oder legt er sein Amt nieder, haben die beiden anderen Schiedsrichter binnen dreißig Tagen ab Aufforderung durch das Sekretariat einen neuen Vorsitzenden zu wählen. Erfolgt die Wahl nicht innerhalb dieser Frist, wird der neue Vorsitzende durch das Präsidium ernannt.

Der Wortlaut dieser Vorschrift legt den Eindruck nahe, der Vorsitzende eines Schiedsrichtersenates könne nur entweder durch Tod oder freiwillig sein Amt verlieren, so daß in bezug auf den Vorsitzenden eine Amts- 3

§ 19 — Abs. 4 — Wiener Regeln

enthebung gemäß § 20 nicht möglich zu sein scheint. Das ist nicht gewollt. Die Regelung gemäß Abs. 2 tritt in allen Fällen ein, in welchen der Vorsitzende sein Amt, freiwillig oder unfreiwillig, verliert, vgl. § 20 Abs. 6.

§ 19 — Absatz 3:

Die Ersatzernennung von Einzelschiedsrichtern nimmt das Präsidium vor.

4   Es gilt das zu § 17 Gesagte. Haben sich die Parteien gemeinschaftlich auf einen Einzelschiedsrichter geeinigt, so muß dieses in Anbetracht der Verfahrensherrschaft der Parteien über das Schiedsverfahren dem Bestimmungsrecht des Präsidiums vorgehen.

§ 19 — Absatz 4:

Der Umstand, daß ein Schiedsrichterwechsel stattgefunden hat, begründet keine Einwendung gegen die Fortsetzung des Verfahrens oder gegen den gefällten Schiedsspruch.

5   Rechtlich enthält dieser Absatz einen Vorausverzicht auf eine eventuell mögliche prozessuale Rüge. Die Vorschrift ist von der Sache her berechtigt. Müßte das Schiedsverfahren jedesmal bis zu dem Stadium wiederholt werden, an welchem ein Schiedsrichter ausschied, so wäre dies aus Kostengründen kaum zu vertreten (vgl. aber Artikel 14 Uncitral). Insbesondere in bezug auf Kostenerwägungen wäre es eine schwere Belastung für eine Partei, welche die Rüge der Befangenheit erheben will, wenn sie befürchten müßte, daß infolge ihrer erfolgreichen Rüge das gesamte Verfahren von vorne wiederholt werden müßte. Ob das Verfahren in einem solchen Falle ganz oder teilweise zu wiederholen ist, steht damit im Ermessen der Schiedsrichter.

6   Dieser Absatz kann aber nicht als Vorausverzicht auf ein faires Verfahren angesehen werden. Die Parteien haben nach der Schiedsvereinbarung und nach der Schiedsverfahrensordnung Anspruch auf Entscheidung durch das Schiedsgericht nach rechtsstaatlichen Grundsätzen. Damit wäre es nicht mehr zu vereinbaren, wenn der neue Schiedsrichter an dem Schiedsspruch in Wirklichkeit gar nicht mehr mitgewirkt hat. Es muß also jeder Partei die Behauptung unbenommen bleiben, daß ein zu spät eingetretener Schiedsrichter gar nicht mehr mit entschieden habe. In diesem Falle läge ein Verfahrensverstoß vor, weil die Parteien Anspruch auf Entscheidung aller Schiedsrichter haben.

§ 20
Ablehnung und Enthebung von Schiedsrichtern

(1) Lehnt eine Partei einen Schiedsrichter ab, hat sie dies unverzüglich dem Sekretariat bekanntzugeben, sobald ihr der Ablehnungsgrund bekannt wird.

(2) Ein Schiedsrichter kann von den Parteien abgelehnt werden:
1. in Sachen, in denen er selbst Partei ist oder zu einer der Parteien im Verhältnis eines Mitberechtigten, Mitverpflichteten oder Regreßpflichtigen steht;
2. in Sachen seines Ehegatten oder solcher Personen, welche mit ihm in gerader Linie verwandt oder verschwägert sind oder mit welchen er in der Seitenlinie bis zum 4. Grad verwandt oder bis zum 4. Grad verschwägert ist;
3. in Sachen seiner Wahl- oder Pflegeeltern, Wahl- oder Pflegekinder, seiner Mündel oder Pflegebefohlenen;
4. in Sachen, in welchen er als Bevollmächtigter einer der Parteien bestellt war oder bestellt ist oder in welchen er als Zeuge oder Sachverständiger vernommen wurde;
5. wenn ein zureichender Grund vorliegt, seine Unbefangenheit in Zweifel zu ziehen.

(3) Über den Antrag auf Ablehnung entscheidet das Präsidium. Einer Ablehnung ist nicht stattzugeben, wenn sich die antragstellende Partei in das Verfahren einläßt, obwohl ihr der von ihr geltend gemachte Ablehnungsgrund schon vorher bekannt war oder bekannt sein mußte.

(4) Jede Partei kann die Enthebung eines Schiedsrichters beantragen, der seiner Aufgabe nicht gemäß dieser Schiedsgerichtsordnung nachkommt oder das Verfahren ungebührlich verzögert. Hier ist analog zu Abs. (1) vorzugehen. Über den Antrag entscheidet das Präsidium.

(5) Ist ein Schiedsrichter an der Ausübung seines Amtes offensichtlich verhindert, kann ihn das Präsidium auf Antrag einer Partei oder von Amts wegen entheben.

(6) Wird der Ablehnung oder dem Antrag auf Enthebung eines Schiedsrichters stattgegeben, oder enthebt das Präsidium einen Schiedsrichter von Amts wegen, erfolgt die Ersatzbenennung oder -ernennung gemäß § 19.

§ 20 − Absatz 1:

Lehnt eine Partei einen Schiedsrichter ab, hat sie dies unverzüglich dem Sekretariat bekanntzugeben, sobald ihr der Ablehnungsgrund bekannt wird.

§ 20 – Abs. 2 – Wiener Regeln

1 Der Ablehnungsgrund ist dem Sekretariat mitzuteilen. Die Schiedsordnung verpflichtet die Partei nicht, den Ablehnungsgrund dem Schiedsrichter selbst zu eröffnen. Das bedeutet, daß ein rügeloses Weiterverhandeln durch die betreffende Partei trotz Kenntnis des Ablehnungsgrundes unschädlich ist und den Ablehnungsanspruch aufrechterhält, wenn nur die Ablehnung gegenüber dem Sekretariat rechtzeitig geltend gemacht wurde.

2 Nach dem Gesetz entscheidet das Schiedsgericht selbst abschließend über die Ablehnung eines Schiedsrichters, und nur im Aufhebungsverfahren kann vom staatlichen Gericht überprüft werden, ob eine Ablehnung zu Unrecht zurückgewiesen wurde (*Schönherr*, RIW 1980 S. 816; *Fasching*, Rdnr. 2190). Nach den Wiener Regeln entscheidet dagegen nicht das Schiedsgericht, sondern gemäß Abs. 3 das Präsidium. Das ist auch aus deutscher Sicht akzeptabel (vgl. Anmerkungen zu Art. 2 Abs. 8 ICC-Regeln).

§ 20 – Absatz 2:

Ein Schiedsrichter kann von den Parteien abgelehnt werden:

1. in Sachen, in denen er selbst Partei ist oder zu einer der Parteien im Verhältnis eines Mitberechtigten, Mitverpflichteten oder Regreßpflichtigen steht;

2. in Sachen seines Ehegatten oder solcher Personen, welche mit ihm in gerader Linie verwandt oder verschwägert sind oder mit welchen er in der Seitenlinie bis zum 4. Grad verwandt oder bis zum 2. Grad verschwägert ist;

3. in Sachen seiner Wahl- oder Pflegeeltern, Wahl- oder Pflegekinder, seiner Mündel oder Pflegebefohlenen;

4. in Sachen, in welchen er als Bevollmächtigter einer der Parteien bestellt war oder bestellt ist oder in welchen er als Zeuge oder Sachverständiger vernommen wurde;

5. wenn ein zureichender Grund vorliegt, seine Unbefangenheit in Zweifel zu ziehen.

3 Die in Abs. 2 aufgelisteten Ablehnungsgründe entsprechen den Gründen wie in §§ 19 und 20 des österreichischen Gesetzes über die Ausübung der Gerichtsbarkeit und die Zuständigkeit der ordentlichen Gerichte in bürgerlichen Rechtssachen in der Fassung vom 2. Februar 1983 (Jurisdiktionsnorm, JN). Diese Ablehnungsgründe passen wohl eher auf einen Rechtsstreit zwischen Individuen als auf Rechtssachen, in denen, wie im Rahmen der internationalen Handelsschiedsgerichtsbarkeit

§ 20 — Abs. 4 — Wiener Regeln

anzunehmen, in erster Linie juristische Personen Parteien sein werden. Mit diesen Parteien sind die beschriebenen Verwandtschaftsverhältnisse nicht möglich. Die Regelung ist daher so zu lesen, daß dann ein Ablehnungsgrund gegeben ist, wenn der Schiedsrichter zu einem Mitglied des gesetzlichen Vertretungsorgans einer Partei in einem solchen Verwandtschaftsverhältnis steht. Gemäß Abs. 2 Nr. 5 ist es als eigener Ablehnungsgrund aufgeführt, daß zureichender Grund vorliegt, die Unbefangenheit des Schiedsrichters in Zweifel zu ziehen. Da Abs. 1 Nr. 1 – 4 wegen der Allgemeinregel in Nr. 5 andernfalls überflüssig wäre, ist in den Fällen Nr. 1 – 4 nicht erforderlich, daß die betreffende Partei einen Grund nachweist, weswegen die Befangenheit des Schiedsrichters bezweifelt wird. In den Fällen Nr. 1 – 4 wird die Befangenheit unwiderleglich vermutet (vgl. § 41 deutsche ZPO; *Fasching*, Rdnr. 2190).

§ 20 — Absatz 3:
Über den Antrag auf Ablehnung entscheidet das Präsidium. Einer Ablehnung ist nicht stattzugeben, wenn sich die antragstellende Partei in das Verfahren einläßt, obwohl ihr der von ihr geltend gemachte Ablehnungsgrund schon vorher bekannt war oder bekannt sein mußte.

Auf die Kommentierung zu Art. 2 Abs. 7 ICC-Regeln wird hingewiesen. **4**

Das Ablehnungsrecht geht verloren, wenn sich die Partei auf das Verfahren einläßt, obwohl sie den Ablehnungsgrund kannte oder hätte kennen müssen. Vor Beginn des Verfahrens wird der Partei eine gewisse Obliegenheit zugemutet, sich nach eventuellen Befangenheitsgründen zu erkundigen. Eine Verletzung dieser Obliegenheit führt zu einem Verlust des Rechtes, die Befangenheit geltend zu machen (vgl. Artikel 10 Uncitral). **5**

Für den Fall, daß der Befangenheitsgrund erst während des laufenden Schiedsverfahrens auftritt, trifft § 20 keine Regelung. Aus § 586 Abs. 2 öZPO folgt aber, daß eine Partei das Recht, Befangenheit geltend zu machen, nun erst dann verliert, wenn ihr der Befangenheitsgrund positiv bekannt war und sie gleichwohl weiter verhandelt. Schuldhafte Unkenntnis schadet nun nicht. **6**

§ 20 — Absatz 4:
Jede Partei kann die Enthebung eines Schiedsrichters beantragen, der seiner Aufgabe nicht gemäß dieser Schiedsgerichtsordnung nachkommt oder das Verfahren ungebührlich verzögert. Hier ist analog zu Abs. (1) vorzugehen. Über den Antrag entscheidet das Präsidium.

§ 20 – Abs. 6 – Wiener Regeln

7 Die Vorschrift ist so zu lesen, daß das Präsidium den Schiedsrichter abberufen muß, wenn dieser seinen Aufgaben nicht nachkommt oder das Verfahren ungebührlich verzögert. Durch die Verweisung auf Abs. 1 ist gesagt, daß die Pflichtwidrigkeit des Schiedsrichters dem Sekretariat unverzüglich bekanntzugeben ist. Rügeloses Weiterverhandeln kann dazu führen, daß die betreffende Partei das Recht verliert, sich auf den Fehler zu berufen. Hat die Partei den Fehler des Schiedsrichters gerügt, so kann sie sich auf diesen Verfahrensfehler in einem späteren Aufhebungsverfahren auch dann berufen, wenn das Präsidium diesen Fehler als weniger gravierend ansah und von einer Absetzung des Schiedsrichters absah.

§ 20 – Absatz 5:

Ist ein Schiedsrichter an der Ausübung seines Amtes offensichtlich verhindert, kann ihn das Präsidium auf Antrag einer Partei oder von Amts wegen entheben.

8 Die Kann-Vorschrift ist sicherlich ein Redaktionsfehler. Ist ein Schiedsrichter offensichtlich verhindert, dann **muß** das Präsidium den Schiedsrichter seines Amtes entheben. Es steht aber im Ermessen des Präsidiums, darüber zu befinden, wann und unter welchen Voraussetzungen ein Schiedsrichter „offensichtlich verhindert" ist. Eine kurzzeitige Krankheit führt noch nicht zu einer solchen Verhinderung, andererseits kann den Parteien auch nicht zugemutet werden, angesichts einer unabsehbar langen Krankheit des Schiedsrichters bis auf weiteres abzuwarten.

§ 20 – Absatz 6:

Wird der Ablehnung oder dem Antrag auf Enthebung eines Schiedsrichters stattgegeben, oder enthebt das Präsidium einen Schiedsrichter von Amts wegen, erfolgt die Ersatzbenennung oder -ernennung gemäß § 19.

9 Das Benennungsrecht sollte besser auf das Präsidium übergehen, wenn ein Schiedsrichter aus einem Grunde, den die ernennende Partei bei der Ernennung kannte oder kennen mußte, vom Gegner erfolgreich abgelehnt wurde (vgl. § 19 Rdnr. 2). Aus der geltenden Schiedsordnung ist dieses aber nicht herzuleiten. Allenfalls wäre dies aus § 19 zu konstruieren, wenn angenommen würde, daß die betreffende Partei durch Wiederholungsfälle gezeigt hat, daß es ihr unmöglich ist, einen Schiedsrichter zu benennen, welcher die Voraussetzungen gemäß § 7 erfüllt.

§ 21 Durchführung des Verfahrens

(1) Das Verfahren kann mündlich oder schriftlich durchgeführt werden. Eine mündliche Verhandlung findet auf Antrag wenigstens einer Partei, oder wenn es der mit der Entscheidung betraute Einzelschiedsrichter oder Schiedsrichtersenat für erforderlich hält, statt.

(2) Mündliche Verhandlungen werden von dem Einzelschiedsrichter oder dem Vorsitzenden des Schiedsrichtersenats anberaumt. Sie sind nicht öffentlich.

(3) Die Schiedsrichter können, wenn es ihnen erforderlich erscheint, zusätzliche Beweismittel anfordern oder Sachverständige beiziehen.

(4) Über mündliche Verhandlungen ist ein Ergebnisprotokoll anzufertigen, das von den Schiedsrichtern und den Parteien zu unterfertigen ist. Weigert sich eine Partei, das Protokoll zu unterfertigen, ist dies auf dem Protokoll zu vermerken. Eine solche Weigerung hat auf das weitere Verfahren keinen Einfluß.

§ 21 – Absatz 1:

Das Verfahren kann mündlich oder schriftlich durchgeführt werden. Eine mündliche Verhandlung findet auf Antrag wenigstens einer Partei oder, wenn es der mit der Entscheidung betraute Einzelschiedsrichter oder Schiedsrichtersenat für erforderlich hält, statt.

Das konstituierte Schiedsgericht hat, ehe es mit dem eigentlichen Verfahren beginnt, seine Zuständigkeit zu prüfen. Es hat also darüber zu befinden, ob es durch eine gültige Schiedsklausel berufen wurde. Auf die Anmerkungen zu § 2 wird verwiesen. Es fällt auf, daß die Wiener Regeln keine sog. Kompetenz-Kompetenz-Klausel enthalten. Es wird zwar gesagt, daß die Parteien dem Schiedsgericht eine echte Kompetenz-Kompetenz nicht zuweisen können (*Schütze/Tscherning*, Rdnr. 855 m.N.). Es besteht aber der Eindruck, daß hier ein Mißverständnis vorliegt: die endgültige Kompetenz-Kompetenz kann den staatlichen Gerichten niemals entzogen werden, weder nach österreichischem noch, soweit bekannt, nach irgendeinem anderen Recht. Es geht lediglich um die Frage, ob die Parteien vereinbaren können, daß das Schiedsgericht ermächtigt sei, darüber zu befinden, ob ein bestimmter Streitgegenstand noch unter die Schiedsklausel fällt. Es ist nicht zu sehen, daß die österreichische Rechtslage in diesem Punkte von der deutschen wesentlich abweicht, denn es wird gesagt, daß das Schiedsgericht die Befugnis habe, über seine eigene Zuständigkeit zu entscheiden. Die Entscheidung

§ 21 – Abs. 3 – Wiener Regeln

des Schiedsgerichtes kann allerdings – wie nach anderen Rechtsordnungen auch – im Rahmen eines Anfechtungsverfahrens angegriffen werden (*Fasching*, Rdnr. 2185; *Schönherr*, RIW 1980 S. 816).

2 Solange nicht die Schiedsvereinbarung selbst unter österreichischem Recht steht, kommt es aber auf das österreichische Recht in diesem Zusammenhang gar nicht an. Ob eine Kompetenz-Kompetenz-Klausel als gültig anzusehen ist, ist vielmehr nach dem Recht zu entscheiden, unter welchem diese Klausel steht. Das ist im Zweifel das Recht, welches auch die Schiedsvereinbarung regiert, also – wenn nicht besondere Gründe dagegen sprechen – das Recht, welchem die Parteien den Vertrag insgesamt unterstellt haben. Hat also ein deutscher Exporteur mit einem türkischen Importeur die Geltung deutschen materiellen Rechtes vereinbart, ein Schiedsgerichtsverfahren aber nach den Wiener Regeln in Österreich vorgesehen, so entscheidet im Zweifel das deutsche Recht darüber, ob die Kompetenz-Kompetenz besteht, nicht aber das österreichische.

3 Auf Antrag einer Partei muß das Verfahren mündlich durchgeführt werden. Die Mündlichkeit impliziert den Anspruch der betreffenden Partei, nicht nur ihre Anträge verlesen zu dürfen, sondern den Streitgegenstand vollständig mündlich zu präsentieren. Die Partei muß daher die Möglichkeit haben, die Sach- und Rechtsfragen mit dem Schiedsgericht so zu erörtern, daß sie die Möglichkeit hat, Überzeugungen des Schiedsgerichts zu bilden oder zu widerlegen.

§ 21 – Absatz 2:

Mündliche Verhandlungen werden von dem Einzelschiedsrichter oder dem Vorsitzenden des Schiedsrichtersenats anberaumt. Sie sind nicht öffentlich.

4 Der Ausschluß der Öffentlichkeit dient den Vertraulichkeitsinteressen der Parteien, nicht der Schiedsrichter. Wenn die Parteien es wünschen, muß das Schiedsgericht daher die Öffentlichkeit zulassen.

§ 21 – Absatz 3:

Die Schiedsrichter können, wenn es ihnen erforderlich erscheint, zusätzliche Beweismittel anfordern oder Sachverständige beiziehen.

5 Diese Regel gibt den Schiedsrichtern die Befugnis, „zusätzliche" Beweismittel anzufordern oder Sachverständige beizuziehen, also über die von

den Parteien angebotenen Beweise hinaus. Ob die Schiedsrichter unabhängig von den Parteianträgen Beweismittel ggf. anfordern müssen, ist eine Frage des anwendbaren Verfahrensrechts.

Denkbar ist, daß das gem. § 23 Satz 1 anwendbare Verfahrensrecht die Schiedsrichter darauf beschränkt, sich hinsichtlich des Beweises streng an die von den Parteien angebotenen Beweise zu halten. Aus Abs. 3 könnte dann die Befugnis des Gerichtes entnommen werden, über das von dem herrschenden Verfahrensrecht erlaubte Maß hinaus zusätzliche Beweise einzuholen, auch wenn einer Partei eine nach dem Recht gebotene non-liquet-Entscheidung angenehmer wäre.

§ 21 – Absatz 4:

Über mündliche Verhandlungen ist ein Ergebnisprotokoll anzufertigen, das von den Schiedsrichtern und den Parteien zu unterfertigen ist. Weigert sich eine Partei, das Protokoll zu unterfertigen, ist dies auf dem Protokoll zu vermerken. Eine solche Weigerung hat auf das weitere Verfahren keinen Einfluß.

Über mündliche Verhandlungen ist ein Protokoll anzufertigen, welches – abweichend vom staatlichen Gerichtsverfahren – auch von den Parteien zu unterzeichnen ist. Die rechtliche Bedeutung des Protokolls ist nicht geregelt; sie dürfte sich darauf beschränken, den Parteien in einem eventuellen späteren Aufhebungsverfahren den Beweis zu erleichtern, daß bestimmte Prozeßhandlungen vorgenommen wurden. Aus diesem Grunde wäre es eine Erleichterung, wenn beide Parteien das Protokoll unterzeichnen; der Beweiswert wird aber durch die Weigerung einer Partei nur unwesentlich beeinträchtigt.

§ 22

Die Parteien sind berechtigt, sich im Verfahren vor dem Schiedsgericht durch einen bevollmächtigten Vertreter vertreten zu lassen.

Jede Partei kann sich durch „einen" Vertreter vertreten lassen. Der Vertreter braucht kein Jurist oder sonstiger Fachmann zu sein. Das Wort „einen" ist wohl nicht als Zahlwort zu lesen, so daß den Parteien bis an die Grenze der Unangemessenheit nicht verwehrt wird, auch mehrere Vertreter heranzuziehen. Das Recht, sich durch Rechtsanwälte vertreten zu lassen, kann nach deutschem Recht ohnehin nicht abbedungen werden (§ 1034 Abs. 1 Satz 1 ZPO). Nach österreichischem Recht scheint das möglich zu sein (*Fasching*, Rdnr. 2212).

§ 23

Die Schiedsrichter haben das Recht anzuwenden, das von den Parteien vereinbart wurde. Liegt eine solche Vereinbarung nicht vor, wird das anwendbare materielle oder Verfahrensrecht von den Schiedsrichtern bestimmt.

1 Haben die Parteien das materielle und/oder das Verfahrensrecht bestimmt, so sind die Schiedsrichter hieran gebunden. Nach österreichischem Recht bedarf auch eine solche Verfahrensfestlegung durch die Parteien der Schriftform (§ 587 Abs.1 öZPO; *Fasching*, Rdnr. 2209). Da dieses Schriftlichkeitserfordernis im österreichischen Recht zum zwingenden Recht gehören dürfte, ist es bei einem in Wien stattfindenden Schiedsverfahren auch dann zu beachten, wenn die Parteien oder die Schiedsrichter z.B. deutsches Verfahrensrecht bestimmten. Haben die Parteien keine Vereinbarung getroffen, so „wird das anwendbare materielle oder Verfahrensrecht von den Schiedsrichtern bestimmt". Auch hier ist eine gewisse redaktionelle Unsauberkeit der Wiener Regeln festzustellen. Das Verfahrensrecht wird nicht nur in Österreich, sondern üblicherweise von den Schiedsrichtern bestimmt, d.h. nach freiem Ermessen festgelegt (so: § 587 Abs. 1 Satz 2 öZPO), während das anwendbare materielle Recht aufgrund der vom Schiedsgericht für anwendbar gehaltenen Kollisionsnormen im Sinne einer Rechtsfindung ermittelt wird (vgl. Art. 13 Abs. 3 ICC-Regeln). Die Verwendung des gleichen Wortes „bestimmt" sowohl für die Festlegung des Verfahrensrechtes wie auch für die Ermittlung des materiellen Rechtes kann daher verwirren. Tatsächlich wollen die Wiener Regeln in § 23 gar nichts anderes sagen, als daß das Schiedsgericht bei der Bestimmung des Verfahrensrechtes frei ist, hinsichtlich der Ermittlung des materiellen Rechtes jedoch eine Rechtsentscheidung trifft (*Schütze/Tscherning*, Rdnr. 857; *Fasching*, Rdnr. 2211).

2 Auffällig ist die Formulierung, wonach die Schiedsrichter das Verfahrens*recht* bestimmen. Es heißt nicht, wie in § 587 Abs. 1 öZPO oder in § 1034 Abs. 2 der deutschen ZPO, daß die Schiedsrichter das Verfahren nach freiem Ermessen bestimmen oder wie es in ähnlichen Worten in den Stockholmer Regeln oder in den ICC-Regeln gesagt ist. Hieraus muß wohl geschlossen werden, daß die Schiedsrichter aufgrund des § 23 nicht befugt sein sollen, einzelne Verfahrensmaßnahmen selbst zu bestimmen und sich notfalls selbst auszudenken, vielmehr gilt, daß die Schiedsrichter sich für ein Verfahrensrecht zu entscheiden haben. Dieses kann das österreichische, das jugoslawische oder ein beliebiges anderes

Verfahrensrecht sein. Stets muß es sich aber nach dem Wortlaut des § 23 um ein etabliertes Recht handeln. Dieses Verfahrensrecht muß dann angewendet werden: beim ersten, nämlich der Bestimmung des Verfahrensrechtes, sind die Schiedsrichter mangels einer Parteivereinbarung frei, beim zweiten, nämlich bei der Anwendung des so bestimmten Verfahrensrechtes, sind sie „Knechte". Wenn diese, vom Wortlaut des § 23 nahegelegte Auslegung richtig ist, wäre es mithin ein Verfahrensverstoß gemäß § 595 Abs. 1 Nr. 3 der öZPO, welcher zur Aufhebung des Schiedsspruches in Österreich führen könnte, wenn der Schiedsrichter – bei unterstellter Anwendung des österreichischen Verfahrensrechtes – eine bestimmte von der österreichischen ZPO vorgegebene Frist überschreitet oder sonst eine eindeutige Regel übertritt.

Allerdings gehört zum österreichischen Verfahrensrecht auch § 587 öZPO, welche dem Schiedsrichter die Freiheit, das Verfahren (nicht nur das Verfahrensrecht!) festzulegen, in derselben Weise einräumt wie z. B. § 1034 Abs. 2 deutsche ZPO. Haben also die Parteien oder die Schiedsrichter österreichisches Verfahrensrecht gewählt, dann ist über diese Brücke indirekt die freie Verfahrensgestaltung der Schiedsrichter in dem Maße gewährleistet, wie sie das von den Schiedsrichtern bestimmte Verfahrensrecht vorsieht. Die Freiheit der Schiedsrichter, das Verfahren nach ihrem Ermessen zu bestimmen, beruht gemäß § 23 also nicht auf einer Parteivereinbarung, sondern auf dem gewählten Recht. Da alle praktisch in Frage kommenden staatlichen Verfahrensrechte eine dem § 1034 Abs. 2 deutsche ZPO bzw. § 587 öZPO entsprechende Ermessensfreiheit der Schiedsrichter vorsehen, dürfte sich im praktischen Ergebnis gegenüber dem Fall nicht sehr viel ändern, in welchem die Parteien den Schiedsrichtern diese Ermessensfreiheit wie etwa über Art. 13 Abs. 3 ICC-Regeln unmittelbar einräumen. Gleichwohl sind die jeweiligen durch das angezogene Verfahrensrecht gesetzten Grenzen dieser schiedsrichterlichen Ermessensfreiheit zu berücksichtigen.

3

§ 24

(1) Schiedssprüche ergehen schriftlich und sind auf allen erforderlichen Ausfertigungen von den Schiedsrichtern zu unterschreiben. Die Unterschrift der Mehrheit der Schiedsrichter genügt, wenn im Schiedsspruch vermerkt wird, daß ein Schiedsrichter die Unterschrift verweigert, oder daß der Unterzeichnung durch ihn ein Hindernis entgegensteht, das nicht in angemessener Frist überwunden werden kann. Wird der Schiedsspruch bei Schiedsrichtersenaten mit Stimmenmehrheit gefällt,

muß dies auf Wunsch des überstimmten Schiedsrichters im Schiedsspruch angeführt werden.

(2) Der Obmann, in seiner Verhinderung ein anderer Schiedsrichter, hat auf Verlangen einer Partei die Rechtskraft und die Vollstreckbarkeit des Schiedsspruchs auf einer Ausfertigung zu bestätigen.

(3) Die Schiedssprüche werden auf allen erforderlichen Ausfertigungen durch Unterschrift des Sekretärs und den Stempel des Schiedsgerichts bestätigt und den Parteien zugestellt.

§ 24 — Absatz 1:

Schiedssprüche ergehen schriftlich und sind auf allen erforderlichen Ausfertigungen von den Schiedsrichtern zu unterschreiben. Die Unterschrift der Mehrheit der Schiedsrichter genügt, wenn im Schiedsspruch vermerkt wird, daß ein Schiedsrichter die Unterschrift verweigert, oder daß der Unterzeichnung durch ihn ein Hindernis entgegensteht, das nicht in angemessener Frist überwunden werden kann. Wird der Schiedsspruch bei Schiedsrichtersenaten mit Stimmenmehrheit gefällt, muß dies auf Wunsch des überstimmten Schiedsrichters im Schiedsspruch angeführt werden.

1 Die Regeln unterstellen, daß ein Schiedsspruch mit Stimmenmehrheit ergeht, was gemäß § 490 öZPO bedeutet, daß der Schiedsspruch mit der absoluten Mehrheit der Schiedsrichter erlassen wird. Diese Vorschrift wird ergänzt durch § 591, wonach jede Partei das zuständige Gericht mit dem Antrag anrufen kann, die Schiedsvereinbarung für unwirksam zu erklären, wenn die Schiedsrichter zu keiner Mehrheit finden können (*Fasching*, Rdnr. 2205). Es steht den Parteien allerdings frei, vorher oder auch nachher für diesen Fall Vorsorge zu treffen.

2 Weder die Wiener Regeln noch das österreichische Verfahrensrecht verpflichten die Schiedsrichter, den Schiedsspruch zu begründen. Obwohl dieses in Österreich allgemein üblich ist (*Melis*, S. 20), empfiehlt sich eine entsprechende ausdrückliche Parteivereinbarung oder die Vereinbarung eines solchen Verfahrensrechtes, welches, wie z. B. das deutsche, eine Begründungspflicht enthält. Es ist zwar allgemein anerkannt, daß ein staatliches Gericht im Rahmen eines Aufhebungsverfahrens die Begründung des Schiedsspruches nicht auf rechtliche Fehler überprüft. Andererseits ist anerkannt, daß eine Begründung nur dann als solche anzuerkennen ist, wenn sie gewisse Mindestanforderungen nicht unterschreitet. Ist also entweder durch Gesetz oder durch Parteivereinbarung den Schiedsrichtern eine Begründungspflicht auferlegt, dann ist der

Schiedsspruch nur dann bestandsfähig, wenn die Begründung das leistet, wozu sie da ist, nämlich die wesentlichen Gesichtspunkte, von denen sich die Schiedsrichter haben leiten lassen, aufzuzeigen. Ein Schiedsspruch ist daher – nach deutschem Recht – aufzuheben, wenn die Begründung nicht erkennen läßt, daß der Schiedsrichter sich an seinen Auftrag gehalten hat. Zu diesem Auftrag gehört auch, daß sich die Schiedsrichter an die Regeln des allgemeinen Vernunftgebrauches halten (vgl. *Aden*, RIW 1984 S. 937). Gröbste Fehler in der Begründung können daher den Schiedsspruch in den Fällen gefährden, in welchen eine Begründung vorgeschrieben ist. Die Frage ist, ob dieses auch dann gilt, wenn die Schiedsrichter freiwillig eine Begründung geben, ohne also durch Gesetz oder Parteiauftrag dazu verpflichtet zu sein. Das muß aus der Sicht des deutschen Rechtes bejaht werden. Auch eine freiwillige Leistung, hier: Begründung des Schiedsspruches, schafft einen gewissen Vertrauenstatbestand für die Begünstigten. Sie haben dann einen Anspruch darauf, daß diese grundsätzlich das leistet, wozu sie erbracht wurde.

Im Normalfall ist der Schiedsspruch von allen Schiedsrichtern zu unterschreiben. Im Einklang mit § 592 öZPO reicht aber die Unterschrift der Mehrheit der Schiedsrichter, wenn ein Schiedsrichter die Unterschrift verweigert oder der Unterzeichnung durch ihn ein dauerhaftes Hindernis entgegensteht. § 24 der Regeln und auch § 592 öZPO sind aber so zu verstehen, daß mindestens 2 Schiedsrichter die Unterschrift leisten müssen, um den Schiedsspruch gültig zu machen. Auffällig ist Satz 3 in Abs. 1, wonach auf Wunsch des überstimmten Schiedsrichters diese Tatsache im Schiedsspruch aufgeführt werden muß. Dieses mag eine praktisch erforderliche Regelung sein. Diese Vorschrift, wie auch der Verzicht auf die Unterschrift eines Schiedsrichters im Weigerungsfalle, ist im Grunde nur ein Zugeständnis an die Tatsache, daß parteibenannte Schiedsrichter, wenn sie aus dem Lande der sie benennenden Partei stammen, oft in besonderer Weise mit den Interessen dieser Partei identifiziert werden, so daß Repressalien nicht auszuschließen sind, wenn bekannt werden sollte, daß dieser Schiedsrichter die ihm „anvertrauten Interessen" im Schiedsgericht nicht vertreten hat. Im Grunde ist das in dieser Vorschrift wie auch in § 1039 deutscher ZPO neuer Fassung liegende Zugeständnis des Gesetzgebers an die Praxis der internationalen Handelsschiedsbarkeit daher bedauerlich, wenn auch möglicherweise sachlich nötig.

3

§ 24 – Absatz 2:

Der Obmann, in seiner Verhinderung ein anderer Schiedsrichter, hat auf Verlangen einer Partei die Rechtskraft und die Vollstreckbarkeit des Schiedsspruchs auf einer Ausfertigung zu bestätigen.

4   Diese Vorschrift bezieht sich auf § 594 öZPO, wonach auf Antrag einer Partei der Obmann oder bei dessen Verhinderung einer der Schiedsrichter die Endgültigkeit des Schiedsspruches bestätigt und damit seine Vollstreckbarkeit erklärt. Diese Bestätigung kann nicht in dem Schiedsspruch selbst ausgesprochen werden, sondern muß vom Schiedsgericht separat auf einer Ausfertigung des Schiedsspruches vermerkt werden (§ 594 Abs. 2 öZPO). Hierin liegt eine Besonderheit des österreichischen Schiedsverfahrensrechtes. Eine Vollstreckung kann also allein aufgrund eines Schiedsspruches erfolgen, welchem vom Schiedsgericht selbst die „Vollstreckungsklausel" beigefügt wurde. Im deutschen Recht ist dieses Verfahren am ehesten mit der Vollstreckung einer vollstreckbaren Urkunde gemäß § 794 ZPO zu vergleichen. Für die Zustellung des Schiedsspruches gelten keine besonderen Voraussetzungen. Es reicht grundsätzlich die Übersendung durch die Post. Nur wenn der Empfänger die Annahme verweigert oder eine Ersatzzustellung vorgenommen werden muß, ist es erforderlich, das ordentliche Gericht für die förmliche Zustellung einzuschalten (*Fasching*, Rdnr. 2219).

5   Diese Vollstreckbarkeitserklärung fällt in die ausschließliche Zuständigkeit des Obmanns, sie kann nach dem Gesetzestext wie auch nach der Formulierung des Abs. 2 nicht durch die Mehrheit der Schiedsrichter vorgenommen werden, wenn dieser sich weigert. Fällt der Obmann aus, bevor er diese Erklärung ausgefertigt hat, muß ein neuer Obmann bestellt werden, damit der Schiedsspruch entsprechend den Regeln endgültig wird.

§ 24 – Absatz 3:

Die Schiedssprüche werden auf allen erforderlichen Ausfertigungen durch Unterschrift des Sekretärs und den Stempel des Schiedsgerichts bestätigt und den Parteien zugestellt.

6   Die Bestätigung des Schiedsspruches durch Dritte, hier das Schiedsgericht bzw. dessen Sekretariat, ist für die Rechtskraftwirkung des Schiedsspruches nach österreichischem Verfahrensrecht nicht erforderlich. Die Parteien müssen aber das Recht haben, die formelle Gültigkeit des Schiedsspruches von einer solchen Bestätigung abhängig zu machen.

Es ist daher nach den Wiener Regeln anzunehmen, daß ein Schiedsspruch ohne die Bestätigung gem. Abs. 3 noch nicht endgültig sein soll. Eine irgendwie geartete Überprüfung durch das Schiedsgericht (hier verstanden als die Schiedsgerichtsinstitution) bzw. dessen Sekretariat findet jedoch nicht statt. Es stellt sich daher die Frage nach dem Verhältnis von Abs. 3 zu Abs. 2. Hat nämlich der Obmann die Vollstreckungsbestätigung gegeben, so ist der Schiedsspruch gemäß § 594 Abs. 2 öZPO bereits verbindlich. Die Bestätigung gemäß Abs. 3 kann daher lediglich eine rein formale Bedeutung haben, etwa in dem Sinne, daß das vom Obmann als Schiedsspruch ausgegebene Dokument tatsächlich ein Schiedsspruch ist.

Eine Kostenentscheidung ist nicht vorgeschrieben. Da die Schiedsrichter sich für ein Verfahrensrecht entscheiden müssen, folgt – mangels gegenteiliger Parteivereinbarung –, daß die Schiedsrichter ihre Kostenentscheidung unter Anwendung des anwendbaren Verfahrensrechtes treffen müssen und kein Ermessen haben, welches ihnen nicht durch dieses Gesetz vorgegeben ist. Käme deutsches Verfahrensrecht zur Anwendung, müßten die Schiedsrichter daher entsprechend § 91 ff. ZPO über die Kostentragung entscheiden. Dasselbe gilt nach österreichischem Recht. Vorbehaltlich einer anderen schriftlichen Parteibestimmung hat die obsiegende Partei einen Anspruch auf Ersatz der ihr erwachsenen Prozeß- und Anwaltskosten. Die Kostenersatzpflicht ist ziffernmäßig bestimmt im Schiedsspruch auszusprechen, und dieser Ausspruch nimmt an der Vollstreckbarkeit des Schiedsspruchs teil. Diese Kostenentscheidung darf sich aber nur auf die den Parteien selbst erwachsenen Kosten erstrecken (einschließlich geleisteter Vorschüsse), nicht aber auf das Schiedsrichterhonorar; insofern wäre der Kostenausspruch nicht vollstreckbar (*Fasching*, Rdnr. 2212). 7

Die Wiener Regeln enthalten keine Vorschrift über die Zulässigkeit von Teil- und Zwischenschiedssprüchen. Deren Zulässigkeit muß sich daher aus dem anwendbaren Verfahrensrecht ergeben. Nach österreichischem Recht bestehen dagegen keine Bedenken (*Fasching*, Rdnr. 2114). 8

§ 25

(1) **Die Schiedssprüche des Schiedsgerichts sind endgültig. Es ist gegen sie kein Rechtsmittel zulässig.**

(2) **Der Sekretär kann im Einvernehmen mit den Parteien den juristischen Inhalt von Schiedssprüchen in einer Form veröffentlichen, durch die die Anonymität der Parteien gewahrt bleibt.**

§ 26 — Wiener Regeln

1   Die Vorschrift in Abs. 1 versteht sich im Grunde von selbst. Die Aussage, daß gegen den Schiedsspruch „kein Rechtsmittel zulässig" sei, kann nicht bedeuten, daß die Parteien auf eine eventuelle Aufhebungsklage verzichtet haben. Auf die Erhebung einer Aufhebungsklage kann nach deutschem Recht nicht im voraus verzichtet werden, für das österreichische Recht folgt dieses aus § 598 öZPO. Den Parteien gegenüber wird der Schiedsspruch mit der Zustellung (vgl. Abs. 2) der schriftlichen Ausfertigung wirksam. Damit beginnt der Lauf der 30-Tages-Frist, binnen derer gemäß § 596 Abs. 2 öZPO die Aufhebungsklage erhoben werden kann (*Fasching*, Rdnr. 2220).

2   Für die Veröffentlichung des Schiedsspruches ist die Zustimmung beider Parteien erforderlich. Offen ist die Frage, ob gegebenenfalls auch die Zustimmung der Schiedsrichter dazu nötig ist. Im Zweifel ist aber anzunehmen, daß Schiedsrichter, welche nach den Wiener Regeln tätig werden, damit einverstanden sind, daß die Schiedssprüche im Einklang mit § 25 veröffentlicht werden, wenn das Schiedsgericht es für erforderlich hält.

§ 26

Jede Partei kann verlangen, daß Vergleiche in der Form eines Schiedsspruches erlassen werden, um eine eventuell erforderliche Zwangsvollstreckung zu erleichtern.

1   Wenn die Parteien vor dem Schiedsgericht einen „gerichtlichen Vergleich" schließen, so mag dieser materiell-rechtlich verbindlich sein wie jeder Vertrag, welchen die Parteien schließen, und die Anwesenheit eines Dritten bei diesem Vertragsschluß, hier also des Schiedsgerichtes, hat rechtlich keine andere Bedeutung als die, daß den Parteien in bezug auf den Vertragsschluß taugliche Zeugen zur Verfügung stehen. Der vor einem Schiedsgericht geschlossene Vergleich ist daher nicht ohne weiteres auch ein der Vollstreckung fähiger Prozeßvergleich. Vollstreckungsrechtliche Wirkungen erhält der schiedsgerichtliche Vergleich für das deutsche Recht nur, wenn er den Voraussetzungen des § 1044a ZPO genügt. Das gilt auch, wenn der schiedsgerichtliche Vergleich vor einem ausländischen Schiedsgericht geschlossen wurde (*B/L/A*, § 1044a Anm. 4; vgl. allgemein *Schlosser*, Rdnrn. 821 ff.). Schiedsvergleiche sind als solche auch nicht Gegenstand des New Yorker Abkommens und müssen daher nicht anerkannt werden (*B/L/A*, Schlußanhang VI., Art. 1 Anm. zu I.).

2   Nach österreichischem Recht wird der Vergleich vor dem Schiedsgericht wie ein Schiedsspruch selbst als Vollstreckungstitel anerkannt (*Melis*,

S. 21; *Fasching*, Rdnr. 2221). Das gilt dann auch für den das Schlichtungsverfahren abschließenden Schiedsspruch gemäß § 11 Absatz 1 Satz 3. Auch nach österreichischem Recht werden aber besondere Formerfordernisse an seine Vollstreckungswirkung gestellt, indem er von beiden Parteien und allen Schiedsrichtern unterschrieben werden muß. Hier reicht es also nicht, daß er — wie für den Schiedsspruch genügend — nur von der Mehrheit der Schiedsrichter (vgl. § 592 Abs. 2 öZPO; § 24 Abs. 1) unterschrieben ist (*Fasching*, Rdnr. 2221).

Der Schiedsvergleich hat unter Umständen verschiedene Wirkungen je nachdem, ob er in Österreich oder in Deutschland bzw. in einem anderen Lande vollstreckt werden soll. Der Möglichkeit, daß ein in Österreich geschlossener Schiedsvergleich aus formalen Gründen im Ausland nicht als Schiedsspruch anerkannt und vollstreckt wird, beugt § 26 vor, in welchem das Schiedsgericht ermächtigt wird, den materiellen Inhalt eines Schiedsvergleiches in der Form eines Schiedsspruches zu erlassen. Diese Form der Verwandlung eines Schiedsvergleiches in einen Schiedsspruch ist aus Sicht des deutschen Prozeßrechtes nicht ganz unproblematisch, nach österreichischem Verfahrensrecht aber ohne weiteres zulässig (*Melis*, S. 21). Steht also das Schiedsverfahren unter österreichischem Verfahrensrecht oder einem Verfahrensrecht, welches diese Verwandlung eines Vergleiches in die Form eines Schiedsspruches zuläßt, dann ist gegen einen solchen Schiedsspruch aus deutscher Sicht bezüglich der Vollstreckbarkeitserklärung nichts einzuwenden, denn für die Anerkennung bei uns kommt es nicht auf die Förmlichkeit des § 1044a ZPO an, sondern darauf, ob der ausländische Schiedsspruch in seinem Heimatstaat ein Schiedsspruch ist (*Schlosser*, Rdnr. 809). Gemäß § 26 der Regeln werden die Schiedsrichter ermächtigt, einen schiedsgerichtlichen Vergleich in der Form eines Schiedsspruches zu erlassen. Ein solcher Schiedsspruch wäre nach österreichischem Recht ein Schiedsspruch (und kein Schiedsvergleich). Dieser Schiedsspruch kann daher nach den normalen Regeln in Deutschland oder in einem anderen Lande, welches ebenso wie wir den Schiedsvergleich dem Schiedsspruch nicht gleichstellt, anerkannt und vollstreckt werden.

3

Im Verhältnis zu Deutschland ist der Umweg über § 26 aber nicht erforderlich. Zwischen Deutschland und Österreich besteht der „Deutsch-Österreichische Vertrag vom 6. Juni 1959 über die gegenseitige Anerkennung und Vollstreckung von gerichtlichen Entscheidungen, Vergleichen und öffentlichen Urkunden in Zivil- und Handelssachen", in dessen Art. 12 Abs. 2 es heißt: „Vor einem Schiedsgericht abgeschlossene Vergleiche werden den Schiedssprüchen gleichgestellt."

4

§ 28 – *Wiener Regeln*

Verfahrenskosten

§ 27 Kostenregelung und Kostensicherstellung

Die klagende bzw. widerklagende Partei hat eine Einschreibegebühr in der Höhe von öS 1.000,— zu entrichten. Diese dient zur Deckung und Auslegung bis zur Übergabe der Akten an die Schiedsrichter. Sollten höhere Auslagen entstehen, kann ein zusätzlicher Betrag vorgeschrieben werden.

1 Es handelt sich um eine reine Auslagenerstattung, welche bis zum Betrage von 1.000 Schillingen für den Kläger bzw. den Widerkläger pauschaliert wird. Darüber hinausgehende Gebühren dürfen, so ist § 27 zu verstehen, nur entsprechend den tatsächlich entstandenen Kosten verlangt werden.

§ 28

(1) Die Schiedsgerichtskosten (Verwaltungskosten des Schiedsgerichts, Schiedsrichter- und Sachverständigenhonorare, Reise- und Aufenthaltskosten von Schiedsrichtern und Sachverständigen und sonstige Auslagen) werden vom Sekretär bestimmt.

(2) Der Sekretär setzt einen Kostenvorschuß fest, der vor Übergabe der Akten an die Schiedsrichter von den Parteien binnen dreißig Tagen ab Zustellung der Aufforderung zu gleichen Teilen zu erledigen ist.

(3) Erledigt eine Partei den auf sie entfallenden Anteil nicht innerhalb der gesetzten Frist, teilt der Sekretär dies der (den) Partei(en), die ihren Anteil erlegt hat (haben), mit und fordert sie auf, den fehlenden Teil des Vorschusses binnen dreißig Tagen ab Zustellung der Aufforderung zu erlegen oder sich sonst zu äußern.

(4) Erfolgt innerhalb der in Abs. (2) genannten Frist keine Vorschußleistung oder ist (sind) die Partei(en), die den auf sie entfallenden Teil des Vorschusses erlegt hat (haben), nicht bereit, den Fehlbetrag innerhalb der in Abs. (3) gesetzten Frist zu erlegen, gelten Klage bzw. Widerklage als zurückgezogen.

(5) Halten die Schiedsrichter die Bestellung von Sachverständigen für erforderlich, haben sie dies dem Sekretär unter Angabe der voraussichtlichen Kosten mitzuteilen. Dieser geht analog zu Abs. (2) vor. Die Bestellung eines Sachverständigen durch die Schiedsrichter kann erst erfolgen, wenn der Kostenvorschuß für die voraussichtlichen Honorare und Auslagen der Sachverständigen beim Sekretariat erlegt ist.

§ 28 – Abs. 2 – Wiener Regeln

(6) Die in Abs. (2) und (3) genannten Fristen können aus berücksichtigungswürdigen Gründen verlängert werden.

(7) Zeigt sich im Laufe des Verfahrens, daß mit dem gemäß Abs. (2) festgelegten Betrag nicht das Auslangen gefunden wird, kann der Sekretär einen zusätzlichen Betrag vorschreiben.

(8) Wird das Verfahren durch Klagsrücknahme beendet, kann der Sekretär auf Antrag unter Berücksichtigung der bis zum Zeitpunkt der Klagsrücknahme aufgelaufenen Kosten einen Teil des Vorschusses rückerstatten.

§ 28 — Absatz 1:

Die Schiedsgerichtskosten (Verwaltungskosten des Schiedsgerichts, Schiedsrichter- und Sachverständigenhonorare, Reise- und Aufenthaltskosten von Schiedsrichtern und Sachverständigen und sonstige Auslagen) werden vom Sekretär bestimmt.

Diese Vorschrift will nicht sagen, daß der Sekretär nach freiem Ermessen die Kosten festsetzt. Die Verwaltungskosten des Schiedsgerichtsinstituts ebenso wie die Schiedsrichterhonorare werden gemäß § 29 nach einer Gebührentabelle festgesetzt. Insofern der Sekretär hier Ermessensentscheidungen trifft, z. B. bei der Frage, ob bestimmte Ausgaben der Schiedsrichter dienstlich veranlaßt waren oder nicht, wird man aus Sicht des deutschen Rechtes den Rechtsgedanken des § 315 BGB heranziehen, wonach der Sekretär nach billigem Ermessen, d. h. unter Berücksichtigung der Interessen beider Seiten, zu entscheiden hat. 1

§ 28 — Absatz 2:

Der Sekretär setzt einen Kostenvorschuß fest, der vor Übergabe der Akten an die Schiedsrichter von den Parteien binnen dreißig Tagen ab Zustellung der Aufforderung zu gleichen Teilen zu erlegen ist.

Die Berechnung des Kostenvorschusses hat sich, auch wenn dieses nicht ausdrücklich gesagt ist, an den Kostentabellen zu orientieren. Absatz 2 setzt stillschweigend voraus, daß die Parteien zu gleichen Teilen kostentragungspflichtig sind. Diese Voraussetzung stimmt damit überein, daß in der rechtlichen Bewertung ein Dienstleistungsvertrag zwischen dem Schiedsgerichtsinstitut und beiden Parteien entsteht, so daß das Entgelt mangels entgegenstehender Vereinbarungen im Außenverhältnis von beiden Parteien zu gleichen Teilen aufzubringen ist. 2

§ 28 — Abs. 4 — Wiener Regeln

§ 28 — Absatz 3:

Erlegt eine Partei den auf sie entfallenden Anteil nicht innerhalb der gesetzten Frist, teilt der Sekretär dies der (den) Partei(en), die ihren Anteil erlegt hat (haben), mit und fordert sie auf, den fehlenden Teil des Vorschusses binnen dreißig Tagen ab Zustellung der Aufforderung zu erlegen oder sich sonst zu äußern.

3   Diese Vorschrift zieht die rechtliche Konsequenz daraus, daß die Parteien gemeinschaftlich Vertragspartner des Schiedsgerichtsinstitutes bzw. der Schiedsrichter sind. Zahlt eine Partei nicht, so ist die andere Partei nicht nur berechtigt, sondern letztlich sogar verpflichtet, auch den Kostenanteil der anderen Seite aufzubringen, unbeschadet ihrer Möglichkeit, im Innenverhältnis einen Ausgleich zu suchen.

§ 28 — Absatz 4:

Erfolgt innerhalb der in Abs. (2) genannten Frist keine Vorschußleistung oder ist (sind) die Partei(en), die den auf sie entfallenden Teil des Vorschusses erlegt hat (haben), nicht bereit, den Fehlbetrag innerhalb der in Abs. (3) gesetzten Frist zu erlegen, gelten Klage bzw. Widerklage als zurückgezogen.

4   Es ist anzuerkennen, daß das Schiedsgericht seine Mitwirkung bei der Durchführung des Schiedsverfahrens einstellt, wenn die Parteien ihren Verpflichtungen nicht nachkommen. Problematisch ist aber die Fiktion der Rücknahme der Klage bzw. der Widerklage für den Fall, daß die betreffende Partei den auf sie entfallenden Teil des Vorschusses nicht erlegt. Die Klagerücknahme ist eine Prozeßhandlung. Die Regelung in Abs. 4 ist juristisch nur als eine zusammen mit der Klageerhebung aufschiebend bedingt erklärte Klagerücknahme für den Fall der Nichtzahlung zu konstruieren. Es ist schon fraglich, ob eine solche Konstruktion in die Parteierklärung, das Schiedsverfahren nach den Wiener Regeln eröffnen zu wollen, hineingedeutet werden darf. Fraglich ist weiter, ob nach dem anwendbaren Verfahrensrecht eine bedingte Klagerücknahme überhaupt zulässig ist. Auch in dem folgenden, jedenfalls theoretisch möglichen Beispiel stößt diese Regelung auf Bedenken: Sind die Schiedsrichter der Meinung, daß die Parteien genug gezahlt haben und daß der vom Sekretär geforderte Vor- bzw. Nachschuß überhöht ist, so könnte der Fall eintreten, daß die Schiedsrichter weiterverhandeln und einen Schiedsspruch erlassen, obwohl gemäß Abs. 4 eine Rücknahme der Klage fingiert wurde.

§ 28 — Absatz 5:

Halten die Schiedsrichter die Bestellung von Sachverständigen für erforderlich, haben sie dies dem Sekretär unter Angabe der voraussichtlichen Kosten mitzuteilen. Dieser geht analog zu Abs. (2) vor. Die Bestellung eines Sachverständigen durch die Schiedsrichter kann erst erfolgen, wenn der Kostenvorschuß für die voraussichtlichen Honorare und Auslagen der Sachverständigen beim Sekretariat erlegt ist.

Diese Vorschrift setzt voraus, daß die Schiedsrichter nach dem anwendbaren Verfahrensrecht befugt sind, unabhängig von Beweisanträgen der Parteien von sich aus Sachverständige zu beauftragen. Würden nämlich Sachverständige nur auf Antrag einer Partei gehört, verstünde es sich von selbst, daß die Partei, welche sich auf Sachverständigengutachten beruft, auch den Vorschuß zu leisten hat bzw. als beweisfällig abgewiesen wird, wenn sie den Vorschuß nicht leistet. Die Regelung des Abs. 5 unterstellt dagegen, daß beide Parteien für den Vorschuß des Sachverständigen aufzukommen haben. Das sagt Satz 2, in dem auf die Regelung von Abs. 2 verwiesen wird. Die Verweisung allein auf Abs. 2 ergibt aber wenig Sinn für den Fall, daß eine der Parteien den auf sie entfallenden Anteil nicht zahlt. Abs. 5 muß also so verstanden werden, daß auch in bezug auf die Vorschußleistung für Sachverständigenkosten die Regelung der Absätze 2–4, und nicht nur die Regelung des Abs. 2 gilt. Das würde aber zu dem merkwürdigen Ergebnis führen, daß die Klage bzw. Widerklage als zurückgezogen gelten könnte, wenn eine Partei den entsprechenden Kostenvorschuß nicht erlegt. Richtigerweise wird Abs. 5 daher so auszulegen sein, daß dann, wenn eine Partei ihrer gemäß Abs. 2 vom Sekretär festgestellten Verpflichtung, den Kostenvorschuß zu leisten, nicht folgt, die Einholung des Sachverständigengutachtens unterbleibt und das Schiedsgericht insofern eine Entscheidung entsprechend der Beweislast fällt.

§ 28 — Absatz 7:

Zeigt sich im Laufe des Verfahrens, daß mit dem gemäß Abs. (2) festgelegten Betrag nicht das Auslangen gefunden wird, kann der Sekretär einen zusätzlichen Betrag vorschreiben.

Für den zusätzlich angeforderten Betrag müssen die Regeln gemäß Abs. 2 bis Abs. 5 entsprechend gelten.

§ 29 — Wiener Regeln

§ 28 — Absatz 8:

Wird das Verfahren durch Klagsrücknahme beendet, kann der Sekretär auf Antrag unter Berücksichtigung der bis zum Zeitpunkt der Klagsrücknahme aufgelaufenen Kosten einen Teil des Vorschusses rückerstatten.

7 Wird die Klage zurückgenommen, ist auch das Vertragsverhältnis zwischen Parteien und Schiedsgericht beendet. Es ist nicht anzuerkennen, daß der Sekretär eine Kostenerstattung durchführen *kann* — in richtiger Auslegung ist er dazu verpflichtet.

§ 29

Die Verwaltungskosten des Schiedsgerichts und die Schiedsrichterhonorare werden nach dem Streitwert im Rahmen der nachfolgenden Kostentabellen festgesetzt.

Verwaltungskosten*)***)

Streitwert in öS

bis 850.000	8.500
850.001 – 1,700.000	1%
1,700.001 – 8,500.000	0,5%
8,500.001 – 17,000.000	0,2%
17,000.001 – 34,000.000	0,1%
34,000.001 – 85,000.000	0,05%
über 85.000.000	0,01%

---

* Die angegebenen Sätze beinhalten ausschließlich die Verwaltungskosten des Schiedsgerichts, nicht aber die Barauslagen der Schiedsrichter, Sachverständigenhonorare und -auslagen, Dolmetschkosten und sonstige Auslagen.

Schiedsrichterhonorare**)***)

Streitwert in öS		
bis 850.000		6%
	mind.	8.500
850.001 – 1,700.000		3%
1,700.001 – 8,500.000		2%
8,500.001 – 17,000.000		1%
17,000.001 – 34,000.000		0,6%
34,000.001 – 85,000.000		0,4%
85,000.001 – 170,000.000		0,2%
170,000.001 – 850,000.000		0,1%
über 850,000.000		0,01%

Diese Kostentabellen sind verbindlich. Abweichungen zu Lasten der Parteien sind nicht zulässig. Werden statt eines Einzelschiedsrichters drei Schiedsrichter tätig, so können die Honorarsätze um das Dreifache erhöht werden, was die Auslegung zuläßt, daß die Erhöhung auch geringer ausfallen kann. 1

** Die angegebenen Sätze sind die Honorare für einen Einzelschiedsrichter. Sie können daher, wenn das Verfahren von einem Schiedsrichtersenat geführt wird, auf das Dreifache erhöht werden.
*** Zur Berechnung von Verwaltungskosten und Honoraren werden die angegebenen Staffeln gesondert berechnet und zusammengezählt.

3. Kapitel

Regeln für das Schiedsgerichtsinstitut der Handelskammer Stockholm*

§ 1 Organisation u. s. w.

Das Schiedsgerichtsinstitut der Handelskammer Stockholm ist ein Organ der Handelskammer Stockholm für die Behandlung von Schiedsgerichtsfragen. Es hat die Aufgabe,

den nachstehenden Regeln gemäß an der endgültigen Entscheidung von Rechtsstreitigkeiten in Wirtschaftsfragen beizustehen,

vorbehaltlich eines eigenen Beschlusses für jeden einzelnen Fall an Verfahren mitzuwirken, die ganz oder teilweise von diesen Regeln abweichen, sowie

in Schiedsgerichtsfragen Auskünfte zu erteilen.

§ 2

Das Institut hat einen Vorstand, der aus drei Mitgliedern besteht, welche vom geschäftsführenden Ausschuß der Handelskammer für die Dauer von drei Jahren ernannt werden. Von den Mitgliedern soll der Vorsitzende ein Richter mit Erfahrung von Rechtsstreitigkeiten im Wirtschaftsleben sein, ein Mitglied soll praktizierender Jurist und das dritte eine Person sein, die in der Wirtschaft Ansehen genießt.

Für jedes Mitglied ernennt der geschäftsführende Ausschuß einen persönlichen Stellvertreter für dieselbe dreijährige Periode. Der Stellvertreter soll die gleichen Qualifikationen haben wie das Mitglied.

Der geschäftsführende Ausschuß kann bei Vorliegen schwerwiegender Gründe ein Mitglied oder einen Stellvertreter absetzen.

Für jedes während der Mandatsperiode ausscheidende Mitglied oder für jeden ausscheidenden Stellvertreter ernennt der geschäftsführende Ausschuß ein neues Mitglied oder einen neuen Stellvertreter für die restliche Mandatsperiode.

Wenn in der Folge vom „Vorsitzenden" oder „Mitglied" gesprochen wird, ist damit auch ein Stellvertreter gemeint, der an die Stelle des Vorsitzenden bzw. eines Mitgliedes getreten ist.

---

* Deutsche Fassung von der Kammer.

§ 3

Der Vorstand ist mit zwei Mitgliedern beschlußfähig. Falls eine Stimmenmehrheit nicht erzielt werden kann, ist die Stimme des Vorsitzenden ausschlaggebend. Die Beschlüsse des Vorstandes sind endgültig und können von der Handelskammer nicht revidiert werden.

§ 4

Das Institut verfügt über ein Sekretariat, das aus einer oder mehreren von der Handelskammer angestellten Personen besteht. Das Sekretariat steht unter der Leitung eines Sekretärs, der die zur Erlangung eines Richteramtes erforderlichen Prüfungen abgelegt haben muß.

Bei der Handelskammer Stockholm besteht seit 1917 ein Schiedsgerichtsinstitut als Organ der Handelskammer. Das Stockholmer Schiedsgerichtsinstitut ist daher in einer ähnlichen Weise halböffentlich wie das Schiedsgericht nach den Regeln der Wiener Bundeskammer. Das Stockholmer Schiedsgerichtsinstitut war ursprünglich wohl vornehmlich für rein nationale Auseinandersetzungen konzipiert. Nach dem 2. Weltkrieg hat aber Stockholm als Austragungsort internationaler Schiedsgerichtsverfahren zunehmend Bedeutung gewonnen. Dieses trifft insbesondere zu auf den Ost-West-Handelsverkehr (vgl. *Stumpf*, RIW 1987, S. 823f.). Seit dem Jahre 1949 übt das Schiedsgerichtsinstitut seine Tätigkeit in seiner jetzigen Form aus. Die Verfahrensregeln für das Schiedsgerichtsinstitut wurden 1976 zuletzt revidiert und sind in kraft ab 1. Oktober 1976. 1

Die Organisationsregeln in §§ 1 – 4 entsprechen § 1 ICC-Regeln und §§ 1 – 6 der Wiener Regeln. Sie betreffen das Schiedsgerichtsinstitut und seine innere Organisation, nicht aber das Schiedsverfahren. Was zu den ICC-Regeln und den Wiener Regeln gesagt wurde, ist hier zu wiederholen. Es wäre richtiger, diese Organisationsvorschriften nicht in die eigentliche Verfahrensordnung mit aufzunehmen, da die Organisationsregeln einmal der Parteivereinbarung völlig entzogen sind, und da zum anderen ein Verstoß gegen diese Regeln von den Parteien praktisch nicht gerügt werden kann. 2

Für das Funktionieren des Schiedsgerichts, ja selbst für das Verfahren mag es wichtig sein, daß der Vorstand des Instituts aus 3 Mitgliedern besteht, welche vom geschäftsführenden Ausschuß der Handelskammer für die Dauer von 3 Jahren ernannt werden, und daß einer davon „ein Richter mit Erfahrung in Rechtsstreitigkeiten im Wirtschaftsleben" sein soll. Die entsprechende Regel (§ 2) ist den Parteien der Schiedsklausel aber gleichsam nur zur Kenntnis gegeben. Sie können keinen Einfluß 3

§ 5 – Stockholmer Regeln

auf die Zusammensetzung des Vorstandes nehmen, und es steht auch nicht in ihrer Macht, darüber zu befinden, ob das Sekretariat von einer Person geleitet wird, „die die zur Erlangung eines Richteramtes erforderlichen Prüfungen abgelegt" hat (§ 4).

4 Die Einbeziehung dieser Organisationsvorschriften in die den Parteien vorgeschlagene Schiedsverfahrensordnung ist daher rechtlich eher problematisch, und zwar unter dem Gesichtspunkt, daß gegebenenfalls zu prüfen wäre, ob ein Verstoß z. B. gegen § 2 ein Verfahrensfehler sein könnte, etwa in dem theoretischen Beispiel, daß entgegen § 2 ein Mitglied des Institutsvorstandes auf 5 Jahre ernannt wird, und daß dieses irreguläre Mitglied an verfahrensrelevanten Beschlüssen des Institutes mitwirkt. Praktisch werden solche Fragen aber kaum werden, und wenn doch, so wäre darauf abzustellen, daß ein Verstoß gegen innere Organisationsregeln des Institutes in einem anderen, für das Schiedsverfahren nicht mehr relevanten Rechtswidrigkeitzusammenhang steht als ein Verstoß gegen die von den Parteien zur Regelung ihres Streits berufenen Verfahrensregeln. Ein solcher „Verfahrensverstoß" wäre daher für den Schiedsspruch letztlich nicht ursächlich.

§ 5 Anzuwendendes Recht betreffend die Schiedsgerichtsbarkeit

Es ist schwedisches Recht betreffend die Schiedsgerichtsbarkeit mit den in diesen Regeln enthaltenen Zusätzen und Änderungen anzuwenden.

1 Parteien, die sich für die Regeln der Stockholmer Handelskammer entscheiden, berufen damit über § 5 auch das allgemeine schwedische Recht betreffend die Schiedsgerichtsbarkeit. Damit sind in erster Linie gemeint das schwedische Schiedsgerichtsgesetz von 1929 in der Fassung vom 1. 1. 1984 und das aus dem gleichen Jahr stammende und zum selben Datum neu gefaßte Gesetz über ausländische Schiedsvereinbarungen und Schiedssprüche. Es ist aber der Wortlaut zu beachten. § 5 verweist nicht nur auf diese Gesetze, sondern auf das Recht der schwedischen Schiedsgerichtsbarkeit allgemein. Durch diese Verweisung ist über die genannten Gesetze hinaus auch weiteres, gegebenenfalls später eingeführtes Recht Gegenstand der vereinbarten Schiedsverfahrensordnung, z. B. nachfolgendes Konventionsrecht.

Das schwedische Schiedsgerichtsgesetz, bestehend aus 13 Paragraphen, ist inhaltlich mit den §§ 1025 ff. deutsche ZPO zu vergleichen.

2 Die Stockholmer Regeln setzen zweifellos voraus, daß das Schiedsverfahren, für welches die Parteien diese Regeln berufen haben, in Schwe-

den stattfindet. In diesem Falle fügt sich das schwedische Schiedsgerichtsgesetz bruchlos in die Stockholmer Regeln ein. Oder besser umgekehrt: die Stockholmer Regeln ergänzen das Schiedsgerichtsgesetz namentlich dahin, daß dem Schiedsgerichtsinstitut bestimmte sonst bei dem staatlichen Gericht liegende Zuständigkeiten zugewiesen werden.

Es ist aber, jedenfalls theoretisch, denkbar, daß die Parteien die Stockholmer Regeln berufen, dabei aber einen unter klimatischen oder sonstigen Gesichtspunkten heitereren Austragungsort als Stockholm oder einen anderen Ort in Schweden auswählen. Es ist daher aus deutscher Sicht rechtlich auch dann möglich, durch die vereinbarten Stockholmer Regeln über deren § 5 das schwedische Schiedsgerichtsgesetz anwendbar zu machen, wenn die Parteien das Verfahren in Hamburg oder Mailand durchführen wollen. Aus Sicht des deutschen Rechtes, wie auch aus der Sicht anderer Rechtsordnungen, steht es den Parteien frei, bis an die Grenze zwingenden Rechtes eine beliebige Verfahrensordnung entweder selbst zu schaffen oder aus vorhandenen auszuwählen. So kann gewiß auch über die Verweisung in § 5 die Verfahrensordnung des schwedischen Schiedsgerichtsgesetzes vereinbart werden, ohne daß irgendeine weitere Beziehung zwischen Schiedsspruch und Schweden hergestellt wird. Nach schwedischem Recht ist ein Schiedsspruch, unabhängig von dem über ihn herrschenden Verfahrensrecht, ein ausländischer Schiedsspruch, wenn er außerhalb Schwedens erlassen wird (§ 5 Abs. 1 Ausländisches Schiedsgerichtsgesetz). 3

Die Vereinbarung der Stockholmer Regeln einschließlich des schwedischen Schiedsgerichtsgesetzes über § 5 dieser Regeln für ein außerhalb Schwedens stattfindendes Schiedsverfahren ist aber wohl nur eine theoretische Möglichkeit, die sich praktisch nicht empfiehlt. Dazu sind die Regeln nicht gemacht. Insbesondere § 4 des Schiedsgerichtsgesetzes, der ja über § 5 der Regeln gilt, drückt die Unterstellung aus, daß das Schiedsgerichtsgesetz nicht für Schiedsverfahren außerhalb Schwedens gemeint ist; freilich könnte dieses durch Parteivereinbarung überwunden werden. Während die ICC-Regeln also nicht ortsgebunden sind und der Schiedsgerichtshof auf die Nationalität des Schiedsspruches nur insofern achten wird, als es darauf für die nachfolgende Vollstreckung ankommen kann, sind die Stockholmer Regeln für ein Schiedsverfahren in Schweden konzipiert. Diesen nationalen Charakter haben sie vielleicht in noch stärkerem Maße als die Wiener Regeln. 4

Parteien, welche einen Ort in Schweden als Austragungsort ihres Schiedsverfahrens wählen, werden in der Regel den Bestimmungen des schwedischen Schiedsgerichtsgesetzes unterliegen, soweit sie nicht etwas 5 anderes vereinbaren oder die Schiedsrichter zulässigerweise ein anderes Verfahren bestimmen. Die Stockholmer Regeln sind daher Ergänzung und Abwandlung einer als lex fori ohnehin geltenden, aber zum Teil abdingbaren gesetzlichen Regelung.

§ 6 Schiedsgericht

Haben sich die Parteien über die Anzahl der Schiedsrichter nicht geeinigt, hat das Schiedsgericht aus drei Schiedsrichtern zu bestehen.

Haben sich die Parteien geeinigt, daß der Rechtsstreit von einem Schiedsrichter entschieden werden soll, wird der Schiedsrichter vom Institut ernannt. In sonstigen Fällen ernennt jede der beiden Parteien eine gleich große Anzahl Schiedsrichter und das Institut einen Schiedsrichter, der der Vorsitzende sein soll.

Falls ein von einer Partei ernannter Schiedsrichter stirbt, so ernennt diese Partei einen anderen Schiedsrichter an seiner Stelle.

Falls ein von einer Partei ernannter Schiedsrichter ausscheidet oder falls derselbe wegen Befangenheit oder weil er seinen Verpflichtungen nicht entsprechend nachkommt, seines Auftrags enthoben wird, ernennt das Institut nach Rücksprache mit dieser Partei einen anderen Schiedsrichter.

Falls eine Partei es unterläßt, einen Schiedsrichter zu ernennen, führt das Institut die Ernennung durch.

1 Wie gemäß § 6 Schiedsgerichtsgesetz sehen die Stockholmer Regeln ein Schiedsgericht bestehend aus 3 Schiedsrichtern vor, solange die Parteien nichts anderes vereinbaren.

2 Eine Abweichung von § 6 Schiedsgerichtsgesetz besteht nur darin, daß das Institut, und nicht die von den Parteien bestellten Schiedsrichter, den dritten Schiedsrichter bestellen und daß dieser ohne weiteres der Obmann ist. Hiervon können die Parteien, auch wenn dieses nicht ausdrücklich gesagt ist, einvernehmlich abweichen und z.B. den Obmann in anderer Weise bestellen. Es ist aber als ein wesentliches Element der Stockholmer Regeln anzusehen, daß der Obmann bzw. der Einzelschiedsrichter gerade vom Schiedsgerichtsinstitut bestellt wird. Sehen die Parteien also eine andere Bestellung des Obmanns vor, ist nicht auszuschließen, daß das Schiedsgerichtsinstitut seine Mitwirkung nach diesen Regeln verweigert.

3 Absatz 3 entspricht der gesetzlichen Regelung (§ 10 Abs. 2 Schiedsgerichtsgesetz). Scheidet der Schiedsrichter aus einem anderen Grund als

§ 7 — Stockholmer Regeln

Tod aus, fällt das Ersatzbestimmungsrecht an das Institut, und nicht — wie aus § 10 Abs. 2 des Gesetzes folgen würde — auf die Partei, welche diesen Schiedsrichter bestellte. Der Grund für diese Abweichung zugunsten des Schiedsgerichtsinstituts könnte sein, daß die betreffende Partei durch die einmalige Wahl eines objektiv untauglichen Schiedsrichters mangelnden Sachverstand verriet oder auch durch die Benennung befangener oder untüchtiger Schiedsrichter das Verfahren hintertreiben könnte. Die Interessen der Partei sind aber durch die Pflicht des Instituts zur Rücksprache hinreichend gewahrt. Es wäre wohl ein Verfahrensverstoß, welcher unter der Geltung des § 1041 ZPO den Schiedsspruch gefährdete, wenn das Institut in einem solchen Falle den Schiedsrichter ohne vorherige Rücksprache mit der Partei, die dessen Vorgänger bestellt hatte, bestimmte.

Der letzte Absatz enthält die lapidare Bestimmung, daß das Schiedsgerichtsinstitut die Ernennung durchführt, wenn eine Partei es unterläßt, einen Schiedsrichter zu ernennen. Diese Regel läßt aber die Frage offen, innerhalb welcher Frist eine Partei die Ernennung zu machen hat. Über § 5 der Regeln ist auf § 7 des Gesetzes verwiesen, wonach die Gegenpartei den Schiedsrichter binnen 14 Tagen benennen soll, nachdem die erste Partei ihren Schiedsrichter ernannt hat. Solange das Institut aber nicht die Ernennung ausgesprochen hat, bleibt die betreffende Partei ihrerseits zur Ernennung befugt, so daß die von dieser Partei z. B. nach 18 Tagen ausgesprochene Benennung den Vorrang hätte vor einer erst am 19. Tage durchgeführten Ernennung durch das Institut. 4

§ 7 Registrierungsgebühr und Depoterlegung

Der Kläger hat eine Registrierungsgebühr zu entrichten, und beide Parteien haben beim Institut einen Betrag zur Deckung der Kosten des Verfahrens zu hinterlegen. Das Institut kann später beschließen, daß weitere Beträge zu hinterlegen sind.

Falls die Entrichtung der Registrierungsgebühr und/oder das Depot zur Gänze oder teilweise nicht erlegt wird, hat das Institut zu beschließen

   a) ob der Gegenpartei Gelegenheit geboten werden soll, einen weiteren Betrag zu hinterlegen, sowie
   b) ob das Schiedsverfahren gänzlich oder teilweise unterbrochen werden soll.

Kommentar der Handelskammer Stockholm zu § 7

Das Institut erhebt eine Registrierungsgebühr von höchstens 1.000 Schw. Kronen.

§ 7 – Stockholmer Regeln

Das Institut wird, nach vorläufiger Beurteilung der Rechtssache, die Höhe des zu hinterlegenden Betrages festlegen und einen diesbezüglichen Beschluß fassen. Maßgebend für den Beschluß ist in der Regel der Wert der Streitsache (siehe die nachstehende Tabelle), wobei die geringeren Werte für einfachere Rechtsstreitigkeiten gedacht sind. Es ist indessen hervorzuheben, daß die Tabelle nicht bindend ist. Wenn sich schon in einem frühen Stadium voraussehen läßt, daß der Schwierigkeitsgrad der Rechtssache und der damit zusammenhängende Zeitaufwand vom üblichen abweichen wird, so hat das Institut die in der Tabelle angegebenen Prozentsätze nach oben oder unten zu berichtigen. Durch den hinterlegten Betrag sollen die voraussichtlichen Honorare der Schiedsrichter, deren mutmaßliche Unkosten sowie die dem Institute vermutlich erwachsenden Kosten gedeckt werden.

Falls sich der Wert der Streitsache nicht angeben läßt, wird der zu hinterlegende Betrag aufgrund einer Prüfung nach freiem Ermessen festgesetzt.

Es ist ferner hervorzuheben, daß die Höhe des zu hinterlegenden Betrages in keiner Weise als bindend für die endgültige Feststellung der Honorare der Schiedsrichter bzw. der Administrationskosten des Institutes zu betrachten ist. Bei der Feststellung der Honorare der Schiedsrichter werden u. a. der Schwierigkeitsgrad der Rechtssache und die von den Schiedsrichtern aufgewendete Zeit berücksichtigt. Die Unkosten des Institutes können beispielsweise die Gehälter eines Sekretärs und des Schreibpersonals, die Miete eines Lokals, die Kosten für Dolmetscher etc. umfassen.

Wert der Streitsache in 1.000 Schw. Kronen	Höhe des zu hinterlegenden Betrages in % des Wertes der Streitsache. Die aufgeführten Prozentzahlen, die auf jede der aufeinanderfolgenden Zeilen des Streitwertes anzuwenden sind, werden zusammengezählt.
0 – 100	10 – 18
100 – 300	7 – 10
300 – 1.000	5 – 8
1.000 – 3.000	2 – 4
3.000 – 5.000	1 – 3
5.000 – 10.000	0,5 – 2,0
10.000 – 50.000	0,3 – 0,8
50.000 –	0,1 – 0,4

1 Die Registrierungsgebühr beträgt gemäß der Beilage zu den Stockholmer Regeln höchstens 1.000 Schwedenkronen.

2 Beide Parteien haben beim Institut einen Betrag zur Deckung der Kosten zu hinterlegen, auch wenn das Verfahren von nur einer Partei eingeleitet wurde. Auch für die Stockholmer Regeln ist daher die schon für die ICC-Regeln vorgeschlagene rechtliche Konstruktion zu verwenden,

wonach die Parteien sich in der Schiedsvereinbarung wechselseitig unwiderruflich bevollmächtigen, mit der Klageerhebung einen Dienstleistungsvertrag mit dem Institut in beider Namen abzuschließen (vgl. dort Art. 3 Rdnr. 4).

Das Institut wird aber von der eigenen Durchsetzung eines Zahlungsanspruches gegen die Gegenpartei absehen und lediglich seine Dienste zurückhalten, solange es nicht hinsichtlich seiner vertraglichen Ansprüche (hier: Vorleistungspflicht der Parteien gem. § 7) befriedigt ist. Unter diesem Gesichtspunkt bestehen Bedenken gegen das hier geregelte Ermessen des Instituts, nämlich entweder gemäß a) der Gegenpartei, z. B. dem Kläger, Gelegenheit zu geben, den weiteren Betrag zu hinterlegen oder b) das Schiedsverfahren zu unterbrechen. Jedenfalls nach deutschem Recht hätte die Gegenpartei ein Zahlungsrecht gemäß § 267 BGB mit der Folge, daß das Schiedsgerichtsinstitut ein solches Ermessen nicht hätte, daß es also ein Zahlungsangebot des Klägers nicht zurückweisen dürfte, wenn dieser damit den Fortgang des Verfahrens betreiben will. Die grundlose Zurückweisung der Zahlung würde, aus Sicht des deutschen Rechtes, zu einem Annahmeverzug des Instituts führen und den Rechtsgrund entfallen lassen, aufgrund dessen das Institut seine Leistung zurückhalten darf. 3

§ 8 Ansuchen um Einleitung des Verfahrens

Ein Schiedsverfahren gemäß diesen Regeln wird durch ein seitens einer Partei an das Institut gerichtetes Ansuchen um dessen Beistand gemäß den vorliegenden Regeln eingeleitet. Gleichzeitig soll die Registrierungsgebühr an das Institut entrichtet werden.

Das Ansuchen um Einleitung des Verfahrens soll enthalten:
a) Angaben betreffend Namen und Anschriften der Parteien,
b) kurzgefaßte Darstellung der Streitfragen,
c) vorläufige Angaben den Antrag des Klägers betreffend,
d) Abschrift des Vertrages, auf den sich der Anspruch gründet, und des Schiedsvertrages, sofern derselbe nicht einen Bestandteil des erstgenannten Vertrages bildet, sowie
e) Angaben über die Wahl eines Schiedsrichters oder von Schiedsrichtern seitens des Klägers (siehe § 6).

Der Schiedsantrag ist an das Institut zu richten. Er stellt noch nicht die Klage dar (Unterschied zu Art. 3 ICC-Regeln), sondern ist nur eine Grundlage für das Institut, um über seine Zuständigkeit und die von ihm gegebenenfalls vorzunehmenden Maßnahmen zu entscheiden. Ins- 1 besondere ist zu diesem Stadium noch nicht erforderlich, den Antrag genau zu formulieren. Es sind nur „vorläufige Angaben über den Antrag des Klägers" erforderlich (c). Die in diesem Stadium erst erforderte „kurzgefaßte Darstellung der Streitfrage" (b) erlaubt es dem Kläger, zwar einerseits dem Gegner seine Entschlossenheit, das Verfahren durchzuführen, vor Augen zu stellen, andererseits kann der Kläger auch jetzt noch von einer Einzeldarstellung seines Anspruches absehen, wozu er dann ein Interesse haben wird, wenn die Begründung seiner Klage Informationen enthalten muß, welche er dem Gegner am liebsten nicht zur Kenntnis gäbe. Das kann etwa der Fall sein im Rahmen von Anpassungsbegehren, in welchem der Kläger seine Kostensituation offenlegen müßte.

2 Gemäß e) soll der Kläger in dem Schiedsantrag eine ihm obliegende Schiedsrichterwahl mitteilen. Die Formulierung „soll enthalten" (englisch: „should") spricht aber dafür, daß der Kläger diese Wahl nachholen kann. Mit der Anzeige gemäß d) an das Institut ist die Pflicht des Klägers gemäß § 7 Schiedsgerichtsgesetz, den Schiedsrichter dem Gegner mitzuteilen, als erfüllt anzusehen. Die dem Gegner mitgeteilte Bestellung des Schiedsrichters ist gemäß § 7 Abs. 2 des Gesetzes unwiderruflich. Das muß auch gelten, wenn die Bestellung dem Institut mitgeteilt wurde.

3 Mangels einer Regelung wie in Art. 3 Abs. 1 ICC-Regeln ist mit der Einreichung des Schiedsantrags beim Institut die Rechtshängigkeit noch nicht begründet, also auch noch nicht die Verjährung unterbrochen. Dazu bedarf es, wenn der Unterbrechungseffekt in Deutschland eintreten soll, des Zugangs der Schiedsklage.

§ 9 Maßnahmen des Institutes nach Einlangen des Ansuchens um Einleitung des Verfahrens

Ist es offenkundig, daß das Institut für den Streitfall nicht zuständig ist, so ist dieser zurückzuweisen.

Wird in der Rechtssache das Verfahren eingeleitet, ist das Ansuchen um Einleitung des Verfahrens dem Beklagten mit der Aufforderung zuzustellen, beim Institut einen Schriftsatz einzureichen, der folgendes zu enthalten hat:

a) eine kurzgefaßte Äußerung über die Darstellung des Klägers gemäß § 8, sowie
b) Angaben über die Wahl eines Schiedsrichters oder von Schiedsrichtern seitens des Beklagten (siehe § 6).

§ 9 — Abs. 2 — *Stockholmer Regeln*

Falls der Beklagte Einwendungen betreffend die Gültigkeit oder Anwendbarkeit des Schiedsvertrages und betreffend Befangenheit eines vom Kläger gewählten Schiedsrichters erheben will, so soll dies in einem Schriftsatz erfolgen, wobei die Gründe für die Einwendung anzuführen sind.

Falls der Beklagte eine Widerklage einreichen oder Aufrechnung beantragen will, soll dieser Schriftsatz eine vorläufige Angabe hierüber enthalten. Eine Widerklage und ein Antrag auf Aufrechnung dürfen sich nur auf ein Rechtsverhältnis gründen, das vom Schiedsvertrag erfaßt wird.

Der Schriftsatz des Beklagten ist dem Kläger zuzustellen, welcher das Recht hat, sich über Einwendungen und Anträge gemäß Abs. 3 und 4 zu äußern. Falls der Kläger einen vom Beklagten gewählten Schiedsrichter für befangen erklären will, soll er dies angeben und die Gründe dafür nennen.

§ 9 — Absatz 1:

Ist es offenkundig, daß das Institut für den Streitfall nicht zuständig ist, so ist dieser zurückzuweisen.

Das Institut ist nicht selbst Schiedsrichter. Es darf daher nicht über die Gültigkeit der Schiedsvereinbarung bzw. einer Kompetenz-Kompetenz-Klausel entscheiden. Das geschieht gem. Abs. 1 auch nicht. Das Institut entscheidet weder positiv noch negativ darüber, ob eine gültige Schiedsklausel besteht. Hält das Institut es für offenkundig, daß eine Schiedsklausel fehlt, dann liegt in der Zurückweisung der Rechtssache keine Rechtsentscheidung — es mag theoretisch immer noch sein, daß die Schiedsklausel in Wirklichkeit doch gültig ist — diese Zurückweisung enthält vielmehr lediglich eine schlichte Weigerung des Instituts, an diesem Schiedsverfahren mitzuwirken. Da das Institut unter keinem Kontrahierungszwang steht, ist es frei, seine Mitwirkung am Schiedsverfahren jedenfalls von der Bedingung abhängig zu machen, daß der Mangel seiner Jurisdiktion nicht offenkundig sei. 1

§ 9 — Absatz 2:

Wird in der Rechtssache das Verfahren eingeleitet, ist das Ansuchen um Einleitung des Verfahrens dem Beklagten mit der Aufforderung zuzustellen, beim Institut einen Schriftsatz einzureichen, der folgendes zu enthalten hat:

a) eine kurzgefaßte Äußerung über die Darstellung des Klägers gemäß § 8, sowie

§ 9 – Abs. 4 – Stockholmer Regeln

b) **Angaben über die Wahl eines Schiedsrichters oder von Schiedsrichtern seitens des Beklagten (siehe § 6).**

2   Das Institut leitet den Schiedsantrag an den Gegner weiter, wenn die förmlichen Voraussetzungen (Zahlung der Registrierungsgebühr, kein offensichtlicher Mangel der Jurisdiktion) gegeben sind. Für den Gegner gilt dann § 8 spiegelbildlich. Die Stockholmer Regeln sehen keine Frist vor, innerhalb derer der Gegner seine Erwiderung abgeben muß. Aus § 7 des schwedischen Schiedsgerichtsgesetzes folgt aber, daß die Gegenseite binnen 14 Tagen nach der Schiedsrichterbenennung durch den Kläger ihrerseits einen Schiedsrichter zu benennen hat. Unterbleibt dieses, so wird das Institut gemäß § 6 tätig. Das Verfahren kann notfalls auch ohne Erwiderung des Beklagten auf den Schiedsantrag des Klägers seinen Fortgang nehmen, indem nämlich das Schiedsgericht, nachdem es notfalls durch Ersatzbenennung gemäß § 6, konstituiert ist, den Parteien bestimmte Erklärungsfristen setzen kann (vgl. § 15).

§ 9 – Absatz 3:

Falls der Beklagte Einwendungen betreffend die Gültigkeit oder Anwendbarkeit des Schiedsvertrages und betreffend Befangenheit eines vom Kläger gewählten Schiedsrichters erheben will, so soll dies in einem Schriftsatz erfolgen, wobei die Gründe für die Einwendung anzuführen sind.

3   In § 13 Abs. 2 ist davon die Rede, daß in § 9 Abs. 3 und Abs. 5 eine Frist vorgesehen sei, innerhalb derer die Einrede der Befangenheit des vom Gegner bestimmten Schiedsrichters erhoben werden soll. § 9 Abs. 3 und Abs. 5 enthalten eine solche Fristbestimmung nicht. Das ist ein Redaktionsversehen. Immerhin läßt sich aus Art. 13 Abs. 2 herleiten, daß die Stockholmer Regeln von den Parteien fordern, die Befangenheitseinrede unverzüglich zu erheben. § 9 Abs. 3 ist dann in dem Sinne zu verstehen, daß eine Partei zusammen mit der Erwiderung zu der Person des von der Gegenpartei benannten Schiedsrichters Stellung nehmen muß sowie zu der Frage der Anwendbarkeit des Schiedsvertrages.

§ 9 – Absatz 4:

Falls der Beklagte eine Widerklage einreichen oder Aufrechnung beantragen will, soll dieser Schriftsatz eine vorläufige Angabe hierüber enthalten. Eine Widerklage und ein Antrag auf Aufrechnung dürfen sich nur auf ein Rechtsverhältnis gründen, das vom Schiedsvertrag erfaßt wird.

§ 9 – Abs. 5 – *Stockholmer Regeln*

Dieser Abs. 4 entspricht Art. 5 ICC-Regeln, er bedarf aber einer Klarstellung. Es versteht sich von selbst, daß das Schiedsgericht nur über Gegenstände entscheiden darf, die ihm übertragen worden sind. Zweifellos können die Parteien ihre Schiedsklauseln so fassen, daß auch etwa zur Aufrechnung gestellte Gegenansprüche durch das Schiedsgericht entschieden werden sollen. Die deutsche herrschende Meinung, welche die Einbeziehung der zur Aufrechnung gestellten Gegenforderung in das Schiedsverfahren zuläßt (*B/L/A*, § 1025 Anm. 3c), basiert auf diesem Gedanken. Die Parteien können aber auch etwas Gegenteiliges vereinbaren oder die Konnexität zwischen Klage und Gegenforderung zur Bedingung dieser Einbeziehung machen. Als eine solche Vereinbarung muß § 9 Abs. 4 angesehen werden, wenn es heißt: „Eine Widerklage und ein Antrag auf Aufrechnung dürfen sich nur auf ein Rechtsverhältnis gründen, das vom Schiedsvertrag erfaßt wird", oder wenn in der englischen Fassung eine „legal relationship" gefordert wird. 4

Die Frage der Einbeziehung von Gegenforderungen in die Schiedsklausel steht auf der Grenze zwischen materiellem Recht, welches darüber entscheidet, ob die Schiedsklausel im Zweifel so auszulegen ist, daß die Parteien die Einbeziehung wollten, und dem prozessualen Recht, welches darüber befindet, ob eine solche Einbeziehung prozessual möglich ist. Das anwendbare Recht ergibt sich zunächst aus dem die Schiedsklausel herrschenden Recht, was regelmäßig mit dem Vertragsstatut übereinstimmen wird. Wenn dieses, z.B. das deutsche Recht, weil der Vertrag unter deutschem Recht steht, die Einbeziehung bejaht, ist zu fragen, ob zwingende Regeln des Verfahrensrechtes dem entgegenstehen. 5

§ 9 – Absatz 5:
Der Schriftsatz des Beklagten ist dem Kläger zuzustellen, welcher das Recht hat, sich über Einwendungen und Anträge gemäß Abs. 3 und 4 zu äußern. Falls der Kläger einen vom Beklagten gewählten Schiedsrichter für befangen erklären will, soll er dies angeben und die Gründe dafür nennen.

Gegenüber der Erwiderung des Beklagten auf den Schiedsantrag steht dem Kläger die Replik zur Verfügung, mit welcher zugleich Einwendungen gegen die Person des vom Beklagten benannten Schiedsrichters verbunden werden sollen. Die Unterlassung der Replik führt aber ebensowenig zu prozessualen Nachteilen wie die der Erwiderung, denn es handelt sich in diesem Stadium noch lediglich um ein Vorverfahren. Die förmliche Klageerhebung steht noch aus. 6

§ 10 Ergänzung. Fristen

Das Institut kann eine Partei auffordern, jede ihrer Eingaben an das Institut zu ergänzen. Falls eine Partei einer derartigen Aufforderung nicht nachkommt, so kann das Institut gemäß § 7, Abs. 2 b) entsprechende Rechtsfolgen beschließen.

Falls das Institut einer Partei auferlegt hat, innerhalb einer bestimmten Frist eine Maßnahme zu treffen, kann das Institut diese Frist verlängern.

1 Das Schiedsgerichtsinstitut kann im Rahmen des Vorverfahrens bestimmte Maßnahmen von den Parteien fordern mit der Folge, daß im Weigerungsfall das Institut seine Mitwirkung gemäß § 7 Abs. 2 b einstellt. § 10 ist aber unter dem Gesichtspunkt zu lesen, daß das Institut nicht Schiedsgericht ist. Es ist also denkbar, daß das Institut von den Parteien zusätzlichen Vortrag zur Schlüssigkeit von Klage und Erwiderung fordert oder zusätzliche Ausführungen, aus denen sich Ablehnungsgründe in bezug auf einen Schiedsrichter ergeben können. Das Schiedsgerichtsinstitut kann aber selbst keine anderen Entscheidungen darauf gründen als die, entweder seine Mitwirkung einzustellen oder die ergänzte bzw. ergänzungsbedürftige Akte den Schiedsrichtern vorzulegen.

2 Die über § 10 Abs. 1 in Verbindung mit § 7 Abs. 2 b angedrohte Folge, daß das Institut das Verfahren ganz oder teilweise unterbrechen könnte, wenn nur eine Partei den Aufforderungen des Schiedsgerichtsinstitutes nicht nachkomme, ist weitgehend und kann – so wie sie wörtlich dasteht – nicht hingenommen werden. Diese Regel muß zweckgerichtet ausgelegt werden. Es kann nicht Inhalt der Schiedsverfahrensordnung sein, daß z. B. der Kläger alles Erforderliche tut, auch entsprechenden Auflagen des Instituts Folge leistet, und daß dann das Institut gleichwohl das Verfahren unterbricht mit der Begründung, eine der Parteien, nämlich der Beklagte, weigere sich mitzuwirken. Das Institut hat sich spätestens mit Entgegennahme der Registergebühr verpflichtet, im Rahmen der Regeln für die Parteien tätig zu werden. Es darf daher das Verfahren nur dann „gänzlich oder teilweise unterbrechen" (§ 7 Abs. 2 b), wenn seine Tätigkeit nicht mehr möglich ist, z. B.: Durch widersprüchliche Darstellungen läßt sich nicht ausmachen, ob der Kläger die Klage überhaupt durchführen will, der Streitgegenstand ist offensichtlich nicht schiedsfähig usw. Die Nichtbefolgung von Auflagen gemäß § 10 durch eine Partei macht die Tätigkeit des Instituts aber nicht unmöglich, sondern führt im normalen Gang der Dinge zu einer Entscheidung ohne

Mitwirkung der säumigen Partei. Auch aus § 11 Abs. 1 folgt, daß Zweck dieses Vorverfahrens und der Vorprüfung gemäß § 10 Abs. 1 nur sein kann, die grundsätzliche rechtliche wie tatsächliche Durchführbarkeit des Verfahrens, freilich ohne Präjudiz für das Schiedsgericht, festzustellen.

§ 11 Beschlüsse des Instituts

Nach Abschluß des Schriftwechsels gemäß §§ 8–10 wird das Institut, sofern es nicht offenkundig unzuständig ist,

a) **einen Vorsitzenden für das Schiedsgericht und gegebenenfalls weitere Schiedsrichter gemäß § 6 ernennen,**
b) **den Ort des Schiedsverfahrens bestimmen, sofern die Parteien dies nicht getan haben, sowie**
c) **den zu hinterlegenden Betrag und die Frist, innerhalb welcher jede der Parteien ihren Anteil einzuzahlen hat, feststellen.**

Der Beschluß des Institutes ist den Parteien zuzustellen.

Am Schluß des Vorverfahrens hat sich das Schiedsgerichtsinstitut davon überzeugt, daß es „nicht offenkundig unzuständig ist". Die Bestimmung des Einzelschiedsrichters bzw. des Schiedsrichterobmanns gemäß § 6 ist ein wesentliches Kennzeichen der Stockholmer Regeln. Eine Entscheidung durch die Parteien ist nach den Regeln nicht vorgesehen. Insofern ist beachtlich der von lit. a) abweichende Wortlaut in lit. b), wenn gesagt wird, daß das Institut den Ort des Schiedsverfahrens bestimmt, „sofern die Parteien dieses nicht getan haben". Haben die Parteien also den Einzelschiedsrichter bzw. den Schiedsrichterobmann in einer anderen als in § 6 vorgesehenen Weise bestellt, so ist dieses gegen die Regeln. Das ist rechtlich auch nach dem Schiedsgerichtsgesetz zweifellos möglich, jedoch ist die Funktion des Instituts dadurch wesentlich eingeschränkt, und dieses muß entscheiden, ob es im übrigen gemäß diesen Regeln tätig werden will.

Die Stockholmer Regeln sehen keine besonderen Qualifikationen für das Amt des Schiedsrichters vor. Über § 5 der Regeln ist jedoch auf § 5 des Schiedsgerichtsgesetzes verwiesen. Eine Person kann nicht Schiedsrichter sein, wenn sie nicht voll geschäftsfähig ist (Ziffer 1), wenn sie als Richter oder in einem anderen öffentlichen Amt mit dem Streitgegenstand befaßt war oder als Zeuge darin aufgetreten ist; ebenso wenn er oder ein naher Verwandter ein persönliches Interesse an dem Ausgang des Streites hat (Ziffer 2). Nach Ziffer 3 ist eine Person als Schiedsrich-

§ 13 — Stockholmer Regeln

ter ausgeschlossen, welche mit einer der Parteien nahe verwandt ist oder sonst in einer besonderen Beziehung steht. Wichtig ist insbesondere § 5 Ziffer 4, wonach allgemein jede Person als Schiedsrichter ausscheidet, in bezug auf welche ein besonderer Umstand vorliegt, welcher das Vertrauen in ihre Aufrichtigkeit und Unparteilichkeit mit Wahrscheinlichkeit mindert. Der Aspekt der Staatsangehörigkeit des Schiedsrichters spielt hingegen keine eigene Rolle. Während es gem. Art. 2 Abs. 6 ICC-Regeln ein absoluter Verfahrensverstoß wäre, wenn der Schiedsgerichtshof als Obmann einen Landsmann einer Partei benennen würde, kommt diesem Umstand nach den Stockholmer Regeln nur unter dem Gesichtspunkt des § 5 Ziffer 4 des Gesetzes (zu erwartende Minderung der Unparteilichkeit) Bedeutung zu.

3   Der Ausdruck „zuzustellen" ist wohl nicht im Sinne der ZPO zu verstehen. Der englische Ausdruck „communicate" zeigt vielmehr, daß eine schlichte Kenntnisgabe gemeint ist.

§ 12

Sobald das Schiedsgericht ernannt und der zu hinterlegende Betrag eingezahlt wurde, übergibt das Institut den Fall dem Schiedsgericht.

1   Der Schiedsrichter ist nicht Vertragspartner des Instituts. Dieses ist nach den Stockholmer Regeln als von den Parteien beauftragt anzusehen, das Schiedsgericht in den Fall durch die Übergabe der Akten einzuweisen. Aus Sicht des deutschen Rechtes formuliert § 12 daher die Herausgabepflicht des Beauftragten (vgl. § 667 BGB) an die von den Parteien benannten oder entsprechend den Regeln bestellten Schiedsrichter. Die in § 12 genannte Bedingung, daß zuvor der zu hinterlegende Betrag eingezahlt wurde, stellt sich dann rechtlich als Ausübung des Zurückbehaltungsrechtes seitens des Instituts dar, wenn die Parteien ihrer Pflicht nicht genügten. Mit dem zu hinterlegenden Betrag ist nicht das Schiedsrichterhonorar gemeint, sondern die gemäß § 7 auf Anforderung des Instituts zu zahlende Verwaltungsgebühr.

§ 13 Ausscheiden eines Schiedsrichters u. s. w.

Falls eine Partei gegen einen Schiedsrichter die Befangenheit einwendet, so wird die Frage vom Institut entschieden. Als Befangenheitsgründe gelten die, die im schwedischen Schiedsgerichtsgesetz enthalten sind.

§ 13 − Abs. 1 − Stockholmer Regeln

Die Frist, innerhalb welcher die Einrede der Befangenheit gegen einen vom Streitgegner gewählten Schiedsrichter erhoben werden sollte, ist in § 9, Abs. 3 und 5, behandelt. Falls eine Partei später gegen einen von einer Partei gewählten oder gegen einen vom Institut ernannten Schiedsrichter die Einrede der Befangenheit erheben will, hat dies innerhalb von 30 Tagen ab dem Zeitpunkt zu geschehen, zu dem der Partei der Grund für die Befangenheit zur Kenntnis gelangt ist.

Das Institut ist berechtigt zu beschließen, daß ein Schiedsrichter wegen Befangenheit, Verhinderung oder weil er seinen Verpflichtungen nicht entsprechend nachkommt, seines Auftrags enthoben wird.

Ist ein Schiedsrichter gestorben, ausgeschieden oder seines Auftrags gemäß Abs. 3 enthoben, wird ein neuer Schiedsrichter gemäß den Bestimmungen des § 6 ernannt.

Wird ein Schiedsrichter im Laufe des Verfahrens ersetzt, entscheidet das Schiedsgericht in seiner neuen Zusammensetzung, in welchem Ausmaße das Verfahren wiederholt werden muß.

§ 13 − Absatz 1:

Falls eine Partei gegen einen Schiedsrichter die Befangenheit einwendet, so wird die Frage vom Institut entschieden. Als Befangenheitsgründe gelten die, die im schwedischen Schiedsgerichtsgesetz enthalten sind.

Die Entscheidung über die Befangenheit oder sonstige Ablehnungsgründe des Schiedsrichters kann nach deutschem Recht dem staatlichen Gericht nicht endgültig genommen werden. Die Verlagerung dieser Entscheidung auf einen Dritten, hier das Schiedsgerichtsinstitut, ist nur beschränkt zulässig. Für das deutsche Recht gehört der genannte Grundsatz zum Bereich der öffentlichen Ordnung, über welchen die Parteien nicht verfügen können. Es muß also die Partei die Möglichkeit haben, die Ablehnungsgründe gegen den Schiedsrichter spätestens im deutschen Vollstreckbarkeitsverfahren geltend zu machen. Auf die Ausführungen zu Art. 2 Abs. 7 ICC-Regeln wird verwiesen. 1

Als Ablehnungsgründe gelten die im schwedischen Schiedsgerichtsgesetz (dort § 5) genannten Gründe (vgl. § 11 Rdnr. 2). Hält sich das Institut an diese gesetzliche Regel, dann ist zwar theoretisch immer noch denkbar, daß ein deutscher Richter meint, die Nichtabberufung eines Schiedsrichters durch das Institut sei mit den Grundsätzen des deut- 2

§ 13 — Abs. 3 — *Stockholmer Regeln*

schen Rechts nicht zu vereinbaren (vgl. § 1044 ZPO). Praktisch scheidet das aber wohl aus, weil die Rechtsüberzeugung des Schiedsgerichtsinstitutes von der eines deutschen Richters kaum so gravierend abweichen wird. Hat sich das Institut nicht an das schwedische Schiedsgerichtsgesetz gehalten, dann hat das schwedische Recht zu entscheiden, ob darin ein Verfahrensverstoß liegt, welcher zur Aufhebung des Schiedsspruches führt, was gemäß § 1044 ZPO sowie nach dem Konventionsrecht Voraussetzung dafür ist, daß dem Schiedsspruch die Vollstreckbarkeit im Inland wegen dieses Mangels verweigert werden kann. Das Institut ist zwar verpflichtet, die Ausschließungsgründe gemäß § 5 des Gesetzes anzuwenden, es ist aber nicht verpflichtet, sich hierbei an die Auslegung zu halten, welche die staatlichen schwedischen Gerichte diesem § 5 geben.

§ 13 — Absatz 2:

Die Frist, innerhalb welcher die Einrede der Befangenheit gegen einen vom Streitgegner gewählten Schiedsrichter erhoben werden sollte, ist in § 9, Abs. 3 und 5, behandelt. Falls eine Partei später gegen einen von einer Partei gewählten oder gegen einen vom Institut ernannten Schiedsrichter die Einrede der Befangenheit erheben will, hat dies innerhalb von 30 Tagen ab dem Zeitpunkt zu geschehen, zu dem der Partei der Grund für die Befangenheit zur Kenntnis gelangt ist.

3   § 9 Absätze 3 und 5 enthalten keine Fristbestimmung, deswegen gilt auch in diesem Fall im Zweifel eine Frist von 30 Tagen ab Kenntnis von dem Befangenheitsgrund (vgl. Anmerkungen dort).

§ 13 — Absatz 3:

Das Institut ist berechtigt zu beschließen, daß ein Schiedsrichter wegen Befangenheit, Verhinderung oder weil er seinen Verpflichtungen nicht entsprechend nachkommt, seines Auftrags enthoben wird.

4   Die Vorschrift entspricht Art. 2 Abs. 8 a. F. ICC-Regeln. Die Formulierung „das Institut ist berechtigt" ist insoweit mißverständlich, als anzunehmen ist, daß das Institut bei Vorliegen der genannten Gründe nicht nur berechtigt, sondern verpflichtet ist, den Schiedsrichter seines Amtes zu entheben. Ein Ermessen verbleibt dem Institut nur insofern, als es die Voraussetzungen der Enthebungsgründe festzustellen hat. Im übrigen wird auf die Anmerkungen zu Art. 2 Abs. 7 ICC-Regeln verwiesen.

§ 14 – Stockholmer Regeln

§ 13 – Absatz 4:

Ist ein Schiedsrichter gestorben, ausgeschieden oder seines Auftrags gemäß Abs. 3 enthoben, wird ein neuer Schiedsrichter gemäß den Bestimmungen des § 6 ernannt.

Dieser Absatz ist eigentlich überflüssig, da er inhaltlich bereits in § 6 Abs. 4 enthalten ist.

§ 13 – Absatz 5:

Wird ein Schiedsrichter im Laufe des Verfahrens ersetzt, entscheidet das Schiedsgericht in seiner neuen Zusammensetzung, in welchem Ausmaße das Verfahren wiederholt werden muß.

Die Anordnung, das Verfahren unter Teilnahme des neu bestellten Schiedsrichters zu wiederholen, ist rechtsstaatlich sicherlich unbedenklich, denn es kann das Gebot des rechtlichen Gehörs verletzen, wenn ein Schiedsrichter erst zu einem späteren Zeitpunkt des Verfahrens eingewechselt wird. Zu berücksichtigen ist aber auch das Interesse der Parteien an einer möglichst raschen und kostengünstigen Entscheidung, so daß sich die Frage stellt, ob sich eine Partei gegen die vom Institut angeordnete Wiederholung des Verfahrens wehren kann. Das wird zu verneinen sein, wenn nicht das Institut mit seiner Entscheidung grob neben der Sache liegt. Und auch dann ist ein wirksamer Rechtsschutz dagegen theoretisch nur schwer und praktisch kaum vorstellbar (einstweilige Verfügung gegen das Institut auf Fortsetzung der Verhandlung?!). Es kann sich daher empfehlen, daß die Parteien für diesen Fall entweder Vorsorge treffen oder während der Verhandlung zu einer Vereinbarung kommen.

§ 14 Klage und Klagebeantwortung

1. **Das Schiedsgericht fordert den Kläger auf, eine Klage einzureichen, die folgendes enthalten soll:**
   a) **einen seinem Inhalte nach bestimmten Antrag,**
   b) **die Tatsachen, auf welche sich der Anspruch des Klägers unmittelbar gründet, sowie**
   c) **Angaben über die wesentlichen Beweismittel, auf die sich der Kläger zu berufen wünscht.**

§ 15 – Stockholmer Regeln

2. Die Klage wird nach Eingang dem Beklagten mit der Aufforderung zugestellt, eine Klagebeantwortung einzureichen, die folgendes enthalten soll:

a) Angaben darüber, ob und in welchem Ausmaße der Beklagte dem Klagebegehren zustimmt oder es bestreitet,
b) Einwendungen des Beklagten,
c) Angaben über die wesentlichen Beweismittel, auf die sich der Beklagte zu berufen wünscht, sowie gegebenenfalls
d) eine ihrem Inhalte nach bestimmte Widerklage oder Aufrechnungseinwendung, die Gründe dafür und Angaben über die diesbezüglichen Beweismittel.

1   Nach Abschluß des Vorverfahrens wird die Klage eingereicht. Diese hat einen „bestimmten Antrag" zu enthalten (vgl. § 253 Abs. 2 deutsche ZPO). Die Bestimmtheit des Antrages macht Schwierigkeiten in den Fällen, in welchen der Kläger z. B. eine Vertragsanpassung aufgrund einer entsprechenden Klausel oder nach den Grundsätzen des Wegfalls der Geschäftsgrundlage verlangt. Der Kläger wird zwar eine gewisse Vorstellung davon haben, wie die Anpassung aussehen soll, aber „bestimmen" kann er sie noch nicht. Unabhängig aber von dem anwendbaren Verfahrensrecht muß für das Schiedsverfahren davon ausgegangen werden, daß eine solche allgemeine Bestimmung des Klageanliegens dem Bestimmtheitserfordernis gemäß § 14 genügt, und zwar um so mehr, als § 11 des schwedischen Schiedsgerichtsgesetzes keine detaillierte Fassung der Klage vorsieht, sondern nur sehr allgemeine Grundsätze zum Inhalt der Klage niederlegt.

§ 15 Allgemeine Verfahrensgrundsätze

Unter Berücksichtigung der Wünsche der Parteien bestimmt das Schiedsgericht unverzüglich die Ausgestaltung des Verfahrens. Mündliche Verhandlungen sollen in der Regel stattfinden. Das Schiedsgericht bestimmt Fristen für die einzelnen Verfahrensschritte.

Das Schiedsgericht kann besonders während des vorbereitenden Verfahrens dem Vorsitzenden auftragen, Maßnahmen für das Verfahren zu treffen.

1   § 15 wiederholt im Grunde nur, was bereits aus § 13 Schiedsgerichtsgesetz folgt, daß nämlich das Schiedsgericht autonom ist, innerhalb des

§ 15 – *Stockholmer Regeln*

Parteiauftrages das Verfahren frei zu bestimmen. § 13 des Gesetzes fügt lediglich hinzu, daß das Schiedsgericht „unparteiisch, sachgerecht und zügig" verfahren soll. Diese allgemeinen Verfahrensgrundsätze sind zu ergänzen um die §§ 11 – 19 des Schiedsgerichtsgesetzes, welche mangels entgegenstehender Vereinbarung oder Festlegung durch das Schiedsgericht über die Verweisung gemäß § 5 der Regeln gelten. Der wesentliche Inhalt dieser Vorschriften ist der folgende:

§ 11: Die Förmlichkeiten der Klageerhebung sind gering, und die Schiedsrichter werden ausdrücklich befugt, auch solche Fragen zu entscheiden, welche die Parteien während des Verfahrens gemeinschaftlich zur Entscheidung des Schiedsgerichts bringen. Das darf auch wohl so verstanden werden, daß die Parteien von der eigentlichen Schiedsklage abweichende Streitgegenstände zur Entscheidung des Schiedsgerichts stellen können. Ob die Schiedsrichter verpflichtet sind, darüber zu entscheiden, ist letztlich eine Frage des Schiedsrichtervertrages.

§ 12: Der Obmann setzt in Ausübung seiner prozeßleitenden Funktion Ort und Zeit der Schiedsgerichtssitzungen an. Nach dem Bild des Gesetzes ist er hierbei an die Zustimmung der Beisitzer oder der Parteien nicht gebunden, jedenfalls so lange nicht, als nicht die Parteien sich im Sinne einer verbindlichen Vereinbarung geeinigt haben.

§ 13: Diese Vorschrift enthält die Grundsätze des schiedsrichterlichen Verfahrens insofern, als den Schiedsrichtern grundsätzlich die freie Wahl des Verfahrens zugestanden wird.

§ 14: Der Grundsatz des rechtlichen Gehörs wird dahin formuliert, daß das Schiedsgericht jeder Partei hinreichende Möglichkeit geben muß, ihren Vortrag mündlich oder schriftlich zu Gehör zu bringen.

Nimmt eine Partei diese Möglichkeit ohne hinreichende Entschuldigung nicht wahr, können die Schiedsrichter den Fall nach Lage der Akten entscheiden. Ob eine Partei hinreichend entschuldigt war, entscheidet das Schiedsgericht. Diese Entscheidung ist aber keine freie Ermessensentscheidung des Schiedsgerichtes, sondern eine Entscheidung, die in Auslegung des anwendbaren Verfahrensrechts ergeht. Das Schiedsgericht hat also anhand der vom anwendbaren Verfahrensrecht vorgegebenen rechtlichen Kriterien zu prüfen, ob ein von der betreffenden Partei vorgebrachter Entschuldigungsgrund zieht oder nicht. Eine völlige Verkennung des Rechts (z. B. das Schiedsgericht meint, nach deutschem Recht habe eine Partei das Verschulden ihres Prozeßbevollmächtigten nicht zu vertreten) würde daher zu einem Verfahrensfehler führen, welcher den Schiedsspruch aus der Sicht des deutschen Rechtes gefährden würde.

§ 15 – Stockholmer Regeln

6 § 15: Ohne Bindung an Parteianträge werden die Schiedsrichter nach dieser Vorschrift ermächtigt, Beweise zu erheben und Gutachter oder Zeugen zu laden. Das Schiedsgericht wird auch befugt, von einer Partei oder einer dritten Person die Vorlage von in ihrem Besitz befindlichen Dokumenten zu verlangen. Die Verpflichtung eines Bürgers, Dokumente vorzulegen, besteht nach schwedischem Recht im Grundsatz in derselben Weise wie seine Verpflichtung, mündliches Zeugnis vor Gericht abzugeben (Arbitration in Sweden, Seite 104). In Schweden wie in anderen Ländern gilt aber, daß die Schiedsrichter keinerlei Zwangsmittel anwenden dürfen. Die Bestellung von Sachverständigen zur eigenen Unterrichtung des Gerichtes (auch des Schiedsgerichtes) liegt im freien Ermessen des Gerichtes; die Kosten haben allerdings die Parteien zu tragen (a. a. O., S. 102).

7 Die Stockholmer Regeln enthalten keine Vorschrift in Bezug auf die Feststellung und die Anwendbarkeit des materiellen Rechtes. Auch das Schiedsgerichtsgesetz trifft hierzu keine Regelung. Haben die Parteien daher keine Rechtswahl getroffen oder keine Kollisionsnormen angewiesen, so ist das Schiedsgericht gezwungen, das maßgebende materielle Recht oder die anzuwendenden Kollisionsnormen, die das materielle Recht anweisen, selbst zu bestimmen (*Hober*, RIW 1986 S. 688). Dieses läuft auf eine umfassende Würdigung aller Umstände hinaus, die für die eine oder andere materielle Rechtsordnung den Ausschlag geben können.

8 Weder die Regeln noch das Schiedsgerichtsgesetz enthalten eine Vorschrift über die Kompetenz-Kompetenz des Schiedsgerichts. Es gilt aber die feststehende Meinung in Schweden, daß die Schiedsklausel als von dem Vertrag, auf welchen sie sich bezieht, eigenständige Vereinbarung angesehen und rechtlich gewürdigt wird, so daß eine eventuelle Nichtigkeit des Hauptvertrages nichts über die Nichtigkeit der Schiedsvereinbarung aussagt (Arbitration in Sweden, S. 24 f.). Wenn auch die Gültigkeit der Schiedsvereinbarung von der Wirksamkeit des Hauptvertrages unabhängig ist, so kann die Schiedsvereinbarung doch aus eigenen Gründen unwirksam sein. Wenn das Schiedsgericht meint, die Schiedsklausel sei gültig, so kann es das Verfahren fortsetzen. Eine wirkliche Kompetenz-Kompetenz-Entscheidung steht ihm dagegen offenbar nicht zu, denn es wird gesagt, daß die Schiedsrichter die Frage ihrer Kompetenz nicht definitiv entscheiden können, sondern insofern der gerichtlichen Kontrolle unterliegen (a. a. O., S. 25). Bei der Vereinbarung der Stockholmer Regeln dürfte sich daher, und sei es nur zur Sicherheit, empfehlen, eine ausdrückliche Kompetenz-Kompetenz-Klausel mit der Schiedsvereinbarung zu verbinden, um auf diese Weise der deutschen Lösung dieses Problems nahezukommen.

Einstweilige Verfügungen und Arreste können nach schwedischem Prozeßrecht vom Schiedsgericht nicht erlassen werden (Arbitration in Sweden, S. 100). 9

§ 16 Die Abstimmung

Bei einer Abstimmung gilt die Meinung, die mehr Stimmen als jede andere Meinung erhält, und bei gleicher Stimmenzahl die Meinung des Vorsitzenden.

Die deutsche Übersetzung ist mißverständlich. Bei gleicher Stimmenzahl gilt nicht die Meinung des Vorsitzenden, vielmehr gibt seine Stimme — wie sich aus der englischen Fassung des § 16 ergibt — den Ausschlag. Der Unterschied in der Fassung besteht darin, daß nach der deutschen Übersetzung dann, wenn alle drei Schiedsrichter verschiedene Meinungen haben, die Entscheidung des Vorsitzenden für den Schiedsspruch ausreichen würde. In richtiger Auslegung will § 16 aber sagen, daß ein Schiedsspruch erlassen werden darf, wenn eine Mehrheit für eine Meinung zustande gekommen ist (Arbitration in Sweden, S. 109). Auf den Stichentscheid des Vorsitzenden kommt es daher bei einem Dreierschiedsgericht niemals an. Der Stichentscheid kommt nur in den praktisch seltenen Fällen in Frage, in denen das Schiedsgericht aus mehr als 3 Personen besteht. 1

Kommt eine Mehrheit zu einer Frage nicht zustande, so endet insofern die Schiedsvereinbarung, wenn die Parteien nicht etwas anderes vereinbart haben (vgl. § 16 S. 2 des Gesetzes). Die Stockholmer Regeln enthalten keine abweichende Vereinbarung. Möglicherweise könnte in einem solchen Fall aber § 17 herangezogen werden, wonach das Institut die Möglichkeit hat, die Frist, innerhalb welcher das Schiedsgericht den Schiedsspruch zu erlassen hat, zu verlängern. Das Institut kann in dieser Auslegung dem Schiedsgericht daher zwar eine weitere Überlegungsfrist einräumen, ist aber außerstande, eine Lösung anzubieten, falls die Schiedsrichter definitiv zu keiner Einigung kommen. 2

§ 17 Die Frist für die Erlassung eines Schiedsspruchs

Der Schiedsspruch soll spätestens ein Jahr nach Erennung des Schiedsgerichtes erlassen werden. Das Institut ist jedoch auf Ersuchen einer Partei oder des Schiedsgerichts bei Vorliegen ausreichender Gründe berechtigt, diese Frist zu verlängern.

§ 17 – Stockholmer Regeln

1 Die gesetzliche Frist von 6 Monaten für den Erlaß des Schiedsspruches (§ 18 Schiedsgerichtsgesetz) ist kurz. Diese Frist gilt auch nicht bei Schiedsgerichtsverfahren, bei denen eine Partei außerhalb Schwedens ihren Sitz hat. Aber auch die von den Regeln vorgesehene Frist von einem Jahr dürfte in den meisten Fällen zu kurz sein. Sie setzt aber die Drohung gemäß § 18 Abs. 1 des Gesetzes in Gang, wonach die Schiedsvereinbarung unwirksam wird, wenn der Schiedsspruch nicht innerhalb der von den Parteien gesetzten Frist erlassen wird. Im Gegensatz hierzu steht die offene Regelung gemäß § 1033 deutsche ZPO; haben die Parteien eines dem deutschen Verfahrensrecht unterstehenden Schiedsverfahrens eine Frist für den Erlaß des Schiedsspruches vereinbart, so ist es Auslegungssache, ob die Schiedsvereinbarung nach Ablauf der Frist endet oder nicht.

2 Angesichts der verhältnismäßig knappen Frist ist der Fall denkbar, daß die Schiedsrichter vor Ablauf der Frist zwar in der Lage sind, den Tenor des Schiedsspruches zu verabschieden, die gemäß § 19 geforderte Begründung aber nicht mehr innerhalb der vorgeschriebenen Frist absetzen können. Wenn nicht aus der Parteivereinbarung etwas anderes folgt, wird man annehmen müssen, daß ein Schiedsspruch ohne Begründung noch kein Schiedsspruch im Sinne der Regeln ist. Die Schiedsvereinbarung würde also ohne Schiedsspruch mit Ablauf der Frist enden.

3 Die Regelung des § 17 ist insofern problematisch, als das Institut die Frist nur bei Vorliegen „ausreichender Gründe" verlängern darf. Haben die Schiedsrichter die Behandlung der Sache nur saumselig betrieben, so müßte die Verlängerung versagt werden mit der Folge, daß anders als nach den ICC-Regeln die Schiedsvereinbarung unwirksam würde. Wenn das Institut die Frist aber nur zu dem Zweck verlängert, um diese gesetzliche Folge zu vermeiden, dürfte das allein kein ausreichender Grund im Sinne der Regeln sein. § 18 Schiedsgerichtsgesetz will ja gerade die Unwirksamkeitsfolge, damit die Parteien die Möglichkeit haben, den Rechtsstreit, welcher vor dem Schiedsgericht zu lange dauerte, vor das staatliche Gericht zu bringen. Das Institut hat im Grunde auch keine durchgreifende Möglichkeit, die Angelegenheit zu befördern. Allenfalls kommt gemäß § 13 in Frage, daß das Institut den oder auch die Schiedsrichter wegen Pflichtverletzung amtsenthebt. Geschieht dieses und werden gleichzeitig neue Schiedsrichter benannt, so dürfte eine Verlängerung der Frist ausreichend begründet sein. Das ist freilich eine reichlich theoretische Möglichkeit. Im Ergebnis bleibt, daß der durch § 17 der Regeln in Verbindung mit § 18 des Gesetzes begründete Fristendruck möglicherweise nicht sachgerecht ist, da er entweder zu anfechtbaren

§ 19 – Stockholmer Regeln

Fristverlängerungen einlädt oder die Schiedsvereinbarung insgesamt gefährdet. Die Parteien sollten daher erwägen, § 17 ganz abzubedingen und den Fristendruck in den Schiedsrichtervertrag einzubauen mit der Folge, daß zwar die Schiedsvereinbarung wirksam bleibt, im Verhältnis zu den Schiedsrichtern aber die Möglichkeit besteht, durch Androhung der Kündigung auf eine Beschleunigung des Verfahrens zu dringen.

§ 18 Teilschiedssprüche

Eine bestimmte Frage oder ein Teil des Streitbegehrens kann auf Verlangen einer Partei durch einen eigenen Schiedsspruch entschieden werden. Wenn eine der Parteien dagegen Einwendungen erhebt, darf ein solcher Schiedsspruch nur erlassen werden, wenn schwerwiegende Gründe hierfür vorliegen.

Diese Vorschrift gibt in erster Linie die Regelung des § 19 Schiedsgerichtsgesetz wieder, wonach das Schiedsgericht Teil- und Zwischenschiedssprüche erlassen kann, wenn diese bereits entscheidungsreif sind. Von dieser Vorschrift ist nicht gedeckt der Erlaß einstweiliger Verfügungen (Arbitration in Sweden, S. 128). 1

Es ist im Grunde nicht recht zu sehen, was eine Partei dagegen einzuwenden haben sollte, daß eine entscheidungsreife Teilfrage durch einen entsprechenden Teilschiedsspruch vorweg erledigt wird. Im Grunde wäre daher zu erwarten gewesen, daß die Vorschrift umgekehrt lauten würde: Der Widerspruch einer Partei gegen den Erlaß eines Teilschiedsspruches ist nur dann erheblich, wenn diese Partei schwerwiegende Gründe dafür geltend macht. Zu erwähnen ist allerdings, daß die deutsche Übersetzung „schwerwiegende Gründe" wohl etwas über das Ziel hinausschießt, denn im englischen Text heißt es schlicht „special reasons". 2

§ 19 Der Schiedsspruch

Der Schiedsspruch ist zu begründen und von allen Schiedsrichtern zu unterschreiben. Jeder Schiedsrichter kann dem Schiedsspruch eine abweichende Meinung beifügen.

Im Schiedsspruch hat das Schiedsgericht die Beträge zu bestimmen, die dem Institut für administrative Kosten und dem Schiedsgericht zustehen. Für die Bezahlung dieser Beträge haften die Parteien solidarisch.

Im Schiedsspruch hat das Schiedsgericht ferner anzugeben, ob und in welchem Ausmaße die eine Partei die andere für Beträge gemäß dem

vorhergehenden Absatz sowie für zusätzliche Prozeßkosten zu entschädigen hat.

Falls vor Erlassung eines Schiedsspruchs ein Vergleich abgeschlossen werden sollte, ist das Schiedsgericht befugt zu beschließen, daß die Parteien einen angemessenen Betrag als Vergütung für das Institut und für die Schiedsrichter zu erlegen haben. Erfolgt ein Vergleich, noch ehe ein Schiedsgericht ernannt wurde, so bestimmt das Institut die ihm zukommende Vergütung.

§ 19 — Absatz 1:

Der Schiedsspruch ist zu begründen und von allen Schiedsrichtern zu unterschreiben. Jeder Schiedsrichter kann dem Schiedsspruch eine abweichende Meinung beifügen.

1   Die Frage, ob und in welchem Ausmaß die Schiedsrichter überhaupt an die Anwendung des materiellen Rechts gebunden sind, ist in Schweden nicht gesetzlich geregelt. Auch die Regeln sagen dazu nichts. Eine solche Pflicht wird aber allgemein bejaht. Entscheidungen nach allgemeinen Billigkeitsgrundsätzen dürfen nur vorkommen, wenn die Parteien dieses so bestimmt haben (*Hober*, RIW 1986, S. 688; Arbitration in Sweden, S. 126).

2   Es scheint in Schweden nicht unüblich zu sein, daß überstimmte Schiedsrichter Sondervoten abgeben (Arbitration in Sweden, S. 132).

3   Gemäß § 20 Schiedsgerichtsgesetz ist der Schiedsspruch ungültig, wenn er nicht schriftlich abgefaßt und von den Schiedsrichtern unterschrieben ist. Die Unterschrift eines Schiedsrichters darf jedoch fehlen, wenn der Schiedsspruch von der Mehrheit der Schiedsrichter unterzeichnet wurde und auf dem Schiedsspruch vermerkt wird, daß der fehlende Schiedsrichter an der Entscheidung teilhatte. § 19 der Regeln ist an sich deutlicher, indem ausdrücklich gesagt wird, daß der Schiedsspruch von „allen Schiedsrichtern" unterschrieben werden muß. Dieses kann als eine, zweifellos zulässige, Abweichung von der in § 20 des Gesetzes enthaltenen Regelung angesehen werden, mit der Folge, daß ein Schiedsspruch, welcher nicht die Unterschriften aller Schiedsrichter trägt, ungültig ist. Nicht auszuschließen ist, daß ein schwedischer Richter § 19 der Regeln in derselben Weise auslegen wird wie § 20 des Gesetzes, so daß die Unterschrift der Mehrheit der Schiedsrichter genügt. Für den deutschen oder ausländischen Anwender der Stockholmer Regeln, welcher auf den Wortlaut von § 19 vertraut und Wert darauf legt, daß sämtliche

§ *19 – Abs. 2 – Stockholmer Regeln*

Schiedsrichter, wenn sie nicht gerade durch Tod oder Krankheit an der Unterschrift verhindert sind, den Schiedsspruch mit unterschreiben, empfiehlt sich daher, eine entsprechende Klarstellung in der Schiedsvereinbarung zu treffen.

§ 19 — Absatz 2:

Im Schiedsspruch hat das Schiedsgericht die Beträge zu bestimmen, die dem Institut für administrative Kosten und dem Schiedsgericht zustehen. Für die Bezahlung dieser Beträge haften die Parteien solidarisch.

Die Kostenentscheidung besteht aus zwei Teilen. 1.: der Feststellung der Höhe der Verwaltungskosten des Instituts und 2.: die Feststellung der Höhe des Honorars der Schiedsrichter. Für die Verwaltungskosten ist ein, wenn auch sehr allgemeiner Rahmen vorgegeben (vgl. § 7). Für das Schiedsrichterhonorar gibt es keine Berechnungstabelle. Die Schiedsrichter können ihr Honorar daher gemäß Abs. 2 selbst festsetzen, wie auch § 23 Abs. 2 des Gesetzes ausdrücklich vorschreibt, daß die Schiedsrichter ihr Honorar im endgültigen Schiedsspruch festsetzen können, wenn nicht die Parteien etwas anderes vereinbart haben. In bezug auf dieses Recht der Schiedsrichter ist in § 25 des Gesetzes eine Sonderregelung getroffen. Wenn eine Partei mit der Entscheidung des Schiedsgerichts in bezug auf die Höhe des Honorars nicht einverstanden ist, kann sie dagegen binnen 60 Tagen das staatliche Gericht anrufen. Dieses Anrufungsrecht betrifft allerdings nur die Höhe des Schiedsrichterhonorars, nicht aber andere Bestandteile des Schiedsspruches oder auch der Kostenentscheidung. 4

Nach deutschem Verständnis ist es unzulässig, daß die Schiedsrichter über ihr eigenes Honorar verbindlich entscheiden, etwa mit der Folge, daß sie aus dem Schiedsspruch ihren so festgesetzten Honoraranspruch selbst gegen die Parteien vollstrecken können (*Maier*, Rdnrn. 503 f.; *Schlosser*, Rdnrn. 594 ff.). § 23 schwedisches Schiedsgerichtsgesetz erlaubt dieses, wenn die Parteien nichts anderes vereinbart haben. § 19 Abs. 2 der Regeln trifft genau eine solche Vereinbarung. Aus der Sicht des deutschen Rechtes stellt sich dann die Frage, ob der Schiedsspruch, insofern er über die Höhe des Honorars der Schiedsrichter eine verbindliche Entscheidung trifft, in Deutschland anzuerkennen ist. Hiergegen könnten grundsätzliche Rechtserwägungen sprechen, daß nämlich niemand, auch ein Schiedsrichter nicht, Richter in eigener Sache sein dürfe. Da jedoch das schwedische Recht in § 25 des Gesetzes die Anrufung des staatlichen Gerichtes gegen die Honorarbestimmung zuläßt, ist dieser 5

§ 20 – *Stockholmer Regeln*

Einwand im Grunde ausgeräumt. Die schwedische Regelung mag daher für deutsche Augen ungewöhnlich sein. Sie verstößt aber nicht gröblich gegen unser Rechtsempfinden. Für den deutschen Anwender der Stockholmer Regeln stellt sich allerdings die Frage, ob er diese Regelung des schwedischen Rechtes nicht abbedingen will. Damit wären die Schiedsrichter in bezug auf ihr Honorar auf den normalen Rechtsweg verwiesen.

6 Hinzuweisen ist auf die Regelung in § 23 Abs. 3 des Gesetzes, welche es den Schiedsrichtern verbietet, in bezug auf den Schiedsspruch ein Zurückbehaltungsrecht hinsichtlich ihrer Honoraransprüche auszuüben. Die Schiedsrichter müssen ihre Rechte dadurch schützen, daß sie ihr Tätigwerden von der Leistung bestimmter Vorschüsse abhängig machen (Arbitration in Sweden, S. 80; vgl. Artikel 23 ICC Rdnr. 1).

§ 20 Auslegung und Berichtigung eines Schiedsspruchs

Auf Verlangen einer der Parteien innerhalb von 60 Tagen nach Zustellung des Schiedsspruchs hat das Schiedsgericht den Schiedsspruch schriftlich auszulegen. Ist ein offenkundiger Rechen- oder Schreibfehler unterlaufen, so hat das Schiedsgericht auch diesen richtigzustellen. Den Parteien soll Gelegenheit geboten werden, sich zu äußern. Falls das Schiedsgericht nicht eine abweichende Verfügung trifft, ist der bereits erlassene Schiedsspruch vollstreckbar.

1 Die 60-Tagefrist für das Auslegungsverlangen dürfte mit der in § 25 Schiedsgerichtsgesetz genannten 60-Tagefrist zusammenhängen, innerhalb welcher eine Partei sich gegen die Honorarentscheidung des Schiedsgerichts wenden kann (vgl. § 19 Rdnr. 4). Insofern sich das Verlangen der Partei, den Schiedsspruch auszulegen, auf die Höhe des Schiedsrichterhonorars bezieht, ist gegen diese Regelung nichts einzuwenden. Etwas problematisch wird sie jedoch, wenn die Vorschrift allgemeiner auszulegen ist, wonach nämlich die Schiedsrichter den Schiedsspruch insgesamt nach Erlaß mit einer Auslegung versehen können. Es handelt sich bei dieser Auslegung offenbar nicht um die Berichtigung von offenbaren Fehlern, da die Befugnis dazu in Satz 2 ausdrücklich niedergelegt ist. Die Parteien sollten daher zur Vermeidung von Mißverständnissen erwägen, diese Auslegungsbefugnis des Schiedsgerichts abzubedingen.

4. Kapitel
Die UNCITRAL-Schiedsgerichtsordnung

Abschnitt I*
Einleitende Bestimmungen

Anwendungsbereich
Artikel 1

1. Haben die Parteien eines Vertrages schriftlich vereinbart, daß Streitigkeiten, die sich auf diesen Vertrag beziehen, der Schiedsgerichtsbarkeit nach der UNCITRAL-Schiedsgerichtsordnung unterliegen, so werden diese Streitigkeiten nach dieser Schiedsgerichtsordnung geregelt, vorbehaltlich solcher Änderungen, welche die Parteien schriftlich vereinbaren.

2. Das Schiedsverfahren unterliegt dieser Schiedsgerichtsordnung mit der Ausnahme, daß bei Widerspruch zwischen einer ihrer Regelungen und einer Bestimmung des auf das Schiedsverfahren anzuwendenden Rechts, von der die Parteien nicht abweichen dürfen, diese Bestimmung vorgeht.

Artikel 1 – Absatz 1:

Haben die Parteien eines Vertrages schriftlich vereinbart, daß Streitigkeiten, die sich auf diesen Vertrag beziehen, der Schiedsgerichtsbarkeit nach der UNCITRAL-Schiedsgerichtsordnung unterliegen, so werden diese Streitigkeiten nach dieser Schiedsgerichtsordnung geregelt, vorbehaltlich solcher Änderungen, welche die Parteien schriftlich vereinbaren.

Das in Absatz 1 niedergelegte Gebot der Schriftlichkeit ist zum Schutz gegen Unklarheiten sicherlich zu empfehlen. Aus der Sicht des deutschen Rechtes ist aber nicht zu sehen, was dagegen sprechen sollte, wenn die Parteien (z. B. als Vollkaufleute des deutschen Rechtes) die

1

---

* Gemeinsame Übersetzung der Bundeskammer der gewerblichen Wirtschaft, des Bundesverbandes der Deutschen Industrie, der Deutschen Gruppe der Internationalen Handelskammer, der Kammer für Außenhandel der Deutschen Demokratischen Republik, der Vereinigung Österreichischer Industrieller, des Vororts des Schweizerischen Handels- und Industrie-Vereins.

Art. 1 – Abs. 1 – UNCITRAL

UNCITRAL-Regeln mündlich berufen. Wenn nach dem anwendbaren Recht die Vereinbarung einer Schiedsklausel mündlich wirksam ist, und im Rahmen einer solchen mündlichen Vereinbarung die UNCITRAL-Regeln vereinbart werden, so sind die Parteien bzw. die zu ernennenden Schiedsrichter trotz Abs. 1 an diese Verfahrensordnung gebunden. Die Bedeutung des Schriftlichkeitserfordernisses gemäß Abs. 1 kann daher nur in bezug auf Dritte Bedeutung haben. Zu denken ist an den Fall, daß sich ein Dritter (wie es z. B. für den Schiedsgerichtshof der ICC der Fall ist) angeboten hat, als Ernennende Stelle im Rahmen der UNCITRAL-Schiedsgerichtsordnung zu fungieren. Ob eine solche allgemeine Kundmachung der Bereitschaft, als Ernennende Stelle zu fungieren, vertragliche Pflichten bewirkt, kann dahinstehen; jedenfalls ist davon auszugehen, daß sich ein solcher Dritter nur dann zu dieser Funktion bereitfinden wird, wenn ihm eine den Anforderungen des Art. 1 genügende Schiedsvereinbarung vorliegt. Haben die Parteien aber mündlich die UNCITRAL-Schiedsgerichtsordnung berufen und ebenfalls mündlich einen Dritten, womöglich mit dessen Zustimmung, als Ernennende Stelle benannt, so ist aus Sicht des deutschen Rechtes die UNCITRAL-Schiedsordnung verbindlich vereinbart.

2   Das für die Auslegung der Regeln anwendbare Recht (vgl. 2. Kapitel, Nr. 6) hätte darüber zu entscheiden, ob im Rahmen einer solchen mündlichen Vereinbarung der in Abs. 1 enthaltene Schriftlichkeitsvorbehalt für Änderungen gilt, ob also – wenn auch die UNCITRAL-Schiedsordnung selbst mündlich vereinbart werden kann – Abweichungen davon der Schriftform bedürfen. Dieses wäre wohl die Lösung des deutschen Rechtes, da in einem mündlichen Vertrag vereinbart werden kann, daß Änderungen der Schriftform bedürfen.

3   Was „schriftlich" ist, entscheidet das Recht, welches zur Entscheidung darüber berufen ist, ob die Schiedsklausel gültig ist. Nach heute allgemeiner Ansicht ist auch durch Telegramme und Fernschreiben die Schriftlichkeit gewahrt. Auch die Übermittlung durch Hellschreiber reicht aus (*Rauh*, S. 8).

4   Die Schiedsordnung gilt für Streitigkeiten, die sich auf einen bestimmten Vertrag beziehen. Nicht nur im deutschen Recht, sondern wohl allgemein gilt der Grundsatz, daß eine Schiedsvereinbarung zwischen zwei Parteien, derzufolge unterschiedslos sämtliche Vertragsbeziehungen einer Schiedsvereinbarung unterworfen werden sollen, unwirksam ist. Unbedenklich aber ist, wenn auch zukünftige Verträge wie auch Einzelgeschäfte innerhalb eines Rahmenvertrages einer Schiedsvereinbarung unterworfen werden (*Mezger*, AWD 1964, S. 203). Nach dem Wortlaut

gelten die UNCITRAL-Regeln nur für Streitigkeiten, welche sich aus einem Vertrage ergeben. Es kann den Parteien aber nicht verwehrt werden, z. B. nach Entstehung eines Anspruches aus einem gesetzlichen Schuldverhältnis (z. B. Delikt) die rechtlichen Auseinandersetzungen ausdrücklich der UNCITRAL-Schiedsgerichtsordnung zu unterstellen (*Sanders*, S. 179).

Artikel 1 – Absatz 2:

Das Schiedsverfahren unterliegt dieser Schiedsgerichtsordnung mit der Ausnahme, daß bei Widerspruch zwischen einer ihrer Regelungen und einer Bestimmung des auf das Schiedsverfahren anzuwendenden Rechts, von der die Parteien nicht abweichen dürfen, diese Bestimmung vorgeht.

Absatz 2 regelt nichts, er stellt nur fest, was ohnehin gilt (*Böckstiegel*, RIW 1982, S. 708). *Sanders* nimmt als Anwendungsbeispiel für den Vorrang des zwingenden staatlichen Verfahrensrechtes den Fall, daß ein staatliches Gericht ausschließlich zuständig ist für die Frage der Schiedsrichterablehnung. Als Beispiel könnte auch genannt werden, daß gemäß Art. 26 der Regeln das Schiedsgericht zum Erlaß von einstweiligen Verfügungen befugt wird, was nach deutschem Recht möglicherweise unzulässig ist (vgl. *Aden*, BB 1985, S. 2277).

Zustellung, Berechnung von Fristen
Artikel 2

1. Für die Zwecke dieser Schiedsgerichtsordnung wird jede Zustellung einschließlich einer Mitteilung oder eines Vorschlages als zugegangen angesehen, wenn sie dem Empfänger selbst übergeben oder an seinen gewöhnlichen Aufenthalt, an seinen Geschäftssitz oder an seine Postanschrift oder – wenn keine dieser Anschriften nach angemessenen Nachforschungen festgestellt werden konnte – an den letzten bekannten Aufenthalt oder Geschäftssitz des Empfängers übergeben wurde. Die Zustellung gilt als an dem Tag dieser Übergabe erfolgt.

2. Zum Zweck der Berechnung einer in dieser Schiedsgerichtsordnung bestimmten Frist beginnt diese Frist mit dem Tag zu laufen, der auf den Tag folgt, an dem die Zustellung, die Mitteilung oder der Vorschlag zugegangen ist. Ist der letzte Tag der Frist am Aufenthaltsort oder am Geschäftssitz des Empfängers ein staatlicher Feiertag oder ein arbeitsfreier

Tag, so wird die Frist bis zum ersten folgenden Werktag verlängert. Staatliche Feiertage und arbeitsfreie Tage, die in den Lauf der Frist fallen, werden mitgerechnet.

1 Die Zugangsregelung gemäß Abs. 1 betrifft nur den Austausch von Benachrichtigungen im Zusammenhang mit der Durchführung des Schiedsverfahrens. Soweit der Vertrag, in bezug auf welchen das Schiedsverfahren durchgeführt werden soll, selbst betroffen ist, gelten natürlich die darin niedergelegten Regeln bzw. bei Fehlen einer Vereinbarung die sich aus dem anwendbaren Recht ergebenden Zugangs- und Wirksamkeitsregeln. Enthält der Vertrag detaillierte Regeln, z. B. die in internationalen Verträgen zu empfehlende unwiderrufliche Benennung eines Zustellungsbevollmächtigten, dann dürfte nach dem Grundsatz des Vorranges der spezielleren Regelung die vertragliche Regelung den Vorrang vor der Regelung in Art. 2 haben.

2 Die Zugangsfiktion durch Absendung an den letzten bekannten Aufenthaltsort, von dem der Absender aber weiß, daß er jetzt nicht mehr der richtige Aufenthaltsort ist, erscheint nach deutschem Recht problematisch, da tatsächlich zu unterstellen ist, daß der Empfänger die entsprechende Nachricht (z. B. das Schriftstück mit der Erhebung der Schiedsklage) nicht erhalten hat. Das deutsche Prozeßrecht sieht für den Fall der Unauffindbarkeit eines Adressaten an sich die öffentliche Zustellung vor. Da es sich hier um einen wesentlichen Bereich des unentziehbaren Rechtes auf Gewährung rechtlichen Gehörs handelt, muß in jedem Fall damit gerechnet werden, daß ein staatliches Gericht in einem nachfolgenden Anerkennungs- oder Vollstreckungsverfahren die Voraussetzungen von Art. 1 Abs. 2 nach sehr strengen Gesichtspunkten prüft. Möglicherweise empfiehlt es sich daher von vorneherein, ein offizielles Zustellungsverfahren einzuschlagen, wenn die Anschrift des Adressaten unbekannt ist.

Einleitung des Schiedsverfahrens
Artikel 3

1. Die Partei, die das Schiedsverfahren einleiten will (nachstehend „Kläger" genannt), hat die andere Partei (nachstehend „Beklagter" genannt) davon zu benachrichtigen.

2. Das Schiedsverfahren wird als an dem Tag begonnen angesehen, an dem die Benachrichtigung über die Einleitung des Schiedsverfahrens dem Beklagten zugegangen ist.

3. Die Benachrichtigung über die Einleitung des Schiedsverfahrens hat folgende Angaben zu enthalten:

   a) Das Verlangen, die Streitigkeit der Schiedsgerichtsbarkeit zu unterwerfen;
   b) Die Namen und Anschriften der Parteien;
   c) Eine Bezugnahme auf die geltend gemachte Schiedsklausel oder Schiedsvereinbarung;
   d) Eine Bezugnahme auf den Vertrag, aus dem sich der Streitfall ergibt oder auf den er sich bezieht;
   e) Die allgemeine Art des Anspruchs und gegebenenfalls eine Angabe über die Höhe des Streitwerts;
   f) Das Klagebegehren;
   g) Einen Vorschlag hinsichtlich der Anzahl der Schiedsrichter (d. h. einen oder 3 Schiedsrichter), wenn die Parteien vorher darüber nichts vereinbart haben.

4. Die Benachrichtigung über die Einleitung des Schiedsverfahrens kann auch die folgenden Angaben enthalten:

   a) Die Vorschläge für die Bestellung eines Einzelschiedsrichters und einer Ernennenden Stelle nach Artikel 6 Absatz 1;
   b) Die Benachrichtigung von der Bestellung eines Schiedsrichters nach Artikel 7;
   c) Die Klageschrift nach Artikel 18.

Artikel 3 – Absatz 1:

1. Die Partei, die das Schiedsverfahren einleiten will (nachstehend „Kläger" genannt), hat die andere Partei (nachstehend „Beklagter" genannt) davon zu benachrichtigen.

Der Prozeß nach der deutschen ZPO beginnt mit der Einreichung einer Klageschrift, denn das Gericht existiert bereits. Nach den UNCITRAL-Regeln muß das Schiedsgericht erst konstituiert werden, und es gibt noch nicht einmal wie bei den institutsgebundenen Schiedsgerichten eine Art Geschäftsstelle, bei welcher die Klage eingereicht werden kann. Das Verfahren gemäß den UNCITRAL-Regeln beginnt daher mit einer Schiedsanzeige („Notice of Arbitration"). Diese Schiedsanzeige hat die in Abs. 3 aufgeführten Angaben zu enthalten. Dazu kann bereits die Klageschrift gehören. Die eigentliche Klageschrift kann aber auch erst gemäß Art. 18 dem Schiedsgericht eingereicht werden, sobald dieses konstituiert ist.

1

Art. 3 – Abs. 3 – UNCITRAL

2 Absatz 2 spricht vom Zugang der Schiedsanzeige und Abs. 3 davon, was sie enthalten muß. Eine mündliche Schiedsanzeige kann dieses nicht leisten. Sie zuzulassen, wäre auch wegen der Folgen, die an die Schiedsanzeige anknüpfen, kaum sinnvoll. Die Schiedsanzeige muß daher schriftlich erfolgen (a. A.: *Rauh*, S. 75).

Artikel 3 – Absatz 2:

Das Schiedsverfahren wird als an dem Tag begonnen angesehen, an dem die Benachrichtigung über die Einleitung des Schiedsverfahrens dem Beklagten zugegangen ist.

3 Das Zugangsdatum kann für die Unterbrechung der Verjährung gemäß § 220 BGB bedeutsam sein. Abs. 2 stellt auf den Zugang ab. Als Zugang im Sinne der Regeln ist aber auch ein Umstand anzunehmen, welcher gem. Art. 2 dem Zugang gleichgestellt werden kann (z. B. Absendung an die letzte bekannte Geschäftsadresse des Empfängers).

Artikel 3 – Absatz 3:

Die Benachrichtigung über die Einleitung des Schiedsverfahrens hat folgende Angaben zu enthalten:

a) Das Verlangen, die Streitigkeit der Schiedsgerichtsbarkeit zu unterwerfen;
b) Die Namen und Anschriften der Parteien;
c) Eine Bezugnahme auf die geltend gemachte Schiedsklausel oder Schiedsvereinbarung;
d) Eine Bezugnahme auf den Vertrag, aus dem sich der Streitfall ergibt oder auf den er sich bezieht;
e) Die allgemeine Art des Anspruchs und gegebenenfalls eine Angabe über die Höhe des Streitwerts;
f) Das Klagebegehren;
g) Einen Vorschlag hinsichtlich der Anzahl der Schiedsrichter (d. h. einen oder 3 Schiedsrichter), wenn die Parteien vorher darüber nichts vereinbart haben.

4 Die Schiedsanzeige ist keine Klage, vgl. Art. 18. Die nicht abschließende Auflistung (*Rauh*, S. 76) hat mithin nur die Aufgabe, den Streitgegenstand so genau zu bezeichnen, daß der Gegner und ein nun zu benennender Schiedsrichter weiß, worum es geht und insbesondere feststellen

kann, ob es sich um eine Frage handelt, die schiedsbar ist und der UNCITRAL-Verfahrensordnung unterliegt. Zur Fristwahrung kann es sinnvoll sein, diese Schiedsanzeige noch ohne förmliche Klage zuzustellen, deren Redaktion in großen internationalen Angelegenheiten schon wegen interner und externer Abstimmungsprozeduren sehr zeitaufwendig sein kann. Es kann aber auch aus taktischen Gründen in Frage kommen, es zunächst bei der juristisch noch unverbindlicheren Schiedsanzeige zu belassen, um gleichsam in einem Vorstadium der Klageerhebung ein Klima der Kompromißbereitschaft zu pflegen, andererseits aber die Entschlossenheit, das Verfahren durchzuführen, deutlich zu machen.

Klagen, deren Tenor nur schwer bestimmbar ist, z. B. Anspruch auf eine Vertragsanpassung gemäß mehr oder weniger eindeutiger Kriterien, können in dieser Weise unschwer schiedshängig gemacht werden, ohne daß der Kläger die Art, wie er seine Anpassung verlangt, in einer zu diesem Zeitpunkt vielleicht noch unerwünschten Weise konkretisieren muß. 5

Artikel 3 – Absatz 4:

Die Benachrichtigung über die Einleitung des Schiedsverfahrens kann auch die folgenden Angaben enthalten:

a) **Die Vorschläge für die Bestellung eines Einzelschiedsrichters und einer Ernennenden Stelle nach Artikel 6 Absatz 1;**
b) **Die Benachrichtigung von der Bestellung eines Schiedsrichters nach Artikel 7;**
c) **Die Klageschrift nach Artikel 18.**

Die Schiedsanzeige braucht sich über die vom Kläger vorzunehmende Wahl des Schiedsrichters noch nicht auszusprechen. Das kann sie aber, indem gemäß Abs. 4b dem Schiedsbeklagten die Benachrichtigung von der Bestellung eines Schiedsrichters mitgeteilt wird, wenn – wie in Art. 7 vorgesehen – 3 Schiedsrichter zu bestellen sind, so daß jeder Partei die Benennung eines Schiedsrichters obliegt. Während der in Abs. 3g mögliche Vorschlag hinsichtlich der Anzahl der Schiedsrichter für den Kläger noch völlig unverbindlich ist, ist die Benachrichtigung von der Bestellung eines Schiedsrichters als verbindlich anzusehen. Ohne Zustimmung des Gegners kann nunmehr der Kläger nicht mehr einen anderen Schiedsrichter anstelle des ursprünglich genannten setzen. 6

Vertretung und Beistand
Artikel 4

Die Parteien können sich durch Personen ihrer Wahl vertreten oder beistehen lassen. Die Namen und Anschriften dieser Personen müssen der anderen Partei schriftlich mitgeteilt werden; diese Mitteilung muß die Angabe enhalten, ob die Bestellung der betreffenden Person als Vertreter oder als Beistand geschieht.

1 Gemäß § 1034 Abs. I 2 deutsche ZPO dürfen Rechtsanwälte als Prozeßbevollmächtigte im Schiedsverfahren nicht zurückgewiesen werden. Eine entgegenstehende Vereinbarung ist nichtig. Art. 4 erlaubt darüber hinaus die Beiziehung jeder Person ohne besonderen Qualifikationsnachweis als Rechtsanwalt u. ä. Die Unterscheidung zwischen einer Bestellung als Vertreter oder als Beistand ist aus der Sicht des deutschen Rechtes nicht ganz klar, und theoretisch können Probleme dadurch entstehen, daß eine als Vertreter benannte Person Handlungen eines Beistandes vornimmt und umgekehrt, so daß sich die Frage stellt, ob das Schiedsgericht bzw. die Gegenseite Handlungen der Person, welche nicht der benannten Funktion entsprechen, gelten lassen muß.

2 Artikel 4 denkt offenbar in erster Linie an eine natürliche Person. Wenn es sachlich sinnvoll ist, ist aber auch die Benennung einer juristischen Person als Vertreter oder Beistand von Art. 4 als gedeckt anzusehen, z. B. die Benennung einer Wirtschaftsprüfungs-GmbH.

Abschnitt II
Zusammensetzung des Schiedsgerichts

Anzahl der Schiedsrichter
Artikel 5

Sind die Parteien nicht vorher über die Anzahl der Schiedsrichter (d. h. einen oder 3 Schiedsrichter) übereingekommen, und haben sie nicht innerhalb von 15 Tagen, nachdem der Beklagte die Benachrichtigung über die Einleitung des Schiedsverfahrens erhalten hat, vereinbart, daß nur ein Schiedsrichter tätig werden soll, so sind drei Schiedsrichter zu bestellen.

Art. 6 – UNCITRAL

Da die Parteien Herren des Verfahrens sind und nicht einmal ansatzweise einer außenstehenden Instanz (z. B. einem Schiedsgerichtshof) Kompetenzen in bezug auf die Zusammensetzung des Schiedsgerichtes übertragen haben, kann die Vorschrift des Art. 5 nur bedeuten, daß jede Partei einen Anspruch auf die Bestellung von 3 Schiedsrichtern hat, wenn nicht innerhalb von 15 Tagen nach Zugang der Schiedsanzeige beim Beklagten die Parteien keine anderweitige Vereinbarung getroffen haben. Wenn eine Ernennende Stelle tätig wird, ist auch diese gehalten, auf der Basis eines Dreier-Schiedsgerichtes vorzugehen.

1

Bestellung der Schiedsrichter (Artikel 6 bis 8)
Artikel 6

1. Ist ein Einzelschiedsrichter zu bestellen, so kann jede Partei der anderen vorschlagen:

a) Den oder die Namen einer oder mehrerer Personen, von denen eine als Einzelschiedsrichter in Betracht kommt; und

b) Wenn die Parteien sich nicht auf eine Ernennende Stelle geeinigt haben, den oder die Namen einer oder mehrerer Institutionen oder Personen, von denen eine als Ernennende Stelle in Betracht kommt.

2. Falls innerhalb von 30 Tagen, nachdem eine Partei einen Vorschlag nach Absatz 1 erhalten hat, zwischen den Parteien keine Einigung über die Bestellung des Einzelschiedsrichters erzielt wurde, wird der Einzelschiedsrichter von der Ernennenden Stelle bestellt, welche die Parteien vereinbart haben. Haben die Parteien keine Ernennende Stelle vereinbart, oder lehnt die Ernennende Stelle, die sie vereinbart haben, es ab, tätig zu werden, oder bestellt sie den Schiedsrichter nicht innerhalb von 60 Tagen, nachdem sie ein diesbezügliches Ersuchen einer Partei erhalten hat, so kann jede Partei den Generalsekretär des Ständigen Schiedsgerichtshofs in Den Haag um die Bestimmung einer Ernennenden Stelle ersuchen.

3. Die Ernennende Stelle hat den Einzelschiedsrichter auf Ersuchen einer der Parteien so schnell wie möglich zu bestellen. Bei der Bestellung geht die Ernennende Stelle nach dem folgenden Listenverfahren vor, es sei denn, beide Parteien schließen dieses Verfahren aus oder die Ernennende Stelle entscheidet nach ihrem Ermessen, daß die Verwendung des Listenverfahrens für den Fall nicht geeignet ist:

a) Auf Ersuchen einer der Parteien übersendet die Ernennende Stelle beiden Parteien eine gleiche Liste, die mindestens drei Namen enthält;

b) Innerhalb von 15 Tagen, nachdem sie diese Liste erhalten hat, kann jede Partei der Ernennenden Stelle die Liste zurücksenden, nachdem sie den oder die Namen, gegen die sie Einwände hat, gestrichen und die übrigen Namen in der von ihr bevorzugten Reihenfolge numeriert hat;

c) Nach Ablauf dieser Frist bestellt die Ernennende Stelle den Einzelschiedsrichter aus dem Kreis der Personen, deren Namen auf den ihr zurückgesandten Listen verblieben sind, und zwar in Übereinstimmung mit der von den Parteien angegebenen Reihenfolge;

d) Kann die Bestellung aus irgendeinem Grund nicht nach diesem Verfahren stattfinden, so kann die Ernennende Stelle den Einzelschiedsrichter nach freiem Ermessen bestellen.

4. Bei der Bestellung berücksichtigt die Ernennende Stelle solche Umstände, die geeignet sind, die Bestellung eines unabhängigen und unparteiischen Schiedsrichters zu sichern und trägt dabei auch der Zweckmäßigkeit der Bestellung eines Schiedsrichters, der eine andere Staatsangehörigkeit als die der Parteien besitzt, Rechnung.

1 Die Funktion der Ernennenden Stelle ist eines der Wesensmerkmale der UNCITRAL-Regeln. Nach den Regeln kann jede natürliche oder juristische Person, aber auch eine nicht rechtsfähige Institution Ernennende Stelle sein. Die Parteien können daher festlegen, daß der Schiedsgerichtshof der ICC, das Schiedsgericht der Wiener Bundeskammer oder aber auch der Rechtsanwalt Dr. M. A. als Ernennende Stelle fungieren soll. In bezug auf die Benennung von Schiedsrichtern oder ihrer Abberufung hat die Ernennende Stelle der UNCITRAL-Regeln eine Funktion, die der eines Schiedsgerichtsinstituts gleichkommt. Zur Vermeidung von Verzögerungen ist es daher den Parteien, welche die UNCITRAL-Regeln vereinbaren wollen, dringend zu empfehlen, sich auf eine Ernennende Stelle zu einigen, und zwar dürfte es naheliegen, die Unsicherheit menschlicher Lebenszeit nicht in eine Schiedsvereinbarung hineinzutragen. Als Ernennende Stelle sollte daher eine Institution ins Auge gefaßt werden. Haben die Parteien sich vorher oder nachher auf keine Ernennende Stelle geeinigt, so kann jede Partei den Generalsekretär des Ständigen Schiedsgerichtshofs in Den Haag um die Bestimmung einer Ernennenden Stelle ersuchen; dieser Generalsekretär fungiert also nicht selbst als Ernennende Stelle.

2 Die in Abs. 3 und 4 beschriebenen Pflichten der Ernennenden Stelle sind rechtlich insofern etwas kraftlos, als kaum zu sehen ist, wie die Parteien oder eine von ihnen z. B. durchsetzen will, daß die Ernennende Stelle ihre Pflicht auch erfüllt (vgl. Artikel 17 Rdnr. 3).

Artikel 7

1. Sind drei Schiedsrichter zu bestellen, so hat jede Partei einen Schiedsrichter zu bestellen. Die beiden so bestellten Schiedsrichter wählen den dritten Schiedsrichter, der als Vorsitzender des Schiedsgerichts tätig wird.

2. Hat eine Partei innerhalb von 30 Tagen, nachdem sie die Mitteilung des Namens des von der anderen Partei bestellten Schiedsrichters erhalten hat, der anderen Partei nicht den von ihr bestellen Schiedsrichter bekanntgegeben:

a) So kann die erste Partei die vorher von den Parteien bestimmte Ernennende Stelle um die Bestellung des zweiten Schiedsrichters ersuchen; oder

b) Wenn die Parteien vorher keine Ernennende Stelle bestimmt haben oder wenn die vorher bestimmte Ernennende Stelle es ablehnt, tätig zu werden, oder wenn sie den Schiedsrichter nicht innerhalb von 30 Tagen, nachdem sie ein diesbezügliches Ersuchen einer Partei erhalten hat, bestellt, kann die erste Partei den Generalsekretär des Ständigen Schiedsgerichtshofs in Den Haag um die Bestimmung der Ernennenden Stelle ersuchen. Die erste Partei kann dann die auf diese Weise bestimmte Ernennende Stelle um die Bestellung des zweiten Schiedsrichters ersuchen. In dem einen wie in dem anderen Fall kann die Ernennende Stelle den Schiedsrichter nach ihrem Ermessen bestellen.

3. Haben sich die beiden Schiedsrichter innerhalb von 30 Tagen nach Bestellung des zweiten Schiedsrichters über die Bestellung des Vorsitzenden des Schiedsgerichts nicht geeinigt, so wird dieser von einer Ernennenden Stelle so bestellt, wie ein Einzelschiedsrichter nach Artikel 6 bestellt würde.

Absatz 1 enthält das bekannte Muster, daß der Obmann von den parteibenannten Schiedsrichtern gewählt wird (vgl. Artikel 2 ICC Absatz 4 Rdnr. 11 ff.). Zur Funktion des Vorsitzenden gilt das dort unter Rdnr. 13 Gesagte.

Die Fristberechnung in Absatz 2 ist etwas schwer, da die erste Partei kaum mit Sicherheit angeben kann, wann die zweite Partei die Mitteilung erhalten hat. Es empfiehlt sich daher für die erste Partei, ein wenig über die 30-Tagesfrist hinaus zu warten. Kommt eine Partei ihrer Obliegenheit, den Schiedsrichter zu bestellen, nicht innerhalb der gesetzten 30-Tagesfrist nach, so entsteht ein Ersatzbenennungsrecht für die Ernennende Stelle. Solange diese aber keine Entscheidung getroffen hat, bleibt die entsprechende Partei berechtigt, die ihr obliegende Schiedsrichterbenennung nachzuholen.

3   Das in Absatz 2b beschriebene Verfahren ist zwar theoretisch handhabbar. Es liegt aber auf der Hand, daß praktisch beliebige Komplikationen auftreten können, wenn keine Ernennende Stelle vertraglich vereinbart war und diese sich nicht verpflichtet hat, auch wirklich tätig zu werden. Wie rasch der Generalsekretär des Ständigen Schiedsgerichtshofs die Bestimmung der Ernennenden Stelle aussprechen wird, steht dahin. Wenn die so bezeichnete Ernennende Stelle sich weigert, tätig zu werden oder nur gegen ein unrealistisches Honorar tätig werden will, ergeben sich Verzögerungen. Denkbar ist, daß die Gegenseite die Unparteilichkeit der Ernennenden Stelle angreift und diese daraufhin ihre Mitwirkung einstellt, während der Generalsekretär wiederum meint, zu einer erneuten Bestimmung einer Ernennenden Stelle keine Veranlassung zu haben, da er keinen Grund sieht, an der Unparteilichkeit der bereits ernannten Stelle zu zweifeln. Entsprechende Beispiele lassen sich fortführen. Es ist den Parteien daher dringend zu empfehlen, die Ernennende Stelle vorher zu bestellen und diese auch vertraglich zum Tätigwerden entsprechend den UNCITRAL-Regeln zu verpflichten. Da eine solche Verpflichtung aber beiden Parteien gegenüber bestehen soll, müßten die Parteien diese Vereinbarung mit der Ernennenden Stelle praktisch schon bei Vereinbarung der Schiedsklausel treffen. Ein dahingehender Vorschlag der an den Vertragsverhandlungen beteiligten Juristen würde aber wohl regelmäßig an den mit anderen Prioritäten beschäftigten Verhandlungsführern scheitern. Es ist daher zu empfehlen, eine institutionell zur Abwicklung von Schiedsverfahren tätige Stelle (z. B. den Deutschen Ausschuß für das Schiedsgerichtswesen oder den ICC-Schiedsgerichtshof) als Ernennende Stelle zu benennen, von welcher auch ohne vertragliche Bindung erwartet werden darf, daß sie zu realistischen Konditionen regelgerecht tätig wird.

Artikel 8

1. Wird eine Ernennende Stelle nach Artikel 6 oder 7 um die Bestellung eines Schiedsrichters ersucht, so hat die Partei, die das Ersuchen stellt, der Ernennenden Stelle eine Abschrift der Benachrichtigung über die Einleitung des Schiedsverfahrens, eine Abschrift des Vertrages, aus dem sich der Streitfall ergibt oder auf den er sich bezieht und eine Abschrift der Schiedsvereinbarung zu übersenden, wenn diese nicht im Vertrag enthalten ist. Die Ernennende Stelle kann von jeder der Parteien die Auskünfte verlangen, die sie zur Erfüllung ihrer Aufgabe für erforderlich hält.

2. **Wird eine oder werden mehrere Personen für die Bestellung zum Schiedsrichter vorgeschlagen, so sind ihre vollständigen Namen und Anschriften sowie ihre Staatsangehörigkeit und gleichzeitig auch ihre besondere Eignung bekanntzugeben.**

Die Pflichten der Parteien gegenüber der Ernennenden Stelle gemäß Artikel 8 können nach deutschem Recht als Vertrag zugunsten Dritter konstruiert werden, indem die Parteien durch die Bezugnahme auf die UNCITRAL-Regeln sich gegenseitig zugunsten der noch unbekannten Ernennenden Stelle verpflichten, z. B. die Auskünfte zu erteilen, welche die Ernennende Stelle für erforderlich hält. Unklar ist allerdings die Sanktion, welche aus einer Nichtbefolgung der in Art. 8 genannten Pflichten gegenüber der Ernennenden Stelle folgt. Jedenfalls theoretisch kann ein Problem dadurch entstehen, daß sich die Ernennende Stelle weigert, tätig zu werden, weil eine der Parteien die ihr in Art. 8 auferlegten Pflichten nicht erfüllt. Art. 6 Abs. 2 dürfte entsprechend anwendbar sein in allen Fällen, in welchen die Ernennende Stelle ihren Aufgaben nicht nachkommt. Jeder Partei ist daher allgemein das Recht zuzugestehen, aus wichtigem Grunde den Generalsekretär des Ständigen Schiedsgerichtshofes in Den Haag um die Bestimmung einer neuen Ernennenden Stelle zu ersuchen, was zugleich bedeutet, daß die bis dahin fungierende Ernennende Stelle ihre Funktion verliert. Der wichtige Grund ist dem gewählten oder mangels eines solchen dem Verfahrensrecht zu entnehmen, welches die lex fori der amtierenden Ernennenden Stelle ist. 1

Ablehnung von Schiedsrichtern (Artikel 9 bis 12)
Artikel 9

Wer als Schiedsrichter vorgesehen ist, hat denjenigen, die im Zusammenhang mit seiner möglichen Bestellung an ihn herangetreten sind, alle Umstände bekanntzugeben, die geeignet sind, berechtigte Zweifel aufkommen zu lassen, daß er unparteiisch oder unabhängig ist. Nach seiner Bestellung hat der Schiedsrichter diese Umstände den Parteien mitzuteilen, es sei denn, diese sind schon vorher von ihm darüber unterrichtet worden.

Die Vorschrift entspricht Artikel 2 Absatz 7 neue Fassung ICC. Unklar ist, welche Sanktion daraus folgt, wenn ein Schiedsrichter der in diesem Artikel vorgesehenen Offenbarungspflicht nicht genügt. Da ein Schiedsrichter, welcher eine Berufung nach den UNCITRAL-Regeln akzeptiert, auch Art. 9 akzeptiert, liegt wohl am nächsten, daß die Parteien die Be- 1 nennung dieses Schiedsrichters wegen arglistiger Täuschung anfechten können. Aus der Sicht des deutschen Rechtes könnte eine arglistige Täuschung selbst dann in Frage kommen, wenn sich im Ergebnis herausstellen sollte, daß die vom Schiedsrichter pflichtwidrig nicht offenbarten Umstände schließlich doch nicht zur Begründung seiner Befangenheit ausreichen.

Artikel 10

1. Jeder Schiedsrichter kann abgelehnt werden, wenn Umstände vorliegen, die Anlaß zu berechtigten Zweifeln geben, daß er unparteiisch oder unabhängig ist.

2. Eine Partei kann den von ihr bestellten Schiedsrichter nur aus Gründen ablehnen, von denen sie erst nach der Bestellung Kenntnis erhalten hat.

1 Die UNCITRAL-Regeln enthalten keine Auflistung der Befangenheits- bzw. Ablehnungsgründe. Diese Gründe müssen daher dem anwendbaren Verfahrensrecht entnommen werden, d. h. der deutschen Zivilprozeßordnung in dem Fall, daß das nach dieser Verfahrensordnung ablaufende Schiedsverfahren im übrigen dem deutschen Verfahrensrecht unterliegt. Auffällig ist die Regelung in Abs. 2, welche in der Umkehrung bedeutet, daß eine Partei, welche die Ablehnungsgründe kannte, bevor sie den Schiedsrichter benannte, sich auf diese nicht mehr berufen kann. Diese an sich einleuchtende Regel (§ 586 öZPO lautet ähnlich) kann dann problematisch sein, wenn die der Partei vor Bestellung des Schiedsrichters bekannten Umstände im Laufe des Verfahrens und insbesondere durch die Person des von der Gegenseite benannten Schiedsrichters in ein neues Licht treten. Da die Unbefangenheit des Schiedsrichters zum unverzichtbaren Bereich der öffentlichen Ordnung des Prozeßrechtes gehört, ist diese Vorschrift nur mit Vorsicht anzuwenden.

Artikel 11

1. Eine Partei, die einen Schiedsrichter ablehnen will, hat diesen Entschluß innerhalb von 15 Tagen nach dem Tag, an dem ihr die Bestellung dieses Schiedsrichters bekanntgegeben wurde oder innerhalb von 15 Tagen, nachdem sie von den in den Artikeln 9 und 10 bezeichneten Umständen Kenntnis erlangt hat, bekanntzugeben.

2. Die Ablehnung ist der anderen Partei, dem abgelehnten Schiedsrichter und den anderen Mitgliedern des Schiedsgerichts bekanntzugeben.

Die Bekanntgabe hat schriftlich unter Angabe der Gründe der Ablehnung zu erfolgen.

3. Wurde ein Schiedsrichter von einer Partei abgelehnt, so kann die andere Partei der Ablehnung zustimmen. Der Schiedsrichter kann auch nach seiner Ablehnung zurücktreten. In keinem der beiden Fälle bedeutet das die Anerkennung der Ablehnungsgründe. In beiden Fällen ist das in den Artikeln 6 oder 7 vorgesehene Verfahren für die Bestellung des Ersatzschiedsrichters in vollem Umfang anzuwenden, selbst wenn eine Partei ihr Recht, den abgelehnten Schiedsrichter zu bestellen oder bei seiner Bestellung mitzuwirken, nicht ausgeübt hat.

In Absatz 1 ist unklar, welche Sanktion aus der Fristüberschreitung folgt. Da das Ablehnungsrecht von grundsätzlicher rechtsstaatlicher Bedeutung ist, wird man nicht seine Präklusion annehmen, wenn die betreffende Partei erst z. B. am 20. Tag die Ablehnung anzeigt. Auch in diesem Fall gilt Artikel 10. Die säumige Partei hat freilich der Gegenpartei den Schaden zu ersetzen, der aus der verspäteten Ablehnung erwächst. Eine Präklusion des Ablehnungsrechtes müßte sich mangels Regelung in den UNCITRAL-Regeln aus dem anwendbaren Verfahrensrecht ergeben (vgl. § 43 deutsche ZPO: nach Stellung der Anträge). 1

Die in Absatz 2 geregelte Ablehnung eines Schiedsrichters dürfte als regelwidrig angesehen werden, wenn sie nicht schriftlich erklärt wird und – so ist hinzuzufügen – einen plausiblen Ablehnungsgrund dartut. 2

Absatz 3 Satz 1 enthält praktisch einen Abberufungsvertrag der Parteien, und es kann sich die Frage stellen, wer für das bis zur Abberufung verdiente Honorar des Schiedsrichters haftet. Da die Abberufung letztlich durch beide Parteien erfolgt, wären auch beide für dieses Honorar haftbar, vorbehaltlich freilich einer anderen Regelung in dem Schiedsrichtervertrag. 3

Satz 3 („in keinem der beiden Fälle ...") bedeutet rechtlich, daß im Verhältnis der Parteien zueinander der Rücktritt eines Schiedsrichters keiner Partei als anspruchsauslösender Fall zugerechnet werden soll, und daß im Sinne eines Vertrages zugunsten Dritter allein daraus kein Anspruch der Parteien gegen den Schiedsrichter entsteht, wiederum vorbehaltlich einer anderen Regelung im Schiedsrichtervertrag.

Verliert der Schiedsrichter gemäß Absatz 3 sein Amt, dann üben beide Parteien das ihnen jeweils zustehende Ernennungsrecht auch dann aus, wenn im ersten Durchlauf eine Ersatzbenennung durch die Ernennende Stelle vorgenommen war, etwa weil der Beklagte versäumt hatte, innerhalb der gesetzten Frist seinen Schiedsrichter zu benennen. 4

Artikel 12

1. Stimmt die andere Partei der Ablehnung nicht zu und tritt der abgelehnte Schiedsrichter nicht zurück, so entscheidet über die Ablehnung:
   a) Wenn die ursprüngliche Bestellung von einer Ernennenden Stelle vorgenommen wurde, diese Stelle;
   b) Wenn die ursprüngliche Bestellung nicht von einer Ernennenden Stelle vorgenommen, aber eine Ernennende Stelle vorher bestimmt wurde, diese Stelle;
   c) In allen anderen Fällen die Ernennende Stelle, die nach dem Verfahren für die Bestimmung einer Ernennenden Stelle nach Artikel 6 zu bestimmen ist.

2. Bestätigt die Ernennende Stelle die Ablehnung, so ist ein Ersatzschiedsrichter nach dem in den Artikeln 6 bis 9 für die Bestellung eines Schiedsrichters vorgesehenen Verfahren zu bestellen; sieht dieses Verfahren jedoch die Bestimmung einer Ernennenden Stelle vor, so erfolgt die Bestellung dieses Schiedsrichters durch die Ernennende Stelle, die über die Ablehnung entschieden hat.

1 Über die Berechtigung eines Ablehnungsantrages kann nur eine von den Parteien unabhängige Instanz entscheiden. Was in den ICC-Regeln der Schiedsgerichtshof ist, ist daher nach den UNCITRAL-Regeln die Ernennende Stelle. Obwohl die Ernennende Stelle in der Praxis selten ins Spiel kommen wird, wobei Fragen der Ablehnung und der Ersetzung von Schiedsrichtern in der Theorie auch wohl einen größeren Raum einnehmen, als ihrer praktischen Häufigkeit entspricht, ist die Ernennende Stelle von erheblicher theoretischer und, wenn es darauf ankommt, auch praktischer Bedeutung. Die Parteien sollten daher möglichst schon bei Abschluß der Schiedsvereinbarung darauf achten, daß eine Ernennende Stelle benannt wird, welche notfalls auch wirklich praktisch tätig werden wird. Wenn nämlich die Ernennende Stelle trotz entsprechender Aufforderung einer oder beider Parteien nicht tätig wird, kann es rechtlich schwierig und auf jeden Fall zeitaufwendig werden, die Ernennende Stelle ihrerseits ihres Amtes zu entheben (vgl. Art. 6 Abs. 2).

Ersetzung eines Schiedsrichters
Artikel 13

1. Im Fall des Ablebens oder des Rücktritts eines Schiedsrichters während des Schiedsverfahrens ist ein Ersatzschiedsrichter nach dem Ver-

fahren zu bestellen, das nach den Artikeln 6 bis 9 für die Bestellung des zu ersetzenden Schiedsrichters anzuwenden war.

2. Im Fall der Untätigkeit eines Schiedsrichters oder der rechtlichen oder tatsächlichen Unmöglichkeit für ihn, seine Aufgabe zu erfüllen, ist das in den vorhergehenden Artikeln vorgesehene Verfahren für die Ablehnung und die Ersetzung eines Schiedsrichters anzuwenden.

Der in Abs. 2 angesprochene Fall der Untätigkeit des Schiedsrichters muß wohl ergänzt werden um den Fall, daß der Schiedsrichter in schuldhafter Weise das Verfahren verzögert. Jede Partei kann daher gemäß Art. 11 unter Angabe der Abberufungsgründe die Abberufung des Schiedsrichters verlangen. Stimmt die Gegenpartei dem Abberufungsverlangen zu, so muß aus Art. 11 und Art. 12 geschlossen werden, daß das Amt des Schiedsrichters erlischt. Ohne diese Zustimmung muß die Ernennende Stelle entscheiden. 1

Wiederholung der mündlichen Verhandlung bei Ersetzung eines Schiedsrichters
Artikel 14

Bei Ersetzung des Einzelschiedsrichters oder des Vorsitzenden des Schiedsgerichts nach den Artikeln 11 bis 13 sind alle vorher durchgeführten mündlichen Verhandlungen zu wiederholen; bei Ersetzung eines anderen Schiedsrichters können solche vorher durchgeführten mündlichen Verhandlungen nach Ermessen des Schiedsgerichts wiederholt werden.

Die Vorschrift, daß bei Ersetzung des Einzelschiedsrichters oder des Obmannes alle vorher durchgeführten mündlichen Verhandlungen wiederholt werden müssen, ist vielleicht mißverständlich. Es muß genügen, daß in einer einzigen „Wiederholungsverhandlung" der bisherige Streitstoff sachgerecht aufbereitet wird. Die Entscheidung, eine Wiederholungsverhandlung durchzuführen, ist zweifellos eine Verfahrensentscheidung. Es stellt sich daher die Frage nach dem Verhältnis dieser Vorschrift zu Art. 15, wonach das Schiedsgericht das Verfahren nach freiem Ermessen bestimmt. Rechtlich ergibt sich wohl, daß Art. 14 als gegenüber Art. 15 speziellere Regelung verpflichtenden Charakter hat und durch das Ermessen des Schiedsgerichts, welches möglicherweise eine Wiederholungsverhandlung für überflüssig hält, nicht übergangen werden darf. Ausdrücklich ist nämlich bei der Ersetzung eines beisitzen- 1 den Schiedsrichters die Durchführung einer Wiederholungsverhandlung in das Ermessen des Schiedsgerichts gestellt. Zur Problematik der Verfahrenswiederholung vgl. § 19 Wiener Regeln Rdnr. 5.

Abschnitt III
Schiedsverfahren

Allgemeine Bestimmungen
Artikel 15

1. Vorbehaltlich dieser Schiedsgerichtsordnung kann das Schiedsgericht das Schiedsverfahren nach freiem Ermessen durchführen, vorausgesetzt, daß die Parteien gleich behandelt werden und daß jede Partei in jedem Stadium des Verfahrens alle Möglichkeiten hat, ihren Standpunkt vorzubringen und ihre Anträge zu stellen.

2. Wenn eine der Parteien es in irgendeinem Stadium des Verfahrens beantragt, hat das Schiedsgericht eine mündliche Verhandlung zur Erhebung von Beweisen durch Zeugen und Sachverständige oder zum mündlichen Vortrag der Standpunkte durchzuführen. Wird kein derartiger Antrag gestellt, so entscheidet das Schiedsgericht, ob eine mündliche Verhandlung anzuberaumen oder ob das Verfahren auf der Grundlage von Schriftstücken und anderen Unterlagen durchzuführen ist.

3. Alle Schriftstücke oder Informationen, die dem Schiedsgericht von einer Partei vorgelegt oder erteilt werden, sind gleichzeitig auch der anderen Partei zu übermitteln.

1   Die Regelung in Art. 15 ist zwar in gewissem Sinne das Kernstück dieser wie aller anderen Schiedsverfahrensordnungen. Aus diesem Grunde ist diese Vorschrift aber eigentlich überflüssig, da das Recht der freien Verfahrenswahl in praktisch allen Schiedsgerichtsordnungen und Verfahrensordnungen in gleicher Weise geregelt ist (vgl. *Schlosser*, Rdnr. 539; vgl. Ausführungen zu Art. 11 ICC).

2   Das schiedsgerichtliche Ermessen findet seine Grenzen an den zwingenden Regeln des jeweils anwendbaren Verfahrensrechtes. Diese zwingenden Regeln variieren zwar von Land zu Land, lassen sich aber letztlich wohl alle auf dem Grundsatz der Gewährung des rechtlichen Gehörs zurückführen. Insofern enthält Abs. 1 lediglich eine Ausformung des

schon in Art. 1 Abs. 2 formulierten Grundsatzes, daß das Schiedsgericht von zwingenden Regeln des anwendbaren Verfahrensrechtes nicht abweichen darf.

Auf Antrag einer Partei muß das Verfahren ganz oder in Teilbereichen mündlich durchgeführt werden. Art. 15 ist so zu lesen, daß das Schiedsgericht einem solchen Antrag durch eine rein formale Mündlichkeit, in welcher lediglich die Anträge zu verlesen sind, nicht entspricht. Die Mündlichkeit muß vielmehr das leisten, wozu sie da ist, d. h. es muß den Parteien die Mögichkeit gegeben werden, in Rede und Widerrede Argumente auszutauschen und das Gericht muß bereit sein, sich durch mündlich vorgetragene Argumente überzeugen zu lassen. Es wäre daher von Art. 15 nicht gedeckt, wenn das Schiedsgericht zwar die mündliche Stellung von Anträgen zuließe, dann aber unter Berufung auf seine Befugnis, das Verfahren nach freiem Ermessen zu gestalten, den Parteien das Wort abschnitte und in ein schriftliches Verfahren überleitete (vgl. Artikel 14 ICC Rdnr. 1). 3

Der Adressat der in Abs. 3 geregelten Pflicht, die genannten Schriftstücke gleichzeitig auch der anderen Partei zu übermitteln, ist unklar. In erster Linie ist wohl eine gegenseitige Pflicht der Parteien gemeint, einander Abschriften der dem Schiedsgericht vorgelegten Schriftstücke, und zwar gleichzeitig, zu übermitteln. Es könnte daher als Verfahrensfehler gewertet werden, wenn das Schiedsgericht aufgrund von Unterlagen, die zwar ihm, nicht aber gleichzeitig der Gegenpartei von einer Partei zugeleitet wurden, Maßnahmen ergreift. Damit schießt der Wortlaut des Art. 15 Abs. 3 („Alle Schriftstücke ...") aber wohl über das Ziel hinaus. Es muß genügen, wenn das Schiedsgericht der Gegenpartei Abschriften von Schriftstücken erteilt, welche es für erheblich hält. 4

Ort des Schiedsverfahrens
Artikel 16

1. Haben sich die Parteien über den Ort des Schiedsverfahrens nicht geeinigt, so bestimmt das Schiedsgericht diesen Ort unter Berücksichtigung der Umstände des Schiedsverfahrens.

2. Das Schiedsgericht kann den Ort des Schiedsverfahrens innerhalb des von den Parteien vereinbarten Landes bestimmen. Es kann an jedem Ort, der ihm unter Berücksichtigung der Umstände des Schiedsverfahrens geeignet erscheint, Zeugen vernehmen und Sitzungen zur Beratung unter seinen Mitgliedern abhalten.

Art. 16 – Abs. 2 – UNCITRAL

3. Das Schiedsgericht kann an jedem ihm geeignet erscheinenden Ort zum Zweck der Besichtigung von Waren oder anderen Sachen oder der Prüfung von Schriftstücken zusammenkommen. Die Parteien sind rechtzeitig zu benachrichtigen, um ihnen ihre Teilnahme hierbei zu ermöglichen.

4. Der Schiedsspruch ist am Ort des Schiedsverfahrens zu erlassen.

Artikel 16 – Absatz 1:

Haben sich die Parteien über den Ort des Schiedsverfahrens nicht geeinigt, so bestimmt das Schiedsgericht diesen Ort unter Berücksichtigung der Umstände des Schiedsverfahrens.

1 Die Parteivereinbarung geht vor. Es wird aber vertreten, daß die Parteien den Ort nicht mehr ändern können, nachdem das Schiedsgericht, weil zunächst eine Parteivereinbarung fehlte, den Ort des Verfahrens gemäß Abs. 1 festgelegt habe (*Rauh*, S. 78). Das überzeugt nicht. Die Parteien sind Herren des Verfahrens. Sie können auch in ein bereits begonnenes Verfahren eingreifen, es abbrechen oder neu beginnen, sie können daher auch, wenn sie nunmehr zu einer gemeinschaftlichen Entscheidung kommen, den vom Schiedsgericht bestimmten Ort ändern. Vorbehaltlich einer anderen Parteiabrede ist zuständig für die Ortswahl das Schiedsgericht als Spruchkörper, nicht aber der Vorsitzende, welcher gem. Art. 31 nur reine Verfahrensfragen entscheiden kann, wenn sich eine Mehrheit nicht bildet (*Rauh*, S. 80).

Artikel 16 – Absatz 2:

Das Schiedsgericht kann den Ort des Schiedsverfahrens innerhalb des von den Parteien vereinbarten Landes bestimmen. Es kann an jedem Ort, der ihm unter Berücksichtigung der Umstände des Schiedsverfahrens geeignet erscheint, Zeugen vernehmen und Sitzungen zur Beratung unter seinen Mitgliedern abhalten.

2 Haben Parteien nur das Land des Austragungsortes angegeben, so kann das Schiedsgericht den Ort frei wählen, wobei es nach dem Zweck der schiedsgerichtlichen Ortswahl nicht auf die politische Zugehörigkeit des Ortes ankommen kann, sondern darauf, daß an dem auszuwählenden Ort das Recht des von den Parteien bestimmten Landes gilt. Haben die Parteien daher als Austragungsland die Bundesrepublik Deutschland bestimmt, so kann, trotz der staatsrechtlichen Unsicherheiten, Berlin

(West) als Austragungsort bezeichnet werden. Der von den Parteien bestimmte Austragungsort des Schiedsverfahrens hindert das Schiedsgericht im Zweifel nicht daran, Teile des Verfahrens an anderen Orten durchzuführen, wenn dieses nach den Umständen erforderlich ist, etwa um Zeugen an ihrem Wohnort zu vernehmen.

Artikel 16 – Absatz 3:

Das Schiedsgericht kann an jedem ihm geeignet erscheinenden Ort zum Zweck der Besichtigung von Waren oder anderen Sachen oder der Prüfung von Schriftstücken zusammenkommen. Die Parteien sind rechtzeitig zu benachrichtigen, um ihnen ihre Teilnahme hierbei zu ermöglichen.

Die Befugnis des Schiedsgerichts, zum Zwecke der Beweiserhebung an beliebigen Orten zusammenzutreten, ist im Grunde bereits durch das Verfahrensermessen gemäß Art. 15 abgedeckt. Das Schiedsgericht hat aber bei Maßnahmen dieser Art zu beachten, daß die Parteien, von denen grundsätzlich zu erwarten ist, daß sie an diesen auswärtigen Terminen mit ihren Beratern teilnehmen, im Bezug auf Reisezeit und Reisekosten nicht ungebührlich verschieden behandelt werden. 3

Artikel 16 – Absatz 4:

Der Schiedsspruch ist am Ort des Schiedsverfahrens zu erlassen.

Wann und unter welchen Voraussetzungen ein Schiedsspruch als erlassen gilt, entscheidet das anwendbare Verfahrensrecht. Denkbar ist, daß der Tenor eines Schiedsspruches nach Ende der letzten mündlichen Verhandlung am Ort des Schiedsverfahrens verkündet und vielleicht auch in schriftlicher Form abgesetzt wird, daß jedoch die erforderliche Begründung erst später, und zwar am Heimatort des berichterstattenden Schiedsrichters abgesetzt und von dort aus den Parteien mitgeteilt wird. Das anwendbare Verfahrensrecht entscheidet darüber, ob in diesem Fall der Schiedsspruch als am Orte des Verfahrens erlassen angesehen wird. Es kommt in Frage, daß die Abfassung der Begründung des Schiedsspruches an einem anderen Orte als dem eigentlichen Austragungsorte als ein Verfahrensfehler im Sinne von § 16 angesehen wird (vgl. § 17 Rdnr. 2 Stockholmer Regeln). Bei einem international zusammengesetzten Schiedsrichterkollegium können die Parteien ein Interesse daran haben, daß die Begründung des Schiedspruches nicht unter den mögli- 4 cherweise besonderen politischen Bedingungen, die im Heimatlande des Berichterstatters herrschen, abgefaßt wird. Auch können sie ein Interesse daran haben, daß zwischen dem Erlaß des Tenors und der Absetzung der Gründe keine allzu große zeitliche und vielleicht auch sachliche Distanz eintritt.

Sprache
Artikel 17

1. Vorbehaltlich einer Vereinbarung der Parteien hat das Schiedsgericht unverzüglich nach seiner Bestellung die Sprache oder die Sprachen des Verfahrens zu bestimmen. Diese Bestimmung gilt für die Klageschrift, die Klagebeantwortung und alle weiteren Schriftsätze und, im Falle von mündlichen Verhandlungen, für die Sprache oder die Sprachen, die bei diesen mündlichen Verhandlungen zu verwenden sind.

2. Das Schiedsgericht kann anordnen, daß alle der Klageschrift oder der Klagebeantwortung beigefügten Schriftstücke und alle zusätzlichen im Laufe des Verfahrens vorgelegten Schrift- oder Beweisstücke, die in ihrer Originalsprache vorgelegt werden, mit einer Übersetzung in die Sprache oder die Sprachen zu versehen sind, die von den Parteien vereinbart oder vom Schiedsgericht bestimmt wurden.

1 Wie über den Ort entscheidet das Schiedsgericht, nicht der Vorsitzende, über die Verfahrenssprache oder Verfahrenssprachen, wenn nicht die Parteien diesen Punkt geregelt haben.

2 Mangels einer gegenteiligen Regelung und vorbehaltlich einer abweichenden Parteibestimmung muß angenommen werden, daß das Schiedsgericht die einmal festgelegte Verfahrenssprache im Laufe des Verfahrens nicht wieder ändern kann, da die Parteien die Auswahl ihrer Vertreter oder Rechtsbeistände sowie ihrer Sekretariatskräfte auf die Verfahrenssprache eingestellt haben können.

3 Die Festlegung der Verfahrenssprache bedeutet, daß Schriftstücke und mündliche Ausführungen vom Schiedsgericht nur zur Kenntnis genommen werden dürfen, wenn sie in dieser Sprache vorgetragen oder, wenn in einer anderen Sprache vorgetragen, in diese übersetzt werden. Insofern bedarf Absatz 2 der Auslegung, als darin gesagt wird, daß das Schiedsgericht eine Übersetzung von in anderen Sprachen eingereichten Schriftstücken in die Verfahrenssprache anordnen kann. In Art. 15 Abs. 3 ist aber der Grundsatz ausgesprochen, daß die jeweils andere Partei von Schriftstücken, welche eine Partei dem Schiedsgericht zulei-

tet, gleichzeitig eine Abschrift bekommt. Der Grundsatz des rechtlichen Gehörs dürfte es dann erfordern, daß das Schiedsgericht eine Übersetzung zum Nutzen der Gegenpartei anordnen muß, wenn das entsprechende Schriftstück für erheblich angesehen wird.

Auch der Austausch mit Zeugen ist grundsätzlich in der Verfahrenssprache abzuwickeln, und jede Partei hat einen Anspruch darauf, daß Bekundungen in einer fremden Sprache in eine Verfahrenssprache übersetzt werden. 4

Die durch die Übersetzungen veranlaßten Kosten sind Verfahrenskosten (vgl. Art. 38c) und fallen, vorbehaltlich der abschließenden Kostenentscheidung, beiden Parteien zur Last und nicht etwa der Partei, welche die Übersetzung in die Verfahrenssprache begehrt. 5

Klageschrift
Artikel 18

1. War die Klageschrift nicht bereits in der Benachrichtigung über die Einleitung des Schiedsverfahrens enthalten, so hat der Kläger innerhalb einer vom Schiedsgericht festzusetzenden Frist seine Klageschrift dem Beklagten und jedem der Schiedsrichter zu übersenden. Eine Abschrift des Vertrages und, wenn sie nicht im Vertrag enthalten ist, der Schiedsvereinbarung ist beizufügen.

2. Die Klageschrift hat folgende Angaben zu enthalten:
   a) Die Namen und Anschriften der Parteien;
   b) Eine Darstellung des Sachverhalts, auf den die Klage gestützt wird;
   c) Die streitigen Punkte;
   d) Das Klagebegehren.

Der Kläger kann seiner Klageschrift alle Schriftstücke, die er für erheblich erachtet, beifügen oder die Schriftstücke oder andere Beweismittel die er vorlegen wird, angeben.

Die Klageschrift ist in der Verfahrenssprache einzureichen. Stand die Verfahrenssprache bei Absendung der Schiedsanzeige noch nicht fest und wurde der Schiedsanzeige gemäß Art. 3c eine Klageschrift, aber in einer anderen Sprache, beigefügt, so ist die Übersetzung nun nachzuholen. Auf diese bezieht sich dann die gemäß Abs. 1 festzusetzende Frist für die Einreichung der Klageschrift. 1

In bezug auf den Bestimmtheitsgrundsatz im deutschen Prozeßrecht fällt auf, daß es gemäß Abs. 2d genügt, wenn das Klagebegehren mitge- 2 teilt wird; ein bestimmter Antrag ist nicht erforderlich. Es ist daher in das Ermessen des Schiedsgerichts gestellt, welche Anforderungen es an die Bestimmtheit des Klageantrages stellen will.

3　Die Zustellung der Klage hat keine zusätzlichen prozessualen Wirkungen, da, für das deutsche Recht, die Schiedshängigkeit und ihre Folgen schon durch die Verfahrensanzeige eingetreten sind (vgl. *Schlosser*, Rdnr. 522).

Klagebeantwortung
Artikel 19

1. Der Beklagte hat innerhalb einer vom Schiedsgericht zu bestimmenden Frist seine schriftliche Klagebeantwortung dem Kläger und jedem der Schiedsrichter zu übersenden.

2. In der Klagebeantwortung ist zu den Angaben b), c) und d) der Klageschrift (Artikel 18 Abs. 2) Stellung zu nehmen. Der Beklagte kann seinem Schriftsatz die Schriftstücke beifügen, auf die er seine Verteidigung stützt, oder andere Beweismittel.

3. In seiner Klagebeantwortung oder in einem späteren Stadium des Schiedsverfahrens, vorausgesetzt, daß das Schiedsgericht diese Verspätung durch die Umstände für gerechtfertigt erachtet, kann der Beklagte eine auf denselben Vertrag gestützte Widerklage erheben oder sich zum Zweck der Aufrechnung auf eine sich aus demselben Vertrag ergebende Forderung berufen.

4. Artikel 18 Abs. 2 findet auch auf eine Widerklage und auf eine zur Aufrechnung gestellte Forderung Anwendung.

1　Der Beklagte soll innerhalb der gesetzten Frist seine Klagebeantwortung den Schiedsrichtern zusenden. Die Folgen einer Fristüberschreitung sind nicht geregelt; das Schiedsgericht kann die Frist jedoch gemäß Art. 23 verlängern. Da die Regeln schweigen, ist davon auszugehen, daß das schuldlose Versäumnis einer Frist durch eine Partei nicht zu ihrer Ausschließung mit der entsprechenden Prozeßhandlung führen darf. Gleichermaßen wäre es aber ein Verfahrensfehler, wenn das Schiedsgericht die aus dem anwendbaren Verfahrensrecht folgenden oder von ihm selbst gesetzten Fristen auch bei schuldhafter Versäumung gleichsam wie nicht vorhanden behandelt und ohne Begründung Verlängerungen zugesteht. Beide Parteien haben einen Anspruch auf zügige Durchführung des Verfahrens, also auch darauf, daß das Gericht die Einhaltung von Fristen durch Verhängung von prozessualen Nachteilen durchsetzt.

Eine Widerklage ist, wie Absatz 3 zeigt, zulässig, ebenso wie die Aufrechnung, wenn sich der Anspruch aus der Widerklage bzw. der zur Aufrechnung gestellte Anspruch aus demselben Vertrag ergibt wie die Hauptforderung. Diese Regelung weicht daher von der nach deutschem Recht als zulässig angesehenen Handhabung ab, wonach zur Aufrechnung auch Forderungen gestellt werden dürfen, welche mit dem Hauptvertrag nichts zu tun haben und insbesondere auch nicht unter die Schiedsvereinbarung fallen. Wenn die Parteien diese deutsche Regelung auch unter der Geltung der UNCITRAL-Regeln herstellen wollen, müssen sie es daher ausdrücklich vereinbaren. Dafür sprechen zweifellos Gründe der Prozeßökonomie. 2

Änderung der Klage und der Klagebeantwortung
Artikel 20

Im Laufe des Schiedsverfahrens kann jede Partei ihre Klage oder ihre Klagebeantwortung ändern oder ergänzen, es sei denn, das Schiedsgericht hält es wegen der Verspätung, mit der eine solche Änderung vorgenommen wird, wegen des Nachteils für die andere Partei oder wegen irgendwelcher anderer Umstände für unangebracht, sie zuzulassen. Eine Klage kann jedoch nicht so geändert werden, daß sie die Schiedsklausel oder die selbständige Schiedsvereinbarung überschreitet.

Die Zulassung einer Klageänderung ist ein Gebot der Prozeßökonomie, welche zugleich aber auch die Grenzen einer Klageänderung aufzeigt. Die Änderung des Streitgegenstandes ist keine Klageänderung mehr, und das Schiedsgericht hat, da Art. 20 eine solche Änderung des Streitgegenstandes nicht mehr trüge, nach dem anwendbaren Verfahrensrecht zu entscheiden, ob diese eine solche Änderung zuläßt. Der Nachsatz, daß die Klage nicht derart geändert werden kann, daß sie die Schiedsvereinbarung überschreitet, ist im Grunde selbstverständlich. Das schließt jedoch nicht aus, daß die Parteien die Schiedsvereinbarung entsprechend ergänzen, und es ist dann eine Frage des Schiedsrichtervertrages, ob die bereits eingesetzten Schiedsrichter verpflichtet sind, auch die neu gefaßte Klage bzw. Widerklage zu dem vereinbarten Honorar zu entscheiden. 1

Art. 21 – Abs. 1 – UNCITRAL

Einrede der Unzuständigkeit des Schiedsgerichts
Artikel 21

1. Das Schiedsgericht ist befugt, über Einreden gegen seine Zuständigkeit einschließlich aller Einwendungen, die das Bestehen oder die Gültigkeit der Schiedsklausel oder der selbständigen Schiedsvereinbarung betreffen, zu entscheiden.

2. Das Schiedsgericht ist befugt, über das Bestehen oder die Gültigkeit des Vertrages zu entscheiden, der die Schiedsklausel enthält. Für die Zwecke des Artikel 21 wird eine Schiedsklausel, die in einem Vertrag enthalten ist und die Durchführung eines Schiedsverfahrens nach dieser Schiedsgerichtsordnung vorsieht, als eine von den anderen Bestimmungen des Vertrages getrennte Vereinbarung angesehen. Eine Entscheidung des Schiedsgerichts, daß der Vertrag nichtig ist, zieht nicht ohne weiteres die Nichtigkeit der Schiedsklausel nach sich.

3. Die Einrede der Unzuständigkeit des Schiedsgerichts ist spätestens in der Klagebeantwortung oder, im Falle einer Widerklage, in der Beantwortung der Widerklage zu erheben.

4. Im allgemeinen soll das Schiedsgericht über eine Einrede seiner Unzuständigkeit als Vorfrage entscheiden. Das Schiedsgericht kann jedoch das Schiedsverfahren fortsetzen und über eine solche Einrede in seinem endgültigen Schiedsspruch entscheiden.

Artikel 21 – Absatz 1:

Das Schiedsgericht ist befugt, über Einreden gegen seine Zuständigkeit einschließlich aller Einwendungen, die das Bestehen oder die Gültigkeit der Schiedsklausel oder der selbständigen Schiedsvereinbarung betreffen, zu entscheiden.

1 Diese Vorschrift enthält die Kompetenz-Kompetenz des Schiedsgerichts. Es kann verbindlich darüber befinden, ob es für die Entscheidung des betreffenden Rechtsstreites zuständig ist. Nach deutschem Recht und offenbar nach dem Recht aller wichtigen Staaten ist eine solche Vereinbarung gültig (*Sanders*, S. 198). Dem staatlichen Gericht bleibt dann nur noch die Frage vorbehalten, ob auch diese Kompetenz-Kompetenz-Klausel gültig ist (vgl. BGHZ 68 S. 356). Denn unbeschadet der Wortwahl in Abs. 1 ist unbestritten, daß auch für die UNCITRAL-Regeln dasselbe wie für andere Schiedsverfahrensordnungen gilt, daß nämlich das letzte Wort über die Zuständigkeit der Schiedsrichter beim Staatsgericht bleibt (*Sanders*, a. a. O.).

Es kann der Fall eintreten, daß eine Partei sich nicht sicher ist, ob die 2
Schiedsvereinbarung bzw. die Kompetenz-Kompetenz-Klausel gültig
vereinbart ist und deswegen entsprechend dem Vertrag bzw. der Verfahrensordnung ihren Schiedsrichter benennt, obwohl sie selbst von der
Unwirksamkeit der Schiedsvereinbarung ausgeht. Es wird zu Recht vertreten, daß eine solche Partei durch die Bestellung ihres Schiedsrichters
nicht das Recht verwirkt, die Unwirksamkeit der Schiedsvereinbarung
vor dem Schiedsgericht geltend zu machen (*Sanders*, a. a. O.). Die Alternative wäre nämlich, daß die Partei es darauf ankommen ließe und im
Ergebnis riskierte, daß ein ohne ihre Mitwirkung zusammengestelltes
Schiedsgericht zu ihren Lasten entschiede. Eine solche Entscheidung
wäre zwar, wenn die Partei mit der Behauptung der Unwirksamkeit der
Schiedsvereinbarung Recht hat, im nachfolgenden Aufhebungsverfahren angreifbar. Es entstehen aber Risiken und unnötige Kosten.

Das Schiedsgericht kann über seine Zuständigkeit selbst entscheiden, es 3
kann das Verfahren aber auch bis zur Klärung dieser Frage durch ein
staatliches Gericht aussetzen (*Rauh*, S. 89). Bei hinreichend begründeten Zweifeln ist das Schiedsgericht hierzu als verpflichtet anzusehen, da,
wenn sich diese Zweifel bestätigen, mit der Durchführung des Schiedsverfahrens unnütze Kosten verursacht werden. In der Praxis kommt
eine solche Aussetzung aber offenbar nur selten vor (*Schlosser*, Rdnr.
492).

Artikel 21 – Absatz 2:

Das Schiedsgericht ist befugt, über das Bestehen oder die Gültigkeit des Vertrages zu entscheiden, der die Schiedsklausel enthält. Für die Zwecke des Artikel 21 wird eine Schiedsklausel, die in einem Vertrag enthalten ist und die Durchführung eines Schiedsverfahrens nach dieser Schiedsgerichtsordnung vorsieht, als eine von den anderen Bestimmungen des Vertrages getrennte Vereinbarung angesehen. Eine Entscheidung des Schiedsgerichts, daß der Vertrag nichtig ist, zieht nicht ohne weiteres die Nichtigkeit der Schiedsklausel nach sich.

Die Regelung dieses Absatzes ergänzt die Vorschrift in Abs. 1, indem 4
ausdrücklich gesagt wird, daß die Schiedsklausel ein vom Hauptvertrag,
dem sie angefügt sein mag, eigenständiges rechtliches Schicksal hat. Das
Schiedsgericht kann also zu dem Ergebnis kommen, daß der Hauptvertrag z. B. wegen arglistiger Täuschung nichtig ist, daß die Schiedsklausel
aber Bestand hat (zur Trennungstheorie siehe Artikel 8 Absatz 4 ICC
Rdnr. 5).

Art. 21 – Abs. 4 – UNCITRAL

Artikel 21 – Absatz 3:

Die Einrede der Unzuständigkeit des Schiedsgerichts ist spätestens in der Klagebeantwortung oder, im Falle einer Widerklage, in der Beantwortung der Widerklage zu erheben.

5   Nach deutschem Prozeßrecht wäre die Einrede der Unzuständigkeit spätestens erst in der mündlichen Verhandlung zu erheben und nicht schon notwendigerweise mit dem, diesen nur vorbereitenden, Schriftsatz. Diese Vorverlegung erklärt sich aber wohl daraus, daß die UNCITRAL-Regeln eine mündliche Verhandlung nicht zwingend vorschreiben (Art. 15 Abs. 2). Diese Vorverlegung des spätesten Zeitpunktes für die Erhebung der Unzuständigkeitsrüge ist sinnvoll, weil andernfalls die Gefahr bestünde, daß erst nach einem umfangreichen, kosten- und zeitaufwendigen Vorverfahren die Basis des ganzen Verfahrens erschüttert werden könnte.

Artikel 21 – Absatz 4:

Im allgemeinen soll das Schiedsgericht über eine Einrede seiner Unzuständigkeit als Vorfrage entscheiden. Das Schiedsgericht kann jedoch das Schiedsverfahren fortsetzen und über eine solche Einrede in seinem endgültigen Schiedsspruch entscheiden.

6   Das Schiedsgericht kann die Unzuständigkeitsrüge wortlos übergehen, z. B. weil es sie für keines Kommentars würdig erachtet. Im Regelfall ist das Schiedsgericht aber aufgefordert, über seine Unzuständigkeit als Vorfrage zu entscheiden. Ob diese Vorfrage in Form eines Zwischenschiedsspruches gemäß Art. 32 Abs. 1 erlassen wird oder werden kann, entscheidet das Schiedsgericht bzw. das anwendbare Verfahrensrecht. Nach deutschem Recht wäre gegen einen solchen Zwischenschiedsspruch kaum etwas einzuwenden. Da dieser aber als reine Feststellung eines prozessualen Zustandes (Gültigkeit der Schiedsvereinbarung) keiner Vollstreckung fähig ist, wäre aus Sicht des deutschen Rechtes kein rechter Sinn in einer solchen Handhabung zu sehen. Nach ausländischen Verfahrensrechten kommt aber in Betracht, daß Parteien sich gegen einen Schiedsspruch innerhalb einer bestimmten Frist wenden müssen, wenn sie nicht das Recht, ihn mit der Aufhebungsklage anzugreifen, verlieren wollen. Es kann dann sinnvoll sein, diese Vorfrage durch Zwischenschiedsspruch zu entscheiden, um nach Ablauf der entsprechenden Frist jedenfalls in bezug auf diesen Punkt definitive Klarheit zu haben.

Eine nach deutschem Recht wohl zulässige Klage etwa des Schiedsbeklagten gegen den Schiedskläger auf Feststellung, daß keine gültige Schiedsvereinbarung bestehe, wäre in bezug auf das spezielle Rechtsschutzbedürfnis der Feststellungsklage kaum davon abhängig, daß eine solche Zwischenentscheidung des Schiedsgerichts vorliegt.

Weitere Schriftsätze
Artikel 22

Das Schiedsgericht hat zu entscheiden, welche weiteren Schriftsätze außer der Klageschrift und der Klagebeantwortung von den Parteien beizubringen sind oder von ihnen vorgelegt werden können, und hat die Fristen für die Einreichung dieser Schriftsätze zu bestimmen.

Das Schiedsgericht kann den Parteien aufgeben, bestimmte weitere Schriftsätze beizubringen. Es ist dazu aber nicht verpflichtet. Wie sich auch aus Art. 28 Abs. 3 ergibt, besteht für das Schiedsgericht keine Pflicht zur Amtsermittlung. Zweck der Regelung dürfte das Bestreben sein, die Sache möglichst umfassend ausschreiben zu lassen, ehe das Schiedsgericht förmlich zusammentritt. 1

Fristen
Artikel 23

Die vom Schiedsgericht für die Einreichung von Schriftsätzen (einschließlich der Klageschrift und der Klagebeantwortung) bestimmten Fristen sollen 45 Tage nicht überschreiten. Das Schiedsgericht kann jedoch die Fristen verlängern, wenn es eine Verlängerung für gerechtfertigt erachtet.

Das Schiedsgericht hat Fristen, soweit diese nicht durch das anwendbare Verfahrensrecht zwingend vorgegeben sind, nach seinem Ermessen zu bestimmen. Die Parteien haben, auch unter dem Gesichtspunkt der Gewährung rechtlichen Gehörs, einen Anspruch darauf, nach den Umständen angemessene Fristen eingeräumt zu bekommen, wie sie umgekehrt einen Anspruch darauf haben, daß sich die Gegenseite an gesetzte Fristen hält, und daß diese Fristen nicht ohne sachliche Begründung verlängert werden (vgl. allgemein Artikel 18 ICC Rdnr. 2). 1

Beweis und mündliche Verhandlung (Artikel 24 und 25)
Artikel 24

1. Jede Partei hat die Beweislast für die Tatsachen, auf die sie ihre Klage oder Klagebeantwortung stützt, zu tragen.

2. Hält es das Schiedsgericht für angebracht, so kann es eine Partei auffordern, ihm sowie der anderen Partei in einer von ihm bestimmten Frist eine Aufstellung der Schriftstücke und anderen Beweismittel vorzulegen, auf die sich die betreffende Partei zum Nachweis von streitigen Tatsachen in ihrer Klage oder Klagebeantwortung zu berufen beabsichtigt.

3. Das Schiedsgericht kann in jedem Zeitpunkt des Verfahrens die Parteien zur Vorlage von Schrift- oder Beweisstücken oder anderen Beweisen innerhalb einer von ihm bestimmten Frist auffordern.

1 Die Regelung enthält den allgemeinen Grundsatz des Beweisrechts. Sie sagt aber nicht, welche Folgen es hat, wenn eine beweispflichtige Tatsache unaufgeklärt bleibt. Das Recht der Beweiswürdigung (z. B. §§ 286, 287 ZPO) ist von der UNCITRAL-Verfahrensordnung nicht präjudiziert. Da das Recht der Beweiswürdigung ein Teil des Verfahrensrechtes ist, folgt, daß das Schiedsgericht in eigenem Ermessen zu entscheiden hat, nach welchen Kriterien es eine Tatsache als bewiesen ansehen will, oder ob es in einem Fall etwa entsprechend § 287 ZPO eine Schätzung für angebracht hält. Soweit das anwendbare materielle Recht gesetzliche Vermutungen ausspricht (z. B. § 282 BGB), ist das Schiedsgericht an diese gebunden. Aus dem anwendbaren Internationalen Privatrecht können sich freilich Qualifikationsprobleme ergeben, wenn eine materiellrechtliche Vermutung (vgl. § 282 BGB) unter einem anderen als z. B. dem deutschen Internationalen Privatrecht als verfahrensrechtliche Regel qualifiziert wird und damit für die Schiedsrichter im Rahmen ihres Verfahrensermessens verfügbar ist.

2 Das Schiedsgericht ist befugt, von sich aus eine Partei aufzufordern, bestimmte Beweismittel vorzulegen. Der rechtliche Kern dieser Befugnis liegt darin, daß das Schiedsgericht hierdurch des Verdachts enthoben wird, zugunsten der einen oder anderen Partei Maßnahmen zu treffen oder anzuregen. Will eine Partei der Aufforderung des Gerichtes nicht folgen, hat das Schiedsgericht keine Möglichkeit und auch keine Veranlassung, seine Aufforderung zwangsweise durchzusetzen. Dieser Art. 24 Abs. 2 enthält also sachlich eine Ermächtigung an das Gericht, den Parteien bei der Auffindung und Präzisierung der von ihnen beizubringenden Beweismittel zu helfen.

Auf derselben Ebene liegt es im Grunde, wenn das Schiedsgericht den 3
Parteien, ohne von diesen dazu aufgefordert zu sein, einen Vergleichsvorschlag unterbreitet. Das Gericht ist dazu keineswegs verpflichtet.
Unter Berufung auf den in diesem Absatz zum Ausdruck kommenden
Rechtsgedanken darf das Schiedsgericht aber als dazu ermächtigt angesehen werden, ohne daß es sich dem Vorwurf aussetzt, die eine oder andere Partei begünstigen zu wollen.

Artikel 25

1. Im Fall einer mündlichen Verhandlung hat das Schiedsgericht den Parteien den Tag, die Zeit und den Ort der Verhandlung rechtzeitig im voraus bekanntzugeben.

2. Sind Zeugen zu vernehmen, so hat jede Partei dem Schiedsgericht und der anderen Partei mindestens 15 Tage vor der Verhandlung die Namen und Anschriften der Zeugen, die sie vernehmen lassen möchte, den Gegenstand der Zeugenaussagen und die Sprachen bekanntzugeben, in denen die Zeugen aussagen werden.

3. Das Schiedsgericht trifft Vorkehrungen für die Übersetzung von mündlichen Ausführungen bei der Verhandlung und für die Anfertigung eines Verhandlungsprotokolls, wenn es die eine oder die andere dieser Maßnahmen nach den Umständen des Falls für geboten hält oder wenn die Parteien dies vereinbart und ihre Vereinbarung dem Schiedsgericht mindestens 15 Tage vor der Verhandlung bekanntgegeben haben.

4. Verhandlungen sind nicht öffentlich, es sei denn, daß die Parteien etwas anderes vereinbaren. Das Schiedsgericht kann verlangen, daß sich Zeugen während der Vernehmung anderer Zeugen zurückziehen. Das Schiedsgericht kann die Art der Zeugenvernehmung nach freiem Ermessen bestimmen.

5. Zeugenbeweis kann auch in Form schriftlicher, von den Zeugen unterzeichneter Erklärungen erbracht werden.

6. Das Schiedsgericht hat die Zulässigkeit, die Erheblichkeit, die Bedeutung und die Beweiskraft der angebotenen Beweise zu beurteilen.

Ein förmlicher Beweisbeschluß ist nach der Verfahrensordnung nicht 1
vorgesehen. Das Schiedsgericht kann die Beweismittel frei auswählen. Es
ist nach herrschender Meinung an Anträge nicht gebunden und darf von
sich aus Ermittlungen anstellen (*Rauh*, S. 93; *Schlosser*, Rdnr. 542). Naturgemäß kann das Schiedsgericht niemanden zwingen, vor seinem Fo-

rum zu erscheinen und als Zeuge auszusagen. Bei uns wie in den meisten Ländern ist eine Vereidigung von Zeugen durch das Schiedsgericht nicht zulässig, und auch die UNCITRAL-Ordnung sieht kein Verfahren vor, wodurch die Zeugen in besonderer Weise zur Wahrheit angehalten werden. Rein theoretisch stellt sich aber die Frage, ob es ein Verfahrensverstoß wäre, wenn das Schiedsgericht unzulässigerweise einen Zeugen vereidigte. Da die Vereidigung, auch wenn sie unzulässig ist, im Zweifel zu einer Erhöhung der Wahrhaftigkeit einer Aussage führt, kann diese kaum zu einer Unrichtigkeit des Schiedsspruches führen.

2 Nicht unproblematisch ist die Vorschrift des Abs. 5, wonach der Zeugenbeweis auch in schriftlicher Form erbracht werden kann. In Verbindung mit Art. 15 Abs. 2 wird daher zu gelten haben, daß das Schiedsgericht den Versuch unternehmen muß, die Zeugen mündlich zu hören, wenn eine Partei darauf anträgt.

Vorläufige oder sichernde Maßnahmen
Artikel 26

1. Auf Antrag der einen oder der anderen Partei kann das Schiedsgericht alle vorläufigen Maßnahmen, die es in Ansehung des Streitgegenstandes für notwendig erachtet, treffen, insbesondere sichernde Maßnahmen für Waren, die den Streitgegenstand bilden, wie etwa die Anordnung ihrer Hinterlegung bei einem Dritten oder die Anordnung des Verkaufs verderblicher Waren.

2. Diese vorläufigen Maßnahmen können in der Form eines vorläufigen Schiedsspruchs getroffen werden. Das Schiedsgericht ist berechtigt, Sicherheit für die Kosten dieser Maßnahmen zu verlangen.

3. Ein Antrag auf Anordnung vorläufiger Maßnahmen, der von einer der Parteien bei einem staatlichen Gericht gestellt wird, ist weder als mit der Schiedsvereinbarung unvereinbar noch als Verzicht auf diese anzusehen.

1 Die UNCITRAL-Verfahrensordnung ist neben den ECE-Regeln die einzige der in diesem Buch besprochenen Schiedsverfahrensordnungen, welche dem Schiedsgericht ausdrücklich die Befugnis einräumt, einstweilige Verfügungen in bezug auf den Streitgegenstand zu erlassen. Gemäß Abs. 3 ist aber sichergestellt, daß die Parteien solche Maßnahmen auch vor dem zuständigen staatlichen Gericht beantragen können. Die Parteien können daher in bezug auf einstweilige Anordnungen zwischen dem Schiedsgericht und dem staatlichen Gericht wählen. Soweit dieses

nicht aus dem anwendbaren Verfahrensrecht ohnehin folgt, ist aber aus den UNCITRAL-Regeln herzuleiten, daß die Entscheidung einer Partei für den einen oder anderen Rechtsweg verbindlich ist. Es ist also nicht zulässig, parallele einstweilige Verfügungsverfahren anlaufen zu lassen, um dann die günstigere Entscheidung zu vollstrecken.

Für das deutsche Recht wird vertreten, daß die Parteien das Schiedsgericht überhaupt nicht ermächtigen können, einstweilige Anordnungen zu erlassen. Gegen diese Meinung spricht, daß die Parteien Herren des Verfahrens sind und, wie sie das Schiedsgericht befugen können, über die Hauptsache zu entscheiden, so auch eine Befugnis zum Erlaß einstweiliger Verfügungen aussprechen können müssen (zum Problemstand: *Aden*, BB 1985 S. 2277ff. m.N.). Arreste kann das Schiedsgericht sicherlich nicht erlassen; diese wären auch von Art. 26 nicht gedeckt. 2

Sachverständige
Artikel 27

1. Das Schiedsgericht kann einen oder mehrere Sachverständige bestellen, die ihm über die vom Schiedsgericht genau bezeichneten Punkte schriftlich zu berichten haben. Eine Abschrift des dem Sachverständigen vom Schiedsgericht erteilten Auftrags ist den Parteien zu übermitteln.

2. Die Parteien haben dem Sachverständigen alle sachdienlichen Auskünfte zu erteilen oder ihm alle erheblichen Schriftstücke oder Waren zur Untersuchung vorzulegen, die er von ihnen verlangt. Jede Meinungsverschiedenheit zwischen einer Partei und dem Sachverständigen über die Erforderlichkeit der verlangten Auskunft oder Vorlage ist dem Schiedsgericht zur Entscheidung vorzulegen.

3. Nach Erhalt des Berichts des Sachverständigen hat das Schiedsgericht den Parteien Abschriften dieses Berichts zu übersenden und ihnen die Möglichkeit zu geben, zu dem Bericht schriftlich Stellung zu nehmen. Die Parteien sind berechtigt, jedes Schriftstück zu prüfen, auf das sich der Sachverständige in seinem Bericht berufen hat.

4. Auf Antrag einer der Parteien kann der Sachverständige nach Ablieferung seines Berichtes in einer mündlichen Verhandlung gehört werden, in der die Parteien anwesend sein und dem Sachverständigen Fragen stellen können. Zu dieser Verhandlung können die Parteien sachverständige Zeugen beibringen, die zu den streitigen Fragen aussagen sollen. Artikel 25 ist auf dieses Verfahren anzuwenden.

Art. 28 – UNCITRAL

1 Das Schiedsgericht kann, auch ohne Antrag der Parteien, Sachverständige nach seiner Wahl bestellen (*Rauh*, S. 94). Artikel 27 meint sicherlich in erster Linie Gutachten über tatsächliche Fragen, z. B. Mängel einer Ware usw. Problematisch kann die Frage sein, ob das Schiedsgericht unter Berufung auf diese Vorschrift auch Rechtsgutachten einholen darf, und zwar auf Kosten der Parteien (vgl. Artikel 38), weil ein Schiedsrichter oder auch das Schiedsgericht insgesamt eine anstehende Rechtsfrage nicht selbst glaubt beurteilen zu können. Im Grundsatz sollte wohl gelten, daß ein Schiedsrichter aus eigener Kompetenz das Recht kennt, welches er auftragsgemäß anzuwenden hat. Auch der deutsche staatliche Richter darf sich nicht auf Kosten der Parteien Fragen des deutschen Rechtes durch außenstehende Gutachter erläutern lassen. Im Einzelfall mag aber für ein Schiedsgericht etwas anderes gelten, wenn einzelne Schiedsrichter nicht dem Rechtskreis angehören, welchem der Vertrag untersteht oder wenn gar Nichtjuristen zu Schiedsrichtern berufen wurden.

2 Nicht geklärt ist die juristische Qualität der in Absatz 2 genannten Zwischenentscheidungen. An der Klärung der Meinungsverschiedenheiten durch das Schiedsgericht können die Parteien nur interessiert sein, wenn aus der Nichtbeantwortung von Fragen des Gutachters prozessuale Nachteile für die sich weigernde Partei folgen. Das Schiedsgericht träfe mit diesen Entscheidungen im Grunde Vorentscheidungen für die spätere Beweiswürdigung. Das deutsche Prozeßrecht kennt zwar solche prozessualen Entscheidungen (vgl. § 378 ZPO), nicht aber in dem Sinn einer gleichsam gestaffelten Selbstbindung des Gerichts in der Beweiswürdigung. Gegen diese Entscheidungen sind daher jedenfalls aus deutscher Sicht Bedenken anzumelden.

3 Vorbehaltlich anderer Parteivereinbarung ist der Bericht eines Sachverständigen in der Verfahrenssprache abzufassen oder in diese zu übersetzen, wenn eine Partei oder das Gericht es verlangt.

Säumnis
Artikel 28

1. Hat es der Kläger versäumt, innerhalb der vom Schiedsgericht bestimmten Frist seine Klageschrift einzureichen, ohne dafür ausreichende Gründe vorzubringen, so erläßt das Schiedsgericht einen Beschluß über die Einstellung des Schiedsverfahrens. Übermittelt der Beklagte nicht innerhalb der vom Schiedsgericht bestimmten Frist seine Klagebeantwortung, ohne dafür ausreichende Gründe vorzubringen, so hat das Schiedsgericht die Fortsetzung des Verfahrens anzuordnen.

2. Erscheint eine der Parteien, die nach dieser Schiedsgerichtsordnung ordnungsgemäß geladen war, nicht zur Verhandlung, ohne dafür ausreichende Gründe vorzubringen, so kann das Schiedsgericht das Verfahren fortsetzen.

3. Legt eine der Parteien nach ordnungsgemäßer Aufforderung schriftliche Beweise nicht innerhalb der festgesetzten Frist vor, ohne dafür ausreichende Gründe vorzubringen, so kann das Schiedsgericht den Schiedsspruch aufgrund der ihm vorliegenden Beweisergebnisse erlassen.

Es ist nicht geregelt, welche Folgen die verschuldete Säumnis des Beklagten bei der Klagebeantwortung hat. Aus dem anwendbaren Verfahrensrecht kann sich ergeben, daß der Beklagte in diesem Fall mit seinem Vorbringen in der ordnungsgemäß anberaumten mündlichen Verhandlung nicht mehr gehört wird. Wenn dort keine mündliche Verhandlung stattfindet, ist es daher denkbar, daß das Schiedsgericht nach Lage der Akten, d. h. nur aufgrund des klägerischen Vortrages einen Schiedsspruch erläßt. Ob die vom Beklagten vorgebrachten Entschuldigungsgründe ausreichend im Sinne der Vorschrift sind, hat das Schiedsgericht auf der Grundlage des anwendbaren Verfahrensrechtes zu entscheiden. Dasselbe gilt für die prozessualen Pflichten der Parteien gemäß Abs. 2 und 3.

Hat der Kläger versäumt, innerhalb der vom Schiedsgericht bestimmten Frist seine Klageschrift einzureichen, so wird das Schiedsverfahren durch Beschluß eingestellt (englisch: order for the termination). Es fragt sich, ob damit die Schiedsklausel verbraucht ist, oder ob das Schiedsgericht nach einem neuerlichen Anlauf des Klägers befugt ist, die Sache noch einmal aufzunehmen. Ist die Schiedsvereinbarung nach deutschem Recht auszulegen, so liegt nahe, daß die Parteien das deutsche Prozeßrecht vor Augen hatten. In dieser Sicht könnte ein solcher Einstellungsbeschluß als ein Prozeßurteil angesehen werden, welches die Parteien nicht hindert, über eine neue Klageerhebung eine Sachentscheidung zu suchen. Vorbehaltlich einer anderen Parteivereinbarung muß aber davon ausgegangen werden, daß das einmal konstituierte Schiedsgericht seine Funktion eingebüßt hat, so daß das Benennungsverfahren noch einmal durchgeführt werden muß. Der Beklagte kann dagegen nichts haben, solange ihm keine Kosten daraus entstehen.

Art. 30 — UNCITRAL

Schluß der Verhandlung
Artikel 29

1. Das Schiedsgericht kann die Parteien befragen, ob sie noch weitere Beweise anzubieten, Zeugen vernehmen zu lassen oder Erklärungen abzugeben haben. Ist dies nicht der Fall, kann das Schiedsgericht die Verhandlung für geschlossen erklären.

2. Das Schiedsgericht kann, wenn es dies wegen außerordentlicher Umstände für notwendig hält, von sich aus oder auf Ersuchen einer Partei die Verhandlung jederzeit vor Erlaß des Schiedsspruchs für wieder eröffnet erklären.

1 Der Beschluß, die Verhandlung zu schließen, ist ein Beschluß des Gerichtes, nicht des Vorsitzenden. Vorbehaltlich außerordentlicher Umstände ist das Schiedsgericht an diesen Beschluß selber gebunden, wie sich aus Absatz 2 ergibt. Beide Parteien haben daher einen Anspruch darauf, daß das Verfahren nicht etwa auf Antrag der anderen Partei nur deshalb wieder eröffnet wird, weil diese einen bestimmten Sachvortrag vergessen hatte. Der Beschluß gemäß Art. 29 ist daher rechtlich insofern von Bedeutung, als nach Erlaß dieses Beschlusses ein Anspruch der Parteien auf Gewährung rechtlichen Gehörs nur noch auf außerordentliche Umstände gestützt werden kann.

Verzicht auf die Geltendmachung eines Verstoßes gegen die Schiedsgerichtsordnung
Artikel 30

Eine Partei, die weiß, daß eine Bestimmung oder ein Erfordernis dieser Schiedsgerichtsordnung nicht eingehalten wurde, aber dennoch das Schiedsverfahren fortsetzt, ohne diesen Verstoß unverzüglich zu rügen, wird so angesehen, als habe sie auf ihre Recht, Einspruch zu erheben, verzichtet.

1 Der Verlust des Rügerechtes in dem beschriebenen Fall entspricht wohl weltweiter Rechtsüberzeugung. Artikel 30 sollte ergänzt werden um den Fall, daß das Schiedsgericht Vorschriften des anwendbaren Verfahrensrechts ersichtlich verletzt hat. Auf die Rüge kann das Schiedsgericht die Verletzung heilen. Geschieht dieses nicht, kann die betreffende Partei weiter verhandeln. Sie sichert sich aber mit der Rüge das Recht, in einem späteren Aufhebungsverfahren die Rechtsverletzung als Verfahrensfehler geltend zu machen.

Abschnitt IV
Schiedsspruch

Entscheidung
Artikel 31

1. Besteht das Schiedsgericht aus drei Schiedsrichtern, so ist jeder Schiedsspruch oder jede andere Entscheidung des Schiedsgerichts mit Stimmenmehrheit zu erlassen.

2. Soweit es sich um Verfahrensfragen handelt, kann der Vorsitzende des Schiedsgerichts, wenn keine Stimmenmehrheit zustande kommt oder das Schiedsgericht ihn dazu ermächtigt, vorbehaltlich einer etwaigen Änderung durch das Schiedsgericht, allein entscheiden.

Für die Entscheidung des Schiedsgerichts ist die einfache Stimmenmehrheit erforderlich. Jeder Schiedsrichter muß an einer Entscheidung mitwirken. Stellvertretung oder Delegation der Entscheidung ist unzulässig. Kann oder will ein Schiedsrichter an der Entscheidung nicht mitwirken, kommt Art. 13 zur Anwendung, d. h. der Schiedsrichter kann – wie zu unterstellen ist: nach Abmahnung – seines Amtes enthoben werden. Damit müßte das Verfahren in neuer Besetzung wiederholt werden (vgl. Art. 14).   1

In reinen Verfahrensfragen kann der Vorsitzende des Schiedsgerichtes in den bezeichneten Fällen alleine entscheiden. Als solche Verfahrensfragen kommen nach *Sanders* (a. a. O. S. 196) etwa in Frage die Bezeichnung der Vertragssprache (Art. 17), Bestimmung des Austragungsortes (Art. 16) u. ä. Merkwürdig ist aber die Regelung, daß die Alleinentscheidung des Vorsitzenden vom Schiedsgericht, also durch Mehrheitsbeschluß, wieder korrigiert werden kann. Denkbar ist daher der Fall, daß sich die Schiedsrichter nicht darüber einigen konnten, ob die Verhandlung gemäß Art. 29 geschlossen werden soll oder ob weitere Beweise zu erheben sind. In diesem Fall kann der Vorsitzende gemäß Art. 31 Abs. 2 die Verhandlung für geschlossen erklären. Die Mehrheit der Beisitzer kann aber – wenn sie sich nun einig wird, diesen Beschluß umstoßen, mit der Folge, daß weiterverhandelt wird, auch ohne daß ein außerordentlicher Umstand im Sinne von Art. 29 Abs. 2 vorliegt.   2

Form und Wirkung des Schiedsspruchs
Artikel 32

1. Das Schiedsgericht ist berechtigt, nicht nur endgültige, sondern auch vorläufige Schiedssprüche, Zwischen- oder Teilschiedssprüche zu erlassen.

2. Der Schiedsspruch ist schriftlich zu erlassen und ist endgültig und bindet die Parteien. Die Parteien verpflichten sich, den Schiedsspruch unverzüglich zu erfüllen.

3. Das Schiedsgericht hat den Schiedsspruch zu begründen, es sei denn, die Parteien haben vereinbart, daß er nicht zu begründen ist.

4. Der Schiedsspruch ist von den Schiedsrichtern zu unterzeichnen und hat die Angabe des Tages und des Ortes, an dem er erlassen wurde, zu enthalten. Besteht das Schiedsgericht aus drei Schiedsrichtern und fehlt die Unterschrift eines von ihnen, so ist der Grund für das Fehlen dieser Unterschrift im Schiedsspruch zu vermerken.

5. Der Schiedsspruch darf nur mit Zustimmung beider Parteien veröffentlich werden.

6. Von den Schiedsrichtern unterschriebene Abschriften des Schiedsspruches sind den Parteien durch das Schiedsgericht zu übermitteln.

7. Verlangt das für die Schiedsgerichtsbarkeit geltende Recht des Staates, in dem der Schiedsspruch erlassen wird, daß das Schiedsgericht den Schiedsspruch bei Gericht hinterlegt oder registrieren läßt, so hat das Schiedsgericht diesem Erfordernis innerhalb der gesetzlich vorgeschriebenen Frist nachzukommen.

Artikel 32 – Absatz 1:

Das Schiedsgericht ist berechtigt, nicht nur endgültige, sondern auch vorläufige Schiedssprüche, Zwischen- oder Teilschiedssprüche zu erlassen.

1 Die Befugnis des Schiedsgerichts, auch nicht endgültige Schiedssprüche zu erlassen, ergänzt die Befugnis in Art. 26, einstweilige Anordnungen zu treffen. Das anwendbare Verfahrensrecht muß darüber entscheiden, ob solche vorläufigen Schiedssprüche Schiedssprüche im Sinne des Gesetzes sind und als solche vollstreckbar sind.

Artikel 32 − Absatz 2:

Der Schiedsspruch ist schriftlich zu erlassen und ist endgültig und bindet die Parteien. Die Parteien verpflichten sich, den Schiedsspruch unverzüglich zu erfüllen.

Das Erfordernis der Schriftlichkeit des Schiedsspruches, d. h. zunächst nur Tenors, wird in Abs. 2 ausdrücklich festgestellt, da z. B. im englischen Recht ein Schiedsspruch auch mündlich erlassen werden kann.   2

Artikel 32 − Absatz 3:

Das Schiedsgericht hat den Schiedsspruch zu begründen, es sei denn, die Parteien haben vereinbart, daß er nicht zu begründen ist.

Anders als wiederum das englische Recht sowie eine Reihe anderer Rechtsordnungen ist der Schiedsspruch zu begründen, wenn die Parteien nicht etwas anderes vereinbart haben. Zu beachten ist, daß zwar eine Begründung vorgeschrieben wird, nicht aber eine schriftliche Begründung. Untersteht die Schiedsvereinbarung und damit die Auslegung der vereinbarten UNCITRAL-Verfahrensordnung dem deutschen Recht, wird es zulässig sein, Abs. 3 so auszulegen, daß der Schiedsspruch schriftlich begründet werden muß. Andere Rechtsordnungen geben sich hingegen mit einer mündlichen Begründung zufrieden, so daß es im Zweifel eine von dem anwendbaren Verfahrensrecht zu entscheidende Frage ist, ob der Schiedsspruch auch hinsichtlich der Begründung schriftlich abgefaßt werden muß. Bei Zweifeln dürfte sich eine ausdrückliche Vereinbarung in der Schiedsvereinbarung empfehlen.   3

Die Verfahrensordnung macht keine Aussagen darüber, welche Anforderungen die von den Parteien geforderte Begründung des Schiedsspruches erfüllen muß. Es ist kein Teil der öffentlichen Ordnung, daß ein Schiedsspruch begründet wird (*Rauh*, S. 135), haben die Parteien aber eine Begründung vorgeschrieben, so wird es zum Bereich der öffentlichen Ordnung gerechnet werden dürfen, daß eine Begründung ein gewisses Mindestmaß nicht unterschreitet, andernfalls der Schiedsspruch aufhebbar wird.   4

Artikel 32 − Absatz 4:

Der Schiedsspruch ist von den Schiedsrichtern zu unterzeichnen und hat die Angabe des Tages und des Ortes, an dem er erlassen wurde, zu ent-

halten. Besteht das Schiedsgericht aus drei Schiedsrichtern und fehlt die Unterschrift eines von ihnen, so ist der Grund für das Fehlen dieser Unterschrift im Schiedsspruch zu vermerken.

5   Der Schiedsspruch muß grundsätzlich von allen Schiedsrichtern unterzeichnet werden. Das Fehlen der Unterschrift eines Schiedsrichters kann geheilt werden, indem die übrigen Schiedsrichter den Grund für das Fehlen der Unterschrift vermerken. Es fällt auf, daß es sich nicht um einen besonderen, wichtigen Grund handeln muß. Wenn aber der Grund vermerkt werden soll, dann ist hier zu fordern, daß das Fehlen der Unterschrift überhaupt mit einem sachlich nachvollziehbaren Grund motiviert wird. Allgemein hierzu: vgl. Artikel 19 ICC.

Artikel 32 – Absatz 5:

Der Schiedsspruch darf nur mit Zustimmung beider Parteien veröffentlicht werden.

6   Nach dem Wortlaut ist zu folgern, daß die Parteien den Schiedsspruch ohne Zustimmung des Schiedsgerichts veröffentlichen dürfen, nicht aber ohne Zustimmung der jeweils anderen Partei.

Artikel 32 – Absatz 7:

Verlangt das für die Schiedsgerichtsbarkeit geltende Recht des Staates, in dem der Schiedsspruch erlassen wird, daß das Schiedsgericht den Schiedsspruch bei Gericht hinterlegt oder registrieren läßt, so hat das Schiedsgericht diesem Erfordernis innerhalb der gesetzlich vorgeschriebenen Frist nachzukommen.

7   Die hier vorgesehene Pflicht des Schiedsgerichtes, den Schiedsspruch bei Gericht zu hinterlegen, ist eine Ergänzung des Schiedsrichtervertrages. Wird die erforderliche Registrierung oder Hinterlegung schuldhaft versäumt, so haben die Schiedsrichter persönlich, und zwar im Zweifel gesamtschuldnerisch, für den Schaden aufzukommen.

Anzuwendendes Recht, Billigkeitsentscheidung
Artikel 33

1. Das Schiedsgericht hat das Recht anzuwenden, das die Parteien als in der Sache selbst maßgebend bezeichnet haben. Fehlt eine solche Be-

zeichnung durch die Parteien, so hat das Schiedsgericht jenes Recht anzuwenden, das von den Kollisionsnormen, die es im betreffenden Fall für anwendbar erachtet, bezeichnet wird.

2. Das Schiedsgericht hat nur dann nach Billigkeit (amiable compositeur, ex aequo et bono) zu entscheiden, wenn es dazu ausdrücklich von den Parteien ermächtigt wurde und wenn das auf das Schiedsverfahren anzuwendende Recht es gestattet.

3. In allen Fällen hat das Schiedsgericht nach den Bestimmungen des Vertrages zu entscheiden und die auf das Geschäft anzuwendenden Handelsbräuche zu berücksichtigen.

Nach der UNCITRAL-Verfahrensordnung wie nach anderen Schiedsverfahrensordnungen hat das Schiedsgericht nach dem anwendbaren Recht zu entscheiden. Entscheidet es nach einem anderen Recht, ist das nach deutschem Verständnis ein Verfahrensverstoß, der zur Aufhebung des Schiedsspruches führen kann (*Aden*, RIW 1984 S. 934). Fehlt eine Parteivereinbarung hinsichtlich des materiellen Rechtes, so müssen die Schiedsrichter im Wege der ordentlichen Rechtsanwendung die anzuwendenden Kollisionsnormen ermitteln und auf dieser Grundlage das anwendbare Recht feststellen. Die Formulierungen „die es für anwendbar erachtet" geben dem Schiedsgericht also auch hinsichtlich der Feststellung der anwendbaren Kollisionsnormen kein freies Ermessen. 1

Beachtlich ist, daß die Befugnis für das Schiedsgericht, nach Billigkeit zu entscheiden, von den Parteien ausdrücklich gegeben werden muß. Fehlt eine solche ausdrückliche Regelung, ist nach einem materiellen Recht zu entscheiden. Welche Handelsbräuche gemäß Abs. 3 zu berücksichtigen sind, sagt das anwendbare Recht, soweit sich nicht aus dem Vertrag etwas anderes ergibt. 2

**Einigung oder andere Gründe für die Einstellung des Verfahrens
Artikel 34**

1. Einigen sich die Parteien vor Erlaß des Schiedsspruchs über die Beilegung der Streitigkeit, so hat das Schiedsgericht entweder einen Beschluß über die Einstellung des Schiedsverfahrens zu erlassen oder, falls beide Parteien es beantragen und das Schiedsgericht zustimmt, die Einigung in Form eines Schiedsspruchs mit vereinbartem Wortlaut zu Protokoll zu nehmen. Dieser Schiedsspruch bedarf keiner Begründung.

2. Wird es, bevor der Schiedsspruch erlassen wurde, aus irgendeinem anderen Grund als dem des Absatzes 1 unnötig oder unmöglich, das

Art. 35 – UNCITRAL

Schiedsverfahren fortzusetzen, so hat das Schiedsgericht die Parteien von seiner Absicht, einen Beschluß über die Einstellung des Verfahrens zu erlassen, zu unterrichten. Das Schiedsgericht hat die Befugnis, einen solchen Beschluß zu erlassen, es sei denn, daß eine der Parteien dagegen begründete Einwände erhebt.

3. Das Schiedsgericht übermittelt den Parteien von den Schiedsrichtern unterzeichnete Abschriften des Beschlusses über die Einstellung des Schiedsverfahrens oder des Schiedsspruchs mit vereinbartem Wortlaut. Ergeht ein Schiedsspruch mit vereinbartem Wortlaut, so findet Artikel 32, Absätze 2 und 4 bis 7 Anwendung.

1 Das anwendbare Verfahrensrecht entscheidet darüber, ob ein Schiedsvergleich in der Form eines Schiedsspruches erlassen werden darf. Ist dieses der Fall, stehen der Anerkennung eines solchen Schiedsspruches nach deutschem Recht keine Gründe entgegen (vgl. § 26 Wiener Regeln).

2 Die Schiedsrichter brauchen nicht tätig zu werden, wenn sie nicht ihr vertragliches Honorar bekommen. Ist, wie meist, ein Vorschuß bedungen, wird dieser aber nicht gezahlt, so ist ein Fall des Art. 34 Abs. 2 gegeben, und das Schiedsgericht kann das Verfahren einstellen, nachdem es die Parteien von dieser Absicht zuvor in Kenntnis gesetzt hat. Die Durchführung des Schiedsverfahrens kann aus anderen Gründen unnötig oder unmöglich werden, z.B. die Klage wird zurückgenommen, der Beklagte fällt in Konkurs usw. Der Einstellungsbeschluß des Schiedsgerichtes beendet das Verfahren, und es ist anhand einer Auslegung der Schiedsvereinbarung zu prüfen, ob damit die Schiedsvereinbarung verbraucht ist. Nach dem Konzept der UNCITRAL-Verfahrensordnung ist das wohl die Folge eines solchen Einstellungsbeschlusses (*Sanders*, S. 212). Es müssen daher gute Gründe dafür beigebracht werden, daß die Schiedsklausel unbeschadet einer solchen Beendigung in bezug auf diesen Streitgegenstand weiterhin gültig bleiben soll.

Auslegung des Schiedsspruchs
Artikel 35

1. Innerhalb von 30 Tagen nach Erhalt des Schiedsspruchs kann jede Partei, unter Benachrichtigung der anderen, das Schiedsgericht um eine Auslegung des Schiedsspruchs ersuchen.

2. Die Auslegung ist innerhalb von 45 Tagen nach Erhalt des Antrags schriftlich zu erteilen. Die Auslegung bildet einen Bestandteil des

Schiedsspruchs, und Artikel 32, Absätze 2 bis 7, findet auf sie Anwendung.

Es handelt sich um eine etwas unklare Vorschrift, denn die Berichtigung von offenbaren Fehlern ist in Art. 36 gesondert geregelt. Die vom Schiedsgericht zu gebende Auslegung des Schiedsspruches ist daher eher etwas fragwürdig, und die Parteien sollten überlegen, ob sie diese Klausel nicht abbedingen wollen. 1

Berichtigung des Schiedsspruchs
Artikel 36

1. Innerhalb von 30 Tagen nach Erhalt des Schiedsspruchs kann jede Partei unter Benachrichtigung der anderen das Schiedsgericht um Berichtigung von im Schiedsspruch enthaltenen Rechen-, Schreib-, Druck- oder anderen Fehlern gleicher Art ersuchen. Das Schiedsgericht kann solche Berichtigungen von sich aus innerhalb von 30 Tagen nach Mitteilung des Schiedsspruchs vornehmen.

2. Auf solche Berichtigungen, die schriftlich vorzunehmen sind, findet Artikel 32, Absätze 2 bis 7, Anwendung.

Wird das Berichtigungsgesuch binnen 30 Tagen nach Erhalt des Schiedsspruches gestellt, so ist das Schiedsgericht verpflichtet, die Fehler zu berichtigen. Kommt das Schiedsgericht dieser Pflicht nicht nach, kommt ein Schadensersatz der Partei in Betracht, welche infolge der unterlassenen Berichtigung Nachteile bei der Vollstreckung des Schiedsspruches erleidet. 1

Ergänzender Schiedsspruch
Artikel 37

1. Innerhalb von 30 Tagen nach Erhalt des Schiedsspruchs kann jede Partei unter Benachrichtigung der anderen beim Schiedsgericht den Erlaß eines ergänzenden Schiedsspruchs über Ansprüche beantragen, die im Schiedsverfahren geltend gemacht, im Schiedsspruch aber nicht behandelt wurden.

2. Erachtet das Schiedsgericht diesen Antrag für gerechtfertigt und ist es der Ansicht, daß die Auslassung ohne weitere mündliche Verhandlung oder Beweisaufnahme behoben werden kann, so hat es den Schiedsspruch innerhalb von 60 Tagen nach Erhalt des Antrags zu ergänzen.

3. Bei Erlaß eines ergänzenden Schiedsspruchs findet Artikel 32, Absätze 2 bis 7, Anwendung.

1 Der Anspruch auf Ergänzung des Schiedspruches mag sachlich sinnvoll sein in dem Fall, daß das Schiedsgericht vergessen hat, über einen Anspruch zu entscheiden. Denn so könnte eine erneute Auseinandersetzung und der Zusammentritt eines neuen Schiedsgerichtes mit neuen Kosten vermieden werden. Die Regelung ist gleichwohl problematisch, weil sie die Autorität des erlassenen Schiedsspruches in Frage stellt. Im Grunde stellt sich auch die Frage, ob das Schiedsgericht den Parteien das erforderliche rechtliche Gehör gewährt hat, wenn es im Schiedsspruch einen oder vielleicht mehrere Anträge übergeht, so daß sich fragt, ob nicht die Aufhebung des Schiedsspruches durch ein staatliches Gericht die gebotene Rechtsfolge ist. Wenn diese Vorschrift daher nicht überhaupt abbedungen werden soll, sollte sie eng ausgelegt werden. Aus der Sicht des deutschen Rechts dürfte es unzulässig sein, über Art. 37 grundlegende Mängel des Schiedsspruches zu heilen.

Kosten (Artikel 38 bis 40)
Artikel 38

1. Das Schiedsgericht hat in seinem Schiedsspruch die Kosten des Schiedsverfahrens festzusetzen. Der Begriff „Kosten" umfaßt lediglich:

a) **Die Honorare der Mitglieder des Schiedsgerichts, die für jeden Schiedsrichter einzeln anzugeben und vom Schiedsgericht selbst nach Artikel 39 festzusetzen sind;**

b) **Die Reisekosten und sonstigen Auslagen der Schiedsrichter;**

c) **Die Kosten für Sachverständige und für jede andere von den Schiedsrichtern in Anspruch genommene Unterstützung;**

d) **Die Reisekosten und sonstigen Auslagen von Zeugen in der Höhe, in der diese Ausgaben vom Schiedsrichter gebilligt wurden;**

e) **Die Kosten für rechtliche Vertretung und rechtlichen Beistand der obsiegenden Partei, wenn die Erstattung dieser Kosten während des Schiedsverfahrens beantragt wurde, jedoch nur in der Höhe, die das Schiedsgericht für angemessen erachtet;**

f) **Etwaige Gebühren und Auslagen der Ernennenden Stelle sowie Auslagen des Generalsekretärs des Ständigen Schiedsgerichtshofs in Den Haag.**

1 Der Schiedsspruch enthält auch eine Kostenentscheidung, in welcher die Schiedsrichter unter anderem ihre eigenen Honorare gemäß Art. 39

Abs. 1 festsetzen können. Die UNCITRAL-Regeln sind offenbar so zu verstehen, daß die Kostenentscheidung, auch insofern sie das Honorar der Schiedsrichter enthält, an der Vollstreckbarkeit des Schiedsspruches teilnimmt. Das ist nicht unproblematisch, da niemand, auch die Schiedsrichter nicht, Richter in eigener Sache sein darf. Es kommt also in Frage, daß ein Schiedsspruch insofern in Deutschland nicht anerkannt wird, da er in bezug auf diesen Punkt gegen die öffentliche Ordnung in Deutschland verstößt. In der Praxis werden jedoch die Fälle, in welchen die Schiedsrichter über das angemessene Maß hinaus ein eigenes Honorar festsetzen, selten sein. Es dürfte daher sachgerecht sein, den Schiedsspruch, auch insofern er eine Entscheidung über das Honorar der Schiedsrichter selbst enthält, insgesamt nach den normalen Regeln zu vollstrecken, wobei der betroffenen Partei über § 826 BGB die Gegenklage insofern zugestanden werden muß, als sie sich nur gegen die Entscheidung über die Höhe des Schiedsrichterhonorars richtet.

noch 1

Artikel 39

1. Die Honorare der Mitglieder des Schiedsgerichts müssen dem Streitwert, der Schwierigkeit der Sache, der von den Schiedsrichtern aufgewendeten Zeit und allen anderen hierfür maßgebenden Umständen angemessen sein.

2. Haben sich die Parteien auf eine Ernennende Stelle geeinigt oder ist eine solche vom Generalsekretär des Ständigen Schiedsgerichtshof in Den Haag bestimmt worden und hat diese Stelle eine Tabelle für Schiedsrichterhonorare in internationalen Streitfällen, die sie betreut, herausgegeben, so hat das Schiedsgericht bei der Festsetzung der Honorare der Schiedsrichter diese Tabelle zu berücksichtigen, soweit es dies nach den Umständen des Falles für angebracht erachtet.

3. Hat diese Ernennende Stelle keine Tabelle für Schiedsrichterhonorare in internationalen Streitfällen herausgegeben, so kann jede Partei die Ernennende Stelle jederzeit um eine Aufstellung ersuchen, in der die Grundsätze für die Bemessung von Honoraren dargelegt werden, die gewöhnlich in internationalen Streitfällen, in denen die Ernennende Stelle Schiedsrichter bestellt, befolgt werden. Ist die Ernennende Stelle bereit, eine solche Aufstellung zu geben, so hat das Schiedsgericht bei der Festsetzung der Honorare der Schiedsrichter diese Auskünfte zu berücksichtigen, soweit es dies nach den Umständen des Falles für angebracht erachtet.

4. Übernimmt in den Fällen der Absätze 2 und 3 die Ernennende Stelle auf Antrag einer Partei diese Aufgabe, so hat das Schiedsgericht die Ho-

Art. 40 – UNCITRAL

norare der Schiedsrichter erst nach Beratung mit der Ernennenden Stelle festzusetzen, die ihrerseits dem Schiedsgericht gegenüber alle Bemerkungen machen kann, die sie in Ansehung dieser Honorare für angebracht hält.

1 Die etwas umständliche Regelung läuft letztlich darauf hinaus, daß das Honorar der Schiedsrichter den Umständen nach angemessen sein muß. Unabhängig von dieser Regelung ist den Parteien dringend anzuraten, mit den Schiedsrichtern im Rahmen der Bestellungsverhandlungen die Höhe des Honorars zu vereinbaren.

Artikel 40

1. Vorbehaltlich des Absatzes 2 sind die Kosten des Schiedsverfahrens grundsätzlich von der unterliegenden Partei zu tragen. Das Schiedsgericht kann jedoch jede Art von Kosten zwischen den Parteien aufteilen, wenn es dies unter Berücksichtigung der Umstände des Falls für angemessen erachtet.

2. Bezüglich der Kosten für rechtliche Vertretung und rechtlichen Beistand nach Artikel 38 Buchstabe e) steht es dem Schiedsgericht unter Berücksichtigung der Umstände des Falls frei, zu bestimmen, welche Partei die Kosten zu tragen hat, oder diese Kosten zwischen den Parteien aufzuteilen, wenn es feststellt, daß diese Aufteilung angemessen ist.

3. Erläßt das Schiedsgericht einen Beschluß über die Einstellung des Schiedsverfahrens oder einen Schiedsspruch mit vereinbartem Wortlaut, so hat es die Kosten des Schiedsverfahrens nach Artikel 38 und 39 Absatz 1 in diesem Beschluß oder im Schiedsspruch festzusetzen.

4. Das Schiedsgericht kann für die Auslegung, die Berichtigung oder die Ergänzung seines Schiedsspruchs nach den Artikeln 35 bis 37 keine zusätzlichen Honorare fordern.

1 Die Kosten des Verfahrens sind grundsätzlich von der unterlegenen Partei zu tragen. Zu den Kosten des Verfahrens gehören aber nicht die Kosten der eigenen Rechtsvertretung. Auffällig ist, daß das Schiedsgericht auch die Kosten des Verfahrens (Art. 38) teilweise dem Prozeßsieger auferlegen kann. Das entspricht nicht unseren Vorstellungen, und die Parteien sollten eine ausdrückliche andere Regelung überlegen.

2 Die Kosten ihrer eigenen Rechtsvertretung hat nach den UNCITRAL-Regeln grundsätzlich jede Partei selbst zu tragen. Dieser Grundsatz des

anglo-amerikanischen Prozeßrechts führt, auch angesichts der oft überhöhten Honorare amerikanischer Anwälte, gelegentlich zu absurden Ergebnissen. Die Parteien sollten daher eine ausdrückliche Regelung treffen. Unter der Geltung des Abs. 2 wird das Schiedsgericht dazu neigen, jeder Partei ihre eigenen Kosten aufzuerlegen, wenn nicht besondere Gründe für eine andere Aufteilung sprechen.

Hinterlegung eines Kostenvorschusses
Artikel 41

1. Das Schiedsgericht kann, nachdem es gebildet worden ist, jede Partei auffordern, einen gleichen Betrag als Vorschuß für die Kosten nach Artikel 38, Buchstaben a), b) und c), zu hinterlegen.

2. Während des Schiedsverfahrens kann das Schiedsgericht von den Parteien die Hinterlegung weiterer Beträge verlangen.

3. Haben die Parteien sich auf eine Ernennende Stelle geeinigt oder ist sie vom Generalsekretär des Ständigen Schiedsgerichtshofs in Den Haag bestimmt worden und übernimmt diese Ernennende Stelle diese Aufgabe auf Antrag einer Partei, so hat das Schiedsgericht die Beträge oder die zusätzlichen Beträge, die zu hinterlegen sind, erst nach Beratung mit der Ernennenden Stelle festzusetzen, die ihrerseits dem Schiedsgericht gegenüber alle Bemerkungen machen kann, die sie in Ansehung der Höhe des zu hinterlegenden oder zusätzlich zu hinterlegenden Betrages für angemessen erachtet.

4. Werden die Beträge, deren Hinterlegung verlangt wird, nicht innerhalb von 30 Tagen nach Erhalt der Aufforderung voll eingezahlt, so hat das Schiedsgericht dies den Parteien mitzuteilen, damit die eine oder die andere von ihnen die verlangte Zahlung leisten kann. Wird diese Zahlung nicht geleistet, so kann das Schiedsgericht die Unterbrechung oder die Einstellung des Schiedsverfahrens beschließen.

5. Nachdem der Schiedsspruch erlassen wurde, hat das Schiedsgericht den Parteien gegenüber über die Verwendung der hinterlegten Beträge Rechnung zu legen und den Parteien einen nicht verbrauchten Rest zurückzuzahlen.

Artikel 41 greift im Grunde in den Schiedsrichtervertrag ein, indem Einzelheiten geregelt werden, welche eigentlich der Vereinbarung zwischen den Parteien und den Schiedsrichtern vorbehalten sind. Auch diese Vorschrift gilt daher nur vorbehaltlich einer abweichenden Vereinbarung zwischen den Parteien einerseits und den Schiedsrichtern andererseits.

1

Die Parteien haften als Gesamtschuldner den Schiedsrichtern für das Honorar, so daß gemäß Abs. 4 jeder Partei die Möglichkeit gegeben wird, den gesamten Vorschuß einzuzahlen, um auf diese Weise den Fortgang des Verfahrens sicherzustellen.

2   Die Anforderung weiterer Beträge darf sicherlich ein angemessenes Maß nicht überschreiten, wobei die Obergrenze der insgesamt zu hinterlegenden Beträge wohl etwas oberhalb der Grenze des mit Wahrscheinlichkeit zu erwartenden Gesamthonorars liegen darf. Mangels einer eindeutigen Vereinbarung ist den Schiedsrichtern nicht zuzumuten, das Honorar, welches sie schließlich zu fordern haben, schon während des Verfahrens genau zu beziffern. Sie brauchen aber auch nicht das Risiko einzugehen, mit ihrer Schätzung zu niedrig zu liegen. Das wird durch Abs. 5 bestätigt, wonach die Möglichkeit, nicht verbrauchte Reste der hinterlegten Beträge zurückzuzahlen, geregelt ist.

5. Kapitel
Schiedsgerichtsordnung der Wirtschaftskommission der Vereinten Nationen für Europa (ECE-Schiedsgerichtsordnung)

I. Allgemeine Bestimmungen

Artikel 1

Kommen die Parteien eines Vertrages überein, daß die aus ihrem Vertrag bereits entstandenen oder künftig entstehenden Streitigkeiten einem Schiedsgericht gemäß der Schiedsgerichtsordnung der Wirtschaftskommission für Europa (im folgenden „die Schiedsgerichtsordnung" genannt) unterworfen werden, so werden ihre Streitigkeiten nach Maßgabe der nachstehenden Bestimmungen entschieden vorbehaltlich der Abweichungen, welche die beiden Parteien im gegenseitigen Einvernehmen vorsehen können.

Vom Typus her wenden sich die ECE-Regeln an die Parteien internationaler Verträge, die Internationalität ist aber keine Bedingung für die Anwendung dieser Regeln. Insofern ist die Regelung hier wie auch in Art. 1 der UNCITRAL-Ordnung rechtlich sauberer als z.B. in Art. 1 Abs. 1 ICC-Regeln, welche sich für „wirtschaftliche Streitigkeiten internationalen Charakters" anbieten, oder die Regelung in § 1 Wiener Regeln, wonach wenigstens eine Partei außerhalb Österreichs wohnen muß. Die ECE-Regeln können also ohne weiteres auch für rein nationale Schiedsverfahren berufen werden. (Zur Verbreitung: *Stumpf*, RIW 1987, S. 823). Das kann sinnvoll sein, wenn die Parteien als juristische Personen zwar dieselbe Staatsangehörigkeit haben, aber Müttern verschiedener Staaten angehören, so daß der nationale Rechtsstreit im Grunde einen internationalen Charakter hat. 1

Im übrigen enthält Art. 1 keine rechtliche Aussage, indem nämlich nur gesagt ist: Diese Regeln gelten, wenn sie gelten sollen, vorbehaltlich einvernehmlich vorgesehener Abweichungen. Ob solche Abweichungen mündlich oder schriftlich vereinbart sein müssen, folgt aus der ECE-Ordnung selbst nicht. Nur aus Art. 4 Abs. 1, wo für einen besonderen Fall eine schriftliche Einverständniserklärung der Parteien gefordert ist, ergibt sich im Rückschluß, daß eine mündliche oder auch konkludente Vereinbarung ausreicht. 2

3 In dem wohl nur theoretischen Fall, daß die Wirtschaftskommission der Vereinten Nationen für Europa diese Regeln ändern sollte, ist mangels entgegenstehender Vereinbarung anzunehmen, daß die ECE-Ordnung in ihrer zur Zeit des Vertragsschlusses geltenden Form vereinbart ist.

Artikel 2

Für die Anwendung dieser Schiedsgerichtsordnung sind als „Zuständige Stelle" des Ortes, an dem das schiedsrichterliche Verfahren durchgeführt werden soll, oder des Landes, in dem der Beklagte seinen gewöhnlichen Aufenthalt oder seinen Sitz hat, die im Anhang aufgeführten Handelskammern oder anderen Institutionen anzusehen.

1 Die Regelung der „Zuständigen Stelle" ist das eigentliche Charakteristikum der ECE-Ordnung, mit welcher das, namentlich unter dem Gesichtspunkt des Ost-West-Antagonismus zu sehende Bemühen der Regeln um völlige Neutralität zum Ausdruck kommt. Die Zuständige Stelle ist in ihrer Funktion mit der „Ernennenden Stelle" gemäß UNCITRAL-Ordnung gleichbedeutend. Der englische Text der ECE-Ordnung, der deutsche Text ist nicht amtlich, spricht wie die UNCITRAL-Ordnung von der „Appointing Authority". Es ist etwas ungeschickt, daß derselbe Ausdruck, der auch dasselbe bedeutet, in den herrschenden Übersetzungen der UNCITRAL-Ordnung und der hier zugrunde gelegten ECE-Ordnung verschieden übersetzt wurde.

2 Die ECE-Ordnung unterstellt in erster Linie den Fall, daß sich die Parteien über die Zuständige Stelle im Vertrag bzw. in der Schiedsklausel geeinigt haben. Ist das nicht der Fall, ist die Zuständige Stelle durch den Ort bestimmt, welchen die Parteien als Austragungsort des Schiedsverfahrens vereinbart haben (Art. 4 Abs. 1). An diesen Ort knüpft die „unverbindliche Liste der Zuständigen Stellen" an, die als Anlage zu der ECE-Ordnung gehört. Hierbei handelt es sich um Industrie- und Handelskammern und vergleichbare Institutionen in den Hauptstädten der in der Liste genannten Länder. Ist auch der Austragungsort von den Parteien nicht bezeichnet worden, so wird die Zuständige Stelle gemäß Art. 5 festgestellt.

Artikel 3

1. Die Partei, die ein Schiedsverfahren einleitet (in der Schiedsgerichtsordnung „Kläger" genannt), teilt der anderen Partei (in der Schiedsgerichtsordnung „Beklagter" genannt) unter Bezugnahme auf die

Schiedsvereinbarung den Streitgegenstand mittels eingeschriebenen Briefes mit.

2. In der Mitteilung ist der Beklagte aufzufordern, sich mit dem Kläger über die Bestellung des oder der Schiedsrichter zu einigen, indem ihm vorgeschlagen wird:

   a) entweder die Bestellung eines Einzelrichters unter Angabe des Namens und der Anschrift des von dem Kläger vorgeschlagenen Schiedsrichters, oder
   b) die Bestellung von drei Schiedsrichtern, wobei jede der Parteien einen Schiedsrichter bestellt und die beiden so bestellten Schiedsrichter einen Obmann des Schiedsgerichts wählen, unter Angabe des Namens und der Anschrift des vom Kläger bestellten Schiedsrichters, oder
   c) die Bestimmung eines ständigen Schiedsgerichts, das mit der Entscheidung der Streitigkeit nach seiner eigenen Schiedsordnung beauftragt wird.

Das Verfahren wird wie nach der UNCITRAL-Ordnung (Art. 3) durch eine Schiedsanzeige, welche mit der Klage (vgl. Art. 15) nicht identisch ist, eingeleitet. Eine Besonderheit ist, daß die postalische Form der Schiedsanzeige („eingeschriebener Brief") vorgesehen ist. Anders als Art. 2 Abs. 1 UNCITRAL-Ordnung enthält die ECE-Ordnung aber keine Zugangsvermutung. Die Registrierung des eingeschriebenen Briefes begründet ja nur den Beweis, daß ein Brief per Post übergeben wurde. Sein Zugang beim angegebenen Empfänger ist damit noch nicht bewiesen. Es entscheidet daher das anwendbare Verfahrensrecht, gegebenenfalls über eine kollisionsrechtliche Verweisung auf das Recht des Landes, in welchem sich die Zugangswirkung entfalten soll, ob und wann eine Schiedsanzeige im rechtlichen Sinne zugegangen ist. Für diese Frage kann es aber eigentlich nicht auf die Versendungsart der Schiedsanzeige ankommen. Da mit der Vorschrift „eingeschriebener Brief" also nur eine gewisse Förmlichkeit des Briefversandes gemeint ist, sind alle Versendungs- oder Kundgabeformen mit einem noch höheren Förmlichkeitsgrad ebenfalls regelmäßig, so z. B. die Zustellung durch Gerichtsbedienstete oder auch durch Boten, nicht aber die Übersendung durch einfachen Brief, welche gemäß UNCITRAL-Ordnung ausreichen würde. 1

Die Schiedsanzeige hat den Streitgegenstand zu bezeichnen. Besondere Anforderungen sind hieran in diesem Stadium nicht zu stellen, soweit die selbstverständliche Bedingung erfüllt ist, daß ein redlicher Empfänger erkennen kann, worum es geht. Eine Bezifferung des Zahlungsan- 2 spruches ist daher noch nicht zu fordern, wohl aber die ungefähre Größenordnung und die Angabe der Klageart (Leistungsklage, Feststellungsklage usw.), weil diese Angaben die Entscheidung über den gemäß Abs. 2 zu benennenden Schiedsrichter beeinflussen können.

3   Der zweite Absatz des Art. 3 unterstellt, daß die Parteien sich über Personen und Zahl der Schiedsrichter noch nicht geeinigt haben. Liegt eine solche Einigung vor, etwa weil in der Schiedsklausel die Entscheidung des Streites durch einen Einzelschiedsrichter vereinbart wurde, so ist diese verbindlich. Abs. 2 ist nicht so zu verstehen, daß diese Frage grundsätzlich erst jetzt verbindlich geregelt werden könne.

Die Vorschrift wirkt insofern etwas überdeterminiert, als der Kläger seinen Vorschlag genau in der bezeichneten Weise zu formulieren hat. Es müßte aber als dem Parteiinteresse entsprechend ausreichen, wenn der Kläger im Falle (a) in der Schiedsanzeige z. B. offen läßt, wen er als Einzelschiedsrichter vorschlagen möchte oder im Falle (b) die Meinung ausdrückt, die Parteien sollten selbst versuchen, sich auf einen Obmann zu einigen. Beachtlich ist der Fall (c), wonach der Vorschlag des Klägers auch dahin gehen kann, ein ständiges Schiedsgericht, welches nach seiner eigenen Schiedsordnung entscheiden würde, mit der Entscheidung des Rechtsstreites zu betrauen. Die Verfasser der ECE-Ordnung dachten dabei zweifellos in erster Linie an die Schiedsgerichtsbarkeit der Internationalen Handelskammer.

4   Die bis ins einzelne gehende Fassung von Absatz 2 drängt zu dem Schluß, daß der Kläger sich in der Schiedsanzeige eng an die 3 Alternativen a – c halten muß, um eine gültige, die Frist gemäß Art. 4 auslösende Schiedsanzeige zu geben. Eine Schiedsanzeige mit der allgemeinen Aufforderung an den Beklagten, sich mit dem Kläger über die Zusammensetzung des Schiedsgerichtes zu einigen, wäre daher ungültig ebenso wie eine Schiedsanzeige mit dem Vorschlag gemäß (c), die Internationale Handelskammer solle — wozu diese an sich bereit ist — das Verfahren nach den UNCITRAL-Regeln durchführen. Desgleichen wäre eine Schiedsanzeige, die mit der Aufforderung verbunden wäre, abweichend von der ECE-Ordnung ein ad-hoc-Schiedsgericht einzusetzen, nicht regelgemäß. Solche Vorschläge wären ein Antrag auf Abschluß einer abweichenden Schiedsklausel, auf welchen sich die Gegenseite einlassen kann, sie können aber nicht als verfahrenseinleitende Erklärungen im Sinne der ECE-Ordnung angesehen werden.

Artikel 4

1. Können sich die Parteien innerhalb von dreißig Tagen von dem Tage an gerechnet, an dem der Beklagte die Mitteilung des Klägers erhalten hat, nicht über die Wahl eines Einzelschiedsrichters oder des ständigen Schiedsgerichts einigen, oder sind innerhalb von fünfundvierzig Tagen die Schiedsrichter oder der Obmann des Schiedsgerichts nicht bestellt worden, so ist der Kläger berechtigt, sich an die in der Schiedsvereinbarung bestimmte Zuständige Stelle oder, falls eine solche Stelle nicht festgelegt worden ist und die Parteien den Ort bestimmt haben, an dem das schiedsrichterliche Verfahren durchgeführt werden soll, an die Zuständige Stelle dieses Ortes zu wenden. Die Zuständige Stelle bestellt, wenn die Parteien sich schriftlich damit einverstanden erklären,

   a) einen Einzelschiedsrichter oder
   b) ein ständiges Schiedsgericht, das beauftragt wird, die Streitigkeit nach seiner eigenen Schiedsordnung zu entscheiden.

2. Können die Parteien sich über die Bestellung eines Einzelschiedsrichters oder über die Bestimmung eines ständigen Schiedsgerichts nicht einigen, so fordert die Zuständige Stelle die Parteien auf, je einen Schiedsrichter zu bestellen; die so bestellten Schiedsrichter haben einen anderen Schiedsrichter zum Obmann des Schiedsgerichts zu wählen.

3. Bestellt eine der Parteien nicht innerhalb von dreißig Tagen nach Absendung der Aufforderung der Zuständigen Stelle den Schiedsrichter, den sie zu bestellen hat, oder können sich die von den Parteien bestellten Schiedsrichter nicht innerhalb von fünfundvierzig Tagen über die Wahl eines anderen Schiedsrichters zum Obmann des Schiedsgerichts einigen, so nimmt die Zuständige Stelle von sich aus diese Bestellungen vor.

1 Die Frist von 30 bzw. 45 Tagen beginnt mit dem Zugang einer im Sinne von Art. 3 gültigen Schiedsanzeige. Die Berechnung der Frist (z. B. Einrechnung von Feiertagen usw.) folgt dem anwendbaren Verfahrensrecht und, wenn ein solches noch nicht bestimmt ist, nach dem Grundsatz des schwächeren Rechtes dem Verfahrensrecht der Länder beider Parteien, wonach die längere Frist gilt, denn beide Parteien müssen ohne Vorteile voreinander die nach ihrem Recht geltende Frist zur Überlegung unverkürzt zur Verfügung haben. Innerhalb von 30 Tagen sollen sich die Parteien darüber geeinigt haben, ob ein und welcher Einzelschiedsrichter

bestellt wird oder ob ein institutionelles Schiedsgericht eingesetzt werden soll.

2   Geschieht letzteres, hat die nach der entsprechenden Verfahrensordnung vorgesehene Ernennungsprozedur von vorne zu beginnen. Das kann sich im Einzelfall beißen, z. B. in folgendem Fall: Die Parteien einigen sich gem. Art. 3 (c) darauf, daß die Internationale Handelskammer den Streit nach ihren Regeln entscheiden soll. Das Verfahren nach den ICC-Regeln beginnt aber nicht mit einer Schiedsanzeige, sondern mit der Einreichung einer vollgültigen Klage, an deren Form Art. 3 ICC-Regeln bestimmte Erfordernisse stellt. In Zweifelsfällen ist nach dem Grundsatz der lex specialis anzunehmen, daß die Parteien im Falle von Überschneidungen den Regeln der gemäß (c) berufenen Schiedsgerichtsinstitution den Vorrang vor den ECE-Regeln einräumen wollen.

3   Für die Konstituierung eines Dreier-Schiedsgerichts haben die Parteien und die von diesen ernannten Schiedsrichter (wegen der Bestellung des Obmannes) insgesamt 45 Tage Zeit. Die Frist kann daher theoretisch noch eingehalten werden, wenn die Parteien am 44. Tag die Schiedsrichter bestellt haben. Haben sich die parteibenannten Schiedsrichter nicht innerhalb der Frist auf den Obmann einigen können, oder sind die Parteien nicht einmal mit der ihnen obliegenden Schiedsrichterbestimmung fertig geworden, etwa weil der Beklagte „mauert", tritt der Ersatzmechanismus der Zuständigen Stelle in Gang, wenn eine Partei diese anruft.

4   Damit wird, wenn nur noch die Bestellung des Obmannes durch die gewählten Schiedsrichter ausstand, auch die bereits getroffene Schiedsrichterbestellung durch die Parteien hinfällig, denn die Zuständige Stelle trifft eine eigene neue Entscheidung. Diese Entscheidung setzt aber das schriftliche Einverständnis der Parteien voraus. Diese Regelung, wie auch die in Art. 3, zeigt eine gewisse Hinneigung der ECE-Ordnung zu den institutionellen Schiedsgerichten, welche den Parteien gleichsam als „Zwischenreserveinstanzen" vorgeschlagen werden, ehe, wenn wiederum keine Einigung zu erzielen ist, die Zuständige Stelle gemäß Abs. 2 und 3 eintritt. In dieser Bevorzugung der institutionellen Schiedsgerichte liegt ein Charakteristikum der ECE-Ordnung. Es wird hierin auch die entstehungsgeschichtlich vorgegebene Verwandtschaft zum Europäischen Übereinkommen von 1961 sichtbar, welche in Art. 4 Abs. 1a den Parteien einer Schiedsklausel geradezu nahezulegen scheint, sich auf ein institutionelles Schiedsgericht zu einigen.

5   Kommt das gemäß Abs. 1 vorgesehene schriftliche Einverständnis der Parteien nicht zustande, geht die Initiative auf die Zuständige Stelle

über. Eine Einigungsfrist ist hier nicht vorgesehen. Die Zuständige Stelle wird daher als befugt anzusehen sein, ohne weitere Vermittlungsversuche nunmehr die Parteien aufzufordern, jeweils einen Schiedsrichter zu bestellen, damit diese ihrerseits einen dritten Schiedsrichter als Obmann wählen können. Vorbehaltlich einer doch noch erfolgenden Einigung der Parteien ist ein Einer-Schiedsgericht also nun nicht mehr möglich.

Ein hoffentlich nur theoretisches Problem entsteht freilich, wenn die Zuständige Stelle nicht oder nicht in angemessener Frist tätig wird. Allein durch die Benennung etwa des Rechtsanwalts Dr. A. oder z. B. des Hauptgeschäftsführers der Industrie- und Handelskammer Dortmund gleichen Namens verpflichtet diese zu nichts, weder in amtlicher noch in privater Hinsicht. Insbesondere ist nicht auszuschließen, daß der Ernannte nur gegen einen Auslagenvorschuß tätig wird. In öffentlich-rechtlicher Verpflichtung tätig zu werden, ist freilich für die Stellen anzunehmen, welche gemäß Art. X Abs. 6 des Europäischen Übereinkommens von den Vertragsstaaten des Europäischen Übereinkommens bezeichnet werden. Wenn die Parteien sich daher in der Schiedsklausel oder sonst auf eine Zuständige Stelle einigen, sollten sie sicherstellen, daß und unter welchen Voraussetzungen diese tätig wird und überdies ein Verfahren vorsehen, wonach diese Stelle ausgetauscht werden kann, wenn sie ihren Pflichten nicht nachkommt. 6

Jede Partei hat nunmehr binnen 30 Tagen ihren Schiedsrichter zu bestellen, andernfalls kann die Zuständige Stelle die Ernennung vornehmen. Eine vor Ablauf von 30 Tagen erfolgte Ersatzbestellung wäre daher ein Verfahrensverstoß. Die Zuständige Stelle kann (aber muß nicht) nach 30 Tagen tätig werden. Es ist ihr also nicht vorgeschrieben, binnen welcher Frist sie die Bestellung des jeweiligen Schiedsrichters durchzuführen hat. Die in Art. 4 Abs. 7 des Europäischen Übereinkommens genannte Frist von 60 Tagen, nach deren Ablauf die Parteien das Besondere Komitee nach diesem Übereinkommen zwecks Ersatzvornahme anrufen können, gilt nur, wenn als Zuständige Stelle die in Art. 2 genannten Stellen benannt sind. 7

Artikel 5

1. **Ist in der Schiedsvereinbarung weder die Zuständige Stelle noch der Ort bestimmt, an dem das schiedsrichterliche Verfahren durchgeführt werden soll, so kann sich der Kläger nach seiner Wahl**

    a) **entweder an die Zuständige Stelle des Landes, in dem der Beklagte seinen gewöhnlichen Aufenthalt oder seinen Sitz hat,**

Art. 6 – ECE

b) oder an das in Artikel IV des Europäischen Übereinkommens vom 21. April 1961 über die internationale Handelsschiedsgerichtsbarkeit vorgesehene Besondere Komitee

wenden, damit die in Artikel 4 vorgesehenen Maßnahmen getroffen werden.

2. Haben die Parteien ihren gewöhnlichen Aufenthalt oder ihren Sitz in Ländern, in denen es eine Landesgruppe (Nationalkomitee) der Internationalen Handelskammer gibt, so kann sich der Kläger auch an das Schiedsgericht der Internationalen Handelskammer wenden.

1 Mangels einer anderen Vereinbarung ergibt sich die Zuständige Stelle aus Art. 2 und dem Anhang zu den Regeln, wenn der Ort des Schiedsverfahrens von den Parteien bestimmt ist. Soll das Verfahren in z. B. Westdeutschland oder Westberlin stattfinden, ist mithin der deutsche Ausschuß für Schiedsgerichtswesen in Bonn berufen. Ist der Ort nicht festgelegt, ist die entsprechende Institution im Lande des Beklagten berufen oder nach Wahl des Klägers das Besondere Komitee. Die Zusammensetzung dieses besonderen Komitees ist in einer Anlage zum Europäischen Übereinkommen sehr detailliert geregelt. Nach inoffiziellen Auskünften eines Mitgliedes ist es aber bisher noch niemals tätig geworden. Weiter wahlweise darf der Kläger sich aber auch an den ICC-Schiedsgerichtshof wenden, vorausgesetzt, beide Parteien haben ihren Sitz in einem Lande, in welchem es eine Landesgruppe der ICC gibt. In diesem letzteren Falle nimmt also der Schiedsgerichtshof der ICC die Funktion der Zuständigen Stelle wahr. Mit diesen Ausweichmöglichkeiten sind die Fälle abgedeckt, in denen die ECE-Regeln zwischen den Parteien aus Staaten vereinbart sind, welche mangels Teilnahme am Europäischen Übereinkommen keine Zuständigen Stellen im Sinne des Anhanges anbieten können.

Artikel 6

Jede Partei kann einen Schiedsrichter, einen Obmann des Schiedsgerichts oder einen Einzelschiedsrichter ablehnen, wenn ein Umstand vorliegt, der geeignet ist, berechtigte Zweifel an seiner Unparteilichkeit oder Unabhängigkeit hervorzurufen. Das Ablehnungsgesuch ist bei dem Schiedsgericht anzubringen, sobald der Umstand der Partei, welche die Ablehnung geltend macht, bekannt wird und auf jeden Fall vor Erlaß des Schiedsspruchs. Wird die Ablehnung für begründet erachtet oder legt der Schiedsrichter sein Amt nieder, so haben die Person oder die

Personen, die nach dieser Schiedsgerichtsordnung zu der Bestellung des Schiedsrichters, des Obmannes des Schiedsgerichts oder des Einzelschiedsrichters ursprünglich berechtigt waren, einen Ersatzmann zu bestellen.

Im Vergleich zu den anderen hier besprochenen Schiedsverfahrensordnungen ist die Regelung der Schiedsrichterablehnung auffällig. Das Schiedsgericht, und zwar auch der Einzelschiedsrichter, entscheidet selbst über den gegen ihn selbst gerichteten Ablehnungsantrag. Während bei den institutionellen Schiedsgerichten die Entscheidung über die Ablehnung gleichsam selbstverständlich von dem Institut getroffen wird, liegt sie nach den UNCITRAL-Regeln bei der Ernennenden Stelle (Art. 12). Die Regelung gemäß Art. 6 ECE-Ordnung erscheint aber praxisnah und sachgerecht. Letztlich muß sich das staatliche Gericht doch die endgültige Entscheidung darüber vorbehalten, ob ein untauglicher Schiedsrichter geamtet hat, und zwar gleichgültig, ob das Schiedsgericht selbst oder eine andere Stelle über diese Frage entschied — dann aber kann es, schon zur Verkürzung der Entscheidungswege, auch dem Schiedsgericht selbst anheimbleiben, über seine Tauglichkeit zu befinden. Auch die deutsche ZPO entscheidet so. 1

Das Ablehnungsgesuch muß zulässig sein, sonst darf es vom Schiedsgericht unbeschieden übergangen werden. Die Zulässigkeit ist gegeben, wenn die betreffende Partei einen Umstand oder Sachverhalt darlegt, der berechtigte Zweifel an der Unparteilichkeit oder Unabhängigkeit des Schiedsrichters hervorrufen kann. Dieser Umstand muß wirklich dargelegt werden, eine bloße Vermutung reicht nicht (Argument aus: „Umstand vorliegt"; englisch: „Circumstance exists"). So reichte z. B. die schlichte Vermutung, der Schiedsrichter sei für eine Partei früher in dieser Sache tätig gewesen, für die Zulässigkeit noch nicht aus, denn sie wäre kein „vorliegender Umstand". Wohl aber wäre ein Schriftstück oder sonstiges Beweismittel, welches diese Vermutung stützt, ein solcher Umstand. 2

Das Ablehnungsgesuch ist zu erheben, sobald die betreffende Partei von dem Umstand Kenntnis erhält (englisch: „as soon as"). Steht das Verfahren unter deutschem Verfahrensrecht, müßte genügen, wenn dieses „unverzüglich" geschähe. Ein Ablehnungsantrag nach Erlaß des Schiedsspruches ist in der Regel ohnehin zu spät. Die Formulierung in Satz 2 gibt daher einen Sinn nur in bezug auf die nach einzelnen nationalen Rechten denkbare Regelung, daß ein bereits erlassener Schiedsspruch zu seiner Wirksamkeit noch zusätzlicher Erfordernisse bedarf. 3

4 Die Alternative in Satz 3 (Begründetheit des Ablehnungsantrages oder Amtsniederlegung durch den Schiedsrichter) ist so zu verstehen, daß ein Schiedsrichter ohne Verletzung seiner vertraglichen Pflichten von seinem Schiedsrichtervertrag zurücktreten kann, wenn gegen ihn ein im genannten Sinne zulässiges Ablehnungsgesuch gestellt wird, und zwar gerade auch dann, wenn das Schiedsgericht das Gesuch für unbegründet halten sollte.

5 Die Ersatzbenennung eines abgelehnten oder zurückgetretenen Schiedsrichters „nach dieser Schiedsgerichtsordnung" umfaßt gegebenenfalls auch jene Instanzen institutioneller Schiedsverfahrensordnungen, welche gemäß Art. 3 oder 4 berufen wurden. Zuständig für die Ersatzbenennung ist der „ursprünglich" zur Benennung Berechtigte. Hatte also der Beklagte pflichtwidrig die Benennung unterlassen, so daß die Zuständige Stelle gemäß Art. 4 Abs. 3 für ihn die Bestellung durchführte, liegt das Ersatzbenennungsrecht wieder bei dem Beklagten.

Artikel 7

Die Person oder die Personen, die für einen Schiedsrichter, einen Obmann des Schiedsgerichts oder einen Einzelschiedsrichter einen Ersatzmann bestellen, haben innerhalb von dreißig Tagen von dem Tage an gerechnet, an dem die Ablehnung für begründet erklärt worden ist oder der Schiedsrichter sein Amt niedergelegt hat, den Schiedsrichtern und der anderen Partei – oder, falls ein Einzelschiedsrichter durch die Zuständige Stelle ersetzt worden ist, nur den Parteien – die Bestellung sowie den Namen und die Anschrift des Ersatzmannes für den Schiedsrichter, den Obmann des Schiedsgerichts oder den Einzelschiedsrichter schriftlich mitzuteilen.

1 Die Ersatzbenennung geschieht durch jene Person oder Stellen, welche die Erstbenennung durchführte, also durch den Kläger bzw. den Beklagten im Falle von Art. 3 oder durch die vereinbarte oder gem. Art. 4 und 5 ermittelte Zuständige Stelle im Falle von Art. 4 Abs. 3. Die Regelung schützt das Ernennungsrecht der Parteien auch für den Fall, daß die vorgenommene Ernennung glücklos war – sei es, daß der erstbenannte Schiedsrichter wirklich befangen war, sei es, weil er die Auseinandersetzung mit einem Ablehnungsantrag scheute. Die Partei, die ihren eigenen Schiedsrichter verliert, kann daher immer wieder versuchen, durch Benennung ablehnungsverdächtiger Schiedsrichter das Verfahren zu stören bzw. die Gegenseite zu ermüden.

Artikel 8

Wenn die Person oder die Personen, denen die Bestellung eines Ersatzmannes für einen Schiedsrichter, einen Obmann des Schiedsgerichts oder einen Einzelschiedsrichter obliegt, die Mitteilung nicht in der vorbezeichneten Weise und Frist machen, wird der Ersatzmann durch die Zuständige Stelle bestellt. Die Zuständige Stelle im Sinne dieses Artikels und der Artikel 10, 11 und 12 ist die in Artikel 4 bezeichnete Stelle oder die gemäß Artikel 5 bestimmte Institution.

Wird die Ersatzbenennung nicht ordnungsgemäß binnen 30 Tagen getroffen, tritt die Zuständige Stelle in Aktion, aber nicht die, welche die Parteien möglicherweise vorgesehen hatten, sondern die Handelskammer bzw. Institution gemäß Anhang. Diese Stellen haben damit gleichsam eine Auffangfunktion in dem Falle, daß die vertraglich vorgesehene Zuständige Stelle ihren Aufgaben nicht nachkommt (vgl. Anmerkungen zu Art. 4 Abs. 3 oben).

Artikel 9

Stirbt ein Schiedsrichter, der von einer oder für eine Partei ernannt war, oder wird er unfähig, sein Amt auszuüben, so haben die übrigen Schiedsrichter die Person, die nach dieser Schiedsgerichtsordnung zur Ernennung des Schiedsrichters ursprünglich berechtigt war, aufzufordern, innerhalb von dreißig Tagen einen Ersatzmann zu bestellen und ihnen sowie der anderen Partei die Bestellung, den Namen und die Anschrift des Ersatzmannes schriftlich mitzuteilen.

Stirbt ein Schiedsrichter des Dreier-Kollegiums, ist die Regelung des Art. 9 unproblematisch. Fragen entstehen aber bei der Auslegung von „unfähig, sein Amt auszuüben". Es darf einerseits nicht sein, daß zwei Schiedsrichter einen unliebsamen dritten ausbooten und ersetzen lassen, aber andererseits ist es eine praxisnahe und sachgerechte Lösung, daß das Dreier-Schiedsgericht selbst nicht nur wie gem. Art. 6 über Ablehnungsgesuche entscheidet, sondern auch darüber, ob einer der ihren geistig in der Lage ist, die Entscheidung mit zu finden. Die Entscheidung zweier Schiedsrichter über die Unfähigkeit des dritten ist daher zu akzeptieren. Dieser ist also gegebenenfalls nach den Regeln zu ersetzen. Ihre Entscheidung ist aber als Verfahrensfrage vor dem staatlichen Gericht zu überprüfen, wenn eine Partei (spätestens im Aufhebungsverfahren) darauf anträgt.

Artikel 10

Stirbt ein Einzelschiedsrichter oder wird er unfähig, sein Amt auszuüben, so hat die Zuständige Stelle auf Antrag einer Partei beide Parteien aufzufordern, innerhalb von dreißig Tagen einen Ersatzmann für den Einzelschiedsrichter zu bestellen.

1   Die Zuständige Stelle (vgl. Artikel 8) urteilt darüber, ob der Einzelschiedsrichter „unfähig" ist. Diese Frage ist nach dem Verfahrensrecht zu beurteilen, welches das Verfahren zu dem Zeitpunkt beherrscht, zu dem der Antrag gestellt wird. Die Zuständige Stelle erhält also insofern richterliche Aufgaben, als sie über die „Unfähigkeit" zu entscheiden hat.

Artikel 11

Stirbt ein Obmann des Schiedsgerichts oder wird er unfähig, sein Amt auszuüben, so haben die übrigen Schiedsrichter innerhalb von dreißig Tagen einen Ersatzmann für den Obmann zu bestellen und den Parteien und der Zuständigen Stelle die Bestellung, den Namen und die Anschrift des Ersatzmannes für den Obmann schriftlich mitzuteilen.

1   Es gilt das zu Art. 9 Gesagte.

Artikel 12

Wenn die Person oder die Personen, denen die Bestellung eines Ersatzmannes für einen Schiedsrichter, einen Obmann des Schiedsgerichts oder einen Einzelschiedsrichter nach den Artikeln 9, 10 oder 11 dieser Schiedsgerichtsordnung obliegt, die dort vorgeschriebenen Handlungen nicht in der vorgesehenen Weise und Frist vornehmen, haben im Falle des Artikels 9 die Schiedsrichter und in den Fällen der Artikel 10 und 11 eine der Parteien bei der Zuständigen Stelle zu beantragen, einen Ersatzmann für den Schiedsrichter, den Obmann oder den Einzelschiedsrichter zu bestellen.

1   Artikel 12 regelt die Ersatzvornahme der gemäß Art. 9 bis 11 notwendigen Ersatzbenennungen.

2   Von den 43 Artikeln der ECE-Ordnung sind damit 11 Artikel (Art. 2 bis 12) mit Fragen der Schiedsrichterbenennung und der Ersatzbenennung befaßt. Das Verfahren ist umständlich (vgl. auch *Schlosser*, Rdnr. 145),

was aber wie bei der UNCITRAL-Ordnung in der Natur der Sache liegt. Einigen sich die Parteien auf ein Benennungsverfahren, eine Zuständige Stelle oder jedenfalls auf den Ort des Schiedsverfahrens, entfallen diese Schwierigkeiten zum größten Teil. Die Parteien sind daher gut beraten, wenn sie durch klare Abmachungen diesen vermeidbaren Problemen vorbeugen.

Artikel 13

Wird ein Ersatzmann für einen Schiedsrichter oder einen Obmann des Schiedsgerichts gemäß den Artikeln 6 bis 9 und 11 bis 12 dieser Schiedsgerichtsordnung bestellt, nachdem die mündliche Verhandlung bereits begonnen hat, so haben die Schiedsrichter auf Antrag des Ersatzmannes die mündliche Verhandlung von Anfang an ganz oder teilweise zu wiederholen.

Diese Regel entspricht Art. 14 UNCITRAL-Ordnung. Hier wie dort gilt, daß unabhängig davon, was das Schiedsgericht oder der Ersatzmann will, die Verhandlungen insoweit wiederholt werden müssen, wie die Parteien es wünschen. Der Regelung wie hier ist wegen ihrer größeren Flexibilität gegenüber der starren Regelung in Art. 14 UNCITRAL-Ordnung der Vorrang zu geben. Der Ersatzmann, auch wenn er der Obmann ist, möge selbst entscheiden, wie weit die Verhandlungen für ihn noch einmal aufgerollt werden sollen, oder ob er sich in der Lage sieht, anhand der Akten in den Prozeß einzusteigen. 1

Artikel 14

Haben die Parteien über den Ort, an dem das schiedsrichterliche Verfahren durchgeführt werden soll, eine Vereinbarung nicht getroffen, so wird er von den Schiedsrichtern bestimmt.

Der Text spricht für sich, vgl. im übrigen Anmerkungen zu Artikel 12 ICC-Regeln, auch Artikel 16 UNCITRAL-Ordnung. 1

Die Schiedsrichter sind als verpflichtet anzusehen, einen Ort zu wählen, welcher den Interessen beider Parteien angemessen Rechnung trägt, etwa unter Berücksichtigung der Wege und der kulturellen Gegebenheiten, wenn es auf diese wegen der zu erwartenden Verfahrenslage ankommt. Dabei kann eine Rolle spielen, daß im Ost-West-Handelsverkehr Zeugen aus Ländern zitiert werden müssen, deren Ausreise nicht 2 oder nur unter großen Schwierigkeiten möglich ist. Eine Verletzung dieser Pflicht ist ein Verfahrensverstoß.

Artikel 15

1. **Der Kläger hat den Schiedsrichtern innerhalb einer von diesen zu bestimmenden Frist eine Klageschrift nebst der von ihnen angeforderten Zahl von Abschriften einzureichen, die folgende Angaben enthalten muß:**
   - a) **die Namen, Anschriften und Berufe der Parteien;**
   - b) **eine kurze Darstellung des Sachverhalts;**
   - c) **die streitigen Punkte und den Gegenstand des geltend gemachten Anspruchs;**
   - d) **die Namen und Anschriften etwaiger Zeugen, deren Ladung beantragt wird, jedoch können im Laufe des Verfahrens weitere Zeugen namhaft gemacht werden.**

2. **Der Klageschrift sind in Urschrift oder Abschrift die Schiedsvereinbarung und alle Unterlagen beizufügen, die sich auf die Streitigkeit beziehen. Ferner ist eine Liste der vorgelegten Unterlagen anzuschließen.**

1 Der Inhalt der Klageschrift ist in allen Schiedsverfahrensordnungen praktisch gleich. Da der normale Benutzer einer Schiedsverfahrensordnung kein Privatmann, sondern ein Kaufmann oder in der Regel eine juristische Person sein wird, wirkt es etwas antiquiert, wenn in (a) wie aber auch in Art. 3 Abs. 2a ICC-Regeln die Angabe des Berufes der Parteien gefordert ist. Der Wortlaut macht aber auch diese Angabe obligatorisch („enthalten muß"). Während Art. 18 UNCITRAL-Ordnung ganz allgemein die „Darstellung des Sachverhaltes" fordert, soll es hier eine „Kurz"-Darstellung sein (englisch: „a summary statement of facts"). Diese Vorschrift dürfte aber wohl eher zu verstehen sein als Forderung, zumindest eine kurze Sachverhaltsdarstellung zu geben — ist sie lang und ausführlich, um so besser. Die streitigen Punkte (c) sollten sich eigentlich schon aus der Sachverhaltsdarstellung ergeben. Es mag zur Verfahrensbeschleunigung wünschenswert sein, wenn die Klage bereits die erwarteten Gegenargumente des Beklagten mit abhandelt. Das ist aber weder unter diesem Art. 15 noch aus dem insofern gleichlautenden Art. 18 UNCITRAL-Ordnung zur Zulässigkeit der Klage gefordert.

2 Auffällig ist (d), wonach etwaige Zeugen in der Klage benannt werden müssen. Die Anrufung weiterer Zeugen ist zwar nicht ausgeschlossen,

aber dieser Satz muß wohl bereits als prozessuale Vorgabe an den Kläger im Sinne einer Konzentrationsmaxime gelesen werden, daß er Zeugen, die er bei Abfassung der Klage benennen kann, auch wirklich schon benennt. Das würde zur allgemeinen prozessualen Folge haben, daß der Kläger mit in diesem Sinne pflichtwidrig nicht genannten Zeugen später nicht mehr gehört zu werden braucht. Diese „Konzentrationspflicht" bezieht sich übrigens nur auf Zeugen, nicht auch auf andere Beweismittel.

Artikel 15 – Absatz 2:

Der Klageschrift sind in Urschrift oder Abschrift die Schiedsvereinbarung und alle Unterlagen beizufügen, die sich auf die Streitigkeit beziehen. Ferner ist eine Liste der vorgelegten Unterlagen anzuschließen.

Der Klage muß weiter beiliegen der Nachweis, daß die ECE-Schiedsgerichtsbarkeit vereinbart ist. Unpraktisch ist dagegen die Auflage, „alle Unterlagen beizufügen, die sich auf die Streitigkeit beziehen", (englisch: „all relevant documents"). Auch diese Vorschrift dient offenbar der Konzentration des Rechtsstreites. Sie ist aber zweckhaft auszulegen in dem Sinne, daß alle jene Unterlagen gemeint sind, welche zu diesem Zeitpunkt aus Sicht des Klägers zur Begründung seines Anspruches erforderlich sind – das kann bereits übergenug sein. Sehr nützlich ist daher die Anweisung an den Kläger, eine Anlagenliste beizufügen. Die Wortwahl zeigt, daß die ECE-Regeln auch hier über eine bloße Sollvorschrift hinausgehen. Die Schiedsrichter können also die Bearbeitung der Klageschrift so lange unterlassen, als ihnen z. B. nicht die Liste der Anlage vollständig und richtig vorliegt, was sachlich sinnvoll sein kann, weil sie auf diese Weise bei sehr umfangreichen Sachen die Möglichkeit einer Gegenprüfung haben, ob tatsächlich alle Anlagen in ihre Hände gekommen sind.

Ist eine Verfahrenssprache festgelegt, dürfte eine in einer abweichenden Sprache abgefaßte Klageschrift unzulässig sein; ist diese Frage aber noch offen, und hat auch das Schiedsgericht noch keine Bestimmung getroffen (vgl. Art. 26), so ist es dem Kläger unbenommen, sich einer angemessenen (vgl. Artikel 15 ICC Rdnr. 5) Sprache zu bedienen, und die Klage entfaltet die prozessualen Wirkungen auch dann, wenn der Beklagte sie nicht versteht. Vor Festlegung einer Verfahrenssprache ist die Übersetzung seine Angelegenheit; er hätte sich durch eine entsprechende Vereinbarung hiergegen sichern können.

Artikel 16

Der Kläger hat eine Abschrift aller Schriftstücke einschließlich der Klageschrift zur gleichen Zeit wie den Schiedsrichtern auch dem Beklagten zu übersenden.

1. Aus Sicht des Schiedsgerichts ist diese Vorschrift ökonomisch, da das Schiedsgericht ja kein Sekretariat hat (vgl. auch Art. 18 UNCITRAL-Ordnung). Zur Sicherung des tatsächlichen Gleichlaufs wäre aber vielleicht gut, wenn das Schiedsgericht die Versendung von Schriftstücken selbst veranlaßte und überwachte. Gerade in diesem Bereich liegen die Vorteile der institutionellen Schiedsgerichtsbarkeit (vgl. Art. 3 Abs. 3 ICC-Regeln).

Artikel 17

Will eine Partei die Einrede der Unzuständigkeit der Schiedsrichter erheben, so hat sie die Einrede, wenn diese damit begründet wird, die Schiedsvereinbarung bestehe nicht, sei nichtig oder hinfällig geworden, spätestens gleichzeitig mit ihrer Einlassung zur Hauptsache vorzubringen; wird die Einrede damit begründet, der Streitpunkt überschreite die Befugnisse der Schiedsrichter, so hat die Partei die Einrede vorzubringen, sobald der Streitpunkt, der die Befugnisse der Schiedsrichter überschreiten soll, zur Erörterung kommt. Wird eine Einrede von den Parteien verspätet erhoben, so haben die Schiedsrichter die Einrede dennoch zuzulassen, wenn die Verspätung auf einem von den Schiedsrichtern für gerechtfertigt erachteten Grund beruht.

1. Die Frage, ob das Schiedsgericht überhaupt für die Entscheidung einer Sache zuständig sei, steht am Anfang des Verfahrens und ist – von anderen Überlegungen abgesehen – schon prozeßwirtschaftlich zu einem Zeitpunkt zu behandeln, bevor das Schiedsgericht sich mit dem Streitgegenstand selbst befaßt. Es ist auffällig und ein weiteres Zeichen für eine gewisse Affinität zwischen den ECE-Regeln und dem Europäischen Übereinkommen, daß Art. 17 praktisch wörtlich mit Art. 5 Abs. 1 EÜ übereinstimmt (vgl. daher die Kommentierung hierzu in *B/L/A*, Schlußanhang VI A 2 Art. 5).

2. Die Regelung entspricht der in Art. 21 Abs. 3 UNCITRAL-Ordnung, wo ebenfalls bestimmt wird, daß die Unzuständigkeitsrüge spätestens mit der Klagebeantwortung zu erheben ist. Anders aber als dort, wo „spätestens" zwingend gemeint zu sein scheint, läßt Art. 17 eine Öff-

nung für die Zulässigkeit gerechtfertigter Verspätungen durch das Schiedsgericht. Die Zulassung der Einrede der Unzuständigkeit trotz ihrer Verspätung, weil diese gerechtfertigt bzw. entschuldigt sei, ist eine richterliche und daher durch das Staatsgericht nicht nachprüfbare Entscheidung (*B/L/A*, a. a. O.). Die Entscheidung aber, die Einrede wegen Verspätung zurückzuweisen, unterliegt – innerhalb der Geltung des EÜ! – gemäß Art. 5 Abs. 2 letzter Satz der staatsgerichtlichen Überprüfung. Im Verhältnis von Parteien, die nicht dem EÜ unterliegen, wäre eine solche Überprüfbarkeit mangels dieser ausdrücklichen Vorschrift nicht anzunehmen.

Das Gesagte gilt entsprechend, wenn die Zuständigkeit des Schiedsgerichts nicht allgemein, sondern nur in bezug auf bestimmte Gegenstände bestritten wird. Die Einrede muß also in einem Gegenschriftsatz erhoben werden. Die Formulierung „sobald" ist, jedenfalls bei Geltung deutschen Verfahrensrechtes, in dem Sinne zu verstehen, daß die Rüge bis zum Schluß der entsprechenden mündlichen Verhandlung erhoben werden muß.

3

Artikel 18

Vorbehaltlich einer Überprüfung, die das auf das schiedsrichterliche Verfahren anwendbare Recht vorsieht, sind die Schiedsrichter, deren Zuständigkeit bestritten wird, berechtigt, das Verfahren fortzusetzen; sie sind befugt, über ihre eigene Zuständigkeit und über das Bestehen oder die Gültigkeit der Schiedsvereinbarung oder des Vertrages, in dem diese Vereinbarung enthalten ist, zu entscheiden.

Wie auch nach anderen Verfahrensordnungen vorgesehen, darf das Schiedsgericht die Zuständigkeitseinrede übergehen und das Verfahren fortsetzen. Das Schiedsgericht entscheidet, wie nach anderen Verfahrensordnungen auch, über seine eigene Kompetenz. Zu der Frage, ob hierzu ein Zwischenschiedsspruch ergehen sollte, vgl. Anmerkungen zu Art. 21 Abs. 4 UNCITRAL-Ordnung (Rdnr. 7).

1

Artikel 19

Die Schiedsrichter bestimmen, innerhalb welcher Frist der Beklagte seine Klagebeantwortung schriftlich einzureichen hat. Der Beklagte ist berechtigt, innerhalb dieser Frist eine Widerklage einzureichen, die nach derselben Schiedsvereinbarung geltend gemacht werden kann.

Art. 20 – ECE

1 Diese Regelung ist im Grunde nur eine vorweggenommene Folge des in Art. 22 allgemein niedergelegten Grundsatzes, daß das Schiedsgericht das Verfahren nach seinem Ermessen gestaltet. Art. 19 kann aber unter dem Gesichtspunkt gesehen werden, daß das Schiedsgericht ausdrücklich befugt wird, unabhängig von den Fristen, welche das gem. Art. 22 zu bestimmende Verfahrensrecht vorsieht, abweichende Fristen vorzuschreiben. Diese Befugnis umfaßt auch die Ermächtigung an das Schiedsgericht, die Frist auf begründeten Antrag zu verlängern (vgl. Art. 25).

2 Anstelle einer schlichten anspruchsabwehrenden Klagebeantwortung kann der Beklagte innerhalb der Frist auch Widerklage (englisch: „Counter-Claim") erheben. Dabei wird als Widerklage nicht nur das schon nach unserem Recht nicht völlig einwandfrei definierte prozeßrechtliche Institut „Widerklage" zu qualifizieren sein, sondern jede nach dem anwendbaren Verfahrensrecht zur Verfolgung von Ansprüchen geeignete prozessuale Maßnahme. Es versteht sich von selbst, was eigens gesagt ist, daß nämlich der Streitgegenstand der Widerklage der Schiedsklausel unterliegen muß. Klage und Klagebeantwortung bzw. Widerklage stellen den Streitgegenstand dar, bzw. die erst in Art. 32 in der englischen Fassung so genannten „terms of reference", in bezug auf welche im Rahmen von Art. 32 zu prüfen ist, ob eine Klageänderung anzunehmen bzw. zuzulassen ist.

Artikel 20

Die Artikel 15 und 16 gelten für die Klagebeantwortung und die Widerklage entsprechend.

1 Artikel 20 sagt, daß auch der Beklagte eine Darstellung des Sachverhaltes geben und die streitigen Punkte ausführen muß (vgl. Art. 15b und c). Das anwendbare Verfahrensrecht entscheidet darüber, ob der Sachverhalt als nicht bestritten anzusehen ist, wenn der Beklagte den Sachverhalt nur teilweise vorträgt (vgl. § 138 ZPO) und ob Punkte als zugestanden anzusehen sind, insofern der Beklagte den Sachverhalt des Klägers bestätigt oder sich darauf bezieht. Auch für den Beklagten gilt die „eingeschränkte Konzentrationsmaxime" hinsichtlich der Zeugenbenennung.

Artikel 21

Will der Kläger auf die Klagebeantwortung oder die Widerklage eine Gegenerklärung abgeben, so bestimmen die Schiedsrichter eine angemessene Frist, innerhalb derer diese Erklärung einzureichen ist. Das gleiche gilt für die Entgegnung, die der Beklagte auf die Gegenerklärung vorzubringen wünscht.

Die Vorschrift ist sachlich verwandt mit Art. 22 UNCITRAL-Ordnung, wobei vielleicht noch mehr als in dieser eine Tendenz der ECE-Ordnung deutlich wird, in einem möglichst umfassenden schriftlichen Vorverfahren die Sache ausschreiben zu lassen, ehe das Schiedsgericht selbst in seine eigentlichen Aufgaben eintritt.   1

Die Schiedsrichter bestimmen für den Einzelfall angemessene Fristen. Diese müssen aber nicht für beide Parteien in jedem Falle gleich sein. Die Unparteilichkeit des Schiedsgerichtes läßt es zu, ja kann es im Einzelfall erfordern, wenn den Parteien in verschiedenen Phasen unterschiedliche Fristen aufgegeben werden, welche auf ihre besondere Prozeßsituation Rücksicht nehmen oder auch auf die für sie geltenden Postwege. Das Schiedsgericht kann diese Fristen verlängern (Art. 25).   2

Artikel 22

Soweit in dieser Schiedsgerichtsordnung nichts anderes bestimmt ist, können die Schiedsrichter das Verfahren nach ihrem Ermessen gestalten. In jedem Falle haben die Schiedsrichter beiden Parteien auf der Grundlage unbedingter Gleichberechtigung die Gelegenheit zu gewähren, ihre Rechte und Interessen wahrzunehmen.

Die freie Verfahrenswahl durch die Schiedsrichter ist das Herzstück des Schiedsverfahrensrechtes (vgl. Anm. zu Art. 11 ICC-Regeln). Art. 22 enthält gegenüber den sonstigen Verfahrensordnungen keine Besonderheiten. Satz 2 kann insofern als überflüssig angesehen werden, als er sich nach dem Verfahrensrecht jeder rechtsstaatlichen Rechtsordnung ohnehin versteht. Die deutsche Fassung („ihre Rechte und Interessen wahrzunehmen") geht jedoch an dem verfahrensrechtlich Gemeinten vorbei. Besser heißt es in der englischen Fassung: „Die Schiedsrichter sollen den Parteien ein „fair hearing" auf der Basis völliger Gleichberechtigung gewähren".   1

Artikel 23

Mit Einverständnis der Parteien können die Schiedsrichter ohne mündliche Verhandlung im schriftlichen Verfahren entscheiden.

1 An anderer Stelle (Art. 4) ist ausdrücklich das „schriftliche Einverständnis" der Parteien gefordert. Es ist daher im Zweifel das mündliche oder konkludent erklärte Einverständnis beider Parteien ausreichend, um auf eine mündliche Verhandlung zu verzichten. Die mündliche Verhandlung bedeutet prozessual die Möglichkeit zum lebendigen Austausch zwischen den Beteiligten (vgl. Artikel 14 ICC Rdnr. 1).

2 Das Schiedsgericht kann, muß aber nicht (englisch: „shall be entitled") bei entsprechendem Einverständnis der Parteien ohne mündliche Verhandlung entscheiden. Es hat gegebenenfalls für das schriftliche Verfahren gem. Art. 22 die entsprechenden Verfahrensregeln festzulegen. Auch hier ist übrigens die deutsche Fassung gegenüber der englischen etwas verkürzt oder gar verfälscht, wenn nämlich jene sagt, daß der Schiedsspruch ergehen kann „on documentary evidence without an oral hearing". Jedenfalls nach deutschem Verfahrensrecht setzt die Entscheidung im schriftlichen Verfahren keinen „documentary evidence" (im Sinne eines Urkundenbeweises) voraus. Es kann daher im Einzelfall von Bedeutung sein, ob die Parteien sich auf die ECE-Ordnung in der englischen oder in der deutschen Fassung verständigt haben.

Artikel 24

Die Schiedsrichter können den Sachverhalt mit allen ihnen zur Verfügung stehenden Mitteln aufklären, die Beweismittel, die zugelassen werden sollen, bestimmen und Sachverständige hinzuziehen. Sie können jederzeit während des schiedsrichterlichen Verfahrens die Parteien auffordern, innerhalb einer von ihnen zu bestimmenden angemessenen Frist weitere Beweise anzutreten.

1 Artikel 14 der ICC-Regeln sagt lapidar: „Der Schiedsrichter stellt den Sachverhalt ... fest". Die Wortwahl hier („Die Schiedsrichter können aufklären"; englisch: „are entitled to") fällt dagegen auf. Die ECE-Ordnung basiert also auf dem Parteibetrieb, während das Schiedsgericht von Amts wegen nachhelfen kann, aber nicht muß.

2 Im übrigen ist der Wortlaut nicht ganz eindeutig. Das Schiedsgericht kann die Beweismittel bestimmen, welche zugelassen werden sollen. Das bedeutet wohl, daß es zwar von den Parteien angebotene Beweise zu-

rückweisen, also nicht zulassen kann, aber daß es nicht von sich aus Beweismittel in das Schiedsverfahren einbeziehen kann, an welche die Parteien entweder nicht gedacht haben, oder deren Heranziehung sie aus allgemeinen Gründen nicht wünschen (z.B. der Zeuge aus dem Lande A soll wegen seiner exponierten Stellung dort nicht in die Sache verwickelt werden). Sachverständige hingegen darf das Schiedsgericht auch ohne einen entsprechenden Antrag einer Partei hinzuziehen.

Es versteht sich, daß von einer Partei angebotene Beweismittel nicht willkürlich zurückgewiesen werden dürfen. Hat das Schiedsgericht gemäß Art. 22 das Verfahren z.B. dem deutschen Verfahrensrecht unterstellt, kommt daher die Zurückweisung von Beweismitteln und Beweisanträgen nur unter sehr engen Voraussetzungen in Betracht. Die unberechtigte Zurückweisung von Beweismitteln führt zu einem Verfahrensfehler, welcher den Schiedsspruch selbst gefährdet. 3

Artikel 25

Die in dieser Schiedsgerichtsordnung vorgesehenen Fristen, innerhalb deren die Parteien Handlungen vorzunehmen haben, können durch eine Vereinbarung der Parteien verlängert werden; sie können auch durch die Schiedsrichter verlängert werden, wenn diese die Nichteinhaltung einer Frist durch eine Partei als hinreichend entschuldigt ansehen.

Die Regelung gemäß Satz 1 folgt im Grunde schon aus dem Primat der Parteivereinbarungen im Schiedsverfahren. 1

Die Ermächtigung an die Schiedsrichter, von ihnen gesetzte oder in dieser Ordnung vorgesehene Fristen zu verlängern, ist sachgerecht. Eine Fristverlängerung ohne irgendeinen plausiblen Entschuldigungsgrund wäre jedoch ein Verfahrensfehler, welcher vor dem Staatsgericht gerügt werden könnte. Fristen sind dazu da, daß sie eingehalten werden. Liegen nicht besondere Gründe vor, etwa weil das Schiedsgericht erkennt, daß die gesetzte Frist vom Beklagten nicht eingehalten werden konnte, wäre eine solche Verlängerung als Verfahrensverstoß zu werten. Der Wortlaut dieses Artikels ist zwar nicht eindeutig, er erlaubt aber wohl eine Verlängerung der Frist auch noch, nachdem sie abgelaufen ist. 2

Welche Folgen die Fristversäumnis hat, entscheidet das anwendbare Verfahrensrecht oder, wenn die Schiedsrichter ein ganz freies Verfahren nach ihrem Ermessen durchführen, entscheiden diese selbst in ihrem billigen Ermessen. Hierbei haben sie zu beachten, daß durch die Fristversäumnis auf der einen Seite der anderen Seite in der Regel eine prozes- 3 suale Position zuwächst, welche das Schiedsgericht, ohne der Parteilichkeit verdächtig zu werden, nicht ohne rechtfertigenden Grund entziehen darf, indem es etwa schlicht die entsprechende Frist gegebenenfalls nachträglich verlängert.

Artikel 26
Die Schiedsrichter bestimmen die Verhandlungssprache. Soweit es erforderlich ist, veranlassen sie, daß die Unterlagen und die Ausführungen in der mündlichen Verhandlung in die Sprache übersetzt werden, welche die Parteien verstehen.

1 Wie in Art. 15 Abs. 3 ICC-Regeln ist ohne Vorbehalt der Parteivereinbarung gesagt, daß das Schiedsgericht die Verfahrenssprache bestimmt. Auf die Kommentierung dort wird verwiesen, wie auch auf die Anmerkung zu Art. 17 UNCITRAL-Ordnung. Gegebenenfalls ist für Übersetzungen in Sprachen zu sorgen, welche die Parteien verstehen. Das ist nicht notwendig deren Muttersprache, um so weniger als die Parteien eines Schiedsverfahrens in der Regel juristische Personen sein werden, so daß es in erster Linie auf die Sprachenkenntnis des Prozeßbevollmächtigten ankommt.

2 Zur Vermeidung von unnötigen Schwierigkeiten und Kontroversen ist den Parteien dringend zu raten, die Verfahrenssprache bereits in der Schiedsklausel, jedenfalls aber vor Beginn des Verfahrens festzulegen.

Artikel 27
Soweit gesetzliche Vorschriften dem nicht entgegenstehen, sind die Schiedsrichter von den Parteien ermächtigt, Maßnahmen zur Sicherstellung der streitbefangenen Waren zu treffen, insbesondere die Hinterlegung bei einem Dritten, die Stellung einer Bankbürgschaft oder den Verkauf verderblicher Nahrungsmittel anzuordnen.

1 Neben Art. 26 UNCITRAL-Ordnung ist diese Vorschrift die einzige in den hier besprochenen Verfahrensordnungen, welche das Schiedsgericht zum Erlaß vorläufiger sichernder Maßnahmen befugt. Der Wortlaut von Art. 27 hat offenbar auch den von Art. 26 UNCITRAL-Ordnung beeinflußt, wie sich z. B. aus der ausdrücklichen Erwähnung des Verkaufs verderblicher Waren in beiden Vorschriften ergibt. Auf die Anmerkungen zu Art. 26 UNCITRAL-Ordnung wird verwiesen.

Die in Art. 26 Abs. 3 UNCITRAL-Ordnung offengelassene Möglichkeit, die Sicherungsmaßnahmen ohne Verstoß gegen die Schiedsklausel auch bei einem staatlichen Gericht zu beantragen, ist hier, jedenfalls ausdrücklich, nicht vorgesehen. Ob dieser Weg offensteht, ist daher von dem anwendbaren Verfahrensrecht bzw. dem für den Erlaß der beantragten Maßnahme zuständigen Verfahrensrecht zu entscheiden. Für das deutsche Recht wäre sie, mangels einer Parteivereinbarung, welche die staatliche Gerichtsbarkeit auch für den Fall von Eilentscheidungen ausschalten will, zu bejahen (vgl. *Aden*, BB 1985, S. 2282). 2

Artikel 28

Die Schiedsrichter können eine Sicherheitsleistung für die Kosten des schiedsrichterlichen Verfahrens verlangen.

Anspruchsgegner für die Kosten des schiedsrichterlichen Verfahrens sind die Parteien als Gesamtschuldner. Beide haften daher auch für die Sicherheitsleistung, welche nach Art. 28 vom Schiedsgericht eingefordert werden kann. Jede Partei kann daher die Sicherheit allein erbringen, ohne in den Verdacht unangemessener Beeinflussungsversuche zu kommen, und sie erhält einen hälftigen Ausgleichsanspruch gegen die andere Partei, jedenfalls solange nicht das Schiedsgericht gem. Art. 43 eine andere Verteilung vorgesehen hat. 1

Artikel 29

Die mündliche Verhandlung ist nur öffentlich, wenn beide Parteien dies beantragen.

Es gilt im Umkehrschluß, daß die Verhandlungen grundsätzlich unter Ausschluß der Öffentlichkeit stattfinden. Außer den Parteien und einer angemessenen Zahl von Beratern auf jeder Seite dürfen weitere Personen nur mit Zustimmung beider Parteien zugelassen werden. Zeugen sind daher grundsätzlich nach ihrer Vernehmung zu entlassen; sie haben kein Recht, der Verhandlung weiterhin beizuwohnen. 1

Artikel 30

Jede Partei kann sich in dem schiedsrichterlichen Verfahren durch einen Bevollmächtigten vertreten lassen, der ordnungsmäßig bestellt ist. Jede Partei kann sich auch des Beistandes einer Person ihrer Wahl bedienen.

Art. 31 – ECE

1 Satz 1 versteht sich von selbst. Die ordnungsgemäße Bestellung (englisch: „duly accredited agent") zielt auf eine grundsätzlich für die Dauer des Verfahrens erteilte und dem Schiedsgericht zuvor mitgeteilte Prozeßvollmacht zugunsten des Bevollmächtigten. Ein häufiger Wechsel der Prozeßbevollmächtigten wäre daher wohl gegen den Geist dieser Vorschrift, wenn er auch ohne rechtliche Sanktion bliebe. Satz 2 ist gegenüber der englischen Fassung zu eng oder sogar falsch, wenn es dort heißt, daß jede Partei befugt sei, sich des Beistandes von „*persons*" (Plural) ihrer Wahl zu bedienen.

2 Der englische sowie der deutsche Wortlaut lassen scheinbar nur einen einzigen Prozeßbevollmächtigten zu, was tatsächlich kaum gemeint ist. In großen internationalen Verfahren ist die Hinzuziehung von mehr als einem Prozeßbevollmächtigten oft unabdingbar.

Artikel 31

1. Erscheint eine Partei ohne hinreichende Entschuldigung zu dem ordnungsgemäß anberaumten Termin nicht, so können die Schiedsrichter das Verfahren in ihrer Abwesenheit fortsetzen.

2. Reicht eine Partei in dem Fall, in dem die Schiedsrichter ohne mündliche Verhandlung im schriftlichen Verfahren entscheiden können, ohne hinreichende Entschuldigung Unterlagen nicht ein, so können die Schiedsrichter den Rechtsstreit aufgrund der ihnen vorliegenden Beweismittel entscheiden.

1 Die Vorschrift setzt natürlich eine ordnungsgemäße Ladung der betreffenden Partei voraus (vgl. Anmerkung zu Art. 15 Abs. 2 ICC-Regeln). Da auch der Erlaß eines Schiedsspruches eine Fortsetzung des Verfahrens ist, kommt also auch der Erlaß eines Schiedsspruches nach der dann vorliegenden Aktenlage in Betracht, wenn die Partei unentschuldigt zum Termin nicht erscheint. Ob eine Entschuldigung hinreichend ist, steht im Ermessen der Schiedsrichter. Wenn sie ein bestimmtes Verfahrensrecht zugrunde gelegt haben, hat sich dieses Ermessen an diesem auszurichten. Dem Nichterscheinen muß gleichstehen die Weigerung oder Unfähigkeit der Partei, im Termin zu verhandeln.

2 Angesprochen ist hier der Fall des Art. 23. Wer im (zulässigen) schriftlichen Verfahren entscheidungserhebliche Schriftstücke nicht, zu ergänzen: fristgerecht, einreicht, wird behandelt wie eine Partei, die im mündlichen Termin nicht erscheint. Die Übersetzung der deutschen Fassung ist wiederum insofern schief, als das Schiedsgericht nicht aufgrund der „ihm vorliegenden Beweismittel" entscheidet. Die englische Fassung sagt vielmehr, daß die Schiedsrichter befugt seien, den Schiedsspruch zu erlassen „on the evidence before them", d. h. also aufgrund der Beweislage, wie sie sich dann ergibt.

Artikel 32

Neue Ansprüche oder neue Gegenansprüche haben die Parteien schriftlich vorzubringen. Willigt die Partei, gegen die ein neuer Anspruch oder Gegenanspruch geltend gemacht wird, nicht ein, so dürfen die Schiedsrichter diese neuen Ansprüche nur zulassen, wenn sie in den Grenzen ihrer Befugnisse liegen. Für diese neuen Ansprüche oder Gegenansprüche gelten die Artikel 15, 16 und 19 entsprechend.

Dem Schriftlichkeitserfordernis muß auch die im mündlichen Termin zu Protokoll gegebene Prozeßerklärung genügen (z. B. die zu Protokoll erklärte Aufrechnung). Voraussetzung ist, daß ein Protokoll geführt wird, was sich entweder aus dem anwendbaren Verfahrensrecht ergibt oder von den Parteien tunlichst vorgesehen werden sollte. 1

Satz 2 versteht sich von selbst, wenn er sagen will, daß die Schiedsrichter über neue Ansprüche nur entscheiden dürfen, wenn diese innerhalb ihrer schiedsrichterlichen Kompetenz liegen. Tatsächlich spricht Satz 2 aber wohl ein anderes Problem an. Die Schiedsrichter werden regelmäßig in bezug auf den konkret umrissenen Streitgegenstand ausgewählt und bestellt. Auch wenn daher der neu erhobene Anspruch bzw. Gegenanspruch von der Schiedsklausel mit abgedeckt ist, kann es gegen die legitimen Interessen der Gegenpartei verstoßen, wenn ein individuell zusammengesetztes Schiedsgericht mit einem neuen Streitgegenstand befaßt wird, welcher zum Zeitpunkt der Zusammensetzung des Schiedsgerichtes noch nicht vorausgesehen werden konnte (vgl. hierzu: *Schlosser* I, Rdnr. 569). Da andererseits das Schiedsgericht selbst am besten wissen muß, ob es sich die Entscheidung auch des neuen Gegenanspruchs zutraut, dürfte es eine praxisnahe Regelung sein, wenn Art. 32 Satz 2 diese Frage dem Schiedsgericht selbst überläßt, und zwar auch dann, wenn die Gegenpartei widerspricht. Die Worte „in den Grenzen ihrer Befugnisse" sind daher zu lesen als „innerhalb des Streitgegenstandes, auf welchen das Schiedsgericht durch die Klage und Klagebeantwortung festgelegt wurde". In dieser Leseart gibt auch die englische Fassung der Vorschrift den besten Sinn, wenn es nämlich darin heißt: „within the li- 2 mits of their terms of reference" (ein Ausdruck, der in der englischen Fassung der ECE-Ordnung nur noch einmal in Art. 17 verwendet wird).

Artikel 33

Besteht das Schiedsgericht aus zwei Schiedsrichtern und einem Obmann des Schiedsgerichts, so wird der Schiedsspruch mit Stimmenmehrheit gefällt. Kommt eine Mehrheit nicht zustande, so entscheidet der Obmann allein.

1 Die Vorschrift entspricht wörtlich Art. 19 ICC-Regeln. Die UNCITRAL-Ordnung hat trotz vieler anderer Entsprechungen mit der ECE-Ordnung diese Vorschrift so nicht übernommen. Es sind hier dieselben Bedenken anzumelden, wie zu Art. 19 ICC-Regeln, insofern im Nichteinigungsfall der Obmann das Recht hat, alleine zu entscheiden.

Artikel 34

Der Schiedsspruch ist innerhalb von neun Monaten nach der Bestellung des Obmannes des Schiedsgerichts oder des Einzelschiedsrichters zu fällen.

1 Eine überlange Verfahrensdauer kann nach den ICC-Regeln die dort in Art. 18 genannten Folgen haben. Da die Schiedsrichter nach der ECE-Ordnung in keinerlei Verantwortung gegenüber einer Institution stehen, ist es grundsätzlich angebracht, die Frist, innerhalb derer der Schiedsspruch ergehen soll, festzulegen, wie es hier mit 9 Monaten geschieht. Wird diese Frist nicht eingehalten, ist die Schiedsklausel verbraucht, sofern nicht ein anderer Parteiwille anzunehmen ist, da der Schiedsvertrag als nur auf diese Befristung abgeschlossen anzusehen ist.

Artikel 35

Die Frist für den Erlaß des Schiedsspruchs kann durch eine Vereinbarung der Parteien verlängert werden. Die Frist kann auch von den Schiedsrichtern verlängert werden, wenn dies wegen der Ersetzung eines Schiedsrichters, der Notwendigkeit der Vernehmung von Zeugen, der Einholung von Sachverständigengutachten oder aus einem anderen triftigen Grund gerechtfertigt ist.

Es versteht sich von selbst (vgl. schon Art. 25), daß die Parteien die **1**
Frist, innerhalb welcher der Schiedsspruch zu erlassen ist, verlängern
können. Auch wenn diese Frist abgelaufen ist, können sie vereinbaren,
daß der Schiedsvertrag wieder in Kraft gesetzt wird. In vielen Fällen
werden sich deswegen Probleme bei dieser Vorschrift nicht ergeben.

Problematischer ist aber die Befugnis des Schiedsgerichtes, sich selbst **2**
von einer überlangen Verfahrensdauer gleichsam die Absolution zu erteilen. Zwar darf das Schiedsgericht selbst die Frist nur in Ausnahmefällen verlängern. Diese Ausnahmefälle sind aber so wenig eindeutig definiert, daß dieses Recht praktisch frei verwendet werden kann. In der englischen Fassung werden sogar nur „valid reasons" verlangt, was wohl eine etwas niedrigere Hürde ist als ein „triftiger Grund", wie er in der deutschen Fassung verlangt wird. Welcher Grund wäre aber etwa nicht triftig und spräche nicht für eine Verlängerung der Frist, wenn die Alternative wäre, daß ein monatelanges Schiedsverfahren nur wegen einer, vielleicht nur kurzfristigen, Fristüberschreitung ergebnislos endet?

Die UNCITRAL-Ordnung sagt in Art. 32, daß der Schiedsspruch **3**
schriftlich zu erlassen ist. Eine solche Vorschrift fehlt hier. Es entscheidet daher das das Verfahren beherrschende Verfahrensrecht, in welcher Form ein Schiedsspruch erlassen werden muß, um seine Wirkungen zu entfalten, insbesondere mit wie vielen Unterschriften er versehen sein muß. Auf die Anmerkungen zu Art. 32 UNCITRAL-Ordnung wird verwiesen.

Artikel 36
Die Schiedsrichter können vorläufige, Zwischen- oder Teil-Schiedssprüche fällen; sie können auch einen Parteivergleich durch einen Schiedsspruch feststellen.

Diese Vorschrift entspricht Art. 32 Abs. 1 UNCITRAL-Ordnung. Zum **1**
„Parteivergleich" (englisch: „award on agreed terms") siehe insbesondere die Anmerkungen zu § 26 Wiener Regeln.

Artikel 37

Die Schiedsrichter können den Schiedsspruch auch in einem anderen Land als demjenigen fällen, in dem das schiedsrichterliche Verfahren gemäß Artikel 14 bis zum Erlaß des Schiedsspruchs durchgeführt worden ist.

1 Der Ort des Verfahrens hat nach den ECE-Regeln eine arteigene Bedeutung, namentlich zur Bestimmung der Zuständigen Stelle, wenn diese sonst nicht festgelegt ist. Eine von den Parteien getroffene Ortsbestimmung kann daher in bezug auf andere Aspekte des Schiedsspruches nicht die beste Wahl sein. Das namentlich den Ost-West-Handelsverkehr ansprechende ECE-Verfahren kann aber aus verschiedenen Gründen in ein Land gelegt werden, welches aus Gründen der Vollstreckbarkeit des Schiedsspruches nicht optimal ist. Sind z. B. Zeugen aus der DDR zu vernehmen, deren Verfügbarkeit in einem westlichen Lande schon aus technischen Gründen (oder wie immer man diese nennen will) nicht gewährleistet ist, kann es sinnvoll sein, das Verfahren z. B. in Leipzig durchzuführen. Gleichwohl kann es der Wunsch der Parteien sein, dem Schiedsspruch die Nationalität nicht wie in diesem Falle der DDR zu geben, sondern z. B. der Schweiz. Art. 37 sieht daher die Möglichkeit vor, den Ort des Erlasses des Schiedsspruches von dem Ort des eigentlichen Verfahrens zu trennen. Diese Befugnis würde sich aber auch mangels einer Vorschrift wie Art. 37 aus dem Verfahrensbestimmungsrecht gem. Art. 22 ergeben.

Artikel 38

Vorbehaltlich des Artikels 39 dieser Schiedsgerichtsordnung haben die Schiedsrichter ihrer Entscheidung das von den Parteien vereinbarte Recht zugrunde zu legen. Haben die Parteien das anzuwendende Recht nicht vereinbart, so haben die Schiedsrichter das Recht anzuwenden, auf das die in dem betreffenden Fall von den Schiedsrichtern für anwendbar erachtete Kollisionsnorm verweist. In beiden Fällen haben die Schiedsrichter die Bestimmungen des Vertrages und die Handelsbräuche zu berücksichtigen.

1 Auf die Anmerkungen zu Art. 13 Abs. 3 ICC-Regeln wird verwiesen. Für die Feststellung und Auslegung des anwendbaren Rechtes ergeben sich hier keine Besonderheiten.

Artikel 39

Die Schiedsrichter entscheiden nach Billigkeit, wenn dies dem Willen der Parteien entspricht und wenn das für das schiedsrichterliche Verfahren maßgebende Recht es gestattet.

Der Begriff der Billigkeit ist offen. Auf die Anmerkungen zu Art. 13 Abs. 4 ICC-Regeln wird verwiesen.   **1**

Artikel 40

Es wird vermutet, daß die Parteien davon ausgegangen sind, der Schiedsspruch werde begründet werden, es sei denn,

a) daß sie ausdrücklich erklärt haben, der Schiedsspruch bedürfe keiner Begründung oder

b) daß sie sich einem schiedsrichterlichen Verfahren unterworfen haben, in dem es nicht üblich ist, Schiedssprüche zu begründen, sofern nicht in diesem Fall von den Parteien oder von einer Partei vor Schluß der mündlichen Verhandlung oder, wenn eine mündliche Verhandlung nicht stattgefunden hat, vor der schriftlichen Abfassung des Schiedsspruchs eine Begründung ausdrücklich verlangt worden ist.

Auch wenn die Parteien nichts bestimmt haben, und auch wenn das anwendbare Verfahrensrecht eine Begründung des Schiedsspruches nicht vorschreiben sollte, ist der Schiedsspruch zu begründen. Auch wenn es nicht ausdrücklich gesagt ist, muß angenommen werden, daß die ECE-Ordnung hiermit eine schriftliche Begründung meint. Zur Vermeidung von Mißverständnissen sollten die Parteien gleichwohl in der Schiedsklausel ausdrücklich eine schriftliche Begründung des Schiedsspruchs fordern.   **1**

Die deutsche Fassung ist gegenüber der englischen wiederum irreführend, indem der englische Text viel eindeutiger als der deutsche Text sagt: Es wird vermutet, daß die Parteien eine Begründungspflicht vereinbart haben; diese Vermutung kann nur durch Vorliegen der Fälle (a) oder (b) widerlegt werden.   **2**

Artikel 41

Die Schiedssprüche sind den Parteien mittels eingeschriebenen Briefes mitzuteilen.

Art. 43 – ECE

1 Die Mitteilung des Schiedsspruchs bzw. bei Erlaß von Teilschiedssprüchen, der Schiedssprüche, durch eingeschriebenen Brief ist nicht identisch mit dem rechtswirksamen Erlaß eines Schiedsspruches. Unter welchen Voraussetzungen ein Schiedsspruch rechtswirksam wird (z. B. durch öffentliche Verlesung seines Tenors) entscheidet das anwendbare Verfahrensrecht.

2 Artikel 41 ist lediglich eine formale Vorschrift, welche die Schiedsrichter im Rahmen ihres Schiedsrichtervertrages verpflichtet.

Artikel 42

Mit der Unterwerfung unter diese Schiedsgerichtsordnung verpflichten sich die Parteien, unverzüglich den Schiedsspruch zu erfüllen, und verzichten, soweit gesetzliche Vorschriften dem nicht entgegenstehen und sie nicht ausdrücklich etwas anderes vereinbart haben, auf jegliche Rechtsmittel vor einem anderen Schiedsgericht oder einem staatlichen Gericht.

1 Diese Vorschrift entspricht Art. 24 Abs. 2 ICC-Regeln; auf die Anmerkungen dort wird verwiesen.

Artikel 43

Die Schiedsrichter setzen in jedem Falle die Kosten des Verfahrens fest. Grundsätzlich fallen die Kosten der unterlegenen Partei zur Last. Die Schiedsrichter können jedoch die Kosten des Verfahrens anderweitig verteilen.

1 Der Begriff „Kosten des Verfahrens" ist nach dem Verfahrensrecht zu qualifizieren, welchem das Schiedsverfahren unterliegt. Nach deutschem Verfahrensrecht wären daher unter diesem Begriff auch die eigenen Rechtsbeistandskosten der Parteien zu fassen, so daß bei Geltung deutschen Verfahrensrechtes das Schiedsgericht verpflichtet wäre, auch über die Tragung der jeweiligen Rechtsbeistandskosten zu entscheiden. Unter der Geltung z. B. englischen Verfahrensrechtes wären darunter aber wohl nur die reinen Verfahrenskosten, wie sie beim Schiedsgericht entstanden sind (Schiedsrichterhonorar und Auslagen) zu begreifen. Die Parteien sollten klare Regelungen treffen.

Anlage

Unverbindliche Liste

der Zuständigen Stellen nach Artikel IV, X Abs. 6 des Europäischen Übereinkommens vom 21. April 1961 über die internationale Handelsschiedsgerichtsbarkeit und Artikel 2 der ECE Schiedsordnung

Belgien	Präsident der Handelsgerichte zu erfragen über Comité Belge de la Chambre de Commerce Internationale 8, rue des Sols B-1000 Bruxelles I
Bulgarien	Chambre de Commerce de Bulgarie 11 A, Boulevard Stamboliiski Sofia
Dänemark	Comité National Danois de la Chambre de Commerce Internationale Borsen D-1000 Copenhague K
Deutsche Demokratische Republik	Präsident der Kammer für Außenhandel Unter den Linden 40 DDR-108 Berlin
Bundesrepublik Deutschland	Deutscher Ausschuß für Schiedsgerichtswesen Adenauerallee 148 D-5300 Bonn
Finnland	Comité d'Arbitrage de la Chambre Centrale de Commerce Keskuskauppakamari Helsinki
Frankreich	Présidence de L'Assemblée des Présidents des Chambres de Commerce et d'Industrie 27, avenue de Friedland F-75008 Paris
Großbritannien	Association of British Chambers of Commerce 68 Queen Street, London E.C. 4

Anlage

Irland	Association of Chambers of Commerce of Ireland Commercial Buildings Dame Street Dublin 2
Italien	Associazione Italiana per l'Arbitrato Via XX Settembre, 5 I-00187 Roma
Jugoslawien	Cour d'arbitrage pour le Commerce Exterieur de la Chambre Economique Fédérale Knez Mihajlova 10 Belgrad
Kuba	Chamber of Commerce of the Republic of Cuba Calle 21, No. 661 Havana A.P. 370
Niederlande	Chambre de Commerce et d'Industrie d'Amsterdam Damrak 62 A Amsterdam
	Chambre de Commerce et d'Industrie de Rotterdam Beursgebouw Coolsingel 59 Rotterdam
	Institut Néerlandais d'arbitrage Delftsevaart 26 Rotterdam
Obervolta	Chambre de Commerce de la Haute-Volta Quagadougou
Österreich	Bundeskammer der Gewerblichen Wirtschaft Stubenring 12 A-1010 Wien
Polen	Chambre polonaise pour le Commerce Extérieur 4, Trebacka Warszwawa
Rumänien	Chambre de Commerce de Roumanie 2, Bd N. Balcesco Bucuresti

Anlage

Schweden	Chambre de Commerce de Stockholm V. Trädgardsgatan 9 POB 16050 S-10322 Stockholm
Schweiz	Alliance des Chambres de Commerce Suisses c/o Chambre de Commerce et d'industrie de Genève 8, rue Petitot CH-1200 Genève
Spanien	Consejo Superior de Camaras de Comercio, Industria Y Navegacion Avda. de José Antonio 15 Madrid 14
Tschechoslowakei	Chambre de Commerce de Tchécoslovaquie Ul. 28 Rijna no 13 Praha 1
Türkei	Union des Chambres Turques de Commerce et d'Industrie et des Bourses de Marchandises Ankara
UdSSR	Chambre de Commerce de l'URSS K 3 Kuibyshev UL. 6 Moscou
Ukrainische Republik	dto.
Ungarn	Chambre de Commerce de Hongrie Rosenberg-Hazaspar. Utca 17 Budapest V
Weißrussische Republik	Chambre de Commerce de l'URSS K 3 Kuibyshev UL. 6 Moscou

Literaturverzeichnis

Aden, M.	Die Anwendung materiellen Rechts durch den Schiedsrichter, RIW 1984, S. 934f.
Aden, M.	Der einstweilige Rechtsschutz im Schiedsgerichtsverfahren, BB 1985, S. 2277f.
Bartos, H.	Internationale Handelsschiedsgerichtsbarkeit – Verfahrensprinzipien, 1984
Baumbach/Lauterbach/ Albers/Hartmann	Zivilprozeßordnung, Kommentar, 45. Aufl., 1987 (zitiert als: B/L/A)
Böckstiegel, K. (Hrsg.)	Recht und Praxis der Schiedsgerichtsbarkeit der Internationalen Handelskammer, Schriftenreihe des Deutschen Instituts für Schiedsgerichtswesen, 1986 (zitiert als: Recht und Praxis)
Böckstiegel, K. (Hrsg.)	Die internationale Schiedsgerichtsbarkeit in der Schweiz, Schriftenreihe des Deutschen Instituts für Schiedsgerichtswesen, 1979
Bredow/Bühler	Zur Änderung der Schiedsgerichtsordnung der Internationalen Handelskammer, IPRAX 88, Heft 2
Cohn, E. J.	The Rules of Arbitration of the International Chamber of Commerce, The International and Comparative Law Quarterly 1965, S. 132ff.
Craig/Park/Paulsson	International Chamber of Commerce Arbitration, Oceana Publications, Paris 1985 (zitiert als: CPP)
Eickhoff, W.	Inländische Gerichtsbarkeit und internationale Zuständigkeit für Aufrechnung und Widerklage, 1985
Fasching, H. W.	Lehrbuch des österreichischen Zivilprozeßrechts, 1984 (zitiert als: Fasching)
Fasching, H. W.	Schiedsgericht und Schiedsverfahren im österreichischen und im internationalen Recht, 1973
Fouchard, Ph.	Les Institutions Permanentes de l'Arbitrage devant le juge étatique, Revue de l'Arbitrage 87, 225ff.
Gentinetta, J.	Die lex fori internationaler Handelsschiedsgerichte, 1973
Hellwig, H.-J.	Nationale und internationale Schiedsgerichtsbarkeit, RIW 1984, S. 421f.
Hober, K.	Das anzuwendende Recht beim internationalen Schiedsverfahren, RIW 1986, S. 685f.
Internationale Handelskammer (Hrsg.)	Le Droit de l'Arbitrage en Europe, 1981

Literaturverzeichnis

Kegel, G.	Internationales Privatrecht, 5. Aufl., 1985
Maier, H. J.	Handbuch der Schiedsgerichtsbarkeit, 1979
Melis, W.	Überlegungen aus Anlaß des Inkrafttretens der neuen Schieds- und Vergleichsordnung der Bundeskammer der gewerblichen Wirtschaft, (öst.) GesRZ 1983, S. 143 f. (zitiert als: Melis, Überlegungen)
Melis, W.	A Guide to Commercial Arbitration in Austria, 1983
Nagel, H.	Beiträge zum Internationalen Verfahrensrecht und zur Schiedsgerichtsbarkeit, Festschrift für Heinrich Nagel, 1987
Nicklisch, F.	Instrumente der internationalen Handelsschiedsgerichtsbarkeit zur Konfliktregelung bei Langzeitverträgen, RIW 1978, S. 633 f.
Rauh, K. H.	Die Schieds- und Schlichtungsordnungen der UNCITRAL, 1983
Raeschke-Kessler/ Bühler	Aufsicht über den Schiedsrichter durch den ICC-Schiedsgerichtshof (Paris) und rechtliches Gehör der Parteien, ZIP 87, 1157 ff.
Real, G.	Der Schiedsrichtervertrag, 1983
Rubino-Sammartano	Rules of Evidence in International Arbitration, Journal of International Arbitration 1986, S. 87 f.
Sanders, P.	Commentary on Uncitral Arbitration Rules Yearbook — Commercial Arbitration 1977, S. 172 f.
Sandrock, O.	Das Gesetz zur Neuregelung des Internationalen Privatrechts und die internationale Schiedsgerichtsbarkeit, Beilage 2 zu BB 5/1987
Sandrock, O.	Die „Terms of Reference" und die Grenzen ihrer Präklusionswirkungen, RIW 1987, S. 649 ff.
Schlosser, P.	Das Recht der internationalen privaten Schiedsgerichtsbarkeit, 1975
Schönherr, F.	Besonderheiten des Schiedsverfahrens in Österreich im Vergleich mit dem Recht der Bundesrepublik Deutschland, RIW 1980, S. 813 f.
Schütze/Tscherning/ Wais	Handbuch des Schiedsverfahrens, 1985 (zitiert als: Schütze/Tscherning)
Stockholmer Handelskammer (Hrsg.)	Arbitration in Sweden, 2. Aufl., 1984
Stumpf, H.	Ost-West-Schiedsgerichtsbarkeit: Schiedsgerichte mit Sitz in dritten Ländern, RIW 1987, S. 821
Wieczorek/Schütze	ZPO — Kommentar, 2. Aufl., 1981, 10. Buch „Schiedsrichterliches Verfahren" (Schütze)

Sachregister

Ablehnung des Schiedsrichters
- ICC-Regeln 74, 140
- Wiener Regeln 164 ff.
- Stockholmer Regeln 199 ff.
- UNCITRAL-Regeln 224 ff.
- ECE-Regeln 266 f.

Absetzung des Schiedsrichters
- Anwendbares Recht 74
- Fehlerhafte 76

Aktenlage
- Entscheidung nach 113, 282

Allgemeine Geschäftsbedingungen
- Verfahrensordnungen als 32

Änderung der Verfahrensordnung 90

Appointing authority
- siehe Ernennende Stelle

Arrest 205

Aufrechnung
- ICC-Regeln 85, 117
- Wiener Regeln 156

Ausforschungsbeweis 111

Ausländischer Schiedspruch 30
- Anerkennung des 100

Auslegung des Schiedsspruches
- Stockholmer Regeln 210
- UNCITRAL-Regeln 252

Außenhandelsschiedsgerichte im RGW 12 f., 18

Befangenheit des Schiedsrichters
- siehe Ablehnung

Beginn des Verfahrens
- siehe Einleitung

Begründung des Schiedsspruchs 33, 45
- Vernunftgemäßheit 98

Begründung, Pflicht zur B. des Schiedsspruchs
- ICC-Regeln 33
- Wiener Regeln 172
- Stockholmer Regeln 208
- UNCITRAL-Regeln 249
- ECE-Regeln 287

Berichtigung des Schiedsspruchs 210, 253

Berufsrichter, kein Schiedsrichter 149

Besonderes Komitee (ECE) 264

Bestätigung des Schiedsspruchs
- ICC-Regeln 128
- Wiener Regeln 174 f.

Beweiserhebung
- ICC-Regeln 111 ff.
- Wiener Regeln 168
- Stockholmer Regeln 204
- UNCITRAL-Regeln 240
- ECE-Regeln 278

Beweismittel, Zulässigkeit von 111 f.

Billigkeit, Entscheidung nach 108, 208, 250, 287

ECE-Regeln 55 ff., 259 ff.

Einleitung des Verfahrens
- ICC-Regeln 80
- Wiener Regeln 154
- Stockholmer Regeln 191
- UNCITRAL-Regeln 214
- ECE-Regeln 260

Einstweilige Anordnung 54, 57
- ICC-Regeln 93
- Stockholmer Regeln 205, 207
- UNCITRAL-Regeln 242
- ECE-Regeln 280

Einzelentscheidung durch Obmann
- ICC-Regeln 121
- UNCITRAL-Regeln 247

Einzelschiedsrichter
- ICC-Regeln 69, 72
- Wiener Regeln 158
- Stockholmer Regeln 188
- UNCITRAL-Regeln 219
- ECE-Regeln 263

Sachregister

Ernennende Stelle
- UNCITRAL-Regeln 51, 220, 222
- ECE-Regeln 55, 260

Feiertag 143
Frist für den Erlaß des Schiedsspruchs
- ICC-Regeln 43, 119, 144
- Wiener Regeln 45, 166
- Stockholmer Regeln 49, 206
- ECE-Regeln 284
Fristen, Berechnung von 143, 213 ff.

Gutachten
- ICC-Regeln 113
- Wiener Regeln 168
- Stockholmer Regeln 204
- UNCITRAL-Regeln 243
- ECE-Regeln 278

Handelsbrauch 35, 109
Hinterlegung des Schiedsspruchs 132, 250
Honorar der Schiedsrichter
- siehe Kosten

Internationale Handelskammer 60
- Handelsgruppen 61

Klageänderung 235
Klagerücknahme 180, 182
Klageschrift, Inhalt der
- ICC-Regeln 81
- Wiener Regeln 155
- Stockholmer Regeln 202
- UNCITRAL-Regeln 215, 233
- ECE-Regeln 272
Kollegialentscheidung, Anspruch der Parteien auf 122
Kompetenz-Kompetenz
- ICC-Regeln 91
- Wiener Regeln 167
- Stockholmer Regeln 204
- UNCITRAL-Regeln 236
- ECE-Regeln 275

König-Eduard-Effekt 67, 74
Kosten der Schiedsrichter
- ICC-Regeln 127 ff.
- Wiener Regeln 183
- UNCITRAL-Regeln 254
Kosten des Verfahrens
- ICC-Regeln 43, 123 ff.
- Wiener Regeln 46, 178 ff.
- Stockholmer Regeln 189 ff.
- UNCITRAL-Regeln 54, 254
Kostenentscheidung
- ICC-Regeln 126 ff.
- Wiener Regeln 175
- Stockholmer Regeln 209 ff.
- UNCITRAL-Regeln 254 ff.
- ECE-Regeln 288
Kostentabelle
- ICC-Regeln 124 ff.
- Wiener Regeln 182 f.
- Stockholmer Regeln 190
Kostenvorschuß
- ICC-Regeln 94
- Wiener Regeln 179
- Stockholmer Regeln 189
- UNCITRAL-Regeln 257

Landesgruppe der Internationalen Handelskammer 61
- Schiedsrichtervorschlag der 64 ff., 138 ff.
Lex mercatoria 108
Liste der Schiedsrichter 152, 159

Materielles Recht
- Wahl des 106, 170
- Ermittlung des 107
Mehrheit der Stimmen
- siehe Stimmenmehrheit
Mündlichkeit, Grundsatz der
- ICC-Regeln 110
- Wiener Regeln 168
- Stockholmer Regeln 202
- UNCITRAL-Regeln 229, 240
- ECE-Regeln 278

Sachregister

Neutralität der Schiedsrichter 67, 73
- siehe auch Staatsangehörigkeit

Notice of arbitration
- siehe Schiedsanzeige

Obmann 71
- Entscheidung durch 121, 247
- Prozeßleitung durch 72, 116, 247

Offenbarungspflicht des Schiedsrichters 139 ff., 223

Öffentlichkeit, Ausschluß der 11, 116, 168, 281

Ort des Schiedsverfahrens
- ICC-Regeln 40, 101, 129
- Wiener Regeln 148
- Stockholmer Regeln 187, 197
- UNCITRAL-Regeln 229 ff.
- ECE-Regeln 271

Organisationsregeln der Institute
- ICC-Regeln 62 ff.
- Wiener Regeln 149 ff.
- Stockholmer Regeln 185 ff.

Protokoll des Verfahrens 99, 169

Prozeßleitung 72, 247

Prozeßprogramm
- siehe Schiedsauftrag

Prozeßrecht, zwingende Normen des 10, 24, 97

Prozeßvereinbarungen 9

Rechtliches Gehör, Grundsatz des 24, 98, 203, 228

Rechtsbeistand 116, 218, 282

Rechtskraft des Schiedsspruchs 131, 174

Rechtsmittel gegen Schiedsspruch 132, 288

Sachverständiger
- siehe Gutachter

Säumnis der Partei
- ICC-Regeln 90, 114
- Stockholmer Regeln 48

- UNCITRAL-Regeln 244
- ECE-Regeln 282

Schiedsanzeige
- Stockholmer Regeln 191
- UNCITRAL-Regeln 52, 214
- ECE-Regeln 261

Schiedsauftrag 41, 43, 103, 144
- Genehmigung des 105

Schiedsfähigkeit 107

Schiedsgerichtsbarkeit
- Grundmuster der 11 ff.
- als Teil des Prozeßrechts 13 ff.

Schiedsgerichtshof 61, 64
- Innere Organisation 62, 77
- Vertragsbeziehungen zu 66, 81

Schiedshängigkeit
- ICC-Regeln 80
- Wiener Regeln 155
- Stockholmer Regeln 192
- UNCITRAL-Regeln 216
- ECE-Regeln 261

Schiedsklausel, Form der
- ICC-Regeln 88
- Wiener Regeln 147
- UNCITRAL-Regeln 212

Schiedsrichter, Benennung der
- ICC-Regeln 64 ff.
- Wiener Regeln 157 ff.
- Stockholmer Regeln 188 ff.
- UNCITRAL-Regeln 219 ff.
- ECE-Regeln 263 ff.

Schiedsrichter, Bestätigung durch Schiedsgerichtshof 65

Schiedsrichter, Qualifikation des
- ICC-Regeln 77
- Wiener Regeln 151
- Stockholmer Regeln 197

Schiedsrichtervertrag 66

Schiedsspruch
- Begründung des, siehe Begründung
- Frist für Erlaß, siehe Frist
- Genehmigung 128
- Unterschrift der Schiedsrichter, siehe Unterschrift

Sachregister

Schiedsvergleich
- ICC-Regeln 118
- Wiener Regeln 176 ff.
- UNCITRAL-Regeln 251
- ECE-Regeln 286

Schlichtungsverfahren 153

Schriftliches Verfahren
- siehe Mündlichkeit

Schweizer Konkordat 14

Sekretariat der Internationalen Handelskammer 42

Senat, Schiedsrichtersenat 158

Separability, Doctrine of
- siehe Trennungstheorie

Sitzungspolizei 71, 116

Sprache der Klageschrift 82, 273

Sprache des Verfahrens
- ICC-Regeln 115
- Wiener Regeln 154
- UNCITRAL-Regeln 232
- ECE-Regeln 280

Staatsangehörigkeit der Beteiligten 68, 74, 198

Standardschiedsklausel
- ICC-Regeln 38
- Wiener Regeln 44
- Stockholmer Regeln 46
- UNCITRAL-Regeln 51
- ECE-Regeln 56

Ständiger Schiedsgerichtshof in Den Haag 220, 222

Stimmenmehrheit, Entscheidung durch
- ICC-Regeln 121
- Wiener Regeln 172
- Stockholmer Regeln 205
- UNCITRAL-Regeln 247
- ECE-Regeln 284

Stockholmer Regeln 46 ff., 184 ff.

Terms of reference
- siehe Schiedsaufrag (ICC-Regeln)
- ECE-Regeln 276, 284

Trennungstheorie 93, 204, 237

Übereinkommen
- New Yorker von 1958 22
- Europäisches von 1961 22, 264 ff.

Übersetzung 233, 241

Unabhängigkeit des Schiedsrichters 140, 164, 223

UNCITRAL-Mustergesetz 21
- Regeln 50 ff., 211 ff.

Unterschrift der Schiedsrichter unter Schiedsspruch
- ICC-Regeln 123
- Wiener Regeln 172 ff.
- Stockholmer Regeln 208 ff.
- UNCITRAL-Regeln 250
- ECE-Regeln 285

Urheberrecht am Schiedsspruch 133

Verfahren
- Änderung des 99
- Formzwang 10
- Herrschaft der Parteien 10

Verfahren, Wahl des
- ICC-Regeln 96 ff.
- Wiener Regeln 170 ff.
- Stockholmer Regeln 202 ff.
- UNCITRAL-Regeln 228
- ECE-Regeln 277

Verfahrensordnungen
- Auslegung 28, 34
- Branchenspezifische 16 ff.
- Häufigkeit der Verwendung 17
- Rechtsqualität der 18 ff.
- Sprache der 37
- Statut der 34

Verfahrensverstoß 24 ff.
- Verletzung des materiellen Rechtes als 26 ff.

Vernunftgemäße Entscheidung, Anspruch auf 98, 173

Vertragsanpassung 108

Verwaltungskosten
- ICC-Regeln 95, 125
- Wiener Regeln 178 ff.
- Stockholmer Regeln 189 ff.

Sachregister

Vollstreckung des Schiedsspruchs 29 ff.
Vorlegung, Pflicht zur V. von Dokumenten 112
Vorsitzender Richter
– siehe Obmann

Widerklage
– ICC-Regeln 85, 117
– Wiener Regeln 156
– Stockholmer Regeln 194
– ECE-Regeln 276, 283
Wiederholung des Verfahrens
– Wiener Regeln 162
– Stockholmer Regeln 201
– UNCTIRAL-Regeln 227
Wien als Verfahrensort 45
Wiener Regeln 44, 146 ff.

Zeugen
– ICC-Regeln 110 ff.
– Stockholmer Regeln 204
– UNCITRAL-Regeln 241
– ECE-Regeln 285
Zurückbehaltungsrecht am Schiedsspruch 130, 198, 210
Zuständige Stelle (ECE)
– siehe Ernennende Stelle
– Liste der 290
Zustellung
– ICC-Regeln 87, 131
– Wiener Regeln 157, 174
– UNCITRAL-Regeln 213
– ECE-Regeln 265
Zwingende Normen des Verfahrensrechts 96 ff.
Zwischenentscheidung
– ICC-Regeln 118, 140
– Wiener Regeln 175
– Stockholmer Regeln 207
– UNCITRAL-Regeln 248
– ECE-Regeln 286

Schriftenreihe
Recht der Internationalen Wirtschaft

Band 4:	Eisemann/Schütze **Das Dokumenten-Akkreditiv im Internationalen Handelsverkehr** (3. Auflage)
Band 5:	Fischler/Vogel **Schwedisches Handels- und Wirtschaftsrecht mit Verfahrensrecht** (3. Auflage)
Band 6:	Grützmacher/Schmidt-Cotta/Laier **Der Internationale Lizenzverkehr** (7. Auflage)
Band 8:	Stumpf **Eigentumsvorbehalt und Sicherungsübertragung im Ausland** (5. Auflage)
Band 11:	Graf von Westphalen **Rechtsprobleme der Exportfinanzierung** (3. Auflage)
Band 13:	Klima/Sterzing **Französisches Arbeitsrecht**
Band 14:	Stumpf **Internationales Handelsvertreterrecht**, 2 Teile (6./4. Auflage)
Band 15:	Triebel **Englisches Handels- und Wirtschaftsrecht** (2. Auflage)
Band 17:	Birk/Siehr **Italienisches Handels- und Wirtschaftsrecht**
Band 18:	Gotzen **Niederländisches Handels- und Wirtschaftsrecht**
Band 19:	Sandrock **Handbuch der Internationalen Vertragsgestaltung**, 2 Bände
Band 21:	Graf von Westphalen **Die Bankgarantie im Internationalen Handelsverkehr**
Band 22:	Kropholler **Europäisches Zivilprozeßrecht** (2. Auflage)
Band 23:	Fischer/Fischer **Spanisches Handels- und Wirtschaftsrecht**
Band 24:	Scheftelowitz **Israelisches Handels- und Wirtschaftsrecht**
Band 25:	Sandrock **Vertikale Konzentrationen im US-amerikanischen Antitrustrecht**
Band 26:	Elsing **US-amerikanisches Handels- und Wirtschaftsrecht**
Band 27:	Schütze **Rechtsverfolgung im Ausland**
Band 28:	Lange/Black **Der Zivilprozeß in den Vereinigten Staaten**
Band 29:	Schütze **Handels- und Wirtschaftsrecht von Singapur und Malaysia**
Band 30:	Aden **Internationale Handelsschiedsgerichtsbarkeit**
Band 31:	Heidenberger **Deutsche Parteien vor amerikanischen Gerichten**

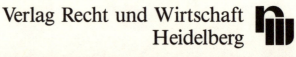

Verlag Recht und Wirtschaft
Heidelberg